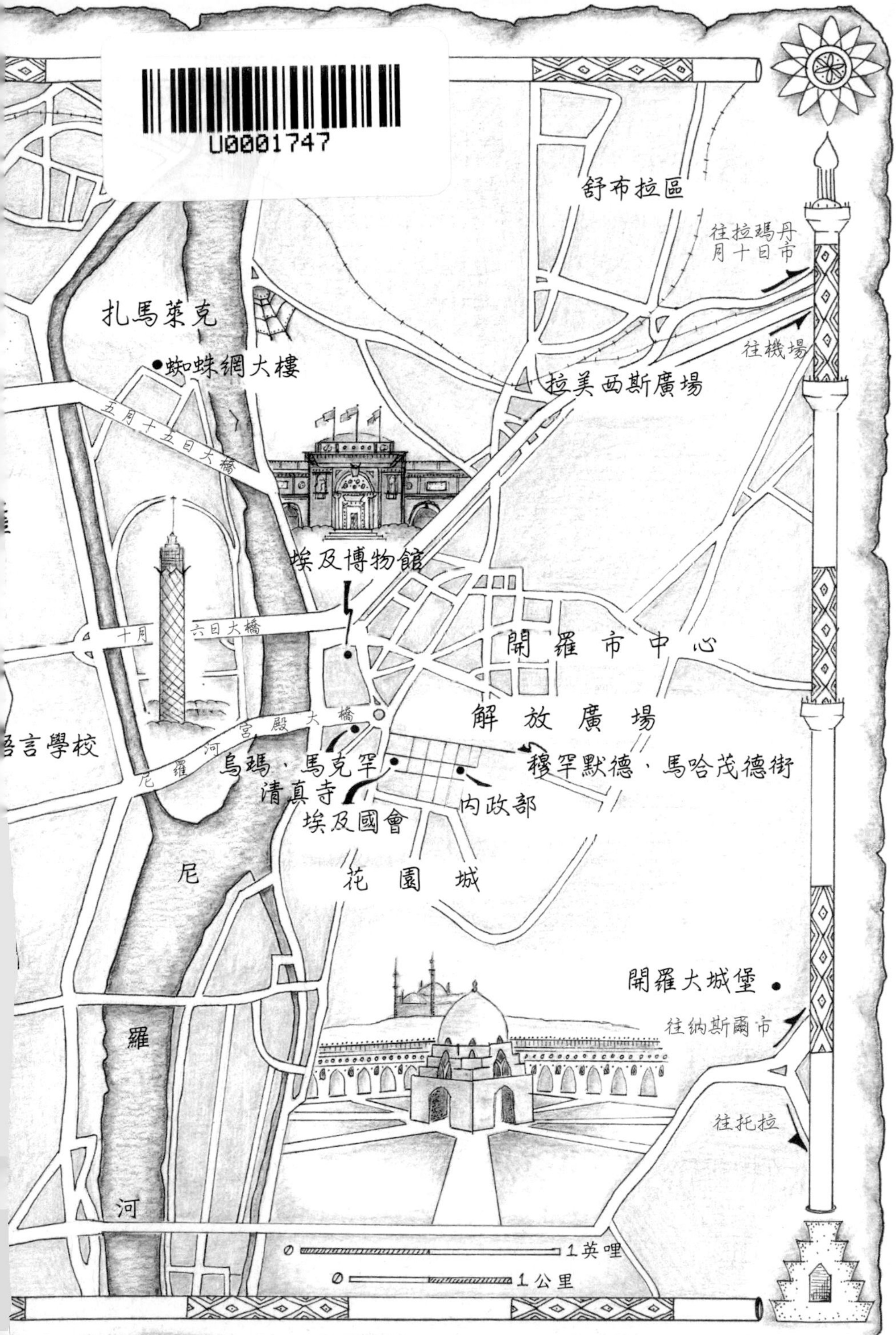
舒布拉區
往拉瑪丹
月十日市
扎馬萊克
往機場
●蜘蛛網大樓
拉美西斯廣場
五月十五日大橋
埃及博物館
十月
六日大橋
開羅市中心
解放廣場
語言學校
尼羅河宮殿大橋
烏瑪．馬克罕
清真寺
穆罕默德．馬哈茂德街
埃及國會
內政部
尼
花園城
開羅大城堡
往納斯爾市
羅
往托拉
河
1英哩
1公里

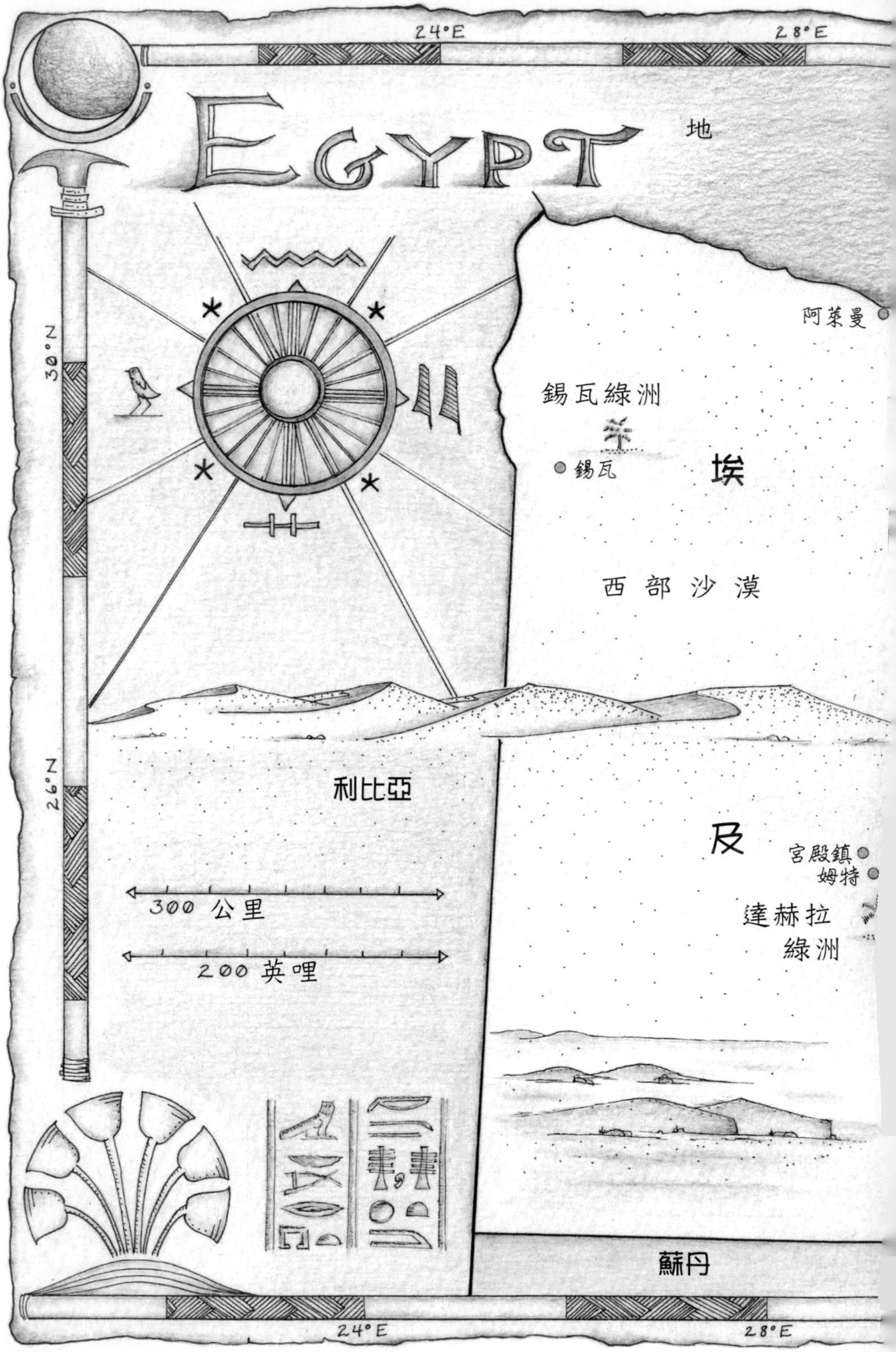
EGYPT
24°E
28°E
30°N
26°N
地
阿萊曼
錫瓦綠洲
錫瓦
埃
西部沙漠
利比亞
及
宮殿鎮
姆特
達赫拉
綠洲
300 公里
200 英哩
蘇丹
24°E
28°E

32°E
36°E
中
海
約旦河西岸
亞歷山卓
達米埃塔
塞德港
艾里斯
加薩走廊
以色列
下埃及
（尼羅河三角洲）
蘇伊士運河
伊斯梅利亞
沙達特市
西奈半島
約旦
開羅
新首都
十月六日市
泰達
（中資經濟區）
蘇伊士
溫泉鎮
法雅姆
華斯塔
梅杜姆金字塔
拜尼蘇威夫
蘇伊士灣
亞喀巴灣
吉薩—盧克索
沙漠公路
開羅—艾斯
尤特沙漠公路
沙烏地阿拉伯
28°N
敏亞
新敏亞
東
沙姆沙伊赫
上
馬臘威
阿瑪納
胡爾加達
艾斯尤特
索哈傑
拜勒耶納
索哈傑機場
（前穆巴拉克國際機場）
部
基納
紅
阿拜多斯
基夫特
國王谷
盧克索
（底比斯）
埃
沙
盧克索—亞斯文
沙漠公路
24°N
亞斯文
亞斯文高壩
海
漠
亞斯文—阿布辛貝
沙漠公路
納瑟湖
及
行政界線
阿布辛貝
尼羅河
32°E
36°E

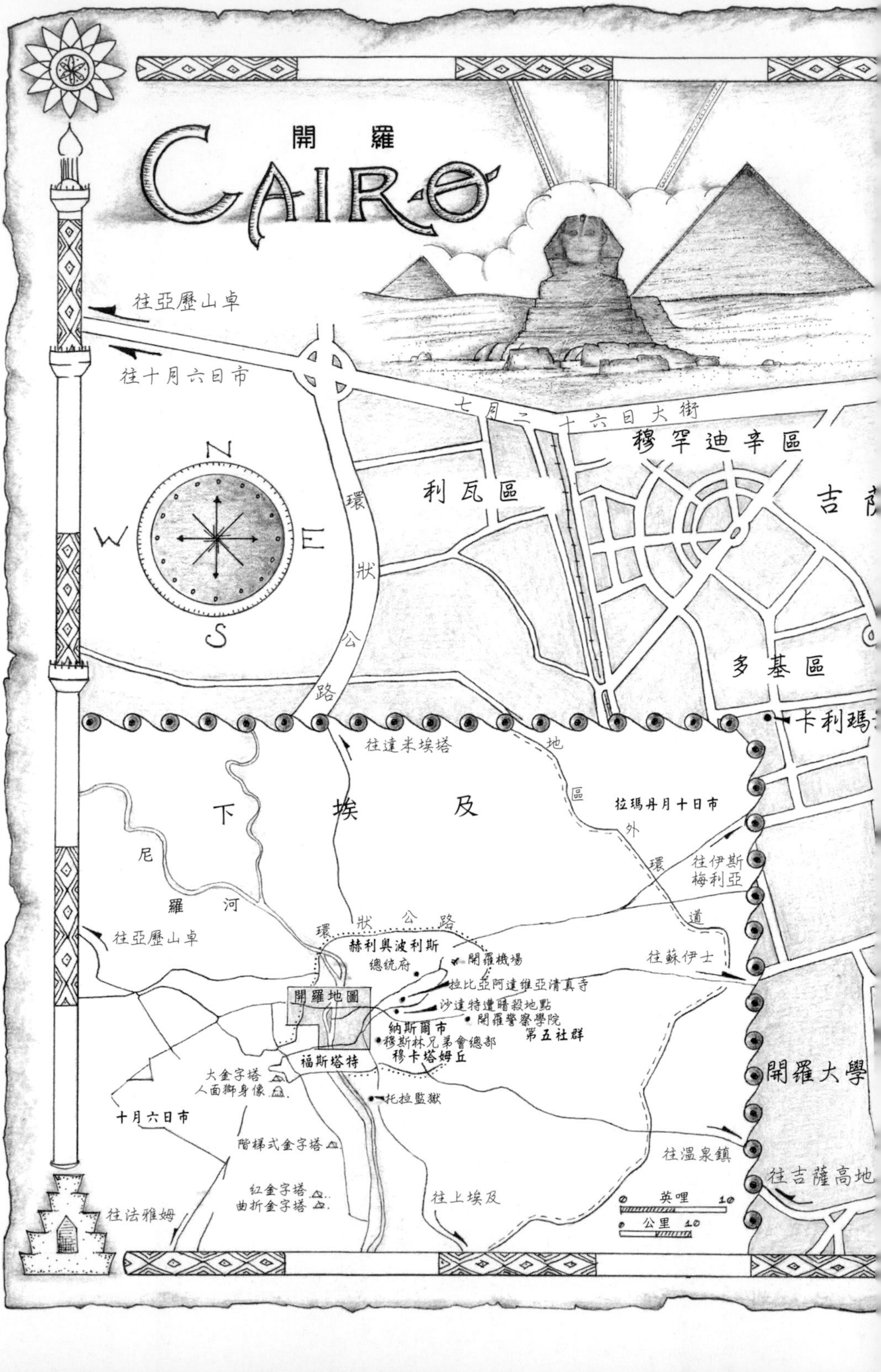
開羅
CAIRO
往亞歷山卓
往十月六日市
七月二十六日大街
穆罕迪辛區
利瓦區
N
W
E
S
環狀公路
多基區
卡利瑪
往達米埃塔
地區外環道
下埃及
拉瑪丹月十日市
往伊斯梅利亞
尼羅河
環狀公路
往亞歷山卓
赫利奧波利斯
總統府
開羅機場
拉比亞阿達維亞清真寺
沙達特遭暗殺地點
開羅警察學院
開羅地圖
納斯爾市
穆斯林兄弟會總部
第五社群
穆卡塔姆丘
福斯塔特
往蘇伊士
大金字塔
人面獅身像
托拉監獄
開羅大學
十月六日市
階梯式金字塔
往溫泉鎮
往吉薩高地
紅金字塔
曲折金字塔
往上埃及
往法雅姆
英哩 0 10
公里 0 10

An Archaeology of the Egyptian Revolution

The Buried

埃及的革命考古學

何偉 —— 著 馮奕達 —— 譯

Peter Hessler

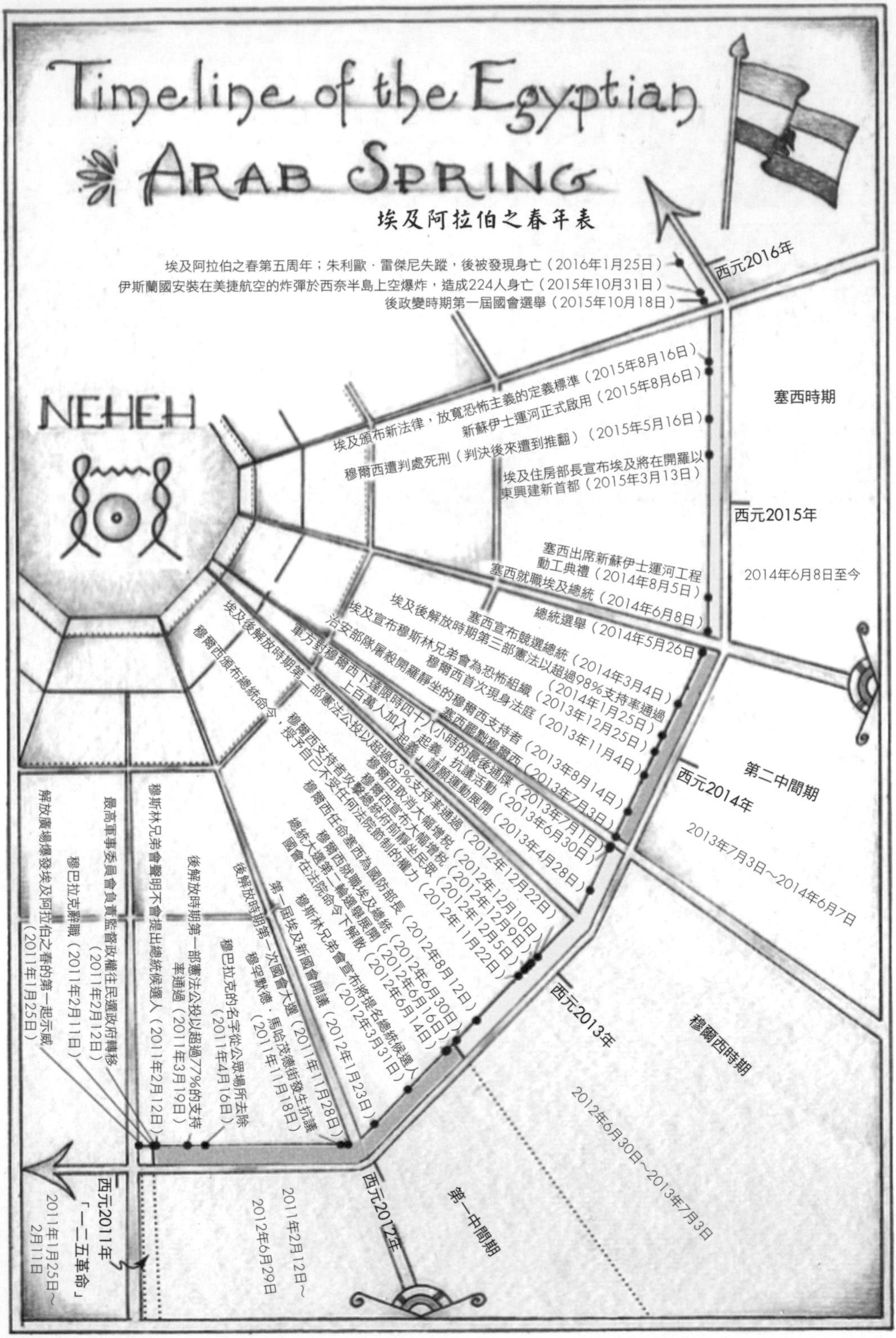

Timeline of the Egyptian
ARAB SPRING
埃及阿拉伯之春年表
NEHEH
埃及阿拉伯之春第五周年；朱利歐．雷傑尼失蹤，後被發現身亡（2016年1月25日）
伊斯蘭國安裝在美捷航空的炸彈於西奈半島上空爆炸，造成224人身亡（2015年10月31日）
後政變時期第一屆國會選舉（2015年10月18日）
西元2016年
埃及頒布新法律，放寬恐怖主義的定義標準（2015年8月16日）
新蘇伊士運河正式啟用（2015年8月6日）
穆爾西遭判處死刑（判決後來遭到推翻）（2015年5月16日）
埃及住房部長宣布埃及將在開羅以東興建新首都（2015年3月13日）
塞西時期
西元2015年
2014年6月8日至今
塞西出席新蘇伊士運河工程動工典禮（2014年8月5日）
塞西就職埃及總統（2014年6月8日）
總統選舉（2014年5月26日）
塞西宣布競選總統（2014年3月4日）
埃及後解放時期第三部憲法以超過98%支持率通過（2014年1月25日）
埃及宣布穆斯林兄弟會為恐怖組織（2013年12月25日）
穆爾西首次現身法庭（2013年11月4日）
治安部隊屠殺開羅靜坐的穆爾西支持者（2013年8月14日）
塞西罷黜穆爾西（2013年7月3日）
軍方對穆爾西下達限時四十八小時的最後通牒（2013年7月1日）
上百萬人加入「起義」抗議活動（2013年6月30日）
「起義」請願運動展開（2013年4月28日）
埃及後解放時期第二部憲法公投以超過63%支持率通過（2012年12月22日）
穆爾西取消大幅增稅（2012年12月10日）
穆爾西宣布大幅增稅（2012年12月9日）
穆爾西支持者攻擊總統府前靜坐民眾（2012年12月5日）
穆爾西頒布總統命令，授予自己不受任何法院節制的權力（2012年11月22日）
穆爾西任命塞西為國防部長（2012年8月12日）
穆爾西就職埃及總統（2012年6月30日）
總統大選第二輪選舉展開（2012年6月16日）
國會在法院命令下解散（2012年6月14日）
穆斯林兄弟會宣布將提名總統候選人（2012年3月31日）
第一屆埃及新國會開議（2012年1月23日）
後解放時期第一次國會大選（2011年11月28日）
穆罕默德．馬哈茂德街發生抗議（2011年11月18日）
穆巴拉克的名字從公眾場所去除（2011年4月16日）
後解放時期第一部憲法公投以超過77%的支持率通過（2011年3月19日）
穆斯林兄弟會聲明不會提出總統候選人（2011年2月12日）
最高軍事委員會負責監督政權往民選政府轉移（2011年2月12日）
穆巴拉克辭職（2011年2月11日）
解放廣場爆發埃及阿拉伯之春的第一起示威（2011年1月25日）
西元2011年
「一二五革命」
2011年1月25日～2月11日
西元2012年
2011年2月12日～2012年6月29日
第一中間期
西元2013年
穆爾西時期
2012年6月30日～2013年7月3日
西元2014年
第二中間期
2013年7月3日～2014年6月7日

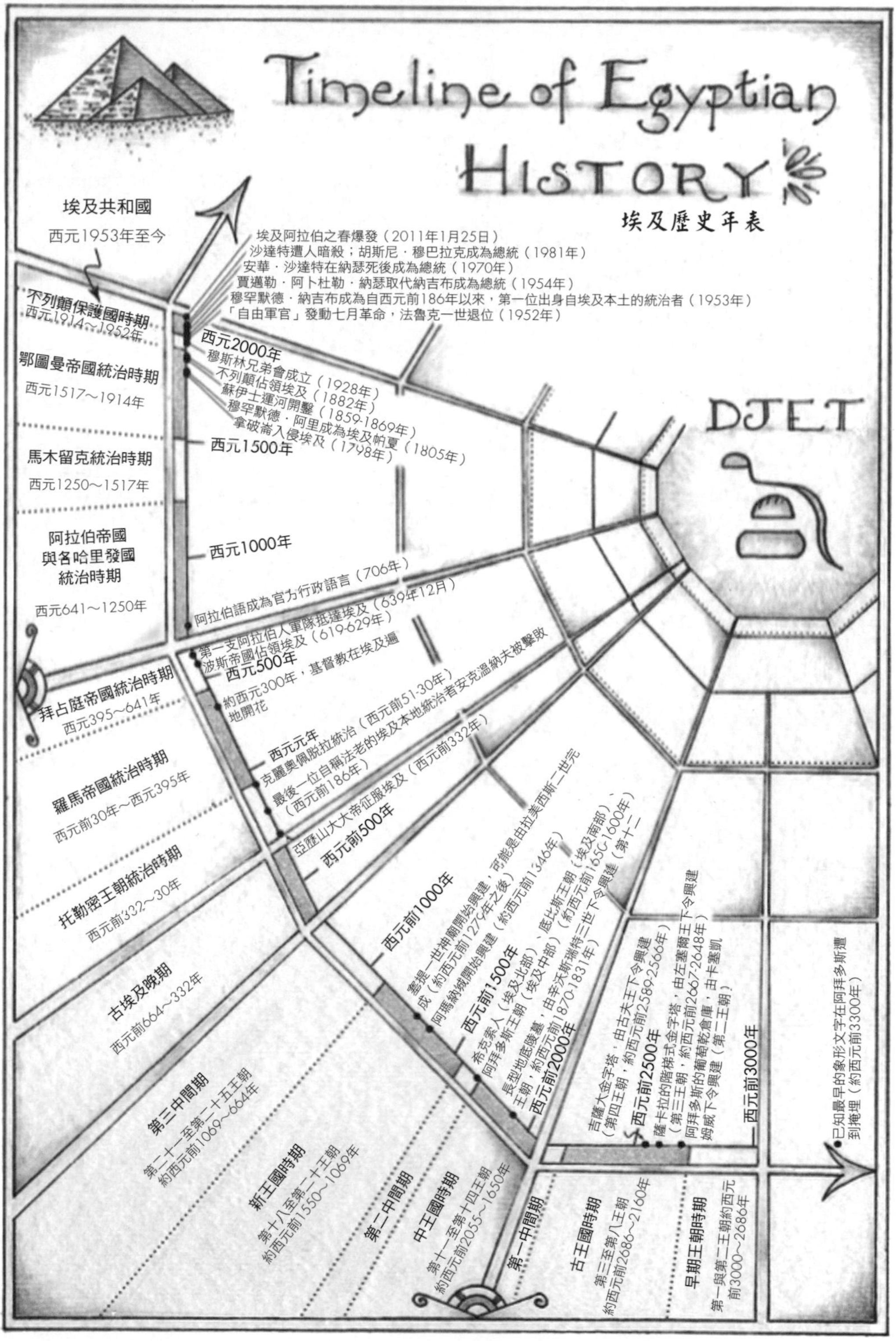
Timeline of Egyptian HISTORY
埃及歷史年表
DJET
埃及共和國
西元1953年至今
埃及阿拉伯之春爆發（2011年1月25日）
沙達特遭人暗殺；胡斯尼．穆巴拉克成為總統（1981年）
安華．沙達特在納瑟死後成為總統（1970年）
賈邁勒．阿卜杜勒．納瑟取代納吉布成為總統（1954年）
穆罕默德．納吉布成為自西元前186年以來，第一位出身自埃及本土的統治者（1953年）
「自由軍官」發動七月革命，法魯克一世退位（1952年）
不列顛保護國時期
西元1914～1952年
西元2000年
穆斯林兄弟會成立（1928年）
不列顛佔領埃及（1882年）
蘇伊士運河開鑿（1859-1869年）
穆罕默德．阿里成為埃及帕夏（1805年）
拿破崙入侵埃及（1798年）
鄂圖曼帝國統治時期
西元1517～1914年
西元1500年
馬木留克統治時期
西元1250～1517年
阿拉伯帝國
與各哈里發國
統治時期
西元641～1250年
西元1000年
阿拉伯語成為官方行政語言（706年）
第一支阿拉伯人軍隊抵達埃及（639年12月）
波斯帝國佔領埃及（619-629年）
西元500年
拜占庭帝國統治時期
西元395～641年
約西元300年，基督教在埃及遍地開花
西元元年
克麗奧佩脫拉統治（西元前51-30年）
最後一位自稱法老的埃及本地統治者安克溫納夫被擊敗（西元前186年）
亞歷山大大帝征服埃及（西元前332年）
羅馬帝國統治時期
西元前30年～西元395年
西元前500年
托勒密王朝統治時期
西元前332～30年
西元前1000年
塞提一世神廟開始興建，可能是由拉美西斯二世完成（約西元前1279年之後）
阿瑪納城開始興建（約西元前1346年）
西元前1500年
希克索人（埃及北部）、底比斯王朝（埃及南部）、阿拜多斯王朝（埃及中部）（約西元前1650-1600年）
長型地底陵墓，由辛沃斯瑞特三世下令興建（第十二王朝，約西元前1870-1831年）
西元前2000年
吉薩大金字塔，由古夫王下令興建（第四王朝，約西元前2589-2566年）
西元前2500年
薩卡拉的階梯式金字塔，由左塞爾王下令興建（第三王朝，約西元前2667-2648年）
阿拜多斯的葡萄乾倉庫，由卡塞凱姆威下令興建（第二王朝）
西元前3000年
已知最早的象形文字在阿拜多斯遭到掩埋（約西元前3300年）
古埃及晚期
西元前664～332年
第三中間期
第二十一至第二十五王朝
約西元前1069～664年
新王國時期
第十八至第二十王朝
約西元前1550～1069年
第二中間期
中王國時期
第十一至第十四王朝
約西元前2055～1650年
第一中間期
古王國時期
第三至第八王朝
約西元前2686～2160年
早期王朝時期
第一與第二王朝約西元前3000～2686年

獻給道格・杭特（Doug Hunt）

阿肯那頓（Akhenaten）與娜芙蒂蒂（Nefertiti）獎賞一位名叫胡雅（Huya）的忠誠官員。此景出現在胡雅的陵墓中，年代為西元前十四世紀。在後來的統治者命令下，這對國王夫婦的臉與名字遭人除去。

目錄

目錄

第一部
總統
Part One: The President

由衷崇拜國王，
內心要為陛下著想。
日日敬畏他，
時時為他創造喜悅。

……………………………………

他能洞察眾人內心；
他的雙眼，能看穿每一具軀殼。

——《忠誠教則》（*The Loyalist Instruction*）
西元前十九世紀

Chapter 1

二〇一一年一月二十五日，埃及「阿拉伯之春」（Arab Spring）的第一天，阿拜多斯（Abydos）一片寧靜。沒有示威遊行，沒有騷動，警方無事一身輕。當時正值冬季考古挖掘期，只有一件不尋常的事情發生。這個月初，來自美國布朗大學的考古隊發現一處洞穴，內有兩尊奧塞里斯（Osiris）小型青銅神像、一尊童身荷魯斯（Horus）小型石製神像，以及三百枚青銅錢幣。

考古學家之前已經挖出一系列在古代便遭盜掘一空的陵墓，因此對這類遺物既不期待，也不抱希望。主持挖掘任務的羅瑞兒．貝斯多克（Laurel Bestock）當下的反應五味雜陳，除了發現文物的興奮感，她也感到一陣緊張，因為考古隊伍如今得應付來自安全與官僚行政等更加棘手的問題。當地警方通知上級，接著來了一位埃及古文物部（Ministry of Antiquities）的官員——這下子有很多文書工作得完成了。一連幾天，貝斯多克等人長時間工作，費力清理、測量每一枚錢幣與每一尊雕像；接著，工作人員將每一樣拍照建檔後的古文物鎖進木箱，擺在皮卡車後車廂，由將近十名荷槍實彈的員警護送，運往當地首府索哈傑（Sohag）。

這些古文物本身不算特別有價值。沒有任何一尊神像高於十英吋，這也讓出發的大陣仗——卡車、警察、步槍，看起來有那麼一點滑稽。錢幣定年為托勒密時期中葉，介於西元前第三與第二世紀，以埃及學（Egyptology）的標準來說算非常晚期。對考古學家來說，這起發現的真正價值在於出土的環境背景，遺跡似乎曾因為某種古代儀式的施行而有所擾動。但大家不會在鄰近村落談這件事，謠言的煉金術必然會把硬幣由青銅化為黃金，把神像從不起眼的小物件變成跟圖坦卡門（Tutankhamun）的陪葬面具一樣價值不斐的古物。對於這類考古發現來說，最糟的情況是社會秩序因文物出土而發生若干崩潰，但眼下沒有理由擔心會發生這種事情。總統胡斯尼．穆巴拉克（Hosni Mubarak）統治埃及已將近三十年，首都開羅發生的抗議也鮮少影響到如此偏遠的角落。

二〇一一年一月二十六日，埃及「阿拉伯之春」的第二天，阿拜多斯風平浪靜。考古學家在當地聚落的西邊作業，地點是個被村民稱為「*al-Madfuna*」——「陪葬」（the Buried）——的古代墓場。「陪葬」有全埃及已知最早的王室陵寢，也是全世界現存最古老的、尚未頹傾的泥磚建築。該建物結構可以上溯到西元前二六六〇年前後，牆高將近四十英呎，圍出一塊巨大的方形範圍。沒有人曉得它原本的功能，而它的阿拉伯方言名字——「*Shunet al-Zebib*」（葡萄乾倉庫）——則是另一個謎，人們向來認為這棟建築是擺放貨物或寄存牲口的棧房。十九世紀中葉，法國考古學家奧古斯特．馬里埃特（Auguste Mariette）曾在此工作，他並未援引任何證據，便指稱該建物為「某種警察局」；馬里埃特擔心有人劫掠，因此這個理論感覺上是他心態的投射——將近五千年來，盜墓向來是阿拜多斯揮之不去的問題。

二〇一一年一月二十八日，埃及「阿拉伯之春」已經進入第四天，數以萬計的人集結在解放廣場（Tahrir Square），而且不知是誰在附近穆巴拉克的國家民主黨（National Democratic Party）中央黨部放了一把火。

回來談阿拜多斯，布朗大學的團隊早已返家，另一支來自紐約大學藝術研究所的考古隊此時也已經抵達。這支隊伍正在修復部分的「葡萄乾倉庫」——平常大家都管這個結構叫「須納」（Shuna）。紐約大學的考古團隊由五十八歲的馬修．亞當斯（Matthew Adams）率領，他有著西方人在撒哈拉工作一輩子的那種熟透外表，耳朵與臉頰全是紅的，襯衫領口的印子已經永遠燒灼在他的前頸與胸口上——這個V形象型文字的意思就是「埃及學家」。

亞當斯是第一個在這處墓場工作的美國人，他在阿拜多斯的職業生涯正好跟穆巴拉克的政權跨度一致。一九八一年秋天，亞當斯還只是個大學部實習生，而那年十月，埃及總統安華．沙達特（Anwar Sadat）在開羅閱兵時遭到暗殺。暗殺事件過後，副總統穆巴拉克登上大位，首都情勢保持平穩。除了警力增加之外，阿拜多斯沒受到什麼明顯的影響。身為實習生，亞當斯分配到的是初階工作，要幫上千片古代陶片分類。在他的回憶中，沙達特遭到暗殺身亡的那年秋天，是他在埃及經歷過最為無聊的考古季。

那次經驗影響了亞當斯對解放廣場抗議初期的反應。紐約大學的行政人員開始討論撤離隊伍時，亞當斯表示反對。他曉得，假如外國人離開在墓地現場棲身的發掘屋，遺址恐怕就會遭到掠奪破壞。但到了二〇一一年二月一日，已經至少有二十萬人聚集在解放廣場上，全國警方離開各地的崗位，暴徒也占領了幾處監獄。有人襲擊鈉谷監獄（Wadi al-Natroun Prison，位於開羅北方的沙漠），釋放成千上百名罪犯、政治犯與伊斯蘭主義者，其中包括一位名叫穆罕默德．穆爾西（Mohammed Morsi）的穆斯林兄弟會領袖。

囚犯攻破監獄後，亞當斯決定撤離。相關人士花了三天才安排好一架飛機，將考古隊直接從盧克索（Luxor）載往雅典。前往機場的路上，考古學家們想辦法安排了一條經過麥當勞的路線，但革命的其中一個影響，就是盧克索的麥當勞加盟店已經無餐可出。

＊＊＊

外國人離開不過幾小時，盜墓者就出現在「陪葬」。發掘屋雇有私人警衛，假如問題嚴重，警衛通常都會打電話找警察。但如今警方沒有回應，警衛們把第一批小偷趕跑，等到幾小時後的凌晨兩點半，又來了更大一批人。那些人臉上都戴了面具，身上也帶了挖掘用的工具。那些人徑直面對警衛，警告他們如果不放棄遺址，就要殺了他們。

管理發掘屋的人是艾哈邁德・拉札布（Ahmed Ragab），年紀將近四十，冷靜、可靠，來自遙遠南方的亞斯文（Aswan）。外國人在埃及進行考古遺址挖掘工作時，通常都會雇用埃及其他地方的人來擔任管理者，如此這個人才能不受當地家族與部族壓力所影響。艾哈邁德曉得，這種壓力同樣是他面對盜掘者時最大的希望。對方有許多人拿了槍，但只要他們來自阿拜多斯，也許就不會射殺沒有武器的遺址警衛；但如果歹徒是外地人，恐怕就不明白這種不成文的規矩。

對艾哈邁德來說，他反而不太擔心文物遭竊。經過幾千年的劫掠，以及後來超過一世紀以上的專業考古挖掘，多數容易找到的有價物品早已從墓群中取出了。但盜掘者對此完全不了解，他們在黑暗中快速發掘的作法，很可能會傷害到地底下尚未經過仔細研究的結構。許多小偷必定是聽說了最近發掘出的雕像與硬幣，因為他們瞄準的就是出土上述物品的地點。

二月十一日，一名政府官員在國家電視頻道宣布，穆巴拉克已辭去總統一職。差不多在同一時間，外地人開始來到「陪葬」，有些人是受到上埃及地區悠久的傳統巫術信仰所驅使。一天傍晚，警衛們逮到一名來自南方城鎮、距離一個多小時車程的拿戈瑪第（Nagaa Hammadi）

的年輕盜掘者。這名年輕人在接受審訊時說，村裡的長老作出預言，表示在阿拜多斯可以找到寶藏。艾哈邁德試著聯絡警方，但警方仍然沒有回應，警衛們只好放了這名盜掘者。

艾哈邁德除了有管理手腕，還是個木工好手。為了保護這處遺址，他決定做最後一件自己能力所及之事。他把舊木料、釘子和油漆堆進發掘屋，然後開始動手。

* * *

古埃及人一開始就把自己的土地分成上埃及與下埃及：南方在「上」，北方在「下」。由於現代人是用羅盤來定位方向，而非河流，因此古埃及人的這種劃分地理方式會讓現代人感到困惑。就這一點來說，人們的想像必須重新校準。

甚至連最基本的地貌也讓人很難領會。以上埃及來說，尼羅河在北非高原上鑿出一段深深的峽谷，有三千萬人以此為家，比黎巴嫩、約旦、以色列與利比亞的總人口還多。但所有這些上埃及人都集中在一處河谷地，許多地方寬度不及十英哩。這條綠帶彷彿一座拉長的綠洲，在大沙漠的包圍下有如銀河。來到阿拜多斯，要是你從尼羅河畔出發往西走，下一條你能遇見的河流將會位於南佛羅里達。

「陪葬」就像是踏入這片廣袤荒野的第一站。它位在一片與可耕地鄰接的寬廣岩架上，從泥地到沙漠的轉變就像地圖上的國界線一樣搶眼。墓群這裡沒有村落，事實上根本是寸草不生；大片的沙子與碎石幾乎延續一英哩，直至峽谷的西壁。這座峭壁高五百英呎，被一道乾河床切穿，蜿蜒至北非高原。在古代，這道河床據信是來生的入口——靈魂順著峽谷走，走向不可思議的落日。

最早統一埃及的王室世系將他們的陵墓建造在乾河床的河口處附近，埃及已知最早的書寫文字（約在西元前三三〇〇年前後出現）就是在這些墓穴中所發現，象形文字刻在象牙製的標籤上，畢竟當時大象仍遊蕩在埃及高地上。到了第一王朝開始時（大約西元前三〇〇〇年），但他法老已經從接近今日開羅的地方開始統治，這個地方比較容易同時控制上埃及與下埃及，但他們仍會返回阿拜多斯興建陵墓並進行儀式，阿拜多斯因此被稱為歷代祖先的故鄉；而墓群最終變成朝聖的地點，一千多年來，埃及各地的人聚集在此參加一年一度的奧塞里斯神節慶。古埃及人稱這個地方為「聖神的台地」（Terrace of the Great God）。它孤絕，卻可以到達；它神祕，卻又可見；它毫無生機，卻有王族與聖神為之添色。馬修．亞當斯把它描述為某種劇場，「陪葬」是舞台，峭壁是背景，村落是觀眾，至於最早踏上這座舞台的演員，則是確立政治權力精髓的諸王。

* * *

穆巴拉克被迫下野那一周，艾哈邁德在發掘地點打造了一個方型的大木箱子。這個箱子長十三英呎，高六英呎，底部保持懸空，只有用箱內的支柱來支撐。箱子的邊緣非常平整，艾哈邁德把箱子漆上很深的藍黑色。

有一群盜掘者膽大包天，居然開了一輛推土機進「陪葬」。最後一座埃及王族金字塔的遺跡就在這裡，位於發掘位址的南端。這群推土機盜掘者就在傾頹的遺址前挖了一道十英呎深的壕溝，另一群盜掘者則跑到西峭壁底下，垂直往下鑿了十幾英呎，只是他們沒能挖進任何陵墓。但搞不好是哪位長老告訴他們可以在峭壁下找到寶藏吧！？

艾哈邁德在距離阿拜多斯以東約六英哩的地方行政中心拜勒耶納（Balyana），買了假的警車警示燈，他把警示燈裝在自己做的木箱上，還裝了警笛。其他的警衛則幫他把箱子抬起來，擺到他那台四輪傳動的大發汽車（Daihatsu）上。在闃黑的天色下，這輛車有了絕佳的偽裝，跟任何一輛觀光景點皆可見的裝甲運兵車（APC）十分相似。

白天時，艾哈邁德會把這個木製APC架藏進「須納」的圍牆內。到了晚上，艾哈邁德和其他警衛就開著這輛假的APC在「陪葬」周圍轉，閃警燈、鳴警笛。不久之後，村裡便有了這樣的傳聞，說警方又恢復值勤；此舉也讓奧古斯特．馬里埃特的理論——「這座泥磚結構是警察局」說」化為現實。

除此之外，要想保護遺址已是別無他法：每天傍晚開進「陪葬」，鳴警笛、閃警燈，破曉之前把假APC停在「須納」裡，日落之後再來一次。幾個月後，許多參與「阿拉伯之春」第一波浪潮的埃及人也用類似的方式體現了自己的經驗。除了眼下，似乎什麼都不存在，無暇計劃，也無暇記憶。但秩序終於多少恢復了一些——軍官組成的委員會在開羅成立過渡政府，承諾舉辦民主選舉，選出新國會與新總統。解放廣場一片歡騰，街頭衝突畫下句點。到了三月下旬，真正的警察恢復在阿拜多斯的巡邏。一旦緊張的時刻過去，秩序恢復正常，人們也開始思索不久前發生的一切有何價值，以及接下來又將會發生什麼。

＊＊＊

古埃及人用兩個詞來指稱兩種不同的時間：「*djet*」與「*neheh*」。這兩個詞無法翻譯成英語，當代人的心智恐怕也無法領會。在你我的世界，時間是一條直線，一個事件延續另一個事件；而這些事件的積累，以及有影響力的人所採取的行動，便造就了歷史。但對古埃及人來說，時間並非線性，而「事件」——「*kheperut*」——則是個啟人疑竇的概念。事件是異常，事件是脫軌，事件中斷了世界的自然秩序。古埃及人對歷史存在方式的定義與我們不同。古埃及人從西元前三三〇〇年就在書寫，到了西元前三三二年——也就是遭到亞歷山大大帝征服時，他們仍然在書寫。但放眼這三千多年，他們卻從未寫出任何在現代意義下堪為歷史著作的作品。

「*Neheh*」是循環的時間，跟太陽運行、四季遞嬗，以及尼羅河一年一度的洪水有關；它會重複，它會重現，它會重生。另一方面，「*Djet*」則是不變不動的時間；每當舊王死去，他便會進入「*djet*」，這是諸神的時間。神廟過的時間是「*djet*」，金字塔、木乃伊與王室藝術亦復如是，不時有人將這個詞翻譯為「永恆」，但「*djet*」同樣能用來描述「完滿」的狀態。也就是說，處在「*djet*」的事物已經完結，但不會消逝，而是永存於當下。

諸神創造的這個世界並非永恆。借埃及學家艾瑞克．霍農（Erik Hornung）的話來說，世界是座島，「介於空無與空無之間」。我們生活的這個地方將會消失。但古埃及人並不執著於預測其未來，就像他們對過去的分析、回想並不關心。也許當時間並非線性時，會比較容易聚焦於當下。芝加哥大學學者雷蒙．約翰遜（Raymond Johnson）曾經寫道，古埃及人「視正常的時間為循環，表述著無止境重複的現在」。約翰遜相信這是對南方地貌的本能反應。根據他的觀點，「*neheh*」的靈感得自於河谷的循環，而「*djet*」則反映沙漠的無時間性。正是這種極為不同的地貌之接近——從「陪葬」到田野的劇烈轉折——讓埃及人能夠擘劃出兩種時間。無論在上埃及何處，你都能從永恆走進當下。

＊＊＊

馬修．亞當斯率領紐約大學團隊重返阿拜多斯時，已過了將近兩年，他們也對革命進行了一番考古研究。這段時間裡，盜賊早在墓地挖了超過兩百個大坑，當秩序恢復後，當局便急忙把每一座坑給填實。如今，亞當斯與他的團隊幾乎重新挖開所有大坑，用衛星技術測量、製圖。隊伍包括四名挖掘人員、三名文物保存人員、兩名測量員、兩名建築專家、一名攝影師，以及來自埃及古文物部的兩名督察，他們還雇用了超過五十名當地工人。一具高十五英呎的特製折疊梯讓攝影師能從上方拍攝挖掘坑，這般景象看起來就像犯罪現場的記錄——有些挖掘坑裡會有盜掘者留下的彈殼，是他們為了威懾警衛而對空鳴槍後留下的。相形之下，其他文物顯得平凡無奇。

「這邊有菸屁股。」

「堪稱本日最大發現。」

「是有濾嘴的嗎？」

「這濾嘴顯示菸屁股還不到一百年的歷史。」

「外型是圓的。古埃及人沒有這種圓的東西。」

沙裡挖掘出一道環形磚牆的部分構造，古代陵墓從未採用這種形狀。亞當斯跪下來研究磚頭，身旁是年輕的美國考古學家凱特．史考特（Kate Scott）。兩人都戴著擋太陽用的寬沿帽

——此時是早上八點，陽光早已毒辣。

「他們削掉了牆頂，」史考特說，「這邊顯然有出現擾動，結構有受到影響。但不清楚這結構是什麼。」

「這種磚頭經過熱處理。」

「無庸置疑。這些不是古代的磚頭。」

「盜掘者看到這道牆，他們也不知道是什麼，」亞當斯說，「他們把牆削掉了一點。但在這一塊，他們看起來沒那麼篤定。」

亞當斯推測，這道牆可能屬於一九五〇年代的一間牧人小屋，抑或是前幾代考古學家留下的田野小屋。盜掘者的無知以及他們的隨機挖掘，則是亞當斯決定發掘這些坑洞的另一個原因。事實上，盜賊等於幫調查帶來了指引。他們已經挖了墓場的多數區域，只要順著他們的腳步，考古學家就能一窺整個遺址的地底結構。有朝一日，這些資訊便能用於規劃未來的挖掘。盜掘者挖的洞已經揭露了一項重要發現：有一區「陪葬」在新王國時期（始於西元前十六世紀）便被當成上層社會的墓地。

這一帶的許多地方早在一世紀前，也就是考古學的早期年代，便已有過專業挖掘。當時的學者手腳很快，而且重點通常放在為博物館或私人收藏家起出文物。相關紀錄若非不足，就是根本不存在，許多細節都不見了。今天，考古學家總是一絲不苟地拍照、測量，隨後重新回填他們的挖掘坑，這是因為保存古代結構最好的方法，就是讓它們永遠留在地底下。考古學家曉得在未來的某一天，會有其他學者為了研究我們這輩人沒能參透的事物，而帶著更優秀的手法或科技前來。

在「陪葬」這座大舞台上，一開始的演員都是王族，但此後也有其他無數的人扮演他們的角色。單一考古遺址有可能接連受到古代盜掘者、十九世紀考古學家、現代盜掘者，以及解放後的考古學家所挖掘，挖的全是同一塊地方。人們來來去去，就像一個個的王朝與政權，沙子移開，填回，然後又移開來。

＊＊＊

警察重回崗位之後，艾哈邁德便把假APC拆了。他覺得自己不再需要這東西了，但假APC的點子倒是重新引發他對木工的興趣。一年後，亞當斯返抵發掘屋，驚喜發現多了兩張新床和兩個新衣櫃，都是漂亮純手工打造的。

革命初期的經驗以另一種方式改變了艾哈邁德的習慣作法。他在「阿拉伯之春」其中一段比較平穩的期間重返拜勒耶納，去了一趟相關的政府部門，填好必要的表格，獲得購買與攜帶手槍的許可。

Chapter 2

我帶著家人，在「阿拉伯之春」的第一個秋天移居開羅。我們抵達的時候是二〇一一年十月，城裡的光線正是在一年中的這個時間開始轉變。白天仍然因熾熱而視線模糊，但晚上常有來自北方、也就是從尼羅河流入地中海之處吹來的微風。經過幾星期時間，微風緩緩將夏日的強光從天空中洗去，這座首都的輪廓細節也愈發鮮明。沿著尼羅河，橋樑下的影子漸深，河水也從單調、融化的灰轉變為沁涼的藍棕色陰影。日暮時，連破舊的建築都有著金黃色的光彩。景緻延伸進了冬天，有那麼幾個片刻，我發現自己身在某個高處時——像是公寓的上層、高速公路高架橋，便能清楚看見吉薩（Giza）台地上的金字塔。

我們住在扎馬萊克（Zamalek）的艾哈邁德．赫什馬提街（Ahmed Heshmat Street）。扎馬萊克是個位於尼羅河細長島嶼上的城區。傳統上，開羅的中上階層以扎馬萊克為家。我們租了某棟房子一樓的寬敞空間，這棟房子就像這條街上的許多建物一樣，美麗但褪色斑駁。我猜，房子八成是在一九二〇年代或一九三〇年代興建的，因為立面用了裝飾藝術風格（Art Deco）的垂直線條潤色，屋前鍛鐵柵欄的格柵形狀就像蜘蛛網。

這個「蜘蛛網」結構在房子裡裡外外不斷重複，我們的前門有黑色的小蜘蛛網裝飾，陽台與門廊也有結了網的扶手；我們的公寓有座小花園，一部分被更多的鍛鐵柵欄圍住。當我問起房東太太這些蜘蛛網的涵義時，她聳聳肩，說她不曉得；等到我問起建築物的年代時，她的反應還是一樣。她跟扎馬萊克的一些房東一樣，都是科普特基督徒（Coptic Christian）。這些地主通常是在一九五二年、也就是埃及上一回革命的騷動期間獲得這些建物所有權的。當時，賈邁勒・阿卜杜勒・納瑟（Gamal Abdel Nasser）推行若干社會主義經濟政策，他的政府也把許多生意人趕出了這個國家。房東太太告訴我，這棟房子屬於他們家族的時間已經超過半個世紀，對於原本的業主，她一無所知。

在房子的低樓層，很少有東西大幅翻新或大修的跡象。電梯看來跟建築本身一樣老舊，搭電梯前也要穿過鐵蜘蛛網門。老式電梯車廂以重木雕刻製成，在門後的暗井上上下下，彷彿某種拜占庭風格的石棺。車廂那扇網狀鐵門的空隙很大，電梯經過時，是可以伸手穿過空隙去觸碰電梯的。我們搬進來不久前，就有個住樓上的孩子被電梯夾住了腳，斷腿的情況嚴重到得送往歐洲治療。

「安全」在開羅老城區向來不具優先地位，安全的標準在「阿拉伯之春」期間更是低落。停電稀鬆平常，自來水更是時不時整天停用。不過大多數的東西不知怎的都還能發揮作用，就只有初來乍到者很難感受到系統其實有在運作。每個月都會有人來敲一次門，禮貌地要求進屋，查看廚房裡的瓦斯表，接著當場秀出帳單，還有另一個人會定期出現收取電費。這些人都沒穿制服，也沒有出示任何身分證明，而且從清晨到深夜的任何時間都有可能現身。

垃圾清運的過程更是匪夷所思。房東太太吩咐我把家裡所有的垃圾都擺在廚房外、通往逃生梯的小門前。沒有清運時程，也沒有指定容器；我可以裝袋子或箱子，或者我也可以就把垃圾零零碎碎丟在外頭。清運工作是由一位名叫薩伊德（Sayyid）的男子處理的，他並非政府所雇用，亦不屬於任何私人公司。我向房東太太問起清運月費時，她說我得自己跟薩伊德談。一開始，我完全沒見過他。每隔一兩天，我只要把一袋垃圾擺在逃生梯旁，垃圾就會馬上消失。這種隱形服務持續了將近一個月後，廚房響起了敲門聲。

「*Salaamu aleikum*」（祝你平安），薩伊德在我開門後說。他沒有握手，而是抬起他的上臂，讓我看清楚他的衣服。「*Mish nadeef*」，他微笑解釋：「不乾淨。」他讓我看他的手掌，髒得有如舊皮革，手指則粗糙得彷彿戴著手套。

他身高頂多五呎多一點，頭髮微捲，鬍鬚精心打理過。他肩膀寬闊，當他伸出手時，我注意到他前臂上的青筋浮起，一如舉重選手。他穿著寬鬆的藍襯衫，寬大、髒汙的長褲繫了皮帶，過大的皮鞋就像小丑的鞋子一樣搖來擺去。後來我才知道，他的衣服之所以都太大件，是因為都是從大尺碼的人所丟的垃圾裡撿來的。

為了怕我跟不上，他講阿拉伯語的速度很慢，解釋說自己是來收月費的。我問他多少錢。

「你想付多少就付多少。」他說。

「其他人付多少？」

「有人付十鎊，」他說，「有人付一百鎊。」

「那我該付多少？」

「你可以付十鎊，你也可以付一百鎊。」

他不會所謂的討價還價——講的數字都沒變過。他丟出的這些數字就像足球場上的底線，把一整片空曠地都留給我。我最後給他四十埃及鎊，相當於美金六塊半，而他看來挺滿意的。在後來與薩伊德的對話中，我得知住在樓上的路透社外電記者一個月只付三十鎊，這讓我覺得自己的決定沒錯——一名雜誌長文作者可能比某個為電訊社工作的人製造更多垃圾，這感覺挺合理的。

自從見過薩伊德之後，我就常在附近看到他。他總是大清早出現在街上，拖著巨大帆布袋裝的垃圾，在中午左右到「H自由」（H Freedom）販賣亭小憩，位置就在我們花園圍牆的另一側。販賣亭的老闆是個嚴肅的人，額頭上有塊瘀青色的祈禱痕——有時候虔誠的穆斯林男子會因為祈禱時用額頭觸地而生出這個痕跡。這座販賣亭已經在此好幾年了，自從穆巴拉克失勢後，老闆為了紀念革命便將之改名為「H自由」。這是很受當地男人歡迎的小聚場所，每當薩伊德坐在裡頭時，總是向行人大聲招呼。他似乎認識住在這條街上的每一個人。

一天下午在販賣亭附近，他向我走來。「你會講中文，對吧？」他說。

我回答說會，只是我實在不曉得他是怎麼知道這件事的。

「我有東西想找你幫忙看看。」他說。

「是什麼東西？」

「不要現在講，」他講話變得小聲。「最好在晚上講。跟藥有關係。」

我告訴他，晚上八點有空。

＊＊＊

我就像其他人一樣，對「阿拉伯之春」的爆發大為驚訝，這真的出乎所有人意料之外。來埃及之前，我在中國生活超過十年，也在中國認識我太太萊絲莉（Leslie）*。萊絲莉也是新聞工作者，我們的出身背景很不一樣：她生於紐約，是華人移民的女兒，而我則出生於密蘇里中部；但某種類似的不安於室，驅使我們離開美國，先是歐洲，而後亞洲。直到二〇〇七年一起離開中國為止，我們成年後的生活幾乎全是在海外渡過的。

當時我們做了計劃，打算搬到科羅拉多州西南的鄉下，從都市生活中暫歇，還想生個孩子，之後再到中東生活。我們對於去個完全陌生地方的點子都很喜歡，也都想再學一種豐富的語言。我很期待造訪中東的考古遺址，因為在中國時，古蹟所代表的深厚時間感總教我無法自拔。

一切的計劃都還不具體，像是生小孩，以及到底要去哪個國家。我們也許去埃及，也許去敘利亞；也許生男孩，也許生女孩。好像沒什麼差別？但當我提到要搬去埃及時，紐約的編輯警告我說，去過中國之後，埃及看起來可能就太平淡了。「開羅簡直就是一灘死水。」他說。但我就喜歡那種印象。我期待以放鬆的步伐，到一個無事發生的國家學習阿拉伯語。

第一件打亂我們計劃的事情，發生在一個小孩變成兩個小孩的那瞬間。二〇一〇年五月，萊絲莉生了一對同卵雙胞胎女孩：愛麗兒（Ariel）與娜塔莎（Natasha）**。雙胞胎是早產兒，我們希望搬家前能給她們一年時間好好成長。我們覺得何時搬家不是問題，因為相較於永遠不變的開羅，新生兒在生命中的頭一年卻是變化極大的。但當解放廣場爆發抗議示威時，我們的女兒已經八個月大，她們在穆巴拉克遭到推翻時是八個月又十八天大。

我們推遲計劃，重新考慮。終於，我們決定走一步算一步，但目的改變了：現在，我要寫

---

* 何偉的夫人萊絲莉（Leslie Chang）為台裔美籍作家、記者，中文名為張彤禾。

** 愛麗兒的中文名為張興采，娜塔莎為張興柔。

點關於革命的事。離開美國前，我們報名了兩個月的阿拉伯語密集課程。我們也申請壽險，但沒有辦成；保險公司寄了封短信拒絕我們，原因是「旅行範圍廣大」。我們找了律師，寫好遺囑，搬出租屋，把家當移去倉庫，把車子送人。我們沒託運任何物品——帶上飛機的就是我們所有的一切。

出發前一天，我們結婚了。萊絲莉與我向來不在乎形式，也沒有辦婚禮的意思。但我們聽說，假如外國配偶的姓氏不同，埃及當局有時候會刁難不給同居簽證。我們只好開車去烏雷郡法院（Ouray County Courthouse），領了一紙上面用老式字體寫了我們「確實締結神聖婚約」的證書。我把證書胡亂往行李中塞，隔天，我們就跟我們那十七個月大的雙胞胎上了飛機。在此之前，萊絲莉和我都沒去過埃及。

* * *

晚上八點整，門鈴響了。我一開門，薩伊德便把手伸進口袋，拿出一個紅色的小盒子，上面印了金色的書法。

中文的表達總是優雅又帶點迂迴。盒子上面寫說裝的是能「提升表現與力量」的「保健產品」：一排藥丸，還附了張用英文寫的藥囑。藥囑讓我想起，有時中國人表達能力最好的時候，就是他們使用破英文時。

需需要時，一次兩顆藥丸（2 pills at a time whenever nece necessary）

幹做愛前二十分鐘（Before fucking make love 20minutes）

「你從哪弄來的？」我問。

「垃圾堆，」薩伊德說，「從某個死人的垃圾裡。」

他解釋說那人是個老人，老人的兒子把所有自己不想要的東西都丟了，包括這些藥丸。「裡面很多東西都『misb kuaissa』，」薩伊德說，「不好。」

我問他什麼意思。

「像這些──」他伸出肥厚的手指在空中比劃著，然後指指自己的腰帶底下。「這吃電，要裝電池。這是女人用的，這種東西不好。」但講到這似乎讓薩伊德挺樂的。他齜著牙笑，告訴我老人的垃圾裡還有一大批色情雜誌，但他沒說自己怎麼處理那些雜誌。我問他那老人以前在哪工作。

「他是大使。」

薩伊德的口氣相當肯定，好像這種職業平常就跟蒐集黃色刊物和中國壯陽藥有關。我不敢確定自己理解對了，於是請他把那個字重複一遍⋯「safir」。「他在外國使館工作，」薩伊德解釋，「他很有錢，有幾百萬元。他的銀行戶頭裡有四百萬零四十四元。」

這個數字之精確引起我的注意。「你怎麼知道？」我問。

「因為銀行的信上有寫。」

我在心裡暗暗筆記，要告訴萊絲莉留心自己丟了什麼垃圾。薩伊德問這種中國藥的藥囑，我盡可能用我破爛的阿拉伯語，把先等二十分鐘再做愛的這部分翻譯給他聽。他講了一些跟賣這個藥丸有關的事，但他問問題的方式，讓我覺得他更想把藥留著自己用。我確認了成分：白蔘、鹿茸、淫羊藿等等。這個「等等」讓人稍有不安——究竟在這一連串成分裡，下一種會合理出現的是什麼？但這種藥在中國很常見，據我研判，應該不會有什麼風險。我有種感覺——薩伊德已經不是第一次吞下自己從垃圾堆裡找來的東西了。

＊＊＊

從此之後，薩伊德便經常在晚上拜訪。他拿給我看的下一樣東西是一台基輔牌（Kiev）的35mm 相機。這台相機是在蘇聯時代的烏克蘭生產的，跟榔頭一樣重；我從來沒想過拍一張照片居然要用這麼多的金屬。薩伊德想知道相機還能不能用，以及值多少錢。這台相機是某個搬離公寓的老人丟掉的。

薩伊德最了不起的發現中，有許多來自搬走或死去的人。他總是不停找到東西，畢竟他處理各種垃圾，把可回收物和其餘任何有價值的東西抽出來。他收垃圾的路線不短，涵蓋超過數十棟建築物的四百間公寓，但他工作之用心，讓他光憑垃圾內容就能辨別出丟棄者是住哪裡的。一天下午，我餵完女兒們午餐，清理完畢，接著在逃生梯留了滿滿一包垃圾。不到一小時，有人敲廚房門。我一打開門，薩伊德拿了一把嬰兒用的金屬叉子。「跟飯包在一起了。」他說。

這是居民之所以願意大方給清理費的原因之一：薩伊德發揮了某種鄰里失物招領處的功能。只要有誰搬走或過世，大家都曉得垃圾裡的東西屬於薩伊德，但除此之外，要是他找到價值高得莫名的東西，也都會跟居民再三確認。要是鄰居之間不小心丟了什麼，他會提醒大家注意，此外，他也是當地可靠的資訊收發站。日子一久，他也介紹我跟附近的各種重要人物認識：獨眼的大樓管理員、經營公家麵包站的銀髮男子、端著閃閃發光的托盤上上下下的親切送茶員。

有些人成了薩伊德的非正式顧問。他不識字——四分之一以上的埃及人口都不識字，假如他想知道某份文件的內容，就會拿去「H自由」販賣亭，老闆識字。假如薩伊德捲入什麼地方糾紛，他通常會找那位銀髮男子——身為麵包分配者，銀髮男子的地位使他對誰說話都很夠分量。

而身為外國人，我的專業領域包括進口商品、藥品、性玩具，以及酒類。如果薩伊德找到某種藥，我會閱讀藥囑，告訴他這藥是用來治什麼，以及一個人應該服用多少劑量。至於類似基輔牌相機的東西，我就上網看能在美國賣多少價格，給他大概的估計。這種相機在eBay可賣四十美元上下，薩伊德不可能在開羅賣到這種價錢；但他總是想知道美國的行情，曉得自己若是在另一個地方、另一種生活中能給東西賣個好價錢，似乎讓他樂在其中。

偶爾，某個貪杯的穆斯林會因為罪惡感的折磨而丟掉自己的酒櫃，接著薩伊德就會出現在我家門口。我的任務就是評估裝在不起眼的黑色塑膠袋裡的酒瓶，看看它們轉售的價格。就算是一瓶剩四分之一的威士忌也賣得掉，因為城裡的酒品專賣店不只屈指可數，四散各處，人們也不好意思走進店裡。薩伊德是穆斯林，我們剛認識時，他就告訴我，打算在後解放時期的各項選舉投給穆斯林兄弟會的候選人。但他沒有正式加入這個團體，也不像多數埃及穆斯林那樣重視伊斯蘭禁酒令。在他辛苦工作一整天後拜訪我家時，他常會請我給他來罐冰啤酒。他是我招待的客人中唯一會把空罐帶走的人，畢竟他曉得最後負責收走的人還是他。

這棟蜘蛛網樓房距離解放廣場不過一英哩半，但感覺卻隔得更遠。人在扎馬萊克時，尼羅河會創造出一種強大的隔絕感，河上只有五、六座橋樑聯繫整座城市。我們還住在扎馬萊克時，那裡沒有地鐵站，也沒有常駐的政府部門。沒有重要的廣場，沒有主要的清真寺，也沒有可能吸引抗議人士的公共場所。革命就像發生在別的地方。

我們碰巧在動盪稍歇時抵達開羅。此時距離穆巴拉克被迫下野已經過了八個月，而這個國家還沒安排好選出新總統，人們不曉得是誰在帶領埃及的「阿拉伯之春」。當時仍然沒有穩定的憲政體制，也沒有立法機關，不過國會選舉已經計劃在冬天舉行。在這種非常時刻，人們很容易忽略這些全國大事。過了幾周之後，我才第一次造訪解放廣場。

我的鄰居大多繞開這座廣場。政局回穩後，我常看到外表闊綽的人坐在扎馬萊克的咖啡店，從電視上看革命，彷彿影像是從某個遙遠的地方轉播來的。鄰居坦白告訴我別去解放廣場，他們認為，那裡不是家裡有小小孩的外國人該去的地方。

薩伊德也是政治懷疑論者。他所出身的社會階級理論上能因革命而受惠，但他似乎不這麼想。他會講當地某些人物的故事來示警，例如大樓裡那位獨眼的管理員的例子。在一次示威期間，管理員起了好奇心，走向解放廣場附近的某條街。到了解放廣場，他決定爬上高架橋以獲得更好的視野。但此舉是個錯誤——每當埃及警方驅散群眾時，常會拿起霰彈槍，朝天空開槍。管理員被最小顆的子彈打中，少了一隻眼。

「他連抗議都沒有，」薩伊德說，「無緣無故就中彈。所以你該離那裡遠一點。」

我告訴他，跟示威者交談是我工作的一部分，但我保證會小心。

「*Be'oolek ay*」——「我跟你講」，薩伊德說。這句話是埃及人講道理之前常見的起手式。在開羅的頭幾個月，我常常到最後才意識到這話一說出口，接下來就有人要長篇大論了。我會微笑點頭，讓字詞「嗖」地過去，一面自問是不是漏了什麼在開羅生存下去的不宣之祕。但薩伊德的建議很容易做到。他說：「別站到高處」。

Chapter 3

革命中的暫歇在十一月下旬結束，抗爭者重返解放廣場。我幾乎每天從扎馬萊克步行前往，沿著扎馬萊克島的東岸，穿過十月六日大橋（6th October Bridge）下方一連串的河濱小公園與花圃。大約半小時，可以走到尼羅河宮殿大橋（Qasr al-Nil Bridge）。這座橋興建自福阿德一世（Fuad I）治下的一九三〇年代，原本是以福阿德一世的父親為名，但在賈邁勒·阿卜杜勒·納瑟與同胞於一九五二年的革命中推翻王政之後，這座橋從此有了新名字，意為「尼羅河宮殿」。

開羅城中有許多地標都是根據二十世紀的各個事件取名或改名，就連與政治疏離的扎馬萊克都成了一座充滿歷史日期的島：主要幹道是以法魯克一世（Farouk I）退位日期為名的七月二十六日大街（26th July Street），五月十五日大橋（15th May Bridge）之名是為了紀念一九四八年阿以戰爭（第一次中東戰爭）爆發，十月六日大橋紀念的是一九七三年埃及入侵西奈半島。根據官方論點，這些都是光榮事件，但整體來看卻有點不倫不類。阿以戰爭最後成了阿拉伯人的災難；一九七三年在西奈半島的軍事行動則是以埃及第三軍被以色列人包圍告終；八年後，沙達特同樣是在十月六日遭人暗殺，多半是因為他有意與以色列協商所致。我從來沒有住過哪個地方，會紀念這麼多令人感到矛盾的歷史。

尼羅河宮殿大橋先是橫跨一大段尼羅河，橋上的道路緊跟著銜接解放廣場。嚴格來說，解放廣場其實不是廣場——比較像是個圓環，無止盡的車流繞著圓心旋轉。圓環周圍的建築有著各異的風格，彷彿由四方匯聚到這個空間。聯合大樓（Mogamma）是一棟大型的政府辦公大樓，有著冷漠的現代主義建築立面；旁邊則是一些私人公寓，陽台有圓柱支撐，搭配法國風的大門；圓頂拱窗的埃及博物館（Egyptian Museum）則是義大利市政廳風格的鮮豔橘色；這裡有一間哈帝漢堡（Hardee's）和一間肯德基；名為烏瑪・馬克罕（Omar Makram）的清真寺有著優雅的宣禮塔，以及精緻的伊斯蘭式窗框。

十一月過後，抗爭日趨激烈，圓環隨之關閉，餐廳也都大門深鎖。走過橋的感覺就像跨越了邊境：在我身後是充滿綠樹與花朵的島嶼岸邊，在我身前的則是高聳的建築物，就這麼陰森森地矗立在廣場上。河的另一邊連空氣都變了——抗爭者丟擲的石頭、磚塊揚起了煙塵，廣場上催淚瓦斯的化學氣味也熏得人暈頭轉向。

抗爭剛開始時，我對革命的經驗還停留在科羅拉多，停留在從電視上看到的初期階段。穆巴拉克辭職時一片歡騰的場景讓我留下深刻印象，於是我為自己首度走訪解放廣場之行而穿得整整齊齊。我穿了燙好的長褲與襯衫，彷彿出席正式場合，但我馬上注意到別人都不會這樣穿。廣場上太多灰塵，場面混亂；無論如何，保持低調比較好。第一次前往廣場，我的皮夾就被偷了。我身陷群眾之中，被一大群人推著走，當我察覺到有隻手伸進我的口袋時，根本無力阻止。但是我很幸運，皮夾裡沒裝多少錢，我也學到了教訓。解放廣場守則如下：別穿漂亮衣服，別帶錢包，別站到高處。

＊＊＊

第二次前往解放廣場時，烏瑪．馬克罕清真寺發生了一件偷竊案，小偷被逮個正著。犯行發生在白天祈禱時，當時清真寺裡的人都排好隊伍、面向前方。烏瑪．馬克罕清真寺坐落於廣場西南角，當天門窗大開，外面群眾的吼聲證好宣洩而入，那些怒吼像浪潮一樣規律，在延續中不斷變化，不時增強到某種高潮，彷彿巨浪擊打海岸。每一回聲音到達頂點，我都會揣想外面到底發生什麼事，也許是催淚瓦斯罐射進了人群中，抑或是另一位受傷的青年被人從第一線帶回。

外頭的場面是如此激動，小偷可能以為沒人會注意一支充電中的手機。他躡手躡腳，趁主人還在祈禱，便把手機放進口袋，卻被一位留著長長白鬚的老教長從後方目擊。祈禱結束後，教長對旁邊幾個人一番耳語，包括一位邀請我進清真寺的大學生。等到人們開始大聲誦出第二輪禱詞時——「真主至大！」「真主至大！」——那幾個人已經將小偷團團包圍。我站在這群人身後看著。

他們讓小偷背靠著祈禱室的牆壁，小偷不加抵抗便交出了手機。當教長問他為何要偷手機時，他說自己的手機在當天稍早也被偷了。

「你的證件呢？」大學生問。

小偷表示自己還太年輕，沒有政府發的身分證。他瘦骨嶙峋，皮膚蠟黃，氣色不佳，衣著骯髒。他的左眼很紅，之所以發炎紅腫，可能是催淚瓦斯導致，也可能被某個人揍了。總之，當天在廣場上有很多人都紅著眼睛。

「這是違反教律的！」教長說。「你懂嗎？我們可以叫警察來抓你。」

其實，根本不會有警察在這種日子靠近烏瑪．馬克罕清真寺，所有的裁決都交由群眾來執行。小偷的身體軟弱無力，當大學生搜他口袋時，他的雙臂就像小狗一樣縮起來。大學生找到一只打火機，以及一盒泛得林（Ventolin）——有些醫生會無償幫忙，把這種氣喘藥發給催淚瓦斯的受害者。大學生把這些東西交給教長，教長則靠向小偷，教訓了很長一段時間。教長低聲講話，而這群人在整起事件中都沒有高聲說話。當小偷知道自己可以離開時呆了一晌，緊繃的心情大為放鬆，接著他快步走向門口，一路低著頭。他頭也不回，就這麼消失在廣場的吼叫聲中。

* * *

暴力衝突的明確起因很難確認。三天前，穆斯林兄弟會組織了一場示威，反對軍方以臨時為由進行統治。那些軍方代表組成所謂的最高軍事委員會（Supreme Council of the Armed Forces），然而不久前有跡象顯示，他們可能延長掌權時間，有些人擔心因此延遲該國第一次的自由民主國會選舉——選舉原訂十一月底舉行。

穆斯林兄弟會的抗議活動在本質上是種警告。他們和平聚集在解放廣場，提醒最高軍事委員會：任何試圖讓民主轉型過程脫軌的舉動都會遭到抵抗。一天之後，兄弟會清空廣場，對於訊息傳達成功感到滿意。但若干自由派抗議者留在解放廣場過夜，隔天與警方發生衝突。抗議人士表示警方在無人挑釁的情況下發動攻擊，但也有人說是年輕人騷擾當局。無論如何，在這種一觸即發的政治氣氛下，就連微不足道的爭執都有可能迅速惡化。消息一在社群媒體擴散，不同政治光譜的年輕人便湧向廣場，擔心他們艱苦對抗穆巴拉克所取得的勝利會被軍方偷走。

到了示威的第三天，已經超過二十人身亡，其中多數死於解放廣場東南角延伸到內政部的穆罕默德．馬哈茂德街（Mohammed Mahmoud Street）。內政部是警方的主管機關，眼下成了憤怒者的目標。每隔一段時間，就會有成群的年輕人以棍棒和石塊為武器，怒氣沖沖朝內政部圍牆而去；穿著鎮暴裝的警察則以催淚瓦斯、橡膠子彈與霰彈槍還擊。

當天早上我走去解放廣場時已有數以萬計的群眾聚集，當時還沒發生激烈場面。但民眾情緒是很難控制的，時不時會有一群人因為不明原因而受到驚嚇，開始逃離穆罕默德．馬哈茂德街，彷彿警方正要來到。一開始可能只有四、五名年輕人，但這股恐慌氣氛像是傳染一般，馬上便有數百人在廣場上狂奔——而浪潮的停止就跟開始一樣突然。這種節奏就如同廣場的聲響，有著類似海浪的韻律，看著奔跑的人起跑與停步，就像看著潮來潮往的波浪般讓人入迷。

在其中一波狂潮中，我注意到有個年輕人站在一邊，表情溫和沉穩。你很難得在這樣的群眾中看到誰的外表如此平靜。我用自己那口破阿語攀談，隨後換講英語。他是艾因閃姆斯大學（Ain Shams University）的大四學生，主修藥物學。他告訴我，自己已經參加過一月和二月的抗議，現在重返現場，是為了確保民主夢不會被人拋棄。

我們聊了一段時間，接著烏瑪．馬克罕清真寺響起日中宣禮的聲音。這位大學生問我想不想和他一道去清真寺，但我其實不是穆斯林。

「這不打緊，」他說，「每個人都可以來。」

革命期間，在廣場周圍的建築物與機構當中，只有烏瑪．馬克罕仍然保持完全開放。祈禱室內，志工醫師設立醫護站治療傷者，所有人都能使用清真寺的浴場。隨著這位學生進入清真寺時，我看到數十人在為手機充電，還有人睡在祈禱室的角落。

此後，每當我展開跨越尼羅河宮殿大橋的日常行程，總會在烏瑪・馬克罕清真寺停下腳步。不久後，我便在清真寺渡過解放廣場的大部分時間。廣場本身人滿為患，打鬥的景象混亂到我無法理解發生了什麼事；但清真寺中卻另有一番秩序。幾位教長帶領眾人祈禱，年輕的抗議人士自發擔任醫生、藥師與警衛。他們成立失物招領處，專門處理在解放廣場撿到的物品。平時，主祈禱室僅限男性進入，但現在婦女祈禱室的入口處已經改成小型醫護站，女性因此獲准在前往寺中的婦女區域時可以穿越男性區域。

在這裡，當個局外人並不難。當我向人家介紹我是來自美國的記者，大家都樂於跟我說話。有時我會錄影紀錄清真寺內的事件，未來才能在有翻譯的情況下回顧。人們常常用強調的口吻，告訴我每一座清真寺都會對非信徒開放，因為伊斯蘭包容所有信仰。他們甚至對破壞秩序的人也親切以待——至少在抗議的頭幾天是如此。先前那群人對手機竊賊的態度之所以頗為溫和，除了因為清真寺是個神聖的場所，另外也和他們有著與外頭革命者一樣的信念有關。

＊＊＊

抗議的第五天，我看到人們把一具示威者的遺體抬進烏瑪・馬克罕。喪禮是由一波音浪帶起的，寺外先是響起一陣低沉的聲音，接著漸強化為轟隆聲。我坐在祈禱室的一角，突然間一群人從前門闖入。人群最前頭有十來人，用肩膀扛著一具未封蓋的棺材。

他們將遺體擺在清真寺前頭指向麥加的壁龕——米哈拉布（mihrab）的前方。幾位穿著黑衣的婦女跟著男人們進來，包括了死者的母親。她抓著一張護照大小的照片，照片上的人正是她的兒子。一些男人試圖擋住她，叫嚷說喪禮進行時是禁止婦女在場的。但這位母親揮舞著照片——在她手中，這張小小的相紙彷彿跟棍棒一樣有力。男人們迅速退開，女人們在這短短的聖禮期間始終待在祈禱室裡。

一位隨著棺材進門的男子告訴我，這位殞命的抗議者才二十五歲，有旅遊專業的學位。他是在前一晚被殺的。我問起這位抗議者的死因，男子默默把手伸進自己的口袋裡，掏出兩枚空彈殼。在內政部附近抗爭的人有時會蒐集這些東西，當作政府已經開始使用真槍實彈的證據。

目前為止已經超過三十人身亡，這位年輕的示威者就是其中之一。一位蓄鬍的教長站在遺體前，講起哈姆札（Hamzah）的故事。哈姆札是先知的叔父，當伊斯蘭於西元七世紀興起時，哈姆札在早期一場與麥加人的戰鬥中殉道。接著教長談到這些示威。

「要知道，我們認這人為真主樂園中的烈士！」他的聲音益發高亢。「我們向真主立誓，這一切不會白費！流的血是善的血！是為了公義的世界而流！聽我說啊真主的子民！我們要抗爭，我們會堅守此處，直到為烈士們復仇為止！」

群眾中一位男子響應：「真主啊，讓我們為我們的大業而死！真主啊，讓我們為我們的大業而死！」

「真主至大！真主至大！」

這時男人們開始呼吼，戴上面具，湧向外面，重回戰鬥。幾個人把棺木抬走。死者的母親慟哭時，她身旁的一名婦女痛陳警方的殘暴。

「魔鬼！魔鬼！」她叫喊。

「女人，這是軍事政權，」一名男子說，「這就是軍事政權帶給我們的。」

等到棺木抬出清真寺，音浪退去後，祈禱室又恢復了安靜。有些人在整段喪禮中都在睡覺，一位名叫艾哈邁德・色蘭（Ahmed Salem）的年輕藥師則是在米哈拉布旁的臨時醫護站做事。色蘭的英語說得很流利，當我提到方才的喪禮時，他眨了眨眼，說自己忙到沒注意。他已經工作兩天，幾乎沒有闔眼。他說，他發出去的多半是治療催淚瓦斯的泛得林與肺咳寧（Farcolin），也發了大量的聚乙烯醇眼藥水。地板上散亂丟著包裝紙、小藥瓶、玻璃瓶和其他東西。我們交談時，這名年輕藥師踩到了一支針筒，劃開了他的腳。他彎下身，慢慢包起繃帶，臉上一片淡然，彷彿只是尋常的抓癢。他光著腳。在烏瑪・馬克罕清真寺內，很多事情都有商量空間，只有一條規則絕對不能打破——清真寺中不許穿鞋。

* * *

抗議的第六天，名叫色蘭・阿卜杜—艾爾色蘭（Salem Abd-Elsalem）的男子在清真寺祈禱時被偷了一雙 Nike 涼鞋。「感讚真主！」我在祈禱室後面遇到他的時候，他熱情地說。聊了幾分鐘之後，他才提到小偷的事。我無法想像光著腳困在解放廣場是什麼光景，但色蘭看起來心情完全不受影響。清真寺一位看門的志工最後幫他找了雙多出來的拖鞋。

抗議期間大約有十多名年輕的革命分子在清真寺裡外幫忙，他們多半不會講英語。一周後，我聘了一名翻譯陪我加入解放廣場之行，我們常常和一位志工同坐，是位瘦弱但敏銳的男子，名叫瓦利德（Waleed）。瓦利德來自遙遠的開羅郊區，跟許多抗議人士一樣，除了身上穿的衣服之外什麼也沒帶，每天都穿同一件白色毛衣，這件毛衣一天比一天更髒一些，晚上他就睡在清真寺裡。每當寺裡擠滿人，瓦利德會在祈禱室忙進忙出，分發毯子、食物，以及其他人捐獻的物資。

這種自發性的組織行動就是革命的正字標記。像是穆巴拉克被迫下台的第一波抗議中，也始終沒有帶頭的運動領袖；參與這場革命的人以年輕人居多，埃及的人口中，二十五歲以下的人就占了半數以上。談到沒有領導人或政黨帶領的這件事，抗議者往往帶著自豪的口吻，因為就他們來看，恰恰反映了自己是更民主的一代人的事實。他們對非官方活動所投入的心力，也是這種自豪之情的一部分。衝突發生時，騎摩托車的青少年負責後送傷者或吸入催淚瓦斯的人，有醫學與藥學背景的學生則加入臨時醫護站；甚至還有成群的年輕人帶著鑿子與槌子，破壞穆罕默德．馬哈茂德街的人行道，供群眾撿拾水泥塊丟擲警方。

烏瑪．馬克罕清真寺發揮了各種功能，後來甚至成為解放廣場的臨時法院所在地。我第一次拜訪清真寺時觀察到的寬容氛圍似乎已經變調，如今，任何在廣場上被抓到的現行犯，都會直接押往祈禱室；假如犯行嚴重，罪犯會被綑住雙手，關到小房間裡。決定是否釋放被告，或是送交廣場遠處的警察局，就是志工們的任務。我問瓦利德他是怎麼決定的。

「這取決於犯行有多嚴重。」他說。

我透過翻譯請瓦利德具體說明，但他拒絕明確表示。最後，他站起來，從志工桌後方起出兩個大塑膠袋。他把袋子裡的東西倒在桌上——好幾十個皮夾、一堆鑰匙與身分證。

「這就是失物招領，」瓦利德說，「裡面有許多東西是從小偷身上搜出來的。你就知道這是個嚴重問題，我們必須嚴厲對付我們抓到的人。」

* * *

經過一星期的示威後，埃及最有聲望的伊斯蘭學術機構——艾資哈爾大學（Al-Azhar University）的若干重要教長與內政部達成暫時停火協議。休戰期間，軍隊派士兵蓋水泥牆，架鐵絲網，擋住通往內政部的主要道路。此時，示威群中仍然沒有領導者能提出明確而完整的要求。穆斯林兄弟會拒絕重返廣場，有些年輕的兄弟會成員乞求上級參與，一部分是為了建立秩序，以期降低暴力程度；但兄弟會的領袖們鐵了心——他們覺得捲入這麼混亂的事件完全沒有好處。抗議之初，埃及臨時政府的內閣提議總辭，但此舉完全無助於減少怒火。

倒是水泥牆發揮了作用。屏障還沒出現之前，示威浪潮可說毫無間斷。群眾衝向內政部，在警方壓力下撤退，然後重新組織，再度發起衝鋒。等到水泥圍牆擋住了這些進攻的節奏，情況就好像催眠師敲響他的手指一樣，年輕人失去了焦點；一旦少了明確目標，他們的精力便朝不同的方向散逸。志工組成的警衛隊突然激增，檢查哨也在解放廣場四周大量出現。在這時期，無論我與我的翻譯在什麼時間點從尼羅河宮殿大橋走過去，都會被年輕人攔下個七、八次，要求我們出示證件。

這位翻譯名叫穆哈美德（Mohamed），但他有個綽號——馬努（Manu）。「阿拉伯之春」爆發前，馬努曾受雇於位在開羅的杜拜行動電話客服中心，用英語回答杜拜客戶的問題，接著他又為一間打算在埃及地中海岸邊興建渡假村的荷蘭公司工作。革命展開後，這間荷蘭公司放棄計劃，員工則是遭到資遣。馬努只好在解放廣場周邊盡可能地接翻譯工作，附近總有外國記者與攝影師需要翻譯人員。對於這一切，他似乎處之泰然——從杜拜行動電話公司到荷資渡假村，短短一年的時間，他的工作又變成幫助外國人理解埃及政治事件。

馬努年近三十，是個剃了光頭、眼睛內雙的英俊男子。我對埃及人的第一印象是他們臉上豐富的表情，但我卻很難解讀馬努的神情。他不太笑，而且一開始幾乎不提自己的人生；甚至連解放廣場檢查哨的志工咄咄逼人時，他也依舊心平氣和。每當經歷這種不愉快，以及我們要進入清真寺前，他都會停下腳步，點根總督牌藍標（Viceroy Blue）來抽；只要一離開清真寺，他也會做一樣的事情。他總是大口抽著他的香菸，彷彿在祈禱室裡時他一直憋著氣。有一回，我問起他對那個地方的真實印象。

「我不喜歡清真寺。」他說。

「這意思是你不信教？」

「也不是。」他細細道來：小時候，他常參加周五的祈禱，但稍微長大之後，他就不去清真寺了。之後，他進入陸軍服兵役，當時他習慣去基地裡的清真寺，為的則是打盹。「那邊是我唯一能獨處的地方。」他說。

「你討厭軍隊？」

「討厭。」

「但你討厭清真寺的程度沒你討厭軍隊的程度高。」

這下他笑了。「沒錯。至少清真寺裡可以睡覺。」

我問他會不會擔心穿著制服睡在祈禱室裡，會被人視為不尊重。我原以為我在烏瑪．馬克罕清真寺所看到的——無時無刻都有人在整間祈禱室地板上擺成大字——只是革命時的反常現象。

「不，」馬努說，「只要在大熱天進任何一座清真寺，你都會看到有人在睡覺。至於別的才不正常。」他這句「不正常」的意思很廣——這座清真寺、這個廣場、這種衝突、這些檢查哨。

馬努參加過解放廣場抗議初期的幾場，穆巴拉克下台一事令他激動不已，但他說自己如今有不一樣的感受。清真寺裡也有許多人的看法跟他相同。「一月時，抗議的是中上階級，」人稱薩米（Samy）教長的古蘭經老師告訴我，「他們要求社會正義與自由，但現在這是場窮人的革命，都是一窮二白的人。」這位教長出身尼羅河三角洲，在當地的宗教學校工作。自從十一月爆發抗議後，他就住在清真寺裡，帶領祈禱。他說，許多在穆罕默德·馬哈茂德街上抗爭的年輕人想法都很混亂，但仍然值得寄予同情。「他們不是只為了製造麻煩，」他說，「他們生活很苦，充滿憤怒。」

在埃及，所有主要的清真寺都是由國家直接管理，政府指派伊瑪目，支付他們薪水。烏瑪·馬克罕清真寺的伊瑪目是馬札哈·沙欣（Mazhar Shahin）教長，是位在鏡頭前很上相的男子，三十多歲，常常在談話性與流行宗教節目上宣揚相對自由的伊斯蘭信仰詮釋。他也因為在革命初期支持解放廣場上的運動，而成為知名人物。十一月抗議的第一天，馬札哈教長就在烏瑪·馬克罕清真寺發表一次激情的講道。他告訴示威群眾：「我們要的是懷抱伊斯蘭願景的公民民主國家，允許人民實現他們的權利與民主。」

但自從那次講道後，我就不曾在清真寺看過馬札哈教長。法律規定，政府任命的伊瑪目在日落時與入夜後的禱告之間必須待在自己的清真寺裡，因此我與馬努常常在這個時間拜訪。「我希望他人就在這裡，」薩米教長說，「總得有人主持一切。」這段期間，馬札哈教長繼續在電視上露面，公開表示願意在示威者與警方之間做協調，但在示威地點，到處都看不到他的人影。

＊＊＊

抗議的第十天，有個人被逮到攜帶剪刀，於是被拉進烏瑪．馬克罕清真寺。剪刀之所以被列為違禁品，是因為小偷會用剪刀剪破衣袋。一小群民眾拖著他穿過祈禱室，就在潔身室裡毆打他。我和馬努坐在十五英呎外跟瓦利德講話，對話不時被男子的慘叫而中斷。一些人跪在附近，試著祈禱。此時，瓦利德的白毛衣已經完全變成灰色的了。所有志工看起來都一樣，一天天過去，他們的衣服愈來愈髒，表情也愈來愈緊繃。

我問瓦利德，他們打算怎麼處理這個被控當賊的人。瓦利德說，他們會把他綁起來一段時間。這間清真寺就和廣場上的其他地方一樣，突然跑來一批自告奮勇的糾察隊。他們忙著對覺得可疑的人提問，常常毆打遭扣押的人，企圖屈打成招。有些新來的人自己準備了武術用軟墊背心，用日出的圖案加以裝飾。當這些勇士們赤著腳、踏著方步時，清真寺彷彿也變成一間跆拳道館。

一些糾察隊員開始對馬努施壓，想得知更多關於我的資訊。如今的清真寺已經沒有長輩。薩米教長在先前試圖阻止鬥毆時受傷，已經回到尼羅河三角洲的老家。竊案隨時都在發生，其他罪行也是。有個年輕人在清真寺的醫護站假扮醫生被逮到，好幾名志工回報有大量捐獻得來的藥品在未經許可的情況下被搬走，可能給人帶到黑市賣了。

抗議的第十天，我們步出清真寺，馬努先是抽起他習慣的總督牌藍標，然後說咱們先別靠近這裡一段時間，或許比較妥當。

＊＊＊

國會大選在隔天早上開始。埃及各地的選舉情況都很平和，合格選民中有半數都參與了投票。我整天都在開羅各地的投票所打轉，每個地方的排隊隊伍都很長，他們根據性別的不同而分隊伍，但很有秩序。我在郊區馬阿迪（Maadi）的一間投票所數了數，有超過一千兩百名婦女在隊伍中耐心等候。這是埃及史上第一次真正的自由選舉。

穆斯林兄弟會贏得全國各地百分之四十七的席次。最保守的伊斯蘭主義者——薩拉菲派（Salafis）的代表光明黨（Nour Party）最後居然位居第二。這兩大伊斯蘭主義團體共同主宰了新國會，沒有任何左派政黨贏得超過百分之十的席次。

兄弟會的領袖們顯然作了敏銳的政治決定。由於避開了解放廣場的抗爭，他們得以將心力投注於競選活動的最後衝刺。當我訪問組織的領導階層時，他們宣稱當局是故意激起抗議人士的情緒，以期中斷民主體制的成形發展；但也有少數重要的弟兄並不同意，像是穆罕默德・貝爾塔吉（Mohamed Beltagy）。穆罕默德・貝爾塔吉贏得東開羅一處貧困行政區的國會席次，他提到自己曾經以個人身分走訪解放廣場。他告訴我，場面之暴力讓他大感錯愕。

「我同意其他兄弟會領袖所說，是假情況沒錯。」貝爾塔吉說，當時我們在他的競選辦公室會面。「是為了讓民眾在通往選舉的路上分心而製造出的情況。兄弟會認為既然這是假情況，我們就該保持距離。但我覺得我們應該到場，因為那邊流了太多血。全都是年輕人，應該要有人在那指引他們。」

我花了段時間，費力調和我親眼所見的這兩件事。廣場上、清真寺內，我眼看一個小型社群發展起來，然後瓦解，因為缺乏領導而受害。但我也見證了一場有秩序、平和的全國大選——民主夢成真。有時候，我覺得清真寺太小，不足以代表更大的局勢；但有時候，我又覺得選舉是個膚淺的儀式。不過，像開羅這樣的城市就是有這種特質：城裡有許多部分，許多種現實。對不同的人來說，甚至連橋名上的紀念日——十月六日、五月十五日——都有完全不同的意義。

＊＊＊

那年，馬努與我常常合作報導政治事件，但也有私下社交的會面。他不拘禮節，周末時常常到鬧區一些彷彿暗藏玄機、前門沒有招牌的小酒吧。在我公寓附近有個地方，他稱之為「守門人酒吧」（Doormen's Bar）。其實也沒別的，就是兩棟建築物的間隔，穿傳統長罩衫的男子會擺幾張椅子，以及一台擺滿便宜的埃及星牌（Stella）啤酒的冰箱。當地一些大樓管理員會偷偷在那喝酒，因為從街上是看不見這小空間的。

有天晚上，馬努打電話給我，說有件事情他想當面對我說。他提議到另一個比較不受拘束的地點見面，就在扎馬萊克的東北角。扎馬萊克這個島上沒有任何店家或餐廳，倒是有幾群年輕人常常聚在停好的車旁，喝啤酒，抽哈希什（hashish）*。情侶手牽著手，坐在能俯瞰尼羅河的圍牆上。有些居民會在部分圍牆上塗瀝青，對情侶敬謝不敏，但大部分地方還是容許人們相聚。此情此景讓我想起自己在美國中西部成長的回憶，小鎮裡總是有條開車漫遊的路線，讓青少年逃離自己的家人。

馬努跟我在圍牆邊找了個沒人的角落，開了幾罐我帶來的啤酒。在附近一棵樹的陰影中，有對貼近彼此的情侶正在低聲交談。女子圍希賈布（hijab）**，衣服包到腳踝。許多和男友一道前來的女子都穿得相當保守。她們屬於夾縫中的群體，自由到想跟自己的男友獨處，但沒有自由到能在餐廳或其他公開場合這麼做。我完全沒看到這些女子喝酒。

馬努跟我閒聊了片刻，接著他說自己最近跟警方有點問題。他相信問題已經解決了，但他想讓我知道，他可能會再度成為目標。「我是同性戀，」他說，「我不知道你有沒有猜到。」

我沒有。他從來沒提過女朋友，但開羅的年輕男子通常也都單身。他的個人風格也沒讓我有過這種感覺，這時我才意識到，我之所以覺得他很難解讀，原因就在這裡：他已經學會要小心謹慎。我告訴他，我很欣賞他的坦誠。

「這會困擾你嗎？」他說。

我分不出他指的困擾是自己的同性戀傾向，還是跟當局之間可能的問題。也說不定這兩件事在開羅是分不開的。

「不會，」我說，「當然不會困擾。」

---

* 濃縮大麻脂。

** 穆斯林婦女穿著的頭巾，也泛指穆斯林風格的服裝。

他告訴我，他最好的幾個密友知道他是同性戀，於是我問他，家人是否知道。他將舌頭擠出聲音，埃及人的「嘖嘖」代表強烈否定。「我不能跟他們說。」他回答。

他在蘇伊士運河的塞德港（Port Said）長大，他曾經告訴我，能夠逃離當地生活是多麼讓他鬆一口氣。我問他，在首都的同性戀生活可以自由到什麼程度。

「不完全自由，」他說，「但也不封閉。我有能去的地方。」

「有同志酒吧嗎？」

「沒有，」他說，「不過有同志常去的咖啡店。也有一些酒吧是思想自由的年輕人去的，裡面也許有些是男同志。總之城裡也還有其他地方。」

「這邊是其中之一嗎？」我提到站在陰影中那些成雙成對的人。

他又咋了咋舌。「不是，」他說，「尼羅河宮殿大橋才是同志場所。或者拉美西斯廣場（Ramses Square）。要是有人想跟誰邂逅的話，就會在深夜去那邊。」

我問他，那座橋之所以成為同志相聚的地點，是不是因為解放廣場的運動之故。

「革命前就已經是那樣了，」他說，「我不曉得同志們是何時開始去那裡的，總之已經很久了。」

我們續聊了半晌，然後馬努坐上計程車去鬧區找朋友，我則步行回去蜘蛛網大樓。路上我一直在想，我走過這座命名過兩次的橋，卻從來沒意識到這座橋有別的身分。在馬努跟我說過這些事情之後，幾次從市區晚歸的夜裡，我總能在尼羅河宮殿大橋上看見一些年輕男子。有些形單影隻，有些成雙成對，就這麼緩緩走過鋪滿月色的河上。

＊＊＊

二〇一一年十二月，第一輪國會大選結束後，馬努跟我最後一次前往烏瑪．馬克罕清真寺。這座城市已經進入了宜人的冬日，天空是完美的穹蒼藍。北方吹來的微風洗去了塵埃與催淚瓦斯的氣味。多數的抗議人士已經離開，穆罕默德．馬哈茂德街上的暴力也已經結束很久。各方皆表示估計有四十七人喪生。雖然最高軍事委員會同意在六月底之前舉辦總統大選，但這次的運動很難說有達到什麼重要成就。

我跟馬努走訪清真寺時，身為伊瑪目的馬札哈教長還是沒有回來。有些年輕志工還在，但我沒見到瓦利德。當我向人問起他時，名叫穆罕默德．蘇丹（Mohammed Sultan）的抗議人士給了個短促、挖苦的笑聲。「瓦利德不見了。」他說。幾天之前的晚上，瓦利德跟睡在清真寺裡的人拿了超過十支手機和相當於三百美金的錢，說晚上自己會幫忙看好這些東西。而這也是所有人最後一次看到那些手機和錢，還有那件髒毛衣。其中一名受害者稍後告訴我，這下自己非得借錢才能回家。蘇丹告訴我，我應該寫篇跟抗議有關的文章，標題就叫〈騙子瓦利德〉。

蘇丹說瓦利德犯的罪，以及廣場上其他種種問題，都不會破壞他對「阿拉伯之春」的信心。他之前為了參加十一月的抗議活動，已經有一段時間沒再當司機，但依舊很開心。不過他也意識到這場運動已經變質了。「一開始推動的都是些認真的人，」蘇丹說，「現在則是些敗壞革命的傢伙。」

艾哈邁德．色蘭——也就是那位在抗議之初踩到針筒、腳給劃破的那位年輕藥師，他還在清真寺裡，他也同意這位同胞的看法。就色蘭看來，廣場上的年輕人始終只是馬前卒，出現在一場自己都不了解的大棋局中。

「我們現在跟一月時還是一樣的處境，」色蘭說，「或許我們不曉得如何走出下一步。我們都還年輕，而老一輩的人仍然在對我們下指示，彷彿他們才是棋手。」他冷冷一笑。「我們現在就是棋子。」

Chapter 4

在「陪葬」，從盜掘坑中發掘出的大多數物件都是垃圾，菸屁股和玻璃紙包裝尤其常見，因為多數的盜掘者都是邊抽菸邊挖地。他們還丟了汽水罐、食物包裝與礦泉水瓶。有時候，盜掘者被遺址的警衛嚇到，就把工具丟了下來，如今這些東西就在考古挖掘下跟著出土。考古學家不時會找到彩陶小珠，是種能回溯到古埃及的漂亮藍色陶瓷。其中一個盜掘坑還挖出了被人扯開的木乃伊軀幹。

每天早上，考古學家會在六點整開始工作，為的是避開高溫。墓場沒有遮蔽處，該地區的平均年降雨量大約是十分之一英吋。雲朵難得一見。古代人抬頭看廣大的藍天時，他們看到的是水。他們相信，大地存在於某種氣泡中，被液態的宇宙所包圍。每一種天體——太陽、恆星、行星——乘著船，擦過天空的表面。在遙遠南方的某個地方，氣泡是有洞的，水就從洞口注入沙漠。一洞，一河——尼羅河。不然要怎麼解釋世上不下雨，卻有這麼多的水？

一九九一年，考古挖掘挖出了埋在墓地中由十二艘船組成的船隊。這些船出土的位置靠近「須納」——那座古代的泥磚結構——而且所有工藝品都指向遙遠的河流。有幾艘船的船尾擺了巨石，似乎是當成防止船隻漂進沙中的船錨，船隻平均約六十英呎長。最後又發現了兩艘船，而這十四艘船隻據信是獻給第一王朝某位國王的部分陪葬品。這些儀式用工藝品是在五千多年前打造的，用的是海外進口的針葉樹木材，而它們也躋身為世上已知最古老的人造船隻。這些船很可能從未下水。

船在沙漠中，船在天空中，阿拜多斯的景緻滿是奇蹟。第一王朝有位國王與七頭寵物獅子一同下葬；另一位國王則有一隻名叫「飛毛腿」的狗作伴。一處王族陵墓中擺的祭品罐足以裝下四千五百公升的葡萄酒。考古學家不斷發現配戴青金石護身符的遺骸，而護身符就跟水色的天空一樣湛藍——這證明早在最早幾位法老的時代，埃及就已經有與阿富汗相連的貿易路徑了。一八九九年，威廉·弗林德斯·皮特里（William Flinders Petrie）打開了一座國王的陵寢，國王名為瑟莫赫特（Semerkhet）；五千多年前，人們將香膏注入墳中，皮特里打開陵寢時，甚至還能聞嗅到香膏的氣味。

第一王朝的國王們還會用人陪葬，而這些人之所以被殺，似乎是為了在來生服侍其統治者。有些死者擁有宮廷頭銜，顯然代表社會的菁英階級。他們牙齒健康，骨骼強健；身上飾有象牙手鐲、青金石護身符與其他華麗的符號。至於他們怎麼死的則還不清楚。「沒有外傷的跡象。」一天上午，馬修·亞當斯在考古遺址說道。「骨頭沒有裂。最可能的猜測是，他們是服毒而死。有些古代國家在關鍵時刻會用這種手段，像是美索不達米亞，還有中國。這是一種在危急時確立王權性質的方式，我想不到有什麼比『握有生殺大權』更強烈的表示了。」

「王權」是埃及人的發明，而「國家」——亦即一群人有共同的認同，共享政治領土——也不例外。在美索不達米亞，文明圍繞著城邦發展，神廟與大祭司握有大權；但在埃及，所有權力都掌握在國王手中。「暴力」是國王身分的根基：已知最早的埃及統治者圖像是納爾邁（Narmer），描繪的正是他重擊敵人的場面。國王跨著大步，高舉權杖，另一手則抓著俘虜的頭髮——這個主題在接下來三千年重複出現了無數次。我們對納爾邁的細節所知甚少，但希臘歷史學家希羅多德（他稱這位國王為美尼斯〔Menes〕）倒是留下一段簡短卻又掃興的描述：「他遠征異地，贏得名聲，卻被河馬抓走。」

河馬事件之後的下一個國王是阿哈（Aha），他死的時候有超過四十名侍從陪葬。陪葬人數在他的繼位者哲爾王（King Djer）時提高為六百人。這種儀式性殺人習俗成為國王所習慣採用的時間，大約落在王政統治下的埃及，而祭獻人數經過一開始的增加之後，又逐漸減少。不到兩個世紀，古埃及人就完全放棄了這種作法。

「不知怎的，這種做法就沒了必要性。」亞當斯說。「說不定有明確的動機要他們不要代代都殺害你最優秀、最了不起的人才。這不是管理運作的有效方式，而是非常時期的作法。感覺像是他們藉此推敲何謂『王權』的手段。」

沒有證據顯示受害者有過抵抗。有些死者是宮中的侍從，但其餘許多卻是未滿二十五歲的人，而且似乎就是以年輕健壯為標準所挑選。亞當斯推測，這些年輕人可能是自願赴死，因為他們對神王（god-king）堅信不移。但這不僅不可能得知，我們甚至還缺乏必須的表述方式來傳達曾經發生之事。「我不喜歡稱之為『人祭』，」曾經發掘若干第一王朝陵墓的德國考古學家君特・德萊爾（Günter Dreyer）對我說，「『祭祀』是不一樣的。那是種協議——或許是跟神的協議，你為了得到『此』而付出『彼』。但這是為了在來生服侍國王而殺人。這是幫來生做準備，不是祭祀。其實沒有詞彙可以說明這種作法。」

* * *

一天早上，馬修・亞當斯為我導覽了「須納」的周邊。這幾道圍牆在今日就跟阿拜多斯的峭壁一樣是沙子的顏色，但在古代，人們則是將之刷成白色。圍牆立面上有一連串輪廓分明的垂直扶壁，在無雲的天空下會投射出充滿戲劇性的光影。美索布達比亞建築有些也有類似的手法，埃及人則將這種特色發揚光大，成為王室建築物的核心。其他位於多日照氣候區的古代文明後來也興建有同樣效果的大型建物——例如希臘神廟中壯觀的柱子與其他垂直的特徵。某些我們現在認為新潮的建築細節，像是裝飾藝術風格中明快的垂直線條，其實是這種形塑「須納」的概念留下的直系後裔。

第一王朝的國王，以及第二王朝的頭兩位統治者，都是在「陪葬」的另一區興建自己的陵寢，距離這裡有一英哩遠。他們還在世的時候，似乎曾使用類似「須納」的結構作為儀式獻祭之用。每一位國王都興建一座四邊圍起來的結構，等到國王死後，這座建物又會在儀式中拆除。「我們認為埃及國王是為了千秋萬代而蓋。」亞當斯說。他指出幾個地區，是其他圍牆建物曾經矗立的地方，如今在地面上完全看不到痕跡。「『國王蓋暫時紀念性建築』的想法似乎很古怪。但他們蓋了這些建物，建物存在十或二十年，直到新王登基為止。他們會非常仔細做好準備，把舊建物掃除乾淨，然後運來荒瘠的白沙。」

這種粉狀的白沙是要用來撒在舊王的圍牆牆角下，接著再將圍牆推倒並掩埋。陪葬品則位於旁邊：祭品罐、牲口、廷臣、年輕男女。一九八〇與一九九〇年代時，賓州大學的考古學家大衛・奧康諾（David O'Connor）主持了一系列的考古挖掘，挖出了這些遭掩埋建物的殘塊。亞當斯在上述許多的挖掘坑工作過，而賓州大學團隊也發現了埋藏的船隻。

「任何特定的時刻，都只會有一座紀念建物矗立，」亞當斯說，「這不是緬懷他的建物，而是在他活著的時候讚頌其王權的建物。」

我們走到「須納」後方，鳥兒在高牆四周撲拍著翅膀。建築物構成的巨鏈形塑了墓場這個區塊，而「須納」正代表最後一環。興建它的人是卡塞凱姆威（Khasekhemwy），第二王朝強大的最後一位國王。在卡塞凱姆威之前，王室的圍牆建築只是「循環」時間的一部分：它們形成循環，就像四季遞嬗與尼羅河水的漲退，並非永恆。但卡塞凱姆威似乎深受為「永恆」時間而建的想法所吸引。他把自己這座建物的圍牆蓋得比前人都厚，等到他死後，圍牆依舊屹立不搖。

這個簡單的舉動觸發了人類想像中某種強而有力的東西。卡塞凱姆威之子左塞爾（Djoser）踏出了關鍵的另一步，用岩石取代了泥磚。左塞爾在今日開羅南方的薩卡拉台地（Saqqara Plateau）興建了六層階梯狀的建築物，由一道岩石版本的巨形「須納」將之包圍。左塞爾金字塔如今人稱「階梯金字塔」，是世界上最古老的石造紀念建築物。當左塞爾其後的繼位者興建屬於自己的紀念建築時，他們讓外型更趨完善，最後成為四面平滑的標準金字塔。從四十英呎高的卡塞凱姆威圍牆發展到四百八十一英呎高的吉薩石灰岩密閉大金字塔，埃及人總共只花了一百年又多一些的時間，之後還要再過四千三百多年，地球上才又出現更高的人造建築物。

* * *

若從現代觀點看吉薩金字塔群的重要性，是有可能誤導人的。我們多半把重點擺在古埃及的有形建築結構與物體，視其文化為近乎奇蹟的規劃、建築與工藝泉源。但真正有趣的是，古埃及人對於我們所認為的「發展」其實並不熱衷。綜觀古埃及的大部分歷史，他們鮮少為灌溉土地而出力，而是仰賴尼羅河的自然氾濫循環。他們每年只有一期穀類作物，人口成長緩慢——即便到了埃及統一已將近兩千年後的新王國時代晚期，人口恐怕也不過四或五百萬人；相形之下，今天的埃及可是有九千多萬人。最早的簡單灌溉器具一直要到第十七王朝之後，才出現在歷史紀錄上。埃及人興建了吉薩大金字塔，卻過了數世紀之後才開始使用輪子。他們收稅，他們跟各地互通有無，但他們從來沒有發明錢——在「陪葬」出土的錢幣是希臘人統治時鑄造的。在古代，象形文字是有字母的，但埃及人似乎不喜歡用這種比較簡單的方式來書寫。三千年來，工匠勾勒出的象形文字形貌出奇地固定。

等到古埃及人以產業規模生產時——例如為城市居民烤麵包時，他們的初衷也很少是為了革新。他們沒有製作更大的烤爐，也沒有發展出生產線，而是純粹蓋了許多小烤爐。「他們只構思出適用於地方的邏輯，只作少量。」埃及學家貝瑞・肯普（Barry Kemp）在《古埃及：文明解剖》（*Ancient Egypt: Anatomy of a Civilization*）如是說。無人遵奉效率，技術並非目標。他們當然能處理數字：大金字塔由大約兩百三十萬塊人工切割的岩塊建成，每一塊平均都超過一噸，而建築物精準指向真北，只有二十分之一度的偏差，但古埃及人未曾投入我們所理解的數學學科；他們似乎並不熱衷於發展抽象理論，或是將解決問題的方式標準化，算數繁瑣到荒唐的地步。除了「三分之二」，古埃及人都用以「一」為分子的分數來表示所有的分數：假如想表示「四分之三」，他們會寫成「二分之一加四分之一」；「七分之六」則是「二分之一加四分之一加十四分之一」；「九分之八」則是「二分之一加四分之一加十八分之一加十八分之一加三十六分之一」。

他們為何要這麼作？沒人知道；古埃及人不打算為了我們方便而解釋自己的作為。開羅大學數學教授哈尼·艾爾—胡賽尼（Hany El-Hosseiny）審視古埃及人進行計算的方法，他告訴我，古人的作法讓他困惑不已。「他們肯定有抽象思考能力，畢竟他們會把類似的問題分成同一組，以類似的方法解題。」他說，「但他們從來不用抽象的方式來陳述。他們處理這個問題，接著處理那個問題，然後處理又一個問題。他們從來不說有什麼通則。」

古人不太重視改進體系，甚至連使用「體系」這個詞可能都不太合適。「近年來，考古學家有一種把古代社會的某些方面視為『體系』的傾向，」肯普寫道，「這種觀點很有價值，但會造成語義問題。我們也許能從古代社會的運作中辨識出某些體系（system），但它們不盡然都是經過安排的（systematic），畢竟後面這個詞隱含高度的理性與秩序成分。」他的看法放諸歷史上大部分的時期、世界上大部分地區皆準，而且事情在今日仍然是這樣運作的。肯普對古埃及人的描述說得好：「他們堪為各文化普遍特性的範例：體系有順應需求的傾向。是人們在應對現實。」

古埃及人真正的天才是對準其他的方向——不是他們興建的建築，也不是他們設計的體系，而是他們的想像力。他們發展出一種對時間、宇宙與政治權力的浩瀚觀點。發明「國家」的抽象概念，或許比打造國家的實際結構更為重要。古埃及人對於自己身為一個民族的認同，以及統治者的神王身分有著強大的信心。在他們的想像中，混沌與秩序之間有著根本的緊張關係，這種二分法的靈感想必來自一分為二的景緻。河流與沙漠，時間的「循環」與「永恆」，生與死，男與女，奧塞里斯與伊西斯（Isis），荷魯斯與塞特（Seth）——這種成雙成對是埃及思想的基礎。他們有創造傳統的卓越天分。他們有些概念，例如審判日、母與子的聖像、神死而復活的故事，後來化為基督信仰的根本。一年一度的阿拜多斯朝拜咸認是穆斯林朝覲的先聲。

發明王冠與權杖的似乎也是埃及人，而他們也很清楚建築物的象徵力量。他們把坐落在首都心臟地帶的王居刷成白色，跟「須納」同一個顏色，言談中提及王居時則稱之為「白牆」——賓夕法尼亞大道（Pennsylvania Avenue）一千六百號*的遙遠先祖。

＊＊＊

一進到「須納」的牆內，鄰近村落的聲音便消失了，舉目只有無雲的天空。沒有人知道一度在此舉行的儀式是什麼模樣，但它們的力量似乎迴盪了數世紀之久。古埃及人在整個墓區挖掘墓穴，但它們卻有超過一千七百年的時間都不願意染指「須納」內部與周邊區域。早期儀式性殺人的作法，也在這座威嚴的建築物開始興建的前後消失了。也許是因為精力跟信念需要有個宣洩的出口吧？國王規劃興建大得難以想像的建築物，而不是將數以百計的侍從置於死地。「我們在阿拜多斯見識到的，就是古埃及國王正在發展王權的表述方式，」站在「須納」內的亞當斯說道，「他們正在發展王權的價值觀，我們則是在實地觀察這段過程。」

從一九〇〇年至一九〇四年間，不列顛考古學家皮特里曾在此進行挖掘，有時候他會住在小草屋裡。亞當斯指出了草屋的地點，提到皮特里開風氣之先，採用更科學的發掘方法，而且他還是個一絲不苟、不知疲倦、心志堅定的人。皮特里跟亞當斯一樣，都把考古手法用在盜掘者與小偷留下的蹤跡上，但皮特里本意卻在於懲罰。他的自傳中提到這麼一起事件：

在一個風雨交加的夜裡，有人把一尊超過一英擔重的雕像從我們的現場偷走了。我追蹤他留下的痕跡，利用一張張畫出他雙腳的素描——此人的腳趾十分特別。我找了個當地人，把話放出去，最後也找到了竊賊。在他被逮捕後，我到警察局一看，他的雙腳跟我畫的完全一致。

皮特里節儉出了名，每當考古季節進入尾聲，他就會把剩餘的罐頭食物埋起來，等到下次行動重返原地時再挖出來。他判斷罐頭是好是壞的方法，是拿罐頭對著牆敲，看會不會爆裂。這些年來，亞當斯不斷找到皮特里留下的罐頭和其他物品。

發掘坑中常常會找到考古前輩們的所有物，而這些近代人造物還真有點「平易近人」。亞當斯的團隊在其中一個盜掘坑發現一張衣物乾洗清單，字跡優雅，很可能是與皮特里同時代的不列顛人亞瑟·馬斯（Arthur Mace）丟棄的。亞當斯還找到一個裝痔瘡乳膏的容器，是約翰·加斯丹（John Garstang）在二十世紀初拿來擦的。一次在阿拜多斯挖出了一把老式房屋鑰匙，是加拿大考古學家查爾斯·嘉瑞利（Charles Currelly）在一百年多前遺失的。

二〇一〇年，來自賓州大學的考古團隊正在發掘若干中王國時期陵墓時，不巧找到了一具近代少女的屍體。從事發地點來看，她先是被人殺害，然後草草埋葬，時間則是在過去半世紀之內。死因是窒息——女孩的脖子套了一圈繩子，看來只有十五歲左右。

考古學家向當地警方舉報，但警方不感興趣；對他們來說，這件兇殺案就跟那六百名隨侍哲爾王進入來生的侍從們一樣，屍骨已寒。賓州大學團隊於是在找到女孩屍體的地方原地重新安葬了她。她可能是強暴或「名譽殺人」（honor killing）的受害者——這種習俗在上埃及的氏

---

* 美國白宮的地址。

族村落仍偶有耳聞。儀式、犧牲、權力詞彙——我們也許有字詞能說明這裡發生過的事，也許沒有。

在距離女孩之墓的不遠處，賓州大學的考古學家找到了不久前一次罕見風暴留下來的雷擊痕跡。閃電擊中岩床的露頭，導致電流在沙子上朝四面八方發流竄。雷擊的瞬間完美保存了下來：無論閃電經過何處，都會把沙子融成精緻的玻璃管，在沙漠表面創造一張水晶網。當考古學家試圖拿起天空的這項創作時，它就碎成了塵土。

Chapter 5

傍晚時分，薩伊德常常來蜘蛛網樓房稍事休息，因為他曉得我跟萊絲莉都是在家工作。只要我開門，他就會跟我打招呼，接著對萊絲莉喊聲「兩湯匙，謝謝！」，意思是他想來杯加了兩大湯匙糖的茶。在薩伊德的世界中，這是妻子扮演的角色——她得為男客人準備茶和其他點心。

這種命令——「兩湯匙，謝謝！」——萊絲莉聽了幾回之後便要我去跟薩伊德解釋：在我們家，女人不是理所當然的女服務生。但我擔心我還沒有辦法用恰到好處的阿語將這段訊息傳達出去。於是我把解釋的工作推遲到我的語言能力進步之後，與此同時，我則提議由我自己來倒茶。有時，萊絲莉也會跟我們一起在客廳同坐，薩伊德都是在這裡喝茶，消除工作的疲憊。

我們在這個城區生活的頭幾個月，他是我們用阿拉伯語進行長時間對話的第一個對象。他有好奇心，又有耐心，而他缺乏教育的事實似乎讓他更能同情我們的處境。大多數時候，他都是個專心的聆聽者。我猜想，這可能是不識字的自然反應，他習慣以聽的方式來接受大部分的訊息。只要萊絲莉或我用了新的詞彙或是語法結構，薩伊德總能注意到，接著會說「漂亮！」來鼓勵我們。他甚至像個好老師，總會在言談中重新利用那些新字詞和成語。

我們總是有話可聊，畢竟他常常帶著自己從垃圾中發掘到的東西過來。有一次，他帶來七瓶未開封的葡萄酒：大牌波爾多（Grande Marque Bordeaux）、卡賽瑞斯侯爵（Marqués de Cáceres）、穆利內酒莊（Domaine de Moulines）、米連酒莊夏布利（Château de Maligny Chablis）、阿爾薩斯蜜思嘉（Vin d'Alsace Muscat）、黎巴雷尼香檳（Champagne Liébart-Régnier），以及安東尼羅岱酒莊勃艮地老藤黑皮諾（Antonin Rodet Bourgogne Pinot Noir de Vieilles Vignes）。我上網查了每一瓶酒，確認價格，接著薩伊德拜託我，讓他把酒存放在我的公寓，等夜深人靜他才能把酒帶回家。他是在一位老埃及人的垃圾中找到這幾瓶酒的。薩伊德認為這人八成是戒了酒，通常若非因為宗教，就是跟健康有關。

他的發現有時還包括外國貨幣，我因此在不同的時間點確認摩洛哥迪爾汗、瑞典克朗、人民幣、澳門幣與加拿大幣的幣值。薩伊德發現一張寫著「10,000」的鈔票之後衝到蜘蛛網大樓，興奮之情溢於言表，等到我解釋說三萬伊朗里亞爾等於一美元，他才洩了氣。身分證件也是垃圾桶尋寶的大宗：薩伊德拿給我某個德國外交官的證件，還在使用期限內，我便把證件送到幾個街口外的大使館去。我家附近住了幾位拉脫維亞外交官，而我漸漸相信他們使館並沒有銷毀官方文件的規範。隨著時間過去，薩伊德給我看過的就有過期的拉脫維亞外交護照、拉脫維亞學校入學申請書、拉脫維亞大使館國防與資源議題顧問的通行證，還有拉脫維亞北約永久代表團祕書長進比利時總部的通行證。

跟當地的垃圾工為友有一些好處，其中之一就是讓我可以在任何時間點，到拉脫維亞首都里加（Riga）展開一段新生活，而且證件一應俱全。我還成了廉價壯陽藥專家。有些壯陽藥名字很棒：「奪久」（Durjoy，產地孟加拉）和「威如塔」（Virecta，來自印度）。中國壯陽藥常常用「龍」這個字，而且都有招搖的包裝，又紅又金。不過薩伊德對於任何藍色的東西都很注意。在另一次興沖沖的時刻，他帶著一片未開封的鋁箔包「艾力斯」地氯雷他定（Aerius desloratadine），藥丸的顏色就像威而鋼。但我上網一查，得知這其實是種抗過敏藥——薩伊德的失望之情一如幣值崩盤的伊朗里亞爾。

薩伊德教我阿語的「性」——「*gins*」，以及身體各個部位的俗稱。「*Andee zabala fil mokh*」——「我腦袋裝垃圾」。他常掛在嘴邊。他這句話只有一半的玩笑成分：畢竟為了生計，他非得花大把時間去想跟垃圾有關的事。對話中，「垃圾」這個主題常常跟女人和金錢摻在一起講。過了一段時間，我才了解到——女人、金錢與垃圾，在薩伊德心裡是互有關聯的。這三點正是他物質世界中的鐵三角。

一開始領著他走向垃圾的，其實就是女人和錢。薩伊德的父親在上埃及基納（Qena）附近的村子長大，也跟同輩的許多南方人一樣，移居到開羅來。他在市郊以警衛為職，同時展開一連串的閃電結婚與離婚。對穆斯林男子來說，離婚在法律上相當容易，只不過理論上很花錢，因為有各種應該付給前妻的費用，還要出錢養小孩。但這一切都不妨礙薩伊德的父親，他娶過九任妻子，假如你把他曾經短暫成婚的科普特基督徒女子算進去，那就是十任。當我見到薩伊德的手足與鄰居時，他的父親在眾人口中都是傳奇。人人都說他有貝督因血統，據信這解釋了他的不安於室與旺盛性欲。他們老是提到數字——九任太太，要是你有算科普特人，那就十任。從他們講話的方式來看，顯然沒把那科普特女人算進去。

有個數字大家都不確定：這人到底是幾個孩子的爸。總數約莫是二十，但多數的婚姻都很短暫，同父異母的手足彼此也很少聯絡。基本上，這些孩子都在貧困中長大，薩伊德的處境尤其困頓，因為他的母親是第九任、也是最後一任妻子（假如你把科普特人算進去，就是第十任）。此時，他父親已是中年人，更在薩伊德六歲時猝逝。

父親過世後，薩伊德別無選擇，只能出門工作來幫助母親與兩名年幼的手足。他沒上過一天學校，後來也身不由己地走上清潔產業的路，因為收垃圾既不需要念書，也不需要靠關係。他的第一份童工工作是坐在某個「*zabal*」——「拾荒者」的驢車上，確保這人出去收垃圾時，車上的垃圾不會被別人偷走。日子一久，薩伊德也漸漸往上爬，到了少年時他已經成了一位名叫薩拉馬（Salama）的科普特拾荒者的主力助手。

這位科普特拾荒者薩拉馬的人生軌跡和父親一樣，人生也受到眾多子女的牽絆。但薩拉馬的「眾多」卻不太一樣，他只結過一次婚，而他太太生了八個女兒，沒有兒子。薩拉馬也因此獲得傳奇般的地位，人人都在討論他是多麼努力地為了準備女兒的嫁妝而工作。在埃及人的婚姻中，人們期待新郎購買一套房子和主要家電，新娘則得包辦廚具、臥房家具、衣物與其他家庭用品。對新娘的家人來說，這些資源基本上就是付諸流水，因為婚後她就成了丈夫家族的一員。

薩拉馬膝下無子，這也意味著沒有男性繼承人能承接他的「回收事業」。等到薩拉馬死後，他的家人決定把路線外包給忠誠的薩伊德，憑藉多年來的服務，薩伊德已經證明了這一點。但條件很嚴苛。為了得到在扎馬萊克收垃圾的特權，薩伊德同意把所有紙類、塑膠類、玻璃，以及其他能轉賣的商品挑出來，交給薩拉馬長女的丈夫，作為回報。這等於薩伊德是無償蒐集這些東西。「我就把東西像剝好皮的香蕉一樣交給他。」他有一回這麼說。

由於心中謹記父親的不良示範，薩伊德以有戰略、堅定而耐心的方式走向婚姻。他誰都不相信，連親人也不例外。以他們這個階級的上埃及人來說，家中的長輩一般都會安排堂表親成婚。人們對於近親通婚的風險所知極為有限，況且結婚的目標也不是提升基因庫的多樣性，而是留住資源。選擇相當清楚：你可以眼睜睜看著女兒的嫁妝消失在陌生人的家裡，或是藉由把她嫁進你的大家族，把東西留下來。結果，將近百分之四十的埃及女人都嫁給家族的堂表兄弟。

薩伊德的母親來自另一座上埃及城市拜尼蘇威夫（Beni Suef）附近的村落，當薩伊德少年時，宗親便指定將某個表妹許配給他。這女孩以嫁給薩伊德當新娘為成長目標，他也覺得她心腸好，人也很有魅力。但他對堂表親婚姻有他自己的看法。據薩伊德分析，要堂表親出身的妻子聽話比較難，畢竟她可以跟父親或其他男性長輩抱怨，而男性長輩就會回過頭對丈夫施壓。「我認為，假如我娶個陌生人，就會比較好叫她做該做的事。」他說。

但是，在親族之外嫁娶要花更多錢。這一點讓薩伊德回到那個物質鐵三角：為了找個女人，他需要錢；為了賺錢，他需要更多垃圾。他盡可能取得到其他大樓收垃圾的權利，這種特權通常得靠錢來買。他還奉行任何想像得到的節流方法。他是我認識的埃及男人中極少數不抽菸的人，而且他還騎腳踏車通勤——對多數開羅人來說，騎腳踏車可是有失尊嚴到無法忍受的地步。（儘管這座城市地勢平坦，但單車騎士少之又少。）薩伊德用他找到的東西交換任何有價之物，而且跟附近所有人都能打交道。假如垃圾裡有還能吃的麵包或肉，他就會拿給不同的管理員和工人，他們則以其他方式禮尚往來。薩伊德還會從垃圾中抽出乾淨的報紙，交給當地的送茶人，交換免費的飲料。

就在年紀快到而立之年時，薩伊德存到的錢已經足以在利瓦區（Ard al-Liwa）——尼羅河吉薩一岸的行政區——蓋一間不錯的兩層樓建築了。此後，他開始睜大眼睛找老婆——而且真的是用看的。眼睛一掃，眼角一瞥——對於一個男女之間少有平常接觸的社會來說，這非同小可。一天早上，薩伊德在某個異母兄長的家附近，看到一位正把濕衣服掛上陽台曬衣繩的年輕女子。她個子很高，皮膚很白，而且美貌出眾。薩伊德得知她來自上埃及亞斯文附近某個村子，現在則是跟親戚一起住在開羅。這個女子名叫瓦希芭（Wahiba）。

她受過比薩伊德更好的教育。她擁有專科文憑——這是鄉下埃及人念完中學之後常常會就讀的商業學校。家人的婚配對瓦希芭也行不通，她曾經跟一位堂表親訂婚，但婚約因為雙方家人吵架而告吹。當薩伊德接觸瓦希芭的男性長輩時，他們對他經濟穩定的程度印象深刻，於是馬上舉行婚禮。此時他三十一歲，她才剛滿十八歲。等到我認識薩伊德時，他們已經結婚了五年，瓦希芭正懷上他們的第三個孩子。薩伊德得意地跟我說，他太太婚後開始圍起尼卡布（*niqab*）——保守穆斯林穿戴的黑色全面紗。先前點燃薩伊德熾熱渴望的那種經驗——瞥見瓦希芭的臉——是不會在其他陌生男人身上重演的。

* * *

萊絲莉和我在開羅第一年時，大部分時間我們每周都會上兩小時的埃及阿語課。我的語言能力穩定進步，不消多久，我就有能力跟薩伊德展開計劃中的交談，告訴他萊絲莉不是女服務生。

但到了這個時間點，他早就不會跟萊絲莉要茶喝了。他一定有感覺到我們的不自在，而我也注意到他自己作了一些調整。開羅素有對外國女子不友善的惡名，她們得應對公開場所司空見慣的性騷擾。但埃及男人對女人的態度也會突然轉向另一個極端。假如萊絲莉和我一同出現在某些場合，有禮貌的男人通常只會跟我對話，小心避免跟萊絲莉有眼神接觸。他們認為這是種尊重，但也是女人在開羅一部分的疏離感來源：有時候她很顯眼，是猥褻視線與嘲笑的目標，但有時候她卻變成隱形人。

不過對薩伊德，應對進退的變化卻不一樣。他似乎意識到，我不會因為他跟萊絲莉說話而感到受威脅，我們三個也能一起坐著聊天，完全沒有一般那種影響性別組成混和交談的不平衡感。我知道他在自己的社群中不會這樣作；他常常大剌剌地談到控制自己的妻子，使她與外人隔絕的必要性。儘管如此，他的性格中卻有一種開放態度，而他也有能力順應不同價值觀的人對他的期待。

薩伊德的工作最要求人的地方其實不是體力，而是這種敏銳。他的工作不受政府監督，也沒有制度或結構能保證別人付錢給他。他就跟開羅的許多人一樣，喜歡聊些正在進行的政治事件，但他從來不會投身其中。他對國家大事不是真有興趣，他整副心思都放在謀生的街頭巷尾，以及收集來的東西。薩伊德撿垃圾，但他也在垃圾中抽絲剝繭——凡是能幫助他了解居民、說服他們付錢給他的線索，他都很敏銳。這是他穿髒衣服的一個理由：他的外表能提醒別人，他代替他們做的是什麼樣的工作。他中午會在「H自由」販賣亭休息，部分原因是這個地方很顯眼，能讓行人有看到他的機會，從而感覺到有必要、而開始繳交他們的月費。

假如我對附近的哪個人感到好奇，我都會問薩伊德。一天傍晚，他中途停下來跟萊絲莉和我聊天。我們提起同一條街上住的一位中年富婆。她吝嗇出了名，而且從來沒結過婚，但她明明受過良好教育。我問薩伊德，優點這麼多的人怎麼會獨身？

「有句俗話，」他說，「『假如你為了猴子的錢跟猴子交朋友，那麼明天錢就會不見，但猴子還是猴子。』她的情況就像這樣。沒有人想跟她結婚。」

我提到這名婦女體重過重的事，好奇這是不是另一個因素。但薩伊德搖頭。「她本來很漂亮，」他說，「我看過她十五或二十年前的照片。她看起來很不一樣。漂亮！」

「你在哪看到那些照片的？」

「垃圾裡面，」他說，「她把照片丟了。」

我問，她為何這麼做？

「大概是她不想記起那些時光吧？」他壓低聲音：「說不定那些照片惹她難過。」

＊＊＊

周間日的早上，我跟萊絲莉會搭計程車經過十月六日大橋，去一間叫「卡利瑪」（Kalimat）的小小語言學校。搬來開羅之前，我們已經在米德爾堡學院（Middlebury College）修完標準阿拉伯語（*fusha*）——整個阿拉伯世界以此為書面與正式語——的夏季密集課程了。但埃及方言跟標準阿拉伯語差異很大，連某些基本用語亦然——如果只學過標準阿語，連聽懂「你好嗎？」都成問題。因此在開羅，我等於是在四十一歲的年紀從頭開始埃及阿語的初階課程。

當成年人搬到另一個國家時，語言會像條河流過你身旁。小孩能順著流走，毫不抵抗，但年紀比較大的人步伐多半躊躇得多，至少一開始是這樣。他們或者讓河水把腳打濕，或者走到水深及腰處，又或者不時讓自己有幾小時時間整個人浸在水裡。途中，他們會揀出似乎最關鍵的字詞和成語；人在開羅時，我都會帶著筆記本記單字。有些單字來自和薩伊德喝茶的時光：

性 جنس

差異 اختلاف

打 يضرب

後悔的 ندمان

燒 يحرق

被燒 يتحرق

他燒垃圾 حرق الزبالة

其他的字詞清單目則來自工作。二〇一一年十二月某天，我在烏瑪・馬克罕清真寺待了一下午，之後我的筆記裡出現：

伊瑪目 امام

教長 شيخ

鬍子 ذقن

毯子 سجادة

禁止的 حرام

有時候，字彙會創造出一段故事。隨著我的阿語逐漸進步，我偶爾會自己一人前往解放廣場，當作練習。二〇一二年一月，一群抗議人士對我起了疑心，之後我的筆記本就畫上了他們的偏執發展路線：

代理人　عميل
大使館　سفارة
間諜　جاسوس
以色列　إسرائيل
以色列人　إسرائيلي
猶太人　يهودي

到了二月，我添上「催淚瓦斯」、「屠殺」和「你能講慢點嗎？」，「陰謀論」則跟「薯條」在同一天出現。有時候我會懷疑自己的阿語講得有多奇怪，也會去想假如我在「阿拉伯之春」前來到開羅，阿語會學成什麼模樣。但不同時間、不同地點的情況都會不一樣；你永遠無法兩度踩進同一種語言。我筆記本裡的許多詞彙都是革命的遺跡，等到穆斯林兄弟會掌控國會之後，清單就出現了：

蓄鬍的人　أصحاب الذقون
媒體部　وزارة الإعلام
道地的　أصلي

假的、錯的　مضروب
停止（不做某事）　يبطل
幻覺、不真實　وهم

我最早的體悟之一是，這種片刻就算情緒再怎麼強烈，終究也會過去。筆記本裡有許多字尤其跟「阿拉伯之春」有關，但它們卻包圍在不受時間影響的字詞與片語之間。我在能聽懂計程車司機用收音機播放的政論節目之後，才意識到打電話進來的人和主持人會先互道禮貌的伊斯蘭式問候，長達一分鐘，然後才展開他們對革命的牛氣爭論。我的埃及阿語課本書名是「*Dardasha*」——意為「閒談」，第一章就收錄了一段對話，說明跟點頭之交打招呼的得體方式。不久後，我就發現自己不斷跟鄰居重複這段對話，一句接著一句，講著完全不受解放廣場影響的片語：

「願平安降臨於你。」
「願真主的平安、仁慈與祝福降臨於你。」
「你好嗎？」
「願真主賜你平安！你過得如何？」
「讚美真主。」
「祝平安。」
「祝平安。」

＊＊＊

阿拉伯語是我成年後學的第二種語言。讀高中與大學時，我從來沒出過國。二十七歲時，我加入了和平工作團（Peace Corps）。我被派往中國，住在長江邊某個偏遠的小城市。和平工作團服務結束後，我在中國又待了九年，擔任記者。中文成了我思考基本結構的一部分：某些字詞與概念，我會想到中文，而非英文。

我對阿語的某些看法自然會先透過一層中文鏡片。我在尼羅河邊生活時，自然會先想起我在長江邊的所學，而埃及阿語一開始讓我印象深刻的其中一種特性，就是埃及人的禮貌。在中國的時候，我用的中文入門課本叫《用中文談中國》（*Speaking Chinese About China*），頭幾課根本沒有花時間在禮貌上。第一頁的第一段對話是，有個學生對老師說：「給我們說說黃河。」沒有「請」，沒有「謝謝你」——中國人很少講這些話，他們是以「直接」聞名的。

然而，《閒談》書上的第一張單字表寫的則是：

請，快進來　إتفضل

對不起　معلش

望如真主所願！（由衷期盼！）　إن شاء الله

很高興遇到你！　فرصة سعيدة جدا

謝謝你！　شكرا

許多阿語課在課程之初，會介紹端視性別或階級而定的慣用語。社交語言規則之複雜，連一段三十二秒的對話都需要用注解來細細解讀：

> 你應該有注意到，當哈桑（Hassan）在對話中向阿里（Ali）問起阿里的妻子時，縱使對話聽起來友善而不拘禮節，哈桑也沒有明講她的名字。在埃及，除非你是非常親密的親友，否則不會特別提到其他人的配偶，或是女性親屬的名字。

《閒談》的做法相當於開藥方：針對每一種互動提供正確與錯誤的回應方式。有一章旨在說明，當拜訪埃及人家時，主人會奉上食物與飲料，但客人應該要一再拒絕。課文教你，經過幾次奉茶與婉拒之後，客人才能接受。另一章則談到「邪眼」（*evil eye*），認為他人的嫉妒會導致不幸。《閒談》書中會把小炸彈加上火焰的符號，印在那種就連在革命期間也會讓人氣炸的對話旁：「你的兒子真的很聰明，法蒂雅（Fathiya）夫人。」幸好，這種複雜的炸彈可以用正確的說話版本巧妙拆除：「如真主所願，法蒂雅夫人，你的兒子真的很聰明。」

我帶著女兒上街時常聽到這個片語：「*masha'allah*」——「如真主所願」。偶爾會有老人家微笑看著兩個小小孩，說「*Wehish, wehish!*」——「沒教養，沒教養！」這讓我困惑不已，直到有人解釋「說反話」是另一種免受邪眼之害的方法。社交互動的規則多得不得了，連《閒談》的處方也不合用。在卡利瑪學校，我們的其中一位老師里法阿特・阿敏（Rifaat Amin）便準備了五頁的補充教材，標題是〈阿拉伯語社交禮節表達〉。上面就有列出無論別人何時祝福我女兒，得體的回答都是：「*allah yakhallik*」——「願真主保佑你」。

里法阿特的講義讓我對任何情境都有準備。上面有一種專門向剛結束旅途的人問候的方法，還有另一種片語用來跟最近生了病的人打招呼。不管什麼時候提到逝者的名字，都必須說「*allah yerhamoh*」——「願真主令他的靈魂安息」；一小句推卸責任的話就能打發乞丐：「*allah yasabellik*」——「願真主令你的生活好過些」；「*shafeetum*」這樣的招呼語適用於跟上完廁所回來的人致意；甚至還有專門跟剛剪過頭髮的人打招呼用的成語。

我在扎馬萊克的理髮師總在每一回剪完頭髮後說「*naʿiman*」，但我一開始不懂意思。研究過里法阿特的講義之後，下一次剪頭髮時終於用正確的方式對答，理髮師高興地笑了。這就是那種在我有詞彙可以說之前，都不曾出現在我心裡的概念。突然間，我的那種欠缺就變得很明顯。我是怎麼在沒有任何剪髮完畢後的專用詞彙的情況下，在這世上活了四十二年的？從此之後，這位扎馬萊克的理髮師跟我都一直照章辦事：

「*Naʿiman.*」——「祝福。」

「*Allah yinʿam alik.*」——「願真主祝福你。」

＊＊＊

里法阿特．阿敏的父祖來自阿拜多斯。他的父親在那出生，是農家子弟，後來成為專作水塔的包商。一九五〇與六〇年代，埃及人口迅速成長，他的父親搭建超過三百座水塔，從亞斯文一路蓋到亞歷山卓。對於阿拜多斯之子來說，這似乎是完美的行業——生於無瑕的藍色穹頂下，長於埋藏船隻與古人想像力之地——他又把水擺回了天空。

他成功到足以為整個大家族在開羅興建一棟六層樓的樓房。里法阿特就在裡頭長大，身邊都是姑姨伯舅堂表親。孩提時，他夏天會到阿拜多斯與祖父母同住，在「陪葬」邊緣的廢墟間玩耍。等到他年屆五十，萊絲莉與我和他結識時，他的祖父母早已作古，他也鮮少回到南方。但他依舊對自己的阿拜多斯出身感到自豪。他常說自己的血緣能上溯到法老時代的埃及人，而他看起來也架式十足——他的面容就像是對神廟牆面浮雕所做的素描。他很瘦，身形筆挺端正，濃密的白髮跟黝黑的皮膚形成鮮明對比。他的顴骨很高，有著一雙銳利而深邃的眼睛。他的愛國心極為堅定。有些上埃及家庭的社會階級在上世紀中葉有所提升，他和其中許多人一樣，都是賈邁勒·阿卜杜勒·納瑟的死忠支持者——納瑟也出身南方。當納瑟在一九七〇年死於癌症時，里法阿特才二十歲，但他仍然對先前那個時代的埃及有種懷舊之情。每晚十點，里法阿特都會轉到羅塔那電視台（Rotana），看偉大的埃及歌手烏姆·庫勒蘇姆（Umm Kulthum）在一九五〇年代或六〇年代的演唱會重播。有一次，里法阿特為我們準備的習題裡，就有這樣的句子：「凡是真正的埃及人，沒有不愛烏姆·庫勒蘇姆的。」

不過，里法阿特卻有著跟今日埃及格格不入的其他特質。他是穆斯林——但他喝酒，不上清真寺，拉瑪丹月（Ramadan）* 期間也不禁食。他無視日常祈禱的召喚，對他來說，唯一虔誠遵守的儀式就是十點鐘羅塔那頻道的重播。他表示，前往麥加朝覲是浪費錢，不如花在窮人身上。自青春期開始，他就幾乎吃全素，這在埃及人之間極為罕見。里法阿特的手足告訴我，他

---

* 是伊斯蘭曆的第九個月，也是穆斯林的齋戒月。

們的父親在他剛開始拒吃牛肉與羊肉時常對他咆哮，但少年不為所動。成年之後，他所享用的少數肉類，是姐姐瓦蒂雅（Wardiya）烹煮的雞肉——她會用特別的手法去掉雞皮。

瓦蒂雅有時會送飯到里法阿特的住處，因為他是沒有女人的男人。他還年輕且單身時，就以需要隱私為由，搬離了家人的那棟樓——這在埃及也很不尋常。他獨居在吉薩一岸的中產階級城區——穆罕迪辛區（Mohandiseen）的公寓。三十出頭時，他曾短暫與一位異國女子訂婚，但如今他似乎對這段過往不怎麼嚴肅看待。「我從來沒結過婚，*al-hamdulillah!*（萬讚歸主！）」他常這樣對萊絲莉和我說。

在成為我們的老師之前十年，他曾經罹患淋巴癌。進行化療時，瓦蒂雅每周都會幫他送飯。縱使生活方式與意見天差地遠，但手足之間仍然極為親密。瓦蒂雅很虔誠，對於她弟弟看待神與性別關係的方式並不苟同。里法阿特相信男女理應平等，但瓦蒂雅拒絕接受這種思想。但她承認自己也受到弟弟影響。他力促她讓自己的兩個女兒盡可能接受最好的教育，最後她也同意了。里法阿特的論點是把女性受教育當成武器——假如丈夫讓她失望了，教育就是一種自保的方法。

里法阿特在有女性在場時也很自在，這是萊絲莉跟我選他上課的原因之一。上課時，他喜歡準備能反映社會批判的課文。有時候他寫的對話裡，都不給粗魯的男人起名字：

胡妲（Huda）：你累什麼？你在家什麼事情都不做。

她的先生：什麼意思？

胡妲：我說你應該幫我做點家事。

她的先生：拜託，妳的工作一點都不重要，而且妳還把一半薪水花在搭車上，一半花在化妝品上。

有堂課講到埃及偉大歌手烏姆．庫勒蘇姆，她很晚才結婚，而且沒有小孩，里法阿特便提到她可能是女同性戀。他很欽佩這類打破舊習的人，本身也很重視個人自由；他是「阿拉伯之春」的狂熱支持者。他的阿語課單字清單常常反映出甚高的陳義：對立、知識分子、發展中國家、社會階級；但他也有那種傳統埃及人對強人領袖的熱愛，得意地自稱為納瑟派。當萊絲莉和我指出納瑟曾經把異議人士、知識分子與伊斯蘭主義者丟進監獄時，里法阿特則主張這名獨裁者的鎮壓是合理的，因為經歷一九五二年的革命之後，國家需要團結一致。

他深信今天的埃及亟需一場重大的社會變革，還把家庭關係形容得令人窒息。但他仍然叫我們練習「阿拉伯語社交禮節表達」。就言詞表達上，他有他傳統的地方，其中一次的講義就是概述稱呼埃及女性的得體方式：

Ya madam——稱呼已結婚或訂婚，著西式服裝的女子（注意婚戒）

Ya ʿanisa, ya madamwazel——稱呼未婚、未訂婚、著西式服裝的年輕女孩

Ya sitt——稱呼著傳統服飾的已婚女子

Ya sitt hanim（非常尊敬）——稱呼已婚女子

薩伊德與里法阿特都是在開羅生活的第二代上埃及人，他們也都成為我最常講阿語的對

象。儘管受過的教育與社會階級有所不同，他們卻有一個共通點——強烈的矛盾感。兩人都綜合了嚴守傳統與驚人開明、甚或不守常規的思想。日子一久，我漸漸認為這種矛盾的傾向是民族性格的一部分——埃及百姓如此，神廟牆上的人物亦如此。這個現代國家有主流宗教、強大的民族主義，以及讓人感到幽閉恐懼的家父長制家庭結構；但這個國家也有一股相反的個人主義力量，許多埃及人更是天生如此。里法阿特的特殊與不一致看起來簡直與生俱來，瓦蒂雅和他的其他手足也睿智地選擇接受它們。

＊＊＊

里法阿特喜歡自己編教材上課，但一開始我堅持要用《閒談》。我在中國的時光讓我對語言課本有種著迷，因為書中教的遠比字彙與文法多得多。我剛開始學《用中文談中國》是在一九九六年秋天，當時這個國家正開始加速經濟改革，而國家發展的先後順序就反映在課文中。第三課裡出現的句子（「他工作很認真」）在第四課變得更複雜（「人人工作認真，因此產量達到兩倍」），接著在第五課達到精妙的新高度（「我們已經體悟到，唯有提升產量，才能提升人民的生活水平」）。至於「人民」是哪些人，他們生產些什麼，或是他們何以辛苦工作到這種地步，則不得而知。領導他們的是看不見的政治人物，他們沒有名字，但分分秒秒都很勤奮。（第三課：中國領導人們真會親身從事體力活兒嗎？）

十五年後，來到另一個轉變中的國家，《閒談》為我引介了一個完全不同的世界。埃及的課文沒有生產額，沒有經濟計劃，也沒有基礎建設工程，「工廠」這個詞不會出現在課本裡，不會有人提到要產量翻倍或提高生活水平，對話中的人物講的內容就像「我是工程師，念了五年大學之後，我現在在餐廳當服務生」。

我的中文課本對外國讀者而言向來諱莫如深——對中國或中國人民連一句負面的評論都沒有，但《閒談》從不避諱不好的行為。這是這本書強調禮貌的另一面：書中描繪出真實生活與美麗的言語之間的多處落差，甚至有一段對話是打錯電話卻又莫名堅持的交談。自從萊絲莉和我有了埃及的手機之後，我們一直對那些打錯電話找錯人，或是有奇怪要求，甚至什麼都不說的來電滿頭問號。《閒談》的單元就讓學生對這種情況有所準備：

阿里：嗨！

哈米斯（Khamis）：嗨！古瑪阿（Gumaa）先生在嗎？

阿里：不，你打錯電話了。

哈米斯：什麼？怎麼會？我要找古瑪阿先生。

阿里：親愛的（*habibi*），這裡沒有人叫古瑪阿先生。

哈米斯：我是哈米斯。他認識我。

阿里：還來？你打錯電話了。再見。

哈米斯：好吧！但他知道我是誰。

阿里：再見。

我們在卡利瑪上到這一課時，里法阿特不在，幫我們上課的老師是一位名叫薩米的親切男子。在我看來，這段對話看起來很直白，而且相當無聊。但薩米把它當成海明威的小說來讀：被遺漏的事情，才是真正重要的事情。

「我想，古瑪阿先生人確實在那裡。」薩米話說得認真。他詳細解釋了阿里替古瑪阿先生說謊的各種可能。也許古瑪阿先生欠哈米斯錢，又或者哈米斯是想找他幫忙。薩米說，這種行為在埃及相當常見。

「有時候我們會假裝沒有別人要的東西，」他說，「有時候我們說他人不在，但其實他在。」我問他，這種欺瞞從何而起。

「這要從七千年前說起，」薩米說，「獨裁者長在。我們始終擔心害怕。所以我們不相信彼此。」

這下換我帶著新的執念來解讀這九行字了。阿里為何稱呼他「親愛的」？哈米斯講話口氣怎麼這麼熟門熟路？「他認識我」那句神祕的結尾又該怎麼解釋？「但他知道我是誰」這就是本日心得：在埃及，事無大小，都可以有陰謀論。

＊＊＊

《閒談》花了很長的時間才講到數字。「一」到「十」的字一直到第三章才有介紹，接著還要再等三章課文，才會繼續講更大的數字。等到學生學會講「十一」的時候，他早已精通「可愛的女孩」、「訂婚」、「結婚登記」與「東方之星」（埃及人給烏姆．庫勒蘇姆的雅名，課本第五章就談這位歌手）等事關重大的詞彙了。

在這世界上，我還從沒去過因為數字而害人這麼不自在的地方。首先，我以為的阿拉伯數字，其實對許多阿拉伯國家（包括埃及）來說並非標準用法——知道這件事情真的讓我很震驚。所謂「阿拉伯數字」是種錯誤的稱呼，嚴格來說，它們是「印度—阿拉伯數字」，因為這套體系起源於印度，而後由阿拉伯人介紹到歐洲。埃及人與其他許多阿拉伯國家的人用的是一套不同的體系——「阿拉伯—印度數字」，同樣起源於印度。就好像這些名詞還不夠混淆一樣，「印度—阿拉伯」、「阿拉伯—印度」，兩者符號形狀的重疊之處更是足以讓外國人暈頭轉向。我已經學會把٤當成4，٥當成5，٦則當成6。在阿語書中，字是由右往左讀，但數字的方向卻相反。假如閱讀文字後來到某個數字，你就要迴轉往前讀。埃及的車牌、門牌就是按照這種體系來寫：

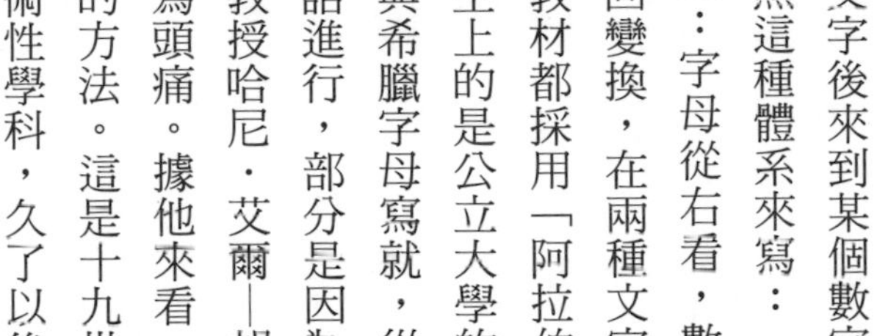

每次看到一塊牌子，我都會變成鬥雞眼：字母從右看，數字從左看。這會不會影響理解？埃及學童學會來回變換，在兩種文字與數字體系的方向之間靈動跳躍。所有公立學校教材都採用「阿拉伯—印度」體系，數學公式由右往左寫。但假如學生上的是公立大學的數學課，文字寫法與方向都會改變。公式以拉丁與希臘字母寫就，從左往右寫。到了大學三年級，課程就會完全以英語進行，部分是因為沒有適合這個階段的阿語課本。開羅大學的數學教授哈尼・艾爾—胡賽尼告訴我，他注意到每一次的轉變都讓學生大為頭痛。據他來看，這種轉換有礙學生進步，但他也沒有能輕鬆化解的方法。這是十九世紀殖民主義的痕跡，教育者以英語或法語引介技術性學科，久了以後就在大學課程根深蒂固。

就連上街，埃及人對數字似乎也不太自在。他們討厭殺價，這讓我很驚訝，因為我是帶著對中東集市先入為主的觀念來到這個國家的。在中國，殺價是種全民運動，經歷了在中國的日子，我已經受過所有標準步驟的訓練：轉身離開、「最多這個價，老兄」、詆毀你希望買到的東西、假裝為A討價還價但想買的其實是B。但在埃及幹這種事，就像打觸身足球（touch football）*時擒抱別人一樣。初來乍到時，某次我跟一位開羅店老闆討價還價。過程中我才剛熱好身，但對方卻一臉惱火，望著天空，說：「*La ilaha ill'allah!*」

這句成語——「萬物非主，唯有真主」——也列在里法阿特的講義裡。他上課時解釋說，埃及人有時候會反覆念古蘭經文，試圖控制自己的情緒。我居然討價還價到讓對方得念清真言的地步！從此以後，我都用賽前練習的態度對待跟埃及人的交易——不穿護具、不能接觸。說什麼都得用半速，甚至更慢，而且不能問太多跟錢有關的問題，這會害埃及人感到尷尬，也讓他們擔心邪眼的影響。他們很容易就招架不住數字。到店裡買東西時，萊絲莉跟我知道要檢查找的錢，因為商家常常算錯。這不見得是在占外國人便宜，真要說起來，算錯通常還讓我們拿到更多錢。在中國渡過十一年，我真記不得中國的店老闆有哪一次找給我太多錢，但多找錢在開羅發生的次數卻多到我數不清。如果拿一張一百鎊的鈔票給埃及櫃員付三十五鎊的費用，看他拿起計算機也不算少見。

離開中國的生活後，這不失為一種放鬆，那邊對錢可以執著到煩人的地步。而埃及數學能力孱弱的另一面，則是他們強大的語言能力。這有部分算是殖民主義留下的另一種遺跡，但我懷疑這跟許多埃及人主動、愛交際的性格更有關係。他們天生很會學語言，我常常遇到像馬努那樣的人，他們沒有受過任何正式課程，卻能講一口流利的英語。就我個人經驗來看，這種事情在中國非常罕見，中國人多半有語言學習的問題。他們試著用學數學的方式來學語言，也就是憑記憶力死背，以及反覆練習。

我在課堂上提到這些議題時，里法阿特說，埃及人數學不好的現象同時也是文化與政治問題。「沒有『*nizam*』可言。」他說。這個字很早就出現在我的語言筆記本裡，是個因情況而異的字。在解放廣場上，示威人士用這個字時，意思是「政權」。「阿拉伯之春」最強力的口號——人民要推翻政權——一開始是從突尼西亞喊出來的，接著被埃及人和其他人挪過來用。但這個詞也可以指任何一種體系，埃及人批評本國社會時就常常用到這個字。

「教育根本沒有系統可言，」里法阿特接著說，「一切都很混亂、崩解——你看學校那什麼樣子。課本很糟，老師缺乏訓練，所以大家學不會邏輯思考，所以他們數學不好。」

根據里法阿特的看法，問題的根源遠比教育或後殖民主義還來得深。他指出，許多埃及人日常生活的進行完全沒有任何秩序可言。他常常嘮叨這一點：人人都賴床，吃飯不準時，社交到半夜。我的筆記本有一整塊都用來記跟遲到有關的說法：

我會晚一點到

我早到了

---

* 美式足球的一種，為業餘與休閒的需要而演變成型。帶球進攻的球員只要被對手碰觸到，就必須將球交出給隊友重新組織進攻。防守方不得擒抱對手。球員不會穿戴一般美式足球的護具。

我們能約晚一點點嗎？
今天糟透了！
你會準時到，還是會遲到？
我沒辦法準時趕到
我們的約可以延期嗎？

這類句子從未出現在我的中文用語清單上，在中國，大家對於幾點睡覺、幾點起床都有嚴格的看法，約了時間就沒人會遲到。等到我開始學埃及阿語之後，我對這種對比也好奇起來，於是重讀了《用中文談中國》。中文課文裡，官方機構與組織架構出現次數之多讓我驚訝。一開始的幾段課文裡，字彙就包括「全國人民代表大會」、「社會主義」、「聯合國」、「婦女協會」、「副總理」，以及「委員會主席」。

然而在《閒談》裡，就無法感受到這種更大的體系。課文會提到像穆巴拉克等領導人，但不會談到組織或架構，用來政府工作的詞彙也極為負面。對話中的人物提到「*wasta*」，是個很難定義的字。文中的意思相當於「走後門／靠裙帶關係」：

父親：你在大學認識的朋友呢——他們作什麼工作？
馬哈茂德：他們都在大公司工作。
父親：那你為什麼不去？
馬哈茂德：人家都靠關係。

中文的「關係」也是類似的概念。但「關係」可以培養，可以學習，可以操弄；這是個經過充分發展的社會體系。有時候很腐敗，但有時候也很彈性：只要有方法，有常識，人人都可以建立「關係」。另一方面，埃及的「*wasta*」卻讓我印象深刻，因為它更為固定不變。相較於可以建構、耕耘的人際網絡，「*wasta*」反映的似乎更像是社會階級，而且是種結束對話的方法——一個人要嘛有關係，要嘛就沒有。像薩伊德這種人雖然辛勤工作，處理的人際關係範圍之大也讓令人印象深刻，但他不會把這稱為關係。他可以保住自己的清運路線，讓生活有些許提升，但不會有一條通往功成名就的明晰道路。真正的關係所能提供的重要事物——新工作、真正的安全、讓孩子讀更好的學校——都超越了薩伊德的網絡範圍。他不會把自己收垃圾的路線看成某種大架構的一部分。

連受過教育的人，都會對《閒談》的對話中除了靠關係或離開這個國家以外就別無選擇的情況感到灰心。教育的價值似乎有限，從來沒有人對政府機構表現出信心。家人重於一切。課文旁邊有對家族結構的注解：

> 你應該已經從對話中注意到，單一家庭成員的行為通常會反映全家人的樣子。……一般埃及家庭內，個人的見識咸認是有階級的，據信年紀較長的成員比較睿智。

文中的文眼是「咸認」與「據信」。《閒談》裡面的長者有些慷慨而睿智，但也可能荒唐而氣量狹隘。丈夫的行為可能還比不上小孩：

阿里：今天午餐吃什麼？

法蒂瑪：填料雞，你喜歡的那種。

阿里：我不想吃雞肉。我們天天都吃雞肉。

法蒂瑪：行，那你想吃什麼，阿里？

阿里：我不知道。但我就是不想吃雞肉。

法蒂瑪：蒙真主所願，明天你想吃什麼我都煮給你吃。

這本書對於開羅不好的一面也不避諱。書中用一系列未完成的句子來介紹條件語氣：

要是讓我知道是誰天天打電話來……

要是讓我看到那個按了電鈴就跑掉的小鬼……

要是讓我知道是哪個鄰居每天晚上都大聲放音樂……

有個練習叫「你很暴躁」。說明如下，「兩人一組，問你的夥伴以下問題，看看他／她個性是否易怒」：

你跟朋友在五點鐘有約會。到了六點鐘，你的朋友還是沒來。你會生氣離開嗎？

你動身前往朋友家，跟他早約好了，但他卻不在家。你會生氣離開嗎？

你正在上網，每一次電話響起，都是同一個人撥錯電話號碼。你會生氣講電話嗎？

里法阿特教到這一課的時候，他對每一個問題的答案都是「會」。他是我認識最「*ʿasabi*」的人，但這個專屬於埃及經驗的字很難翻譯。英文的「易怒」不需要脈絡；但如果不先傳達埃及會發生的那些、讓一個理智的人變得「*ʿasabi*」的所有事情，就說這人「*ʿasabi*」的話，感覺有失公允。或許最貼切的說法是：這個詞是用來形容要求學生翻譯「這整個國家似乎沒人知道怎麼在少了一支麥克風與五個擴音器的情況下慶祝」，藉此來教他們阿語的那種人。

里法阿特催我們盡快學完《閒談》，因為他熱愛自己創造課文對話——裡面的埃及人行為舉止有問題、惹惱親人、小事化大事。我與萊絲莉剛認識他的時候，實在很難理解他的愛國心，畢竟他總大聲抱怨埃及社會的諸多方面。然而隨著時間過去，我們了解到埃及有其表，有其裡——裡外不必然相同。「身為埃及人」的情感深厚到跟這個國家實際上的結構——或是實際上的缺乏結構——毫無瓜葛。這正是為什麼這塊土地儘管管理奇缺，卻如此凝聚、如此團結的其中一個原因。

而這也是「矛盾」民族性的另一個例子。我在開羅遇到的人泰半都很愛國，但他們也很樂於批評自己，批評自己的政府與社會，而且尤其喜歡用嘲諷或其他幽默的方式為之。不知何故，埃及人就是能在自豪的同時感到羞愧，在樂觀的同時表現犬儒，在嚴肅的同時開起玩笑。即便他們正在抱怨強人領袖對這個國家所作的一切，他們還是熱愛強人領袖。等到其中一堂以古埃及歷史榮光為主題的阿語課結束後，我的筆記本上出現了新的一句話：

埃及已經被人搶了七千年，但她依舊富有。

Chapter 6

二〇一二年三月，我跨過尼羅河宮殿大橋，穿過解放廣場，進入埃及的國會大廈，為的是跟穆斯林兄弟會的國會領袖會面。新國會的會期進行還不到兩個月，會議召開的地點則是舊國會大廈。革命之前，這棟建築物是一系列會議的所在地，最能形容這些會議的詞，就叫「橡皮圖章」。國會大廈的建築本身相當宏偉，外部是新古典主義風格，有大理石柱與圓頂，罩著寬廣的議事廳。國會議員會在隔壁的法老廳（Pharaonic Hall）休息。在法老廳內，柱子刷上了類似棕櫚樹的顏色，有如古埃及神廟一般。一尊坐在王座上的荷魯斯青銅塑像靠著其中一面牆。在荷魯斯的王座後方，有幾塊髒兮兮的破布、好幾十罐鞋油，以及四雙舊鞋。

計劃與我會面的國會議員名叫索比意．薩勒赫（Sobhi Saleh），他遲到了。他的助理打電話來，說了課本上的其中一句話——「我們能約晚一點點嗎？」我在法老廳等待，看著十來位議員坐在房間四周，低聲交談。有個老人在擦鞋，幾個服務生則托著銀餐盤，送茶、三明治和香菸。

在房間中的所有人裡，看起來就數擦鞋的老人最自在。對每一位客人，他都按照一套特定的程序走：他把對方的鞋子脫下，套上暫時代用的鞋，接著隱身於荷魯斯塑像後。頃刻間，他就拿著一塊破布或一罐鞋油重新現身。我看著他這樣做了幾回，開始起了好奇心，於是走過去看神像的後面。他暗藏的用具擺得整整齊齊：破布、鞋油、多的鞋子。

我上前攀談，擦鞋的男子告訴我，自己名叫里法阿特．穆罕默德．艾哈邁德（Rifaat Mohammed Ahmed），打從一九六四年開始就在法老廳擦鞋了。「納瑟的時候我就在這裡，沙達特的時候我也在這裡。」他說。他身高約五呎，瘦得像根竹竿，雙手已經染成紅褐色。他的右眼已經永遠睜不開了。講話時，他身體會前傾，頭歪左邊，用他那隻好眼瞇著看。

「上一屆的國會只有八十八個穆斯林兄弟會議員。」里法阿特說。那一屆就跟納瑟執政以來的任一屆國會一樣，是由國家民主黨（NDP）主宰的。國家民主黨等於統治了一黨專政的國家，只不過讓兄弟會與其他若干團體在國會中掌握有限的席次。

「國家民主黨議員有時候不會出席投票，因此不夠達到多數，」里法阿特繼續說，「有一天就發生這種事，結果艾哈邁德．艾茲（Ahmed Ezz）跑進來，叫國家民主黨議員進議事廳投票。他還對我大吼：『你，里法阿特！要是你再用擦鞋拖延議員時間，我就跟國會議長投訴你！』」

艾哈邁德．艾茲是個有錢商人，也是國家民主黨最有權勢的成員之一。最後一屆國會在二〇一一年二月，穆巴拉克辭職後解散，如今艾茲也進了惡名昭彰的開羅托拉監獄（Tora Prison），為貪腐服十年刑期。里法阿特瞇著眼，揮著油亮的手指，彷彿艾茲還站在他面前：「我說，『我管你。我才不怕你。』」

這名矮小的男子呼出胸中的空氣。「我記得我有說這屆國會不會繼續下去，」他接著說，「我知道有事情要發生。這十年來，我一直說會有革命。」

正當我們聊天時，索比意．薩勒赫到了，里法阿特也在一瞬間收斂了桀傲不遜的站姿。他低下頭，微笑，在薩勒赫入座時禮貌地退回去。薩勒赫為遲到致歉，解釋說他得主持起草埃及新憲法的委員會。他說，自己最近在閱讀一份由普林斯頓大學發表、對全球一百九十四部憲法的研究，而他也感到來自民眾迫切的壓力。「他們的野心高不見頂，」他說，「革命的定義就是野心。」

里法阿特站在一旁，低著頭。這時薩勒赫對他比手勢，讓他脫鞋。

「這位是國會裡最優秀的人物，」跪在薩勒赫身側的里法阿特說，「他很真摯，演說也很清楚。他是個規規矩矩的好人。」

薩勒赫揮揮手表示謙虛，但臉上卻掛著笑。

「他在會場中無與倫比。」里法阿特接著說。他脫下薩勒赫的鞋，然後遁入荷魯斯塑像後。

薩勒赫將近六十歲，有著黝黑的皮膚、厚實的灰髮和濃密的眉毛。他比大多數我見過的穆斯林兄弟會成員更願意笑開口。兄弟會成員常常有一股拘謹、莊重的氣質，有些埃及人還宣稱自己可以從一個人自持的站姿看出誰是兄弟會成員。但兄弟會成員其實沒有明顯的跡象，這也為組織增添了神祕性。

但埃及社會中其他許多團體就不是這樣。身為初來乍到的人，我馬上就學到怎麼從外顯的特徵看出個人的信仰或階級。上層階級的女子通常不會包頭，有些來自保守中產階級背景的女子則傾向於把自己的希賈布緊緊圍在下巴處。在城裡屬於下層階級的城區，你會比較常看到婦女圍尼卡布。至於男人，虔誠的穆斯林前額通常會有日積月累的祈禱痕，薩拉菲派則是在下巴留著濃密的鬍鬚，但修剪唇上的髭。基本上，科普特基督徒無論男女，每個人右手腕的裡側都有小小的十字架刺青。不過，穆斯林兄弟會成員卻沒有明顯記號。他們通常是純中產階級專業人士，有些人蓄鬍，有些人則刮得一乾二淨，像薩勒赫就是。他的 iPhone 螢幕首頁是他自己的臉部特寫照，每次有電話進來就會亮起。iPhone 上的他也帶著微笑。

我們談了一陣子，然後里法阿特便從荷魯斯身後帶著擦亮的鞋子回來。我向薩勒赫問起總統大選——終於開始安排了。兄弟會承諾不會推派候選人，因為他們希望向埃及人保證：伊斯蘭主義者意在分享對政府的控制。我問他，兄弟們會不會改變心意。

「絕對不會，」薩勒赫說，「絕對不會。我們誰都不會提名。」iPhone 亮了，薩勒赫看向自己的笑臉，然後按掉電話。他接著說，「我們希望向各黨各派傳達一個訊息，讓他們了解伊斯蘭主義者不打算掌握權力。我們歷史悠久的口號說得好：

『要參與，不要宰制。』」

* * *

穆斯林兄弟會成員常常告訴我：關於他們的政治理念，我需要知道的每一件事都可以在《古蘭經》上找到。這是伊斯蘭主義者整體共同的主張：理論上，這場政治運動反應了信仰中若干根本而永恆的特質。但這就跟試圖透過閱讀《新約聖經》以理解美國福音派的政治操作一樣有問題。經典是一回事，歷史是另一回事；任何一種社會運動，都是一時一地的產物。

穆斯林兄弟會成立於一九二八年，地點在蘇伊士運河旁的城市伊斯梅利亞（Ismailia），創始人是哈桑．班納（Hassan al-Banna）。班納在尼羅河三角洲的一處村莊長大，父親是當地的伊瑪目，信奉保守的遜尼伊斯蘭信仰。而這位男孩——嚴肅、虔誠、執著於對伊斯蘭律法的嚴格詮釋——後來成了阿語老師。政府派他到伊斯梅利亞的一所小學教書，這就是他的第一份工作。

對於像班納這樣的年輕人來說，沒有別的埃及城市能有更讓他不愉快的環境了。伊斯梅利亞是不列顛人經營的蘇伊士運河公司總部所在地，所有最好的別墅住的都是歐洲員工。路牌是英文，城外則有戒備森嚴的不列顛軍事基地控制這個地區。伊斯梅利亞和其他有外國居民的埃及城市一樣有分離的司法體系，由獨立的法庭處理所有涉外的案件。

對一位受過教育的埃及人來說，這種恥辱只是一段長期衰頹的最新篇章而已。最後一位自稱法老的埃及本地人早在西元前一八六年就敗在希臘裔的托勒密王朝手中，此後一直到二十世紀中葉，都沒有任何一個埃及裔統治者出現。埃及發明了「國家」的概念，為西方文明訂立許多基本的王權表述方式，但它卻失去了統治自己的能力。一連串外來領主——希臘人、羅馬人、拜占庭人、波斯人、阿拉伯人、奧斯曼人，在超過兩千年的時間中掌握了尼羅河。

十九世紀初，代表鄂圖曼帝國統治埃及的阿爾巴尼亞人穆罕默德・阿里（Muhammad Ali）決心改革這個國家。他在拿破崙入侵與短暫占領之後迅速掌權，而拿破崙一事也讓阿里等人確信這個國家需要現代化。阿里擴軍，整頓政府機關結構，引入歐洲法律元素，並且將農業重新導向棉花等經濟作物。他的兒孫與其他傳人繼承了他的大業，其中許多人都試圖延續改革。

這些試圖發展的嘗試泰半是從另一種近代的創新——「外國借款」來獲得資金的。有了海外資金，穆罕默德・阿里王朝許許多多的成員蓋了學校、宮殿與軍營，並根據巴黎模式重新規劃開羅市中心。他們開鑿蘇伊士運河，嶄新的城市在沙漠中如雨後春筍般誕生。塞德港（位於運河北端）的名字便是紀念穆罕默德・阿里的兒子，而伊斯梅利亞之名則得自阿里其中一位孫子——伊斯梅爾（Ismail）帕夏。

這一切的建設（尤其是運河）最終讓這個國家破產了。到了十九世紀末，鄂圖曼帝國虛弱已極，埃及落入另一個領主的時機也已成熟。但這一回發動入侵的不是軍人，而是銀行家。不列顛人不過只是購買該國的國債而已，他們便掌控了蘇伊士運河公司以及公司幾乎所有收益。日子一久，他們也開始管理重要的政府機構，直到第一次世界大戰爆發為止——不列顛人直接統治了埃及。

哈桑．班納就是在外國人經營的運河兩岸發表了穆斯林兄弟會的成立宣言：「我們厭倦了這種羞辱而受限的生活。」最貼切的作法，是將這場運動理解為對殖民主義、資本主義，以及傳統文化在十九世紀末與二十世紀初崩潰的反應。就此而言，兄弟會就類似共產主義與法西斯主義，後兩者同樣在前後差不多的時刻壯大於世界其他地方。不過，共產主義者志在為社會打造嶄新的烏托邦架構，班納則是訴諸於既有的信仰。

他常用「*nizam*」——「體系」這個詞，來描述將伊斯蘭信仰用於解決當代社會所有問題的作法。這個詞從來沒在《古蘭經》出現過，比較宗教學的學者也用「時代錯置」來形容班納運用這個概念的方式。對班納而言，伊斯蘭之所以能成為一套體系，原因不在於這是《古蘭經》的實際內容，而是因為他相信現代世界需要伊斯蘭信仰。兄弟會的領袖並非以深入的思想或理論而聞名：理查．P．米切爾（Richard P. Mitchell）為這個組織的早期歷史寫了本開創性的學術著作，他提到，「無論是班納還是這場運動，都沒有創造出任何跟神學或哲學沾上一點邊的成果」。他們的主要成就反而跟組織有關。班納創造了一套串聯眾多五人小組的體系，跟早期共產黨和法西斯組織相當類似。兄弟會的領導階層遵奉嚴格的等級制度，事實也證明這種有組織、有紀律的感覺，對於一個追尋體系的社會來說相當受用。兄弟會成立不到二十年，就有三十萬至六十萬的成員，活躍於清真寺與慈善機構中。

但兄弟會的中心德目就跟組織架構一樣，從來沒有明確下來。班納含糊談到要激發埃及的「伊斯蘭化」，並對兄弟們耳提面命，表示他們並非政黨。然而，他們的行動卻常有政治意圖，在發展初期還曾贊助過巴勒斯坦民兵，有些成員還參與埃及國內的暗殺與其他暴力行動。兄弟會領導人最後拒絕了這種暴行，但埃及政府仍然以打壓來回應這個組織。一九四九年，祕密警察在開羅街頭暗殺了班納，兄弟會在埃及大半的歷史中都遭到禁止。這一切都增添了該組織祕密與多疑的傾向。

即便在穆巴拉克垮台，兄弟會也參與新的、開放的政治體制後，領導層仍然拒絕回答一些基本問題。組織的財務就跟總人數一樣成謎。二〇一二年春，我常問兄弟會領袖與發言人關於埃及有多少弟兄的問題，而我從來沒有聽到同樣的答案兩次。他們的回答從四十萬到超過兩百萬都有，而他們也一貫表示自己不知道實際數字。對於一個能維持錯綜複雜的細胞結構、從所有成員身上收錢的組織來說，這實在不大可能。

里法阿特憎惡他們。「*Kedebeen!*」——「騙子！」只要這個話題在阿語課上出現，他都這麼說。「騙子！」這是標準的批評之詞，另外就是「兄弟會別有居心」的看法。組織領導人之所以宣稱他們不會謀求總統大位，一部分就是為了緩和這種擔憂。「我們要向所有人傳達『我們不願獨自掌權』的訊息。」兄弟會的發言人之一亞西爾．阿里．艾薩伊德（Yasser Ali Elsaid）對我說，而同一周索比意．薩勒赫也在國會大廈說了差不多的話。不到兩周後，兄弟會便宣布還是會提名候選人。為了平息批評，他們反而做了跟原有打算完全相反的事。不過，如今他們也有機會掌握總統大位，一如掌握國會。

＊＊＊

那年春天，所有立法會議內容都會在名叫「國會之聲」（The Voice of Parliament）的節目上實況轉播，算是解放後新的開放措施。對許多埃及人來說，這是他們第一次能瞥見革命的果實，開羅商家與咖啡店的每一台電視機似乎都在播放這個節目。我通常是在馬努的住處看「國會之聲」，他一邊翻譯，我一邊做筆記。會議過程播放時不會有人評論，不過議員會在休息時接受訪問：

問：我們已有耳聞，世界各地有許多組織、黨派與個人——例如伯納德．路易斯（Bernard Lewis）——計劃將埃及分為許多小國。身為努比亞人，你有什麼看法？

答：我們的文化有七千年歷史。

來埃及之前，我已經聽說陰謀論在一般民眾之間相當盛行，但我沒有料到會像泉水湧出來一樣湧現於整個社會。「國會之聲」上的政治領袖不見得在建立論述，反而常常是把出現在談話節目與街談巷議的話題拿來放大。二月的某個下午，有位議員起身發言：「很多人都說舊政權從托拉監獄中操縱、控制一切。我們要怎麼知道這是不是真的？」

這是常態。議員提出某種假想的威脅，其他人七嘴八舌，然後在任何事獲得解決之前，這個主題就戛然而止。這一天是托拉監獄，那一天是公發麵包的低劣品質。是誰該為爛麵包負責？無能的背後是否有什麼陰謀？一位議員站起來發表激昂的演說，說他曾經拿政府發的麵包給一隻餓肚子的貓咪，結果這隻貓拒吃，而這顯然點出唯一可能的結論。（「有隻黑手伸進了生產過程中的各個方面，從供應、配送到麵包師都是。」）

特定主題一再規律出現。基本上每一次開議，某些薩拉菲議員就會起身，宣稱聖城耶路撒冷依舊掌握在猶太人手中的事實堪稱罪孽。議長是薩阿德・卡塔特尼（Saad el-Katatni）博士，是位有能而堅毅的穆斯林兄弟會成員。他提醒大家不要離題，此時他的表情彷彿在說自己頭上的祈禱痕是出於沮喪而拿頭撞牆得來的。議員們會提出動議，有些不錯，有些就沒那麼好。（像是「我們埃及有八千萬人民，只要我們跟每個人收十鎊，就會有很多錢，我們就能解決所有現在談的問題。」）穆斯林兄弟會的議員最直言不諱，薩拉菲派也很坦率，少數自由派與世俗派就感覺很克制。在一次長達兩天的議事中，馬努跟我看了九個小時，才輪到第一位女性說話——只有百分之二的議員為女性。

沒人會有那種「這對埃及好」的幻覺。某日，一位國會議員起身懇求，「把直播停掉吧。一旦大家看到我們在這裡做什麼，看到一切的爭論，他們就不會信任我們了。」只是為時已晚，上千萬的埃及人早就看到了。人人都曉得這場革命缺乏方向，曉得「有立法機關卻沒有新憲法或新總統」是件多沒效率的事。國會議員引人注目卻沒有實權，他們有舞台卻對自己的作為沒有準備。他們其實是搬演一場進口的民主儀式——新古典主義的圓頂古怪地蓋在法老廳上。「你們知道這個政府讓我想到什麼嗎？」一位議員在四月下旬的會議中說道。「你們還記得我們小時候玩捉迷藏，從十、九、八……一路倒數下來嗎？現在有警察了嗎？沒有。還有麵包嗎？沒有。學校還在嗎？不在了。賊人耍了我們。」

＊＊＊

馬努和我在吉薩一岸的都基區（Dokki）收看「國會之聲」，他在這邊跟幾名年輕的外國人同住一間破舊公寓。馬努曾經提到，他父親以前會花幾個小時看穆巴拉克時代的國會——這是個馬努永遠無法理解的儀式。當時，國會完全由國家民主黨所控制，而馬努的父親會因為政治人物的懦弱而發火，對著電視怒噴髒話。「或許這就是關鍵，」馬努說，「看這個能讓他發火。」

馬努在塞德港長大，蘇伊士運河就在此與地中海相連。塞德港跟那座激發了兄弟會創立的伊斯梅利亞城一樣，是在十九世紀興建的。人們起先對塞德港懷抱遠大的願景：一八六〇年代，法國雕塑家弗雷德里克—奧古斯特・巴特勒迪（Frédéric-Auguste Bartholdi）提議在塞德港打造一尊能與人面獅身像匹敵的紀念像。巴特勒迪原定的作品名稱為「為亞洲帶來光明的埃及」（Egypt Bringing Light to Asia），他設計了一尊九十英呎高的埃及農婦像，農婦舉起一臂，手裡拿著火炬。但埃及的財政崩潰，使得這個計劃胎死腹中。巴特勒迪最後帶著這個點子渡過大西洋，到了另一個前景看好的港埠，在那裡把埃及農婦重新想像成自由女神像。

隨著時間過去，塞德港也成了一座錯失機會之城，既沒有原本應有的繁榮，也沒有原本期待的開放。塞德港的早期歷史是個海納百川的地方，但其實只是殖民前哨站所具備的那種淺薄的世界性，幾乎所有外國居民都在納瑟的革命後離開了這裡。在沙達特與穆巴拉克統治下，塞德港得到若干優惠的貿易與投資政策幫助，但貪腐與整體微恙的埃及經濟也逐漸將之消耗殆盡。當馬努還是個孩子時，塞德港孤立得很，是船隻前往世上引人入勝之處的路上所通過的乏味背景。

馬努的父親經營一間生意興隆的咖啡店，但經營的負擔似乎給他帶來不小壓力。他嚴厲對待員工，為了埃及政局大吼大叫；到了晚上，他會抽哈希什，試圖放鬆。他常常揍自己的么子——馬努學會要避免跟父親說話，因為連稀鬆平常的交談都有可能被暴力相向。他在學校的表現並不起眼，他有語言天賦，但缺少出口；當他請求父親讓他就讀當地的英語學校時，他的父親拒絕了。

馬努在中學行將畢業時展開了第一段性關係。埃及所有公立中學與高中都是以性別分班，男孩跟女孩之間通常沒什麼接觸。隨著進入青春期，男生的社交與打鬧也常常帶有性的元素。有些男孩舉動較為女性化，別人就會半開玩笑地碰他、抓他；私底下，男孩子從這種打鬧進展到更親密的舉動也不算特別。馬努發現自己迷上了一位好看的同學，兩人很快便發生了性關係。這段關係斷斷續續維持了兩年，之後馬努和另一位男同學成了一對。

他找不到字詞來說明自己所作的事。阿拉伯語沒有指稱「同性戀」的貼切用語，只有「*khawwal*」可用。這是個古字：十八、十九世紀時，「*khawwal*」指的是變裝男舞者。變裝男舞者在埃及相當常見，他們在婚禮與節慶時表演，而且常常是其他男人可以上床的對象。馬努和同學不曉得這段歷史，自然也沒有意識到彼此的打鬧方式正好呼應了舊時變裝男舞者的舞蹈動作。如今，這種舞者已然消失，而這個字已經變成侮辱人的意思：「死娘炮」（faggot）。「*Shez ginseyan*」——是個比較正式、時常用於同性戀的阿語用詞，字面上的意思是「性異常」。據馬努估計，他高中班上有一半以上的男生都很享受這種活動，他認為「異常」一詞用在這上面很難說得通。

馬努跟第二個伴侶的性愛強烈卻無聲，他們也從來沒有直接講出口。兩人的專屬暗號是「足球」。「來踢球。」要是誰情緒對了，就會這麼說。另一個男孩似乎飽受自己的熱情所折磨，不時心情沮喪，想斬斷這段關係。但在四年期間中，他總是重新回頭說出那個暗號：「來踢球」。

幾年後，馬努就像開羅大部分的同性戀一樣，將英語的「同志」（gay）和「直男」（straight）混進自己的阿語裡來用。但他討厭這種標籤。這種詞暗示了認同的固定，然而他在塞德港無可言說的經歷，卻令他深信性傾向是流動的。就馬努的觀察，一旦男人的周圍都是男人，只要彼此間對於身體接觸有心照不宣的默契，這些男人就很可能會發生性行為。之後，等到社會要求某種版本的傳統婚姻，同一批男人中的大多數就會進入異性戀生活中安定下來。

等到馬努成年後重返塞德港，他不時會巧遇高中的老伴侶。他們對於彼此共有的一段關係皆未置一詞，但兩人的反應大不相同。馬努覺得可以跟第一位友人輕鬆對談，對方顯然把那段關係當成許久之前發生在兩個非常年輕的人之間的一時行樂，加以打發。如今他已跟當地女子成婚，有了小小孩。

但第二位友人從未結婚，也從未交女友。就馬努所知，他此後再也沒有和同性發生性行為。最後他離開家鄉，到沙烏地阿拉伯工作——就連在這個以性壓抑聞名的地區，沙烏地阿拉伯也算得上是僵固保守主義之最。馬努曾數度在重返塞德港的途中遇見這位老伴侶，兩人之間的互動又短又彆扭。交談後的馬努感到沮喪。他覺得，他這朋友一度沉默卻強大的渴望，如今已槁木死灰：沒有言語，沒有感覺。

* * *

在我所認識的埃及年輕人中，馬努似乎是唯一能完全為自己而活的人。他對擁有一處永久的家並沒有興趣，也不覺得對家人有什麼義務。年紀較長的手足試圖為他介紹可能的新娘人選，但他總能輕易找到藉口，推託時機不對。他很少談論未來。周末時，他不僅酒喝得兇，性生活也很活躍，時不時就在酒吧或尼羅河宮殿大橋找男人。他有各種類型的朋友，其中有來自出乎我意料外的社會群體：外國人、自由派、政治激進分子、同性戀。但他也跟某些身分令人驚訝的人往來——我有時會經過他的公寓，打招呼時卻發現他跟附近認識的一群年輕警校生出遊了。他們看起來就是典型的警察——大男人、四肢發達、愛國，但他們卻樂得有馬努相伴。另外還有一位穆斯林兄弟會的年輕成員，名叫塔里克（Tariq）。每當馬努跟室友開派對時，塔里克一定出現。活動中發生的事情——喝酒、在場有同性戀、男女隨興雜處——對伊斯蘭主義者來說理當是眼中釘才對。但塔里克永遠在場，享受其中。

我察覺到，馬努獨立於社會常態，就是他之所以能吸引這些年輕人的原因。此外也或許是因為他表現出某種他這個年紀的人罕有的自覺。對許多埃及人來說，二十多歲感覺是段不好過的日子：既感受到家人的壓力，又因為缺乏專業工作機會而沮喪。性壓抑對他們的心靈是一種卸不下的重量。年輕人尤其傳達出一種不安定、有點一觸即發的氛圍，無怪乎他們是示威抗議、推翻穆巴拉克背後的推動力。

有時候，他們能從類似穆斯林兄弟會或薩拉菲派的宗教團體中找到宣洩口。我跟塔里克（那位參加馬努派對的穆斯林兄弟）愈來愈熟之後，他告訴我，自己二十出頭就受到伊斯蘭主義者的吸引。信仰不是主因，他稱自己只有最底限的宗教熱情。他的叔父是位虔誠弟兄，正是這位長輩引介他加入組織的。「我很迷惘，想找到點什麼，」他說，「我希望能找到類似教父的人。我想要有人能指引我方向。」

二〇一二年春，我們會定期見面。塔里克是我唯一對飲過的穆斯林兄弟會成員。他菸也抽很兇，此舉在兄弟會內引人側目——某些對伊斯蘭信仰的嚴格詮釋是禁止吸菸的。塔里克以英語受教育，在一間旅行社有份不錯的工作，在外國人身邊如魚得水。但隨著春天過去，兄弟會的政治野心漸長，他對於戒除這些罪孽的態度也漸漸認真起來。到了四月上旬，我在一場馬努辦的派對上看到他的時候，他已經戒酒了。

塔里克和許多年輕弟兄一樣，對組織的領導層有諸多批評。領導層拒絕加入十一月時穆罕默德．馬哈茂德街的抗議，令他大為失望；他的看法是，兄弟會的紀律原本是能讓傷亡減少的。他也對組織不顧後果投入政治的作法感到憂心。「像個餓鬼，想一口氣吞掉全部。」他說。他投入穆罕默德．穆爾西的競選活動——穆爾西是兄弟會的總統候選人，但他個人對穆爾西並不信服。不久前，他在造勢場合遇到穆爾西。「我意識到他連正常標準都達不到，」塔里克事後說，「他既沒資格，也沒領袖魅力。」

儘管如此，他仍然預測穆爾西會贏得大選。塔里克說，就算候選人實力不強，兄弟會的策略也夠精明。針對第一輪選舉，他們傳達出保守的訊息，期望能打動沒有自推候選人的薩拉菲派。之後，只要穆爾西進到最後一輪，兄弟會就會表現出更中庸的形象。塔里克承認這種策略是自私算計，但他相信這一招在埃及不經世故的政治氣候中會有所成效。

塔里克比我遇過的大多數兄弟會成員來得更主動，但他還是有所保留。我推敲不出他在組織內的地位，甚至連他是否擁有完整會員資格都不曉得——眾所皆知，獲得完整會員資格的過程要求嚴苛。他對兄弟會的慈善活動侃侃而談，但每當我表示想實地看看時，他總會找藉口取消約會。我注意到其他成員也有類似的回應。我懷疑，他們這一方面的名聲——提供重要社會福利的組織——恐怕言過其實。

整體而言，穆斯林兄弟會感覺不像是個真正的政治群體。他們的取向過於對內：成員專注於組織本身，而非社會全體。當然，這種特質曾經幫助兄弟會渡過數十年的鎮壓，但也讓他們難以走向外界。對埃及家庭生活不滿足的年輕人常常受到兄弟會吸引，但兄弟會其實算不上另一種選擇，反而是另一種版本的家族。連代表組織基本單位的五人核心小組都叫「*usra*」——「一家人」。兄弟會的組織結構也複製了傳統埃及家父長制的缺陷。領導層全是男人，最有權力的人物也都是年紀大的男人，女人無法獲得完整會員資格。有一次，我到運河城市伊斯梅利亞參加穆爾西的造勢大會，活動一開始就是慶祝跟兄弟會成員的家人有關的三對婚姻，但他們不允許新娘上台，他們的儀式版本保守得不尋常，是由新娘的父親代表，上台跟新郎交換誓詞。這場面讓我覺得怪吸引人的——六名男性穆斯林兄弟會成員，在舞台上安排成兩兩一對，發出永恆之愛與陪伴的誓言。

塔里克埋怨穆爾西的候選資格。我問他，既然這人得不到他的尊重，那還為何如此努力為他競選。「這是我血液的一部分，」他說，「我是對穆斯林兄弟會有信念。就好像你的父母讓你失望，你很憤怒，想要一走了之，但你總是會回頭。」

* * *

四月中，金字塔政治與策略研究中心（Al-Ahram Center for Political and Strategic Studies）在距離總統大選不到兩個月時進行民調，顯示只有百分之三點六的受訪者支持穆爾西。他在六位主要候選人中排名最後。埃及媒體用「多餘的」來稱呼他，因為當兄弟會原本的候選人海拉特．沙泰爾（Khairat El-Shater）為了技術問題失去資格時，他就像條備胎一樣滾了出來。

穆爾西體重過重，戴眼鏡留鬍子，選舉之前就聽過他名字的埃及人少之又少。他生於尼羅河三角洲的一個小康之家，北埃及的農業區通常比南方更為富庶。穆爾西在開羅大學主修工程，在學院生涯即將結束時加入兄弟會。但據說他是在前往美國、到南加州大學讀研究所之後才變得更保守的。

這種「跟西方世界接觸，而後排斥其價值觀」的模式，在兄弟會當中算是常態。跟伊斯蘭運動有關的思想家當中，最重要的或許就數薩伊德．庫特布（Sayyid Qutb）。庫特布在上個世紀就是遵循同樣的道路，但下場卻是悲劇。一九〇六年，庫特布生於上埃及的富裕家庭。完成學業後他前往開羅，在政府的教育相關部會工作。但他在現代化的國都始終感覺不自在，他的原話是，自己是來自傳統南方的「流亡者」。

庫特布就像兄弟會的創始者哈桑．班納那樣，將伊斯蘭信仰想像成一種「*nizam*」——也就是「體系」——代表西方現代性之外的另一種選擇。他對埃及從混雜的學校課程到凌亂的司法組織，囫圇吞棗地輸入外國思想與制度碎片的作法非常批判。「任何特定的社會都是一套體系，只要體系的部分適合整體，就能持續運作，」庫特布寫道，「一旦這套體系的某個部件被來自不同模式的部分所取代，就會失去平衡，甚至停止運作，縱使取而代之的部分比原本的部件更有價值也無濟於事。」

庫特布寫得一手優雅的標準阿拉伯文，對於埃及的掙扎也洞若觀火。但他同樣受狂熱者的偏見所影響，在心裡面，他是個沮喪、憤怒的男人。他終身未婚，而且可能一輩子守貞。一九四八年，埃及教育當局派庫特布前往美國研修，為期一年，此行卻成為鞏固偏見之旅。只要關於美國，庫特布都可以事無大小地抱怨：他恨天氣，他唾棄美國的理髮師，他聲稱郊區的綠化是淒慘物質主義的症狀，美式足球與職業摔角是野蠻文化的映照，教會的社交聚會以不道德的方式讓男女雜處。他發表了一本簡短、惡毒的小書，談自己的經驗。書中寫道，「我擔心，當生命之輪轉動，歷史文件歸檔之時，美國對這世界的價值遺產來說恐怕毫無貢獻。」

回到埃及之後，庫特布成為兄弟會最高領導委員會的一員。時值一九五〇年代，兄弟會也加入其他埃及人的行列，對抗駐紮在蘇伊士運河沿岸的不列顛部隊，對納瑟的革命卓有貢獻。但納瑟掌權後不久便認定自己的伊斯蘭主義者盟友並不可信，於是大力鎮壓。一九五四年，庫特布被捕，坐了十年牢，在獄中還經常遭到刑求。庫特布在獄中真正走向激進：他逐漸相信只有兩種社會存在，一是伊斯蘭社會，一是野蠻社會。他發展出一套吉哈德（*jihad*，意為「奮鬥」）理論，將與伊斯蘭信仰嚴格定義不合的、對政治實體採取的暴力行為加以合法化。

一九六四年，庫特布獲釋，卻旋即捲入一起跟獲取武器有關的陰謀。他被捕，接受審判，並處以絞刑。他在壯大中的伊斯蘭主義運動裡成為烈士，隨著時間過去，其他激進分子也在他打下的基礎上擴張影響力。庫特布未曾提倡殺害無辜百姓，但從他岔出來的世界觀卻為這一步鋪好了路。奧薩瑪．賓拉登（Osama bin Laden）、艾曼．查瓦希里（Ayman al-Zawahiri）以及其他蓋達組織的重要領袖皆深受庫特布的言詞所啟迪。兄弟會雖然鄭重拒絕暴力，仍不乏有年輕成員走向激進之後離開組織，加入更極端的團體。

穆罕默德．穆爾西很推崇庫特布的作品，跟庫特布也有類似的經歷，影響其性格至深。穆爾西在美國獲得材料科學的博士學位，並一度在北嶺加州州立大學（California State University, Northridge）任教。但據說他厭惡許多美式價值觀——從飲酒到男女尋常互動的方式皆然。穆爾西返回埃及教書之後，曾兩度被穆巴拉克政權關進獄中。第二次的逮捕正好發生在「阿拉伯之春」爆發時，當平民攻陷鈉谷監獄、釋放所有囚犯時，穆爾西正好就被關在這裡。

許多兄弟會成員跟他有共通的基本歷程：學科學或是學醫，且遭受過政治迫害。在「阿拉伯之春」的第一年，兄弟會的最高領導層——指導局（Guidance Bureau）有十八名成員，其中十五人是工程師、醫生或科學家，十四人曾經入獄，人文或政治學背景的人少之又少。這些以技術方式思考的人深深渴望體系，但只要體系投其所好，他們一樣能無視科學與證據。許多弟兄並不相信革命，而且還經常否認九一一攻擊是穆斯林發動的。穆爾西的學術專業與精密金屬表面處理有關，他宣稱光靠飛機並不足以讓整棟世貿中心倒塌。「內部有事情發生。」他如是說。埃及人早已熟悉這種加密過的評論之詞，對他們來說，真正的罪犯已呼之欲出——猶太人。早在競選總統之前，穆爾西便用「殺手和吸血鬼」來形容以色列的公民。他還表示，無論是女人還是基督徒，都不該讓他們當總統。

＊＊＊

我遇見馬努的友人塔里克時，他以輕描淡寫的方式處理庫特布等人的激烈思想。根據塔里克的觀點，只要兄弟會成員掌握權力，就會變得更中庸。儘管對穆爾西有所保留，但他不希望自己在兄弟會崛起掌權的路上脫隊。

許多年輕弟兄對革命的反應一如塔里克，而他們的作法則是提升自己對組織的投入程度；但也有人完全退出兄弟會，離開組織的人經常提到，與抗議人士在解放廣場相處的時間，令他們開了眼界，看到新的可能性。穆罕默德・阿凡（Mohammad Affan）博士年紀三十多歲，目光敏銳，是新政黨埃及潮流黨（Egyptian Current Party）的共同發起人。他就是離開組織的弟兄之一。他告訴我，自己從少年時便展開一段漫長的追尋，加入兄弟會與最終的離開都是追尋的一部分。他原先對薩拉菲思想感興趣，後來轉向似乎更直接投入政治的穆斯林兄弟會。「他們都是英雄，因為他們起身反抗前政權，因此入獄。」阿凡說。他跟所有新成員一樣，經過數個月的訓練與試探，而且他還通過了一場假警方突襲——兄弟會的上層一手策劃了這場行動，作為巧妙的忠誠測驗。對一位二十幾歲的年輕人來說，這一切都讓他印象深刻。

但阿凡終究成長到不再需要兄弟會的地步。「他們不是馬基維利主義者，只是民眾這麼以為而已，」他說，「事實上，他們不諳世故。他們一點都不政治。他們精於選舉——他們只曉得怎麼樣讓大家投票給他們，僅止如此。其餘議題——如何挑出候選人，如何選擇政治平台，如何經營政黨——他們對這一切都是門外漢。」

穆巴拉克當政時，阿凡曾積極參與兄弟會的政治側翼。他已經是醫學士，但他決定重返校園研究政治學。這個決定讓他的上級大惑不解，覺得他太理論派。阿凡相信，這個團體過多的醫生、科學家與工程師，會導致創造力與策略性的思考付之闕如。他們發展出一套空洞的系統——結構雖精妙，卻缺乏實際目的充作血肉。這是埃及人獨有創造力的又一實例：縱使疏於實際的細節，他們仍然是創造認同感與歸屬感的天才。

「二〇〇七年，我請中央委員會裡的政治領導人成立一個部門，負責籌組影子政府。」阿凡說。「我的領導說，『這不是當務之急』。我說，『我們是埃及眼下主要的反對勢力，為免情勢有變，我們應該準備好組影子政府』。四年過去了，現在人家要穆斯林兄弟會籌組真正的政府，而不是影子政府。我希望他們能趕上腳步。」

穆爾西的民調數字開始上升，阿凡擔心他會贏得大選，然後搞砸總統一職。就阿凡看來，兄弟會是假扮成政治改革者的社會與宗教改革者。「政治改革者思考如何建立體制，如何管理國家，如何節制政治權力，」阿凡說，「這些問題在兄弟會內部非常不具體。」

無論是兄弟會本身還是其候選人，都未曾清楚說明這個核心議題——如何建構一套新的體制。穆爾西的訪談語無倫次。他就跟所有領導層的兄弟會成員一樣，通曉關於民主與發展的名言錦句，但真正懂多少就不得而知了。二〇一二年，穆爾西在接受《時代雜誌》專訪時，宣稱埃及的新民主制度業已成功。「成功來自信仰，」他講英語，「伊斯蘭信仰，人人都有自由，有信仰自由，有表達意見的自由，有平等、穩定與人權。ＥＲＡ。不是只有美國有。《平等權利修正案》（*Equal Rights Amendment*）。人人都有。」

甚至連訪談切換回穆爾西的母語阿拉伯語之後，他講的還是一連串空洞的字詞。「發展有其全面而整體的意義，」他說，「人類發展。產業生產發展。學術研究。政治發展。平衡不同派別、不分東西方的國際關係。」重複了幾十個這種詞彙之後，他表示現代世界相當複雜。他說，「是種糾結如義大利麵的結構」。

＊＊＊

那年的某個晚上，馬努從朋友家回自己家的途中，在街上遇到一名年輕人和他攀談。年輕人說自己名叫卡里姆（Kareem），在軍中服義務役。他從自己剛打開的菸盒裡拿了根萬寶路（Marlboro）請馬努抽。

這牌子本該讓人有所警惕——義務役不太可能抽這麼貴的東西。但當時夜深了，地點離馬努家又近；馬努對可能的麻煩並不特別警覺。他接受了那根菸，卡里姆則繼續講話。

馬努後來連描述這名男子的外表都成問題。他比平均身高稍矮，比一般人稍壯，皮膚不特別黑，也不特別白。他長得不算好看。留在馬努腦海裡的重點就只有這人的故事：卡里姆跟長官起了衝突，長官把他給踢出營區，不到早上就不讓他回營，但夜裡又很冷，他希望有個地方能讓稍微坐坐。馬努對自己悲慘的服役經驗記憶猶新，於是邀這名年輕人回公寓喝杯熱茶。

卡里姆一進屋，就開始打探馬努的身家。「電腦買多少錢？」「手機買多少錢？」馬努開始覺得不舒服，藉口說自己想睡了。最後他要求卡里姆離開。

結果這人的舉止一下子完全變了。他告訴馬努，他知道馬努是個死娘炮，準備要揭發他。馬努的外國室友有幾個在家，於是馬努找其中一位壯碩的奧地利人來幫忙。此時，卡里姆開始大喊馬努試圖侵犯他，奧地利室友最後揪起卡里姆，把他從公寓攆出去。

幾分鐘後，馬努從窗戶往下面的街道看。當他看到卡里姆講手機時，心裡一陣慌張。時間已經凌晨三點。馬努抓了件外套，跑出公寓。街上有輛車慢慢開著，馬努朝車子揮手招便車，希望能離開都基。駕駛看了一眼——是個狂奔的男子，而且一臉驚恐——於是加速離開。馬努聽到身後有喊叫聲，於是他盡全力跑。才跨了幾個大步，他就被人從後方撲倒。

* * *

警察把馬努押回他的公寓。他們經過一處他常常買東西的販賣亭，此時一群鄰居站在那，其中幾個窸窣著死娘炮這個字。卡里姆陪員警回到馬努家。這下情況就很清楚了，這年輕人是幫警察辦事——整件事就是個圈套。

警察似乎很清楚自己在找什麼。他們沒收了馬努的調查筆記，以及接受外國記者採訪時得到的名片。隨後他們把馬努送去當地的派出所，關在拘留室裡。

在牢房的另一側，警員正在製作犯罪報告。不時會有一位望向馬努，說：「*Hatroah fi dahya*」——「你有大麻煩了」。他們大聲念出報告中的幾個段落——其中一部分引述了卡里姆的描述，宣稱他在馬努的公寓中發生的事：

> 他拿杯水給我，然後脫掉自己的外套跟長褲。……他要我跟他上床。我對他說不，我辦不到。但他和兩個朋友抓住我。

一開始，報告中提到外國室友參與這場據稱的侵犯，但後來有位警官指出這樣寫可能會導致外國使館介入，於是把細節改掉了。報告完成後，其中一名警官說：「帶他去醫院做肛門檢查。」

* * *

二〇一〇，警方在亞歷山卓將一位名叫卡利德·薩伊德（Khaled Saeed）的二十八歲男子活活打死。當時卡利德原本人在網咖裡，有些警官宣稱卡利德持有哈希什，有些則指控他攜械，但沒有一件獲得證實。卡利德沒有犯罪史，曾經在美國讀程式設計。他跟守寡的母親同住。當局並未對卡利德的屍體進行該有的驗屍，但他的家人卻設法弄到停屍間中他五官盡毀的照片。照片最後被人貼上網，卡利德的名字於是化為抗議人士的怒吼。他的慘死、橫死，是埃及「阿拉伯之春」一開始的幾場抗議之所以在一月二十五日發生的原因——這天是埃及警察節。

穆巴拉克失勢後，有兩名警員因為在卡利德之死中扮演的角色而判處短期徒刑，但警方改革的大問題仍然懸而未決。埃及的威權體制不像是一系列明確的結構，反倒更像是某種普遍的氛圍。有權的人之所以如此行事，常常只是因為他們有權，而非接獲明確的命令，亦非照章辦事。這就跟貝瑞·肯普對古埃及的評論相當類似——在一個從來沒有體系的地方強調系統性的解釋？大概是搞錯了吧。改革也因此尤其困難，因為需要改變的是整體風氣。

埃及刑法中完全沒有提到同性戀。但同性戀常常在「道德敗壞」的指控下遭到起訴，幾乎一切都可以套上這個罪名。警方不時對尼羅河宮殿大橋或其他某些同性戀聚會場所發動突襲，而且一貫強迫嫌疑人接受肛門檢查。馬努被捕後開始起了自殺的念頭，因為他知道自己身為男同志，在監獄裡是活不下去的。

他被人上銬，交到一名巡佐手上。幾名警察押著他在路上走，前往公立醫院，但醫院職員說他們沒有肛門檢查的設備。他們走去另一間診所。抵達診所後，馬努坐在候診區，離得太遠的他聽不到警方跟醫生之間的對話。但他分辨得出醫生臉上嫌惡的表情。馬努猜他大概在說：我才不要碰那個死娘炮。

他們準備前往第三間醫院時，長官決定先把檢查的事緩一緩。他們跟檢察官辦公室有約，要由檢察官正式提起告訴。回到警局，馬努和十來個遭到逮捕的人一起被押上囚車。馬努跟一個看起來滿臉困惑的骯髒男子銬在一起。

馬努在那一晚遇到的所有人裡，就數檢察官最令人討厭。「正常男人上街會找女孩，」他說，「你為什麼要找男的？你他媽的死娘炮。」檢察官告訴馬努，要指控他企圖強暴。但在收到卡里姆的筆錄之前，檢察官無法完成程序，但眼下卻找不到這名年輕人。

此時已經接近中午。警察又把馬努跟那個骯髒的男子銬在一起，其中兩名員警就坐在檢察官辦公室外。當他們等待時，負責這件案子的巡佐拿著馬努的手機回來。「你父親打來。」他說，接著笑起來。「我告訴他，我們發現你跟男人在一起。跟男的一起睡！」

巡佐拿馬努父親的事情嘲弄他之後，把手機交給了他。「找個人來幫你。」他說。馬努打給他的兄弟會友人塔里克，以及一位跟開羅人權團體有接觸的外國室友。塔里克打電話給一位律師朋友，接著驅車來到都基，兩人為馬努的保釋金展開協商。檢察官還有一次傳喚，但卡里姆依舊缺席。最後在經歷將近二十四小時的拘留後，警方接受了保釋金，將馬努釋放。他們一直沒有辦法安排肛門檢查。

警局外有塔里克和幾名朋友候著，還有一名接到馬努父親通知而前來的叔叔在場。這下馬努曉得，巡官幫他出櫃的事情是真的，他也意識到無論這件案子如何了結，他再也不能在塞德港露面了。

＊＊＊

接下來幾個星期，律師定期跟馬努要錢，用來打通關節。費用總額折合美金三千元，律師說警方之後不會再起訴這個案子。但馬努知道指控一定還記錄在案，寫在某個地方，於是他搬出都基的公寓。

他始終無法確定一開始遭到突檢的原因，也許是鄰居向警方通風報信，抑或是警察盯上了馬努跟外國記者合作的事，也許目標是掌握把柄，強迫馬努提供合作對象的情報。但是，假如一切都是某個縝密計劃的一部分，那為何麼警察不馬上跟進，對馬努施壓？卡里姆都費了這麼多功夫讓馬努上當，為什麼不準時出現在檢察官辦公室？警方報告何以如此業餘？那名巡佐為何先是洩漏馬努的事情給他父親，接著又允許他打電話求助？只是，在一個威權是氣氛而非體系的地方，這些問題都得不到回答。這種暴行沒有絲毫意義——沒有更大的目標。至於警方無能則是另一個明確的特點，這也正是穆巴拉克治下的警察濫權最終之所以沒能維持政權、反而削弱了政府的一個原因。

這段期間從頭到尾，塔里克常常來探望馬努，並緊盯律師的工作。對於馬努的同性戀身分，他始終未置一詞。對於穆斯林兄弟會成員來說，這個議題理當一清二楚才是：組織的領袖們早已表示不能容忍同性戀。總統大選的那個春天，民眾都在猜：假如穆爾西勝選，是不是會馬上鎮壓兄弟會視為不道德的那些事情？

馬努被捕一事後不久，我和塔里克相約扎馬萊克的咖啡店，他提起友人時態度相當保護。塔里克相信馬努之所以被人盯上，是因為他跟記者合作，而他的親切態度讓他成為容易下手的目標。「他太信任人了，」塔里克說，「他應該更小心才對。但他是個好人。」

我分不出塔里克究竟是假裝不知道馬努的性傾向，還是他只是避而不談。就算在埃及的時間相當短，也足以教會我埃及人通常擁有非凡的矛盾能耐。有時候這感覺像偽善，但通常只不過是在不完美的世界求生存的方法。或許碰上特定情況時，這代表的是某種形式的高尚舉止。

＊＊＊

穆爾西在五月底的首輪選舉中贏得將近四分之一的選票。不到一個月，他就從候選人中的第六名攀升到第一名。在最後一輪選舉中，他將面對曾經擔任穆巴拉克最後一任首相的前埃及空軍總司令——艾哈邁德．沙菲克（Ahmed Shafik）。對每一位受到解放的承諾所鼓舞的埃及人來說，他們的選擇是：一位曾經稱穆巴拉克為「楷模」的七十歲退休軍人，或是一名有材料科學博士學位、否認是兩架波音七六七讓世貿中心倒塌的伊斯蘭主義者。

我的阿語老師里法阿特百般無奈，打算投給沙菲克。縱使他痛恨前政權，但他忠於納瑟的程度讓他無法支持穆斯林兄弟會成員。垃圾清運工薩伊德則告訴我，他會投給穆爾西。「他有留鬍子，而且他很虔誠。」他說。他相信，虔誠的穆斯林上位之後會比較誠實。

許多年輕示威者已經決心在選票上寫別的候選人，或是破壞手上的選票，但馬努堅信對埃及史上第一次自由的總統大選來說，這是種不道德的回應方式。而他認為沒有道理把目光重新投向出身舊政權的人物。無論如何，這都是新民主政權的一項奇蹟：生活中害怕道德威權的男同志，覺得非得把自己的一票投給穆斯林兄弟不可。

＊＊＊

六月二十四日中午剛過，我跟馬努在扎馬萊克招了輛計程車，前往東開羅的納斯爾市（Nasr City），終輪選舉的結果將在那裡宣布。道路水洩不通，因為有太多人試著離開城中心。尼羅河宮殿大橋上的車流陷入停止，乘客紛紛跳下計程車和公車，以雙腳繼續前進。

此時，人人都知道有人贏得大選，但沒人知道誰是贏家。投票在一星期前舉辦，正是混亂加劇的時候。六月十三日，臨時政府宣布埃及戒嚴，隔天最高憲法法院宣布解散國會，法院認定有三分之一的國會議員當選無效。幾乎沒人懷疑這項決定背後的政治動機，而解散國會之舉也是在對兄弟會傳達訊息：舊政權的「*feloul*」——也就是「殘黨」——依然有其影響力。

但即便在這種氛圍下，選舉依然和平舉行。獨立觀察員獲准進駐投票所，此外也沒有任何嚴重舞弊的消息。選票在兩位候選員的代表面前計票，隨後穆斯林兄弟會宣布穆爾西以超過百分之五十一的票數勝選。他們公布了國內各選區的詳細票數。

但選舉委員會將結果的正式宣布推遲了一個星期。沙菲克陣營也宣稱勝選，只是提不出證據支持他們的主張。據說選舉委員會在調查選舉舞弊指控，但多數分析家都相信軍方準備為沙菲克盜取勝利。馬努和我搭計程車經過解放廣場，一群兄弟會成員帶著旗幟與布條在廣場上紮營。他們已誓言將占領廣場直到合法勝選人宣布為止。

選舉結果將在國家信息服務局（State Information Service）公布，我們抵達時，所有道路都已經被軍警封鎖了。馬努和我下了計程車步行，我們經過一處政府部會與娛樂設施的複合建築，其中有不少是穆巴拉克統治末期興建的蚊子館。國防部政戰局國際保齡球中心（Ministry of Defense Morale Affairs Department International Bowling Center）入口處立了一支人面獅身像大小的保齡球瓶，穿著黑色制服的員警排排站在這個巨大保齡球瓶的左右兩側。不遠處，國家信息服務局的大門口裝飾著總統選舉委員會的官方標誌，標誌上有支白色的巨手，將選票投入吉薩大金字塔的上方。

委員會規定結果宣布僅限登記在案的記者參加，馬努於是在外面等，旁邊是幾個小隊的年輕義務役士兵，人人神情緊張。我搭電梯來到七樓。電梯操作員是個瘦小的老人，他坐在木頭凳子上，笑得開懷，彷彿不過又是一天按按鈕的日子。他告訴我，他對選舉結果完全沒有疑問。「沙菲克會贏，真主容許的話（*insha'allah*），」他說，「穆爾西絕對當不上埃及總統。」

選舉委員會主席用莊重的音調揭開活動序幕，「我在建立埃及民主關鍵階段的最後與諸位相見。」他坐在另一面彷彿神之手往金字塔投票箱塞選票的布條下方。大約有三百名記者（幾乎都是埃及人）擠進觀眾席。大家看起來都很緊繃，結果宣布前還有一些人為了座位扭打起來。

這位主席跟許多埃及官員並無二致，都很享受鎂光燈，講了大半個鐘頭都沒提到是誰勝選。他誇讚選舉委員會（「除真主之外，他們別無所畏」），然後把因為發現錯誤選票與其他細微問題而調整過票數的行政區念了一遍，名單長得令人心煩。某市原先宣布沙菲克得到四萬兩千五百零八張選票，但最終數字為四萬兩千六百零七張；另一座小鎮算出穆爾西得票六百八十三張，但其實應該是六百八十五張；應該是五萬零四百二十八張，而非五萬零兩百二十八張；應該是四千零九十七張，而非四千兩百七十九張。他用沉悶的語氣講了又講，而在有數字恐懼症的埃及，讓一群神經緊繃的觀眾聚在一起，要他們看統計數據，這簡直是種酷刑：兩千六百四十二萬零七百六十三人投票，兩千五百五十七萬七千五百一十一張有效選票；八十四萬三千兩百五十二張無效選票，一千兩百三十四萬七千三百八十張的選票投給了沙菲克。直到主席吐出下一句——「百分之四十八點二七」——這個場地才炸了鍋。

* * *

馬努和我招了計程車回開羅市區。街頭泰半仍空空蕩蕩，只有少數人在車窗懸掛埃及國旗，開車時鳴喇叭慶祝。馬努告訴我在國家信息服務局外，宣布的結果似乎讓年輕的義務役們鬆了口氣，因為這代表他們今晚不用跟伊斯蘭主義者作戰。但在每一個小隊的排頭，年紀較長的軍官臉上都是一副毫不遮掩的憤怒。他們想的是得聽穆斯林兄弟會的命令四年。

回到市區，我們走進「自由與正義黨」（Freedom and Justice Party，兄弟會的政治部門）的中央黨部。支持者歡呼、高唱著穆爾西的名字。形形色色的人從街上湧入；有那麼一刻，馬努和我就坐在一位衣衫襤褸的男人旁邊，而此人正好名叫穆罕默德·穆爾西。他把自己的證件拿出來，說自己跟新總統同名，出示給每一個有在聽他說話的人看。

幾位日本記者已經在等著訪問女發言人，我也排進隊伍裡。數分鐘後，有人把我領進房間，與努塞芭·阿希拉夫（Nussaiba Ashraf）博士會面。她看來三十多歲，穿著保守，身著長裙，卡其色的希賈布緊緊繫在下巴處。兄弟會有幾名年輕的女發言人，部分是為了傳達他們重視兩性的意思。

阿希拉夫博士告訴我，直到最後一刻，她都不確定是誰贏得大選。「我們非常擔心，」她說，「有許多跡象顯示可能會有某種操弄。」

她表示穆爾西已正式辭去在兄弟會的位子，以展現他的獨立。這將會是個新紀元——是個合作，而非衝突的時代。「總統將成立聯合政府，」阿希拉夫說，「自由與正義黨不會主掌多數部會，其他政黨與團體會負責若干部會，接下來的政府將不會是由自由與正義黨控制的政府。」

她接著說：「這不是黨的勝利，也不是穆爾西博士的勝利。這是革命的勝利。」她微笑說：

「舊政權不會回來了。」

第二部

政變

Part Two: The Coup

如今我應與何人語？
弟兄不善，
今日友人無愛。
如今我應與何人語？
人心貪婪，
人人奪其夥伴。
如今我應與何人語？
慈愛已逝，
傲慢席捲世人。

——《自我與魂靈的對話》（*A Dialogue Between Self and Soul*）
第十二王朝，約西元前一九一一年至一七七八年

Chapter 7

「阿拉伯之春」的儀式花了將近一年時間才逆流而上，來到阿拜多斯。二〇一一年十二月，也就是穆巴拉克下野後的十個月，村民才終於發動他們的第一次示威。大約一千人聚集在塞提一世神廟（Temple of Seti I）前方——當地最顯著的大型建築物就屬這座神廟與「須納」。抗議人士主要的訴求跟政府補助的家用天然氣配送時有時無有關。他們要求政府解決問題，並要求村裡的「*rayis*」下台。「*Rayis*」這個詞相當於埃及版的「總統」，但也可以用來稱呼任何團體的領導人，如「領袖」、「頭頭」。阿拜多斯的領導名叫胡賽因・穆罕默德・阿布杜勒・拉迪（Hussein Mohammed Abdel Rady），任命他的是穆巴拉克政權。當地的示威活動中，人們高唱解放廣場的口號，拉起布條，寫著「阿拜多斯青年：我們要村子的領導換人」。

示威持續了幾天。最後來了幾個上級行政區拜勒耶納的官員。拜勒耶納官員與若干示威者會面，並承諾改善天然氣配送。他們也聽取村民的怨言，村民認為當地人進塞提一世神廟不該收跟外國旅客一樣的高價，而官員也同意規劃新的票價安排。最終他們宣布領導被迫離職。對示威者來說，領導的去職符合「阿拉伯之春」的理想模式，於是他們平和散去。此後的阿拜多斯就沒有別的示威活動了。

* * *

我頭幾回造訪阿拜多斯時搭的是飛機，從開羅飛往該省（governorate，相當於其他國家的州〔state〕或省〔province〕）的首府索哈傑。索哈傑的機場是全新的——穆巴拉克掌權的最後一年才剛開幕。二〇一〇年五月，穆巴拉克總統前往當地出席啟用儀式，將這座建築物以自己的名字命名。穆巴拉克國際機場之所以坐落在索哈傑與阿拜多斯之間的沙漠中，部分是因為官員希望會有大量外國遊客開始造訪古蹟。航廈位於黃沙遍地的丘陵頂，面對浩瀚的西部沙漠，前方十英呎高的白色字母拼出「MUBARAKAIRPORT」*。這些字母釘在地上，用鋼棍支撐，足以承受撒哈拉的狂風。

第一波革命之後，機場工作人員敲掉了「MUBARAK」（穆巴拉克），用一連串寫作「SUHAG」（索哈傑）取而代之。這座城市的正式英文名拼寫有個「o」，但機場當局顯然決定重複利用前總統名字裡的母音。他們讓子音躺在地上。我第一次從空中靠近時，往下還可以認出一個「M」，一個「B」和一個「K」。躺下來的字母已經有一部分被風吹來的沙蓋住了。

一出機場，我就招了輛計程車前往阿拜多斯，沿路會經過兩個指示機場位置的路標。第一個路標上的「穆巴拉克」一詞已經被人刮掉了。但下一個路標上的名字仍完好如初，因為要有夠高的梯子才爬得上去。等到我第四次造訪當地，他們才終於找到辦法，把比較高的「穆巴

---

* 索哈傑國際機場原以總統穆巴拉克之名 Mubarak 命名。

拉克」去掉。從機場到阿拜多斯通常要花四十五分鐘。一路上先經過左塞爾王路（King Djoser Road，紀念那位興建階梯式金字塔的統治者），隨後接美尼斯王路（King Menes Road）。「美尼斯」就是那位在五千多年前第一位統一上下埃及的國王，他先統一了埃及才被河馬抓走。

等到我開始經常走訪阿拜多斯時，距離穆巴拉克垮台已經將近兩年了，而他垮台的故事也已經拋光打磨過，彷彿經過萬人手的硬幣。全國上下民眾說的都一樣：一開始，穆巴拉克是個好領袖，但他後來力不從心。問題有一部分在他妻子。蘇珊・穆巴拉克（Suzanne Mubarak）為婦女議題發聲，讓她受到西方官員喜愛，但多數埃及人對此並不買帳。他們指責蘇珊為兩人的次子——賈邁勒・穆巴拉克（Gamal Mubarak）的政治生涯鋪路。穆巴拉克總統從未指定繼承人，而在政權衰落年間，他似乎打算扶植賈邁勒登上最高之位。如果成真，這將是埃及自一九五二年法魯克一世退位以來的第一個家天下。

每當民眾談到穆巴拉克的失敗，他們通常都把焦點擺在他的人際關係，而非統治的細節。他們鮮少提及制度問題，而是抱怨蘇珊與賈邁勒，還說腐敗的官員與商人利用了老邁的總統。問題在個人，但責任卻不在個人；真要說的話，穆巴拉克只是太相信人了。這或許反映了人心某種深層的模式，因為我還記得自己在極權的中國生活時，也聽過類似的看法。年邁的鄧小平不可能下令士兵對天安門廣場上的示威學生開槍，下了那個決定的人鐵定是他的下屬。毛澤東原本是個好領袖，直到他的妻子江青得到太多影響力為止。大家都說她必須為毛澤東的文化大革命負責。這又是兩國的另一種共同傾向：不知怎的，就算這種獨裁政權是由男性主宰，錯也常常出在女人身上。

穆巴拉克統治時，政府開始在阿拜多斯興建新的遊客中心。除了機場，遊客中心也是促進旅遊業的宏大計劃的一部分。但旅遊業在革命餘波中傾頹，等到我開始去阿拜多斯旅遊時，有關單位已經沒有完成工程所需要的錢了。未完成的遊客中心跟塞提一世神廟在同一條大街上，而且還可以看出展廳和自助餐廳的輪廓，只不過這些廳室沒有天花板、地板和窗戶。成堆的磚頭和瓦片在陽光下曝曬。一切都覆著薄薄一層風吹沙，讓遊客中心有著跟神廟與「須納」一樣的黃褐色，看起來就像另一座古代遺跡——從外觀看，根本分不出是蓋到一半，還是垮掉一半。

* * *

塞提一世神廟興建於西元前十三世紀的第十九王朝，新王國的黃金時期。這一個個的時代名稱對古埃及人來說都沒有絲毫意義。他們對時間的看法——「*neheh*」的循環，「*djet*」的永恆——都跟今人用來描述他們世界的「王朝」和「王國」等詞彙不相容。

西元前三世紀，當法老時代終於結束，讓路給希臘的托勒密家之後，才有一位名叫曼涅托（Manetho）的祭司寫下了第一部西式的埃及古代史。他把過去的國王安排成三十個王朝，只是他有一些分法如今看來似乎是任意為之。卡塞凱姆威是第二王朝的最後一位國王，而他的兒子左塞爾則是第三王朝的奠基者。差異在哪？父親建了「須納」，兒子建了階梯式金字塔——至少在曼涅托眼中，從泥磚到岩石的轉變值得換一個新王朝。他對興建第一座外表平滑的金字塔一事也有同樣的看法，因此斯尼夫魯王（King Sneferu）成為第四王朝的開創者，以示敬意。今人已知，曼涅托劃分出的、某些原以為連續的王朝其實是同時並存，而且至少有一個王朝——第七王朝——根本不存在。

十九世紀時，西方史學家進一步將王朝細分。他們創造了一系列的「王國」——古王國、中王國與新王國——由兩段國家分裂與混亂的「中間期」為分界。古埃及史以極為浩瀚的時間跨度所構成，這些時代劃分讓現代人比較容易理解，不至於迷失其中。但這套體系也讓人想起埃及人歷來鮮少能主掌自己的過往。埃及不像中國，中國歷朝歷代便自視為朝代，自己選擇朝代名：唐、宋、明。最早寫中國史的是中國人，而埃及學則是以一種殖民行動起家的。某種程度上，這種現象至今猶是。許多埃及最重要的遺址仍然是由外國人進行發掘，由外國人決定挖哪裡與何時發表成果。計劃必須由埃及古文物部同意，發給必要的許可，但許多遺址的整體方向仍然是由外人決定的。有時候，外人也會表達對這種殖民遺緒的不自在。「這不是我們的歷史，」馬修·亞當斯有一次提到，「這屬於埃及人民。我們在這裡只是客人。」

亞當斯說他對於自己一口講得很破的阿拉伯語感到不好意思。但外國考古學家很少有人阿語流利，阿語也不是埃及學課程中的必修課，這也反映出法老時代的歷史與阿拉伯人的今日之間的分野。「你能想像鑽研南美洲考古的人不會講西班牙語嗎？」亞當斯說。「這怎麼可能。阿語應該也要必修才對。」他接著說，「埃及學家是一群對於處理今日埃及沒什麼興趣的人。有時候還會有人把今天的埃及視為對過去的妨礙。」

他深信總有一天會發生本土運動，試圖把在埃及土地上發掘的外國人都趕出去。但解放並未提供火花。造化弄人，革命反而讓外國考古學家重要性甚於以往，因為古文物部沒有錢支持自己的發掘工作。在過去，古文物部經費完全來自旅遊業的發展，如今卻須要來自財政部的現金挹注，才能維持基本運作。古文物部也需要外國人與外國機構，才能讓發掘行動繼續進行。外國人也為遺址警衛與其他保護措施提供關鍵的資金。

「仰賴外人」的傳統難免讓外來觀點在埃及的歷史上持續下去。所有古埃及的年表與歷史都反映出西方的思維：王族興衰，編了號的王朝來了又去，王國根據古、中、新的順序前進。但這種直線式的歷史卻隱含了「發展」、「改善」、「進步」等對古埃及人來說恐怕不甚重要的其他價值觀。這遮掩了古人真正的想像力——他們想像的更有可能是某種恆久的「永恆」國度，而非某種往上發展的軌跡。

塞提一世神廟就是這種願景的例子。這座神廟建於十九王朝初期，當時整個國家才剛從政治混亂中恢復過來。前一個王朝有位名叫阿肯那頓（Akhenaten）的國王，試圖對許多埃及傳統信仰的根本帶來激進改革。他的計劃終究失敗了，而他的繼承人（其中以圖坦卡門最為知名）都很短命。這家人的統治大約在西元前一三〇六年結束，原因可能是人類史上第一次的軍事政變。原本的軍隊指揮官霍朗赫布（Horemheb）登上王位，並指名另一位軍官——拉美西斯一世（Ramesses I）——為其繼承人。

塞提一世是拉美西斯一世的兒子。這家人沒有王族血脈，對王座也沒有合法的繼承權。但他們手握兵權，對於象徵的力量也知之甚詳。霍朗赫布掌權時宣布這是一場「*wehem mesut*」——「復興」。埃及國王經常在一段分裂期後採用這個詞。塞提一世選擇在歷史悠久的阿拜多斯景緻中興建一座獻給奧塞里斯的神廟，作為「復興」的一部分。

神廟的設計精妙運用了沙漠環境。入口處為充滿光線的高柱前廳，但當遊人進入建築內部之後，天花板也隨之降低。廳室愈來愈暗，外界的聲音也跟著消失。在神廟的深處，有一面牆雕出塞提一世的長子閱讀莎草紙卷的景象。紙卷上按時間先後寫了六十七位此前統治埃及的國王名諱，始於美尼斯王，終於塞提一世。這種「國王世系表」在埃及各地並不多見，而上面提供的若干資料讓曼涅托得以寫出他的編年史。但這面阿拜多斯之牆並非現代意義上的歷史。名單上排除了阿肯那頓、圖坦卡蒙，以及該王室世系中的其他人。所有第二中間期的國王都不見了。強大的法老哈特謝普蘇特（Hatshepsut）不見了，而她正好是女人。塞提一世的目標在於勾勒「永恆」，而非權力興衰。

有用嗎？塞提一世的兒子——牆上那位讀著紙卷的讀者——成了拉美西斯大帝（Ramesses the Great）。完成阿拜多斯神廟工程的人可能是他，許多標誌性建築也是。這家人的王朝——第十九王朝——事後來看確實強大。埃及法老國一共延續了三千年時間，是人類歷史上存在最久的政治實體。如此的成就足以讓相信進步、科技與體系的現代人感到不安。埃及學家貝瑞・肯普寫道：

> 事實偏偏證明，理性知識遠比宗教所傳遞的、百姓所感受的事物深層意義相關知識來得脆弱。後者具有一種持久力與氣勢，顯見它緊挨著人類心智的核心。它是基本思維的一部分。任何對此有所懷疑的人，都該好好琢磨當代世界最重要的發展：以強大的政治與心智力量之姿一再出現的伊斯蘭意識形態。

＊＊＊

塞提一世神廟前發生的抗議結束兩個月之後，村里的領導悄悄重返原本的辦公室。胡賽因・穆罕默德・阿布杜勒・拉迪告訴我，他在拜勒耶納工作，渡過這段流放期。「這是為了我的安全，」他說，「後來我回來了。民眾都很歡迎我。大家說不是針對我個人，他們攻擊的只是我擔任的這個職位。」

我第一次會見拉迪時，穆爾西已經登上總統寶座了。如今由穆斯林兄弟會掌權，他們已經宣布將會實施稱為「*Al-Nahda*」——「復興」的發展計劃。基本上，這跟霍朗赫布等在亂世後重新掌權的法老們所宣稱的「*wehem mesut*」是同一個詞。在阿拜多斯，領導不會去推測「復興」對這個地區可能意味著什麼，對穆爾西也不置一詞。「我不談政治。」他說話口氣彷彿自己幹的是另一行。當地人感覺也同意。他們鮮少把自己的領導跟穆爾西或穆巴拉克放在一起談，也幾乎不會說他的壞話。有人跟我說，神廟前的抗議之所以會發生，只不過是因為村裡的年輕人一時之間被解放廣場的例子帶壞了。

這位領導身材壯碩，一臉橫肉，臉上坑坑疤疤，蓄著埃及警察、軍人與政府官員常見的那種精心修剪的髭鬚。我造訪阿拜多斯時常常會到他的辦公室轉轉，而這位領導的眼神看起來總是精疲力竭。除了政府職位之外，他還在距離阿拜多斯不遠處的尼羅河東岸經營一片小農場。他種香蕉、小麥與苜蓿。他說，有朝一日他會徹底到河邊的農場生活——恰好跟四千年前埃及政府官員退休後的作法一樣。

他的辦公桌上擺了一本《古蘭經》，經書旁邊是個貼了阿斯匹靈標籤的盒子——是英文標籤，寫著「舒緩疼痛長達三天」。桌子後方牆上釘了根沒掛東西的釘子。每當會見這個地區的官員時，我都會尋找那種孤零零的釘子，公發的穆巴拉克肖像原本就掛在上面。假如房間有大扇的窗子，牆上便會有一塊顏色比周圍更深的方形，釘子就在中間。在陽光下曬三十年是很久的時間。我很好奇，想知道穆爾西的肖像要過幾個月才會出現。就算我拜訪的人是索哈傑的新任省長，而且任命他的就是穆爾西本人，但他也還沒把自己貴人的照片掛上去。

我在當地見過的官員中，辦公桌上會有電腦的人只有省長。甚至連經手六萬八千人補助麵包登記的阿拜多斯官員，也沒有電腦可用。他的辦公室淹沒在紙張中；當我採訪時，有個老女人帶著三種以上的表格，正要塞進檔案櫃與箱子裡。這位官員說自己希望能讓系統電腦化，但政府資金不足，他只能盡可能用紙本檔案做到最好。

阿拜多斯領導的辦公室裡有一項科技先進的設備：他的右手邊附近有個安了個小小的電鈕。只要他按下電鈕，蜂鳴器便會響起，接著一位棕色臉孔、帶著白頭巾的老人就會進來房間，問他想要幾杯茶。加糖不手軟的茶是上埃及任何一種互動的潤滑劑，所有公家機關都雇了人來備茶。

另一種標準現象則是辦公室外排隊的民眾。我在一天中的各種時間見過領導，四季都有，而他從來不是一個人。他的職責就像頭頂上的藍天一樣沒有極限。由於沒有真正的治理體系，除了人出現在領導的門外，民眾就沒有別的方式提出申訴或要求。他們會來問營建許可、管線問題和校園議題。他們希望領導化解不同氏族之間的爭議。阿拜多斯原本是個小村子，但人口在上個世紀翻了幾倍，好幾個聚落散布在河谷上。這位領導管理九座村莊，總人口約七萬人。

甚至連神的行動也歸他負責。一回，暴風吹倒了一棵在政府土地上的樹。後來某天早上，我就看到領導在處理盪漾的餘波。第一步要警告電力公司，因為樹拉倒了幾條電線。接著有個木工來砍樹。樹砍完之後，木工進了領導的辦公室，為購買這根屬於政府的木頭談價錢。領導想要兩百鎊，相當於二十五美金，而木工出價一百五十鎊。兩人根據埃及人不二價的傳統拉鋸著：「兩百」、「一百五」、「兩百」、「一百五」。木工最後說，「一百五。我就這麼多錢。」

他掏出現金；領導讓步了。「這邊有外國人。不要搞得好像你試圖賄賂我！」

這件事情處理完，下一件事則是跟樹倒之前在樹蔭下工作的屠夫有關。現在樹蔭沒了，太陽毒辣，高溫對肉不好。領導能不能做點什麼？最後，他那身心俱疲的雙眼突然在惱怒中睜大：「叫他去找把陽傘！」

＊＊＊

當年還在讀博士的馬修．亞當斯所發掘的是「陪葬」邊緣一處古代城鎮遺址。這類的考古行動非常罕見，部分是因為古埃及聚落通常位於河谷，那邊是歸「循環」時間所管。人們曾生活之處的多數證據，已經被一年一度的尼羅河氾濫與河床的位移摧毀了。

但亞當斯研究的是地勢較高、沒有被摧毀的遺址。遺址年代為第一中間期，從大約西元前二一六〇年至二〇五五年，橫跨一世紀。傳統的歷史說法中，這段時期總是跟混亂連在一起。興建金字塔的偉大時代早已過去，王朝變得四分五裂。一份知名的古代文獻宣稱在七十天期間就有七十位不同國王存在。「看啊，世事以許久沒有出現的情況發生了，國王遭到暴民所罷黜。」一份稱為《伊卜爾莎草紙卷》（*Ipuwer Papyrus*）的文件如是說：「三兩名無法無天之人奪走了王權。」第一中間期時，曾有一位名叫安西臺菲（Ankhtifi）的地方官在阿拜多斯以南一百多英哩處任職。考古學家發掘了他的陵墓，其中的銘文描述了一名邊疆官員的例行公事：

我給饑者麵包，給裸者衣物；我為無妝油者塗油；我給赤足者涼鞋；我給無妻者妻子。

……整個上埃及正在饑餓中死去，民眾食其子，但我不允許這個（行政區）有任何人餓死。

亞當斯發掘阿拜多斯城鎮遺址時，卻找不到戰亂、饑荒或政局混亂的證據。他發現了一些私有工坊，顯然忙於生產作為陪葬品的珠寶。當地經濟看來自給自足：家家戶戶穀倉充盈，農業與貿易的發展似乎相當蓬勃。近年來，其他考古學家在埃及其他地方也有類似的發現，令人懷疑伊卜爾莎草紙卷等文書的權威性。

一天早上，亞當斯帶我去看聚落的遺址。遺址位置靠近「須納」，但所有古代城鎮的跡象早已被沙質土壤和擴張中的現代聚落所掩蓋。亞當斯表示，我們的想像傾向於接受王室的觀點，因為國王與官員善於用象徵手法表現他們的力量，例如陵墓中的銘文與神廟牆上的國王世系表。但那些字詞與圖像不必然與我們在地表下找到的實體證據相吻合。

「證據顯示當地社會就是以當地為導向，」亞當斯說，「從各個方面來看，高層的政治事件並未影響他們的生活。情況跟我們從文件與紀念建物所得的樣板不同。從樣板來看，一旦金字塔消失，埃及社會接著便會崩潰，饑荒與混亂隨之發生。」

他提到，古埃及人可能只有百分之五識字，類似安西臺菲這樣的官員也有動機讓國家的情勢看起來比實際上更危急。「我們檢視各個區域的證據，發現人們似乎都在忙自己的事，」亞當斯說的是第一中間期，「坦白說，我很懷疑埃及史有多少是真的，而且不只是法老時代的埃及史。」他接著說，「當這裡的村民抗議時，他們的訴求都很地方。他們跟開羅一點關係都沒有。」

* * *

阿拜多斯抗議者唯一的要求，就是徹底解決塞提一世神廟入園票價的問題。村民獲准以遊客價的一小部分進園；最後，埃及本國人票價訂為十鎊，外國人則是一百鎊。對於因「阿拉伯之春」民主夢而大受鼓舞的西方人來說，這實在不是什麼重要結果，但當地人對神廟的威能可是嚴肅以對。每當有婚禮舉行，新娘與新郎都會開車沿神廟前的路來回三遍，據信這個儀式會讓受孕更順利。其他具有魔力的地點則位於神廟內部。外國人的旅遊書指點遊客前往國王世系表、第二多柱廳（Second Hypostyle Hall）與其他知名景點，但村民自有其並未訴諸文字的巡禮路線。特定幾塊石頭或幾根柱子已經因為不斷的撫觸而磨得平滑。

亞瑟．韋格爾（Arthur Weigall）在一九一〇年提到，當他在阿拜多斯、盧克索與其他遺址進行發掘時，村民也進行了類似的儀式。不久前，當馬修．亞當斯發掘「陪葬」時，當地人也徵得他允許，伴著兩名新婚婦繞行挖掘坑。走過「須納」的村民常常會停下腳步，拿一顆卵石塞進泥磚結構中的一道縫隙，然後才繼續走他們的路。「他們說是魔法。」亞當斯說。這種民間信仰不僅跟伊斯蘭信仰無關，而且遠早於這個宗教。亞當斯接著說：「古代場所隱約有種魔力或威能猶在的感覺。」

抗議之後，家用天然氣的配送依舊時有時無，但卻沒有激起另一波示威活動。村民依舊前往神廟，而領導也依舊在位。同樣的辦公室，同樣疲憊的眼神，同樣無止境的陳情人龍。要求倒是不同——這一回是個想搞懂基礎設施規則的老人。

「關於這條法律，第一百一十九款，能適用於運河上的房舍嗎？」

「不能。」領導說。

「我查過，明明可以。」

「沒，不能。」領導拿出一本破破爛爛的法典，念出法條。他解釋說，「不過，這一區以前沒有劃進範圍的房舍，就沒辦法得到供應。」

老人呆若木雞。「可是——這法律也太糟糕了！」

「的確很糟，制定這條法律的人現在都進監獄了，」領導說，「但願他們出不來。」

老人大笑不止。領導提議填寫不同的申請表，讓他能繞過那條爛法律。他生出更多紙，老人簽完之後滿意離開了。下一個陳情人。按電鈕——要更多茶。辦公桌依舊，《古蘭經》依舊，藥盒依舊。「舒緩疼痛長達三天。」牆上孤零零的釘子也依舊。

Chapter 8

薩伊德常常在收完早上這一趟垃圾之後，到「H自由」販賣亭的陰涼處喝茶。販賣亭搭建在我們花園一隅的背面，挨著鑄鐵蜘蛛網，我從我書房的窗戶就能看到。要是薩伊德在中午打電話來，在我還來不及接起來之前便掛掉，我就知道該往窗外看。他的手八成會探過花園圍牆頂揮著。他用這種方式找我下樓，又不用付電話接通的費用。

每當我們坐在「H自由」，薩伊德都會指出經過的鄰居。他的描述通常都很簡短，內容令人大開眼界，而且有個人消費的實體證據為根據。某天，有個中年婦女過馬路之後，薩伊德說：「她是醫生。抽的菸是美質藍標（Merit Blue），一包要三十鎊。但她每個月只付我十鎊。」另一回，有個外國人拖著腳步走過。「他住在對街那棟樓，」薩伊德說，「他太太是埃及人。他們有錢。他喝威士忌；我在垃圾裡找到酒瓶。」

有一次，跟我同一棟樓的年輕外國藝術家停下來跟我打招呼，這時薩伊德不動聲色地用手遮住自己的茶杯。「這杯子原本是她的。」他在她離開後解釋道。他指指杯底的缺口——她把杯子丟掉的原因。他看這杯子還能用，於是捐給「H自由」。他用他獨門的概述來勾勒這位藝術家和她的室友：「她們人很好。他們付給我不少。他們的垃圾裡面都是菸灰。看起來他們東西吃得不多。」

等到跟薩伊德夠熟之後，我偶爾會在他收早上這一輪時跟在後面。每到一棟樓，他都會先爬上逃生梯頂再爬下樓，一面塞滿巨大的帆布袋，一面談起樓裡的住戶。這些故事是垂直的——每層樓都出現一個新角色。「示巴（Heba）夫人，」他在逃生梯頂這麼說，這裡跟我住的地方隔了幾棟樓，「她人很好。她先生過世了。」他抓起她的塑膠垃圾袋，塞進自己的大袋子，然後下到另一層樓：「這裡住的是穆罕默德醫生，埃及人。他很有錢。他付給我的錢太少，才十五鎊。」下一層樓：「這戶是個教士，米迦勒（Mikael）神父。他超小器。他一個月只給我五鎊。」薩伊德指著這個科普特人的垃圾，垃圾袋比別人多了兩倍。「他說自己沒有錢，但我看過全部的盒子跟袋子，都是人家送他的禮物。因為他是教士，一直會有人送東西給他。」

我們搶在破曉之前便出發，沿著曲折、隱密的路徑穿梭於各個建築物。許多建築物就像蜘蛛網大樓，已經光芒不再。薩伊德領著我穿過大樓裡裝飾藝術風格的大理石大廳，石材早已褪成灰色。我們從後方有鑄鐵扶手的樓梯往上爬。有時候我們會爬到一處開放的頂樓，整座城的景象在眼前展開。隨黎明的來到與離去，尼羅河的色彩也跟著變化：一下灰，一下橙，一下是明晃晃的藍。每在屋頂上窺一回明亮的埃及早晨，跟著就是又一次在黑色的金屬樓梯拾級而下。許多逃生梯都封在彷彿煙囪般的狹窄天井中。我們愈往下走，影子拉得愈長，到梯底時彷彿入夜。

我們下到陰暗的一層樓，堆滿了腐敗的食物與垃圾。「這裡住了個外國人，」薩伊德說，「我不能動她的垃圾。房東對她很不滿，有過爭執。」薩伊德解釋，就像大家會付錢請他把自家垃圾收走，也會有房東付錢要他讓某人的垃圾繼續堆著。髒亂是種制衡手段：一旦爭議解決，房東就會給薩伊德一點錢，讓他收拾髒亂。

到了下一層，薩伊德壓低自己的聲音：「她是穆斯林，但酒喝太兇了。她的垃圾裡一定會有酒瓶。」他撕開女子的垃圾袋，讓我看空瓶：便宜的傲鹿（Auld Stag）威士忌與埃及產的卡斯巴（Caspar）葡萄酒。

到了跟酒鬼對街的大樓，他打開另一個袋子。「這裡住的是哈桑先生，」他說，「他生病了。」薩伊德往袋子裡掏啊掏，拿出一對用過的針筒。「我猜他有糖尿病。每天的垃圾裡都有兩根針筒。他早上打一針，晚上打一針。」有一次我們到某一層樓，薩伊德悄聲說住戶是個性需求超大的黎巴嫩人。接著他撕開垃圾袋，找到一冠空瓶，上面的標籤寫著「杜蕾絲 Play 情趣提升凝露」（Durex Play Feel Intimate Lube）。

薩伊德用的帆布袋能裝超過七十磅的垃圾。他在天井中下樓時，會穿過窸窸窣窣的晨間日常：水流聲、爐子的嘶嘶聲、廣播的雜音。偶爾會有早起的人聽到薩伊德的腳步聲，於是打開廚房後門跟他打招呼，或是請他喝茶。一天早上我陪著他，這時有位老太太用塑膠袋裝了四片漢堡排送給他。

有好幾層樓的故事都提到這種親切之舉。薩伊德介紹說某層樓是個牙醫的家，這位牙醫不久前排時間幫薩伊德補了顆牙，而且免費。另一扇逃生門則通往一位石化工程師的家。工程師有一次不小心弄丟了自己的皮夾，薩伊德找到皮夾之後物歸原主，找回駕照與其他證件的工程師則喜出望外。皮夾裡只有二十五鎊，換成美金還不到三塊錢，但工程師拿了兩張一百鎊的鈔票獎賞薩伊德。

＊＊＊

這種慷慨的精神，以及薩伊德這類在阿語中帶有「拾荒者」貶意的「札巴林人」（*zabaleen*）的人情味，才是開羅垃圾清運體系在政府數十年忽視的情況下依舊能運作的主因。「體系」一詞一如往常讓人誤會；對於垃圾清運，比較準確的描述是「在沒有任何計劃或監督的情況下所發展出的一系列層層堆疊的人際關係」。二十世紀初，來自達克拉（Dakhla，埃及西部沙漠中一處偏遠的綠洲）的移民抵達開羅。當時達克拉的水源開始枯竭，而這些環境難民則成為人們口中的「*wahiya*」——「綠洲人」，也找到他們專屬的經濟活動——收垃圾的人。他們利用可燃垃圾，供應餐車烹煮「*ful*」——「便宜的豆泥」，是埃及的主食。

那時，大多數的垃圾都是可燃垃圾，綠洲人的雙重產業和諧運作著。但城市人口增長的速度達到無可避免的程度，打破了垃圾與豆子之間脆弱的平衡。一九三〇年代與四〇年代時，來自艾斯尤特（Asyut，上埃及的省分）的另一波移民也來到了開羅。這些科普特移民在垃圾世界中開闢了一塊專屬基督徒的領域：他們用廚餘養豬。不久後，原本的綠洲人演變為中間人，管理進入建築物收垃圾的資格，同時收取規費，有些人則進入回收業。此時，上述的基督徒（人們漸漸稱他們為具有「拾荒者」之意的「札巴林人」）負責多數的垃圾清運與分類工作，並且靠著賣豬肉給觀光旅館賺取額外收入。

這些關係在經濟飛速成長的時代運作良好。一九五〇年，大開羅地區人口只有兩百八十萬人，但這個數字在接下來的六十年間成長了六倍，達到超過一千七百萬之譜。事實證明垃圾清運網路具有驚人的彈性，部分是因為總有更多像薩伊德這樣的上埃及移民願意從事這一行。二〇〇六年，《國際仁人家園》（*Habitat International*）期刊上有篇文章宣稱：「在五十年內，札巴林人創造了堪稱是全世界最有效率的資源回收體系之一。」札巴林人將清運的垃圾回收了大約百分之八十——美國現行回收率的兩倍。

但政府官員多半並不認為札巴林人是社群資源，而是落後的象徵。二〇〇三年，政府與幾家歐洲廢棄物管理公司簽了十五年的合約，並期待後者在首都上上下下推動最先進的作法。這一回的改革與埃及許許多多現代化的嘗試相去不遠——帶來足以打亂本土傳統的體系化過程，卻又不足以帶來真正的效率。不僅計劃資金不足，外國公司跟既有的綠洲人與札巴林人複雜文化風貌相協調的過程中也遭遇困難。廢棄物公司的垃圾車太大台，許多小巷都進不去。當外國人在城內各地起用歐式垃圾子車時，札巴林人馬上把這些金屬容器聚集起來當成廢五金賣掉，作為反制。

到了二〇〇九年，埃及農業部在全球豬流感蔓延期間下令撲殺全埃及的豬隻。沒有證據顯示有牲口傳播這種疾病，事實上在命令頒布時也沒有一個埃及人遭受感染。但政府仍然推動措施，撲殺了多達三十萬頭豬。有人相信是項決策背後的動機在於討好穆斯林兄弟會，以及其他反對當權者的伊斯蘭主義者。但是，縱使伊斯蘭主義者對豬的恨甚於對穆巴拉克的恨，這種恨意恐怕也沒有打亂開羅衛生體系的代價那麼沉重。成千上百名憤怒的札巴林人走上街頭，開始把廚餘丟到街上，因為他們現在沒法把東西拿去餵豬。首都衛生每況愈下，札巴林人憤憤不平，為累積的不滿情緒更添一分，終於引發了革命。

在開羅時，我曾經跟開羅清潔美化局（Cairo Cleaning and Beautification Authority，這名字洋溢著真主旨意的精神）的發言人哈桑·阿布·艾哈邁德（Hassan Abu Ahmed）見過面。這個政府部會表面上處理廢棄物管理，實際上卻無法控制這一大片城市。艾哈邁德承認全面撲殺豬隻之舉是場災難。「政府後來說豬隻跟豬流感沒有關係，」他說，「把豬殺光是錯的。」但政府仍然不允許札巴林人重新飼養豬隻，大概是因為現在贏得大選的是伊斯蘭主義者吧。艾哈邁德告訴我，後解放時期的經濟崩潰造成市政當局付不起高達上千萬的垃圾清運帳單。外國公司的回應是減少服務量，回收率隨之下降。「這些公司回收百分之四十的垃圾，」艾哈邁德說，「它們每天清運一萬五千噸，有三千噸回收。」

我停止記筆記。「這不是百分之四十，」我說，「三千不是一萬五千的百分之三十。你的意思是說它們回收百分之四十，還是說他們每天回收三千噸？」

「對。」艾哈邁德說。

幸好我採訪官員時一定會帶翻譯陪同。費了一陣功夫，我才搞懂艾哈邁德想說的是「每天回收六千噸」。但誰知道確切數字？訪問過程常常糾結在埃及人的數學上，我總試著釐清數字，同時又懷疑精確性。就像我的老師里法阿特總掛在嘴邊的「*mafeesh nizam*」——「沒有系統」。

* * *

穆斯林兄弟會推動復興計劃，而改善衛生原本應該是計劃的五功之一。但計劃細節從來沒有公布，穆爾西的公開言論實用價值也很低（他接受廣播專訪，在主持人提出垃圾清運議題時表示「清潔來自信仰」）。我問薩伊德會不會擔心可能的變化，結果他大笑。「*Kelem bes*」——「聽聽就好」，他說。

總之，他整副精神都專注在尼羅河中一座島上的一個區域而已。他負責清運二十七棟建築物，而這二十七棟則是由七個人手中外包而來，其中最重要的人是艾曼（Aiman）。許多札巴林人都有綽號，他的綽號是貓艾曼（Aiman the Cat）。薩伊德也為貓艾曼的堂親工作，此人是三代札巴林人之一，而這三代人的綽號分別是檸檬（*Limoun*）、橄欖（*Zaitoun*）與胡椒（*Filfil*）。薩伊德完全不知道這些古怪的食物綽號緣何而來，也無法解釋野獸與狐狸。狐狸把七棟建築外包給薩伊德；野獸再給他一棟。另一位綠洲人已經作古十年，但他的兒子（是一位政府官員）仍保有收垃圾的權利，因此可以跟薩伊德收月費。薩伊德每個月還得給一位綠洲人的遺孀一百鎊，這個約定是在綠洲人死前就談好的。

薩伊德記得上述所有的人際關係，也記得超過四百戶人家的費用——全憑記憶。這一切都沒有正式合約。與此同時，他還在附近持續推動他的公關工作。穆斯林節日時，他會前往艾哈邁德．赫什馬提街的清真寺，以顯眼的方式祈禱，其他教士想到的話，就有可能給他一點額外的費用。開齋節時，他總是穿著自己最糟的衣服，站在醒目的地方。有一年開齋節，我在蜘蛛網大樓附近跟薩伊德聊天，這時一位退休的外交官走過。這位衣裝體面的男子向薩伊德客氣打招呼，給了他一張二十鎊的鈔票。接著他望向我。

「*Mish mehtegu*」——「我不用」。當這人把手伸進口袋，掏出另一張二十鎊鈔票時，我彆扭地說。他一臉古怪看著我，接著繼續走他的路。

「他以為你是拾荒者！」薩伊德說。這件事成了他掛在嘴邊的故事，動不動就在「H自由」對人說。他喜歡在販賣亭休息，販賣亭也是聽街頭巷議的地方。但他的觀察入微偶爾也會適得其反。有一次，他在晚上清運垃圾的時候，看到某個管理員大學生年紀的女兒跟男孩子接吻。薩伊德馬上告訴管理員——他後來說，這麼做是出於對家庭名譽的重視。但管理員給好處的可能性絕對也是驅使他這麼做的動機。結果他失算了：管理員的女兒否認一切，感到無比尷尬的管理員於是禁止薩伊德到自己管的大樓收垃圾。薩伊德跟我說，早知道他就不要多管閒事。

埃及社會的各個方面都牽涉無止境的社會階級、信仰與語言難題，垃圾世界也不例外。薩伊德頭一回邀請我到他家附近，跟他的札巴林人同行（多半是科普特人）一起看足球比賽前，還先耳提面命一番。他警告我別對基督徒說「*salaamu aleikum*」，還提醒我稱呼任何教士時都得用「*abuna*」——「我們神父」一詞。無論如何，我都應該避免講出穆斯林的感嘆詞，例如「*la ilaha ill'allah*」（萬物非主，唯有真主）。這種交流的奇特之處讓我挺樂的：穆斯林垃圾清運人指點曾經的天主教輔祭童如何避免傷害科普特基督徒的感情。

* * *

薩伊德一直沒有得到好聽的綽號，但在選舉結束後，他家附近的科普特人倒是開始叫他「穆爾西」。薩伊德秉持同樣的精神，稱呼我為「阿布．伊斯瑪儀」。哈贊姆．阿布．伊斯瑪儀（Hazem Abu Ismail）是激進派的薩拉菲教長，利用推特（Twitter）煽動跟隨者，讓他們有如狂熱分子一般，攻擊在媒體界與政界的各種敵人。薩伊德認為這對一個美國人來說是個完美的名字，不久後當地幾個管理員也開始衝著我喊，「阿布．伊斯瑪儀！阿布．伊斯瑪儀！」每當我跟著薩伊德收早上那一趟的垃圾時，他都會介紹說我是他的實習生。「我下周要去美國，」他裝嚴肅口氣來搞笑，「由阿布．伊斯瑪儀來收垃圾。」

每天，薩伊德都會付錢請卡車幫他把垃圾運到他住的利瓦區，在自家附近進行大部分的分類工作。從扎馬萊克過去的路途不遠——兩英哩半多——但利瓦區感覺是個不同的城市。街道沒有鋪面，多數建築物都是新蓋的；當地還有人們用來種苜蓿的狹長農地。利瓦區沒有地鐵站，也沒有大眾運輸。居民仰賴私人小巴和「*tuk-tuks*」——一種在扎馬萊克與開羅城中其他區域都禁止的「小型摩托計程車」。利瓦區連人們用的錢都不一樣。在扎馬萊克，沒有人會給面額小於半鎊的硬幣（價值相當於六美分），但利瓦區的商店會用每一種面額極小的皮阿斯特（piastre）貨幣單位。每一次我造訪利瓦區，都帶著一口袋的零錢回扎馬萊克，偏偏這些硬幣在我住的地方實際上一點用都沒有。

政府在一九八五年開始興建環狀公路——環繞全程的四線道高速公路，工程進行了整個一九九〇年代。這條路切穿了利瓦區的心臟地帶，但規劃道路的人對住在這裡的人不怎麼關心，因此沒有蓋交流道。經過附近的火車也不會停下來。薩伊德住的社區在鐵軌旁邊，社區入口處有一整排的小販，販賣札巴林人找到的、還相對完好的東西：二手衣、舊玩具、混搭的碗盤等。我第一次造訪時，薩伊德把我拉到一旁，提醒我：「什麼都別買。」

每當他領著我穿過附近，我都覺得我們彷彿下到某種消費主義地獄，一層又一層。小販和他們的商品代表第一線的可用垃圾——容易挑出來的東西——接著我們會繼續看到需要回收的物品。大型廠房負責熔玻璃，其他店家則處理紙張。液壓機發出嘶嘶聲，將礦泉水瓶壓扁。往這一區的後頭走，土地變得比較沒價值，物品種類也變得愈來愈難分清楚。有個人只收塑膠優格容器。另外一群做回收的人則收集人家丟掉的麵包，在太陽下曬乾，接著磨成小顆粒來養雞。爛掉的蔬菜要從垃圾中翻出來養山羊。有幾個目光獨到的人專找丹寧布。在一座有一千七百萬人口的城市裡，一切的規模都很驚人：收丹寧布的人有一大堆的舊牛仔褲、裙子和外套，堆得超過十呎高。

這些物品泰半都是工廠機器製造的產品，如今進了利瓦區之後，卻會以某種前現代的細心來加以分解。薩伊德分類他的垃圾時，會把所有拉環從汽水罐上下來，畢竟連這種一點點的鋁也有價值。我有一次看到他根據是否透明，來分類一大堆骯髒的塑膠叉子與湯匙：塑膠愈透明，等級就愈高。同理可證，哈桑先生與其他跟我住同一條街的注射藥劑使用者所丟棄的針筒，他都會一個個加以分解。薩伊德把金屬針頭拿掉，把柱塞分出來，再把透明的套管擺去專放高品質塑膠的那一落。

他常常割傷自己。一次出國，我給薩伊德帶了幾雙壽司師傅等使快刀的人所用的高科技手套。在我看來，這種手套是完美的解決之道：第五級防割，完全符合歐洲標準EN388號。但薩伊德的工作方式卻與科技背道而馳。他對我說，要是他帶了手套，就沒了手感。就算危險，他還是堅持不戴手套工作。他在利瓦區住的地方附近沒有醫院，沒有政府部會，也沒有警察局。我在薩伊德家附近從來沒看過穿制服的人。假如拾荒者受了重傷或是生了重病，他就走投無路了。沒有健保，也沒有撫恤金。札巴林人鮮少到工作到五十歲以上，因為他們已經累積了太多背部與膝蓋毛病。

很多札巴林人都有用藥。最常見的藥是「曲馬多」（tramadol），這種處方止痛藥作用就像鴉片。廉價版的曲馬多由中國與印度生產，在開羅大行其道，街上大概四十分錢就能買到一錠。穆爾西當選那年，聯合國毒品和犯罪問題辦公室（United Nations Office on Drugs and Crime）估計在埃及有五十億錠的曲馬多——男女老少平均一人約分得六十錠。

我認識的札巴林人幾乎人人都吃這種藥。他們說曲馬多能減少疼痛，此外也當成壯陽藥來吃，因為有延遲射精的效果。要是我在周四拜訪薩伊德和他的友人，他們常常會拿當晚打算服用的廉價版曲馬多或威而鋼給我看。在埃及，周四夜是周末的開始，男人們有時候會稱之為「惡魔生」，因為這是傳統上用來上床的晚上。

有幾回，薩伊德會帶著自己在垃圾裡找到的曲馬多，到我住的公寓來拜訪。人們如果想試著戒掉這些藥，就會把藥丟掉，就像他們把酒丟掉一樣。薩伊德偶爾會吃這種藥，但他似乎沒有用藥問題。不過其他勞工很明顯已經成癮。某天傍晚我和女兒們在花園裡，這時有位在扎馬萊克附近工作的札巴林人出現在蜘蛛網柵欄的另一邊。他看起來很糟，滿身是汗，視線劇烈閃動。他告訴我，自己戒不掉曲馬多。

他來求助，我建議他靠咖啡因與阿斯匹靈取代；我也想不到別的方法了。不久後，他就從附近消失了，薩伊德說那人已經加入勒戒計劃。政府不久前表示，進勒戒所的人有百分之六十都是曲馬多成癮。這名年輕人還算幸運，他是出身相對富裕的札巴林人，負擔得起療程。療程結束之後，他看起來好多了。他告訴我，他學會用普拿疼加強錠（非處方止痛藥）來治療戒斷時的關節痛。他在勒戒所隔離的十七天，才中斷自己的曲馬多癮頭。

* * *

上阿語課時，里法阿特教我們一個無法翻譯的詞，用來指稱類似利瓦區這樣的城區——「*ashwa’iyat*」。這個詞通常釋義為「貧民窟」，但這並不精確：字面上的意思是「非正式的」，但當成名詞來用，而且只有複數形。「*Ashwa’iyat*」——「非法棚戶區」決不會以單數出現，提到其中一處，也就暗指其餘每一處。一九六〇年時，這種地方還不存在，如今卻已成為大開羅地區三分之二人口的家。

非法棚戶區完全不是政策的結果。數十年來，負責規劃的局處最感興趣的始終是在沙漠中興建新的城市——穆巴拉克尤其懷抱這樣的夢想。他在一九九六年告訴國會，自己希望的不只是「象徵性的出走沙漠」。環狀公路就是這個願景的一部分，高速公路是設計來服務新的衛星城市的。第一座沙漠城市在沙達特統治時落成，建城計劃進一步在穆巴拉克統治時擴大，一共包括八個聚落。其中幾個地點在權貴之間非常熱門，他們蓋起有草坪和泳池的別墅。但絕大多數的市民一直沒有搬家。截至穆巴拉克統治結束，只有八十萬人在開羅的沙漠城鎮中落戶，卻有一千一百萬人生活在非法棚戶區。

在大多數開發中國家的巨型都市，基本經濟力會把類似薩伊德這樣的人推向都市外圍的爛房子。但開羅的結果卻是相反。埃及只有百分之五的土地為可耕地，嚴格的法律防止都市發展侵入農地。利瓦區和其他的非法棚戶區起先多半都劃為農地，沒有任何銀行或投資人會冒險在沒有法律保障的情況下為高級開發提供資金。但普通人願意提供小額融資，因為地方政府力有未逮。人們付錢給農民，匆匆占一小塊地，一個接著這麼做。這跟都市規劃背道而馳：只要上百萬人做了同樣的決定，複製同樣的建物，這種現象也就有如大自然的力量。非法棚戶區就像生物那樣成長。

政府的反應是順應形勢，而非引領潮流。每當有人興建違法建築物之後，他們通常都會接上政府的公共管線——這也是違法的。接著政府會派人來裝錶，按使用情況收費。在不堪重負的地方官來看，至少他們省下了拆除建築物的費用。政府的無視反而以一種奇特的方式，使開羅變得更適合窮人居住——至少地點如此。窮人占據城裡相對中心的地方，例如利瓦區，而有錢的居民則自我放逐到內陸去。

假如住在非法棚戶區的人真會擔心政府拆屋，他們就應該蓋便宜的鐵皮屋才對，發展中國家大多數的非法居民都是這麼做。但政府數十年的失能反而讓開羅人習慣以彷彿無人管事的態度來行事——他們蓋的是永久屋。多數的非法棚戶區建築物品質都不錯：三至五樓高，強化水泥地基，還有紅磚牆。家家戶戶都有電跟自來水，而且有將近百分之九十接上城裡的汙水體系。當我和住在開羅的美國都市規劃師大衛・西姆斯（David Sims）見面時，他對一般人在首都達到的成果抱持肯定態度。「開羅透過灰色經濟活動，提供了遠比所有發展中國家的巨型城市更優質的便宜住居。」他說。

西姆斯的書《瞭解開羅》（*Understanding Cairo*）主張當局應該接受非法棚戶區存在的現實，甚至擁抱若干結果。幸好穆巴拉克的計劃失敗了：假如沙漠城市真的吸引了大量的人，首都就會變成一片散亂延伸的亂象。非法棚戶區的居住密度反而意味著有超過四分之三的大開羅居民，住在距離城中心十英哩之內的地方。改善首都惡名昭彰的交通問題原本應該很容易才是，但穆巴拉克底下的官員寧可假裝非正式地區並不存在。他們沒有在類似利瓦區的地方為環狀公路興建交流道，也不打算連結地鐵系統。非法棚戶區跟札巴林人垃圾清運網路按照同樣的基本模式而發展，假如政府用願景與權限回應這些非正式體系，反而會遏止其活力。但穆巴拉克政權是個沒有太多實權的威權政權。而且幻想元素總是存在——官方文書就像馬修・亞當斯研究的埃及古代，其中描繪的治理願景跟實際證據完全無關。關於非法棚戶區，西姆斯寫道：「說起來，政府的規劃師似乎樂於透過美好的都市設計練習題來忘記今天的開羅，忘記政府對現實情況沒有多少掌控的事實。」

＊＊＊

對於非法棚戶區的居民來說，「住宅所有權」的概念也少不了另一種幻想。他們聘請律師，擬合約，並且購買、銷售房地產，而地方法院通常也認可這些交易。但這些買賣通常沒有真正的法律基礎，只要出現新的威權政權以彷彿真握有實權的方式統治，這整套體系就有可能崩潰。

薩伊德和瓦希芭生了兩個孩子之後，瓦希芭偷偷改了他們房子的房契，填上了自己的名字。這套體系的地下性格讓這種更動得以成真：瓦希芭拿著所有權狀給有交情的律師，證明她的婚姻關係存在，並解釋道——身為家裡的識字成員，把她列為合法所有權人是很合理的。等到薩伊德發現時，他氣炸了。

他不識字，這是他最大的弱點。他原以為像瓦希芭這樣的妻子——貧窮、年輕、跟家人沒有聯絡——會比較順從。但他沒有預料到他妻子受高等教育所帶來的影響。她不怕為自己發聲，也更有能力弄懂像房地產合約的文件。她也是一流的簡訊好手。自從她更動權狀之後，兩人有一段時間吵得很兇，薩伊德不時會到我家門口，給我看自己電話上的簡訊：

這不是你的房子，你這小偷，你像狗一樣回來找我，這正如我意，我也能隨便趕你走。

每當薩伊德收到簡訊，他都得找個識字的鄰居。瓦希芭的簡訊有兩個目的：既能傳達訊息，又能在薩伊德的友人面前羞辱他。吵架的時候，薩伊德常常扣著不給錢，有時候會來扎馬萊克待個幾晚，睡在我這條街上某大樓車庫裡的行軍床上，大樓的管理員挺親切。就典型的埃及堂表親婚姻來說，瓦希芭應該會找男性親屬求助，但身為家族外人，她得訴諸別的戰術。她的簡訊常常會提到缺生活費，讀簡訊的人就會叫薩伊德收拾局面，付錢讓小孩能生活。

萊絲莉和我也試著這麼作。薩伊德常常來我們公寓發洩，我們先聽他說，然後建議他回家跟他太太有話直說。但他就跟我認識的許多埃及人一樣有種逃避的傾向。他經常宣稱自己計劃娶第二個太太。在法律上，埃及穆斯林最多可以同時有四位妻子，但因為開支與複雜的緣故，一夫多妻實際上並不常見。以薩伊德的情況來說，他的太太懷了兩人的第三個孩子，他最不需要的就是把另一個女人拉進來攪和。但他似乎很喜歡假裝，就像他喜歡聽到那些被人丟掉的東西在美國能賣的價格。

一個完全不同的世界。他常常問我美國與中國在性方面的習慣，還會重述自己從不同管理員和札巴林人那裡聽來的荒誕故事。有一次，他告訴萊絲莉和我：在開羅的其他城區，有些妓女會付錢給她們的恩客。

「這怎麼可能？」我問。「一個男的招妓上床，結果是她付錢給他？」

「沒錯。」他說。

「薩伊德，你傻了，」萊絲莉說，「你去找個因為想付錢給男人跟自己上床，所以希望以妓女為業的女人給我看。」

但他堅持故事是真的。我想，這是住在一個有一千七百萬人的城市裡會有的反應：你總能假裝在某個遙遠不知何處的非法棚戶區，會有人做些超乎想像的事情。

* * *

薩伊德家附近有個流傳已久的都市傳說：當地居民有一天能開車上環狀公路。革命之後，傳說突然有了成真的可能，但這既非某種新的民主程序使然，亦非民意上達天聽之故。事實正好相反：居民意識到政府失序已極，官員說不定不會注意到有人非法蓋了兩條高速公路匝道。

主導興建工程的是當地一間清真寺，名叫「天賦清真寺」（Al-Mesgid al-Hidaya）。這間清真寺的經費來自私人贊助，是附近最重要的機構之一。寺內設施五花八門，包括診所、護理學校、結婚禮堂，以及家教課的教室。但在革命之前，這間清真寺從來沒有涉足交通基礎建設。

主事者看準時機進行他們的工程。清真寺內慈善組織的大主管梅吉迪．阿布杜勒．拉吉克（Megdy Abdel Raziq）告訴我說，他們是在二〇一一年十一月，穆罕默德．馬哈茂德街抗議期間展開銜接高速公路的工程的。「當時的開羅沒有治安可言，」他說，「所有警力都在解放廣場周邊忙碌。」寺方請了建築師與工程師設計高速公路匝道，而每周五講道結束後，伊瑪目還會請會眾捐獻。

「我們展開工程之後，道路管理單位有派人來看，」阿布杜勒．拉吉克說明，「我說，『上下高速公路是我們的權力。』對方也心有戚戚焉。他們說，『行，蓋吧——我看這裡什麼事都沒發生。』」

我在阿布杜勒．拉吉克的辦公室訪問他，另有一名翻譯陪同。當時已經夜深了，但我們的對話仍然不斷被加入協助貧窮家庭過冬計劃的人一再打斷。阿布杜勒．拉吉克為每一位訪客印表格，然後給對方一條毛毯與三十鎊現金。來者泰半是包了尼卡布的婦女，她們通常會以捺指紋代替簽名，因為不識字。

「我們花了六個月蓋交流道，」阿布杜勒．拉吉克接著說，「我們在五月完工。」他說他們必須加速興建，畢竟工程是違法的，而且他們只花了一百萬鎊，相當於美金十二萬五千元。他自豪地說，政府興建的匝道得花兩倍的錢。

當天稍早時，我去交流道口看過。匝道的路面接近角似乎比正常情況來得陡，而「護欄」就只是散落在路旁的水泥塊。但車流很順暢，政府不久前甚至掛了金屬路牌，上面還有名字：馬塔姆登交流道（Matamden Exit）。我問，這樣是不是代表交流道獲得合法地位了。

「*Yanni*」，他說。在埃及阿語中，這個字可以指「是」、「算是」、「假裝是」的任何意思。「現在是道路管理局在維護，」阿布杜勒．拉吉克說，「我們希望他們給予完整的法律地位，但你也曉得，政府現在還不穩定。萬贊歸主，上面還沒有出過任何車禍！要是蓋好之後馬上就出事，當局就會封閉交流道。」

正當我們講話時，又有一位包著尼卡布的女子進了辦公室。她說自己跟丈夫吵了一架之後，被丈夫趕出家門。她從開羅的另一區來，巴士在下一個交流道口讓她下車。她手上抱著一個睡著的嬰兒。「我坐在環狀公路旁，有人說我可以到清真寺來。」她說。

阿布杜勒．拉吉克問她有沒有打算回去找丈夫。

「我不曉得，」她說，「現在我需要一點幫助，讓我撐過一個晚上，或者兩個晚上。」尼卡布底下，她的表情是完全看不到的，但她聽起來很難過。阿布杜勒．拉吉克說清真寺裡的婦女能幫她照顧嬰兒，或是介紹律師。

「我現在還不想找律師，」她說，「我只想吃點東西，找個地方待一兩晚。」

「那好，只要你需要幫忙，都可以回來這裡，」阿布杜勒．拉吉克說。接著他拉開桌子抽屜，拿出一百二十鎊。女子祝福他，抱起她的孩子，轉身走進夜裡。

＊＊＊

八月底，瓦希芭生了女兒，夫妻倆為她起名為拉蜜絲（Lamis）。小寶寶出生後的第七天，這家人辦了場稱為「*sebou*」的傳統慶祝儀式，薩伊德則陪著萊絲莉和我到他們家附近。我們走過一條條的垃圾加工線——路邊小販、玻璃回收廠、收丹寧布的人。老鼠「颼」地在好幾堆如山的廚餘間穿梭。薩伊德解釋，自從豬隻撲殺之後，札巴林人完全沒有能力處理這些廚餘。我們丟棄的食物最後就落到這：要是我們的廚餘沒有好到能給山羊或鴨子，就會在薩伊德一家人住的街上成堆腐爛。

他們住在一條狹窄、沒有鋪面的小巷裡。這裡所有建築物看起來都差不多：兩到三層樓，灰色的水泥地基和紅磚牆。鋼筋彷彿亂髮，從屋頂穿出來。在非法棚戶區沒有什麼是完工的，因為日子一久，人們存到錢，家庭規模變大了，就會繼續往上加蓋。薩伊德告訴我，有一天他希望能幫兒子們多蓋兩層樓。

我們進入建築物那一刻，就把非法棚戶區拋在後頭了。來拜訪之前，我一直有種模糊的想像——他們家大部分的家具會是從扎馬萊克垃圾堆裡找來的，就像薩伊德的衣服。但所有的電器跟家具都是全新的。沙發還包著出廠時的塑膠膜，家裡還有兩台電視。有一台正在安裝程式的電腦，是要給長子齊祖（Zizou）的。大致而言，我都知道薩伊德收入不錯；他一個月通常至少賺五百美元，是開羅平均家戶收入的兩倍。但在到他家拜訪之前，我從沒完全領會到扎馬萊克的垃圾有多好賺。他告訴我，這棟樓和家具花了他相當於三萬美元的錢。

瓦希芭是另一個亮點。薩伊德帶我們看房子的二樓時，她就站在樓梯口。她長得非常漂亮，皮膚白皙，除了濃重的藍眼影與黑眼線之外，整張瓜子臉脂粉未施。她穿了一襲用珠子裝飾的長罩衣。她身形相當纖瘦，我無法想像一周前她剛生過小孩。

她熱情與萊絲莉和我打招呼，說她丈夫都有把我們的事情跟她說。夫妻倆看起來無憂無慮；絲毫沒有一點跡象能看出薩伊德今年早些時候抱怨的那件房契之爭。瓦希芭抱著拉蜜絲，然後溫柔地把新生兒交到萊絲莉手上，接著人就告退了。過沒多久，她回來時臉上已經包了尼卡布。

入夜之後，我才知道我們的到訪讓瓦希芭措手不及。我們是最早到的客人，而她還沒有打扮好。她之所以仔細畫了眼妝，是因為那是她臉上唯一打算讓人看到的部分。

親戚和鄰居擠滿整間房子，有些人開始伴著小收音機播的音樂跳起舞來。氣氛很歡樂；拉瑪丹月剛剛結束。聖月落在夏季，但薩伊德沒有齋戒——因為天氣太熱，勞動的人可以例外。孕婦也是，可是瓦希芭還是齋戒了。八月時，氣溫幾乎天天超過華氏一百度，但瓦希芭——懷胎八個月的瓦希芭，仍然從日出到日落間完全不喝水也不進食。公寓沒裝冷氣。

「她很『*gamda*』。」薩伊德提到齋戒一事時說。這個字是正面的意思：「堅強」、「堅定」。面紗底下，瓦希芭雙眼閃爍。「到底也沒有那麼難，」她說，「總之呢，是結束了。」

我對拉蜜絲特別好奇。出生時，小嬰兒才堪堪六磅重，每一回我看到她滿是皺褶的臉，我心裡都想著：「拜託給她點喝的吧。」之前萊絲莉懷著我們的雙胞胎時，她不得不到科羅拉多州的一家醫院，在床上躺兩個月安胎。她的飲食遵照營養師的建議；護理師每天進行超音波檢查。生產時，接生室裡的醫護人員至少有九個以上。但這裡卻有個女子在懷孕的第九個月時，刻意在每天早上四點到晚上六點三十之間避免食物與飲料。可小寶寶看起來一切安好。這帶來什麼啟發？每當我看到薩伊德徒手處理用過的針筒和碎玻璃時，我也會有一樣的疑問。他似乎從來不會生病或受傷；每天早上，他都會出現在附近奮力拖著自己的大帆布袋，就像依舊升起的太陽。

慶祝晚會結束時，萊絲莉和我向夫妻倆道謝，誇了寶寶幾句。為了防範邪眼，我們使出了課堂上學到的各種講法：如神所願、萬贊歸主、蒙真主所願而如此。瓦希芭謝謝我們，眼神充滿自豪。她齋戒了整個拉瑪丹月；直到開齋節之後，孩子才出生。連這棟新房子都登記在她名下，而且房子也很堅固。將近三年後，我們才再度看到她的臉。

Chapter 9

同年的拉瑪丹月，一群伊斯蘭主義民兵襲擊了位於西奈半島東北角的一處埃及陸軍基地。事情發生在日落時，士兵們剛準備結束當天的禁食。多年來，西奈一直缺乏治理，該地區已經成了各種民兵團體的大本營，包括若干與蓋達有牽連的組織。拉瑪丹月的攻擊讓守軍們措手不及，民兵殺害十六人，還偷了兩輛埃及裝甲運兵車。他們駕駛裝甲車往東跨過邊界，準備攻擊以色列，但遭到以色列部隊迅速殲滅。

穆爾西總統上任才剛滿一個月。民眾在開羅為身亡的守軍舉辦祈禱儀式，結果一群憤怒的弔唁者將代表穆爾西出席的埃及總理趕了出去。此後，穆爾西決定不參加士兵的喪禮。一位跟兄弟會領導層有密切聯繫的美國使館官員告訴我，穆爾西擔心自己的人身安全。根據美國官員的說法，穆爾西深信軍方與警界中有人密謀反對他。

西奈事件的一星期後，穆爾西實施了自己總統任內的第一個重大措施。他頒布總統命令，內容實際上等於整肅軍方高層。國防部長被迫下台，還有超過兩百位高級軍官被迫退役。至於新任部長，穆爾西則安插了當時大多數埃及人都不熟悉的一名陸軍上將。他的名字是阿布杜勒·法塔赫·塞西（Abdel Fattah el-Sisi）。

＊＊＊

阿語課上經常出現跟軍隊有關的主題，因此我們的其中一位老師——薩米，專門留了一堂課介紹軍階詞彙。我在筆記本上列了其中幾個：

少尉　ملازم

中尉　ملازم أول

上尉（肩章三顆星）　نقيب

少校　رائد

中校　مقدم

上校　عقيد

准將　عميد

少將　لواء

這幾個詞到處出現，從上埃及、解放廣場到非法棚戶區都是——「利瓦區」的意思就是「少將之地」。就連薩伊德他家附近那種沒有規劃、沒有管理、沒有警察的地方，也有一大堆服過役的人。埃及實施全男徵兵役，役期則端視教育程度而異。男性大學畢業生要穿一年的軍服，高中畢業生則是兩年。薩伊德——完全沒受過教育的人——則是服役三年。

從我的觀點來看，薩伊德當兵最讓我驚訝的事情是——經過一千零九十五天的軍旅生活，他居然完全沒有比第一天服役時多認識幾個字。但對多數埃及人來說，軍隊是無可非議的存在。計程車司機常常對我說，埃及軍人的高素質是先知聖訓提到過的，這證明軍隊受到神的保佑，萬贊歸主。革命並未動搖這種信念。多數民眾的憤怒是衝著警方去的，而軍隊則是眾人眼中迫使穆巴拉克辭職的救世主。薩伊德對於政府充滿懷疑，但他對自己在塞德港握著自動步槍站崗的那三年完全沒有怨言。軍隊從來沒有讓他上過一堂最基本的識字課。

傳統上，女性不用服兵役，穆斯林兄弟會成員也是。兄弟會轉入地下期間，連成員的小孩都不得服役。如今掌權的是兄弟會成員，他們計劃改變這些規定，但當時他們在軍中的盟友屈指可數。一般認為，穆爾西任命塞西之舉，是為了創造一批對伊斯蘭主義者更友好的軍官所採取的第一步。

革命之前，塞西擔任軍情局長，是個公眾能見度很低的職位。可一旦他晉升，關於他背景的資訊也跟著緩緩流出。值得一提的是，我聽到的第一條個人資訊居然是「塞西的太太據說穿戴的是尼卡布」。里法阿特和卡利瑪的其他老師之所以會提到這件事，是因為觀察男子家中的女性是一種評估其人社會階級與信仰的常見方式。先前海拉特．沙泰爾浮上檯面，成為兄弟會一開始的總統候選人時，報刊雜誌中湧現一堆文章，談的都是假如沙泰爾當選，他的妻子將成為該國第一位圍尼卡布的第一夫人。穆爾西的太太並未蒙面，但她圍了「*khimar*」——一種垂至腰際的保守面紗。

塞西娶了自己的堂表親。他太太是家庭主婦，兩人已成年的女兒也是。在埃及報章雜誌上，你找不到塞西整個家族中有哪個女性出門工作的證據。塞西鮮少公開談論自己的至親，除了他母親——這他常常提起。這麼作的效果與「堂表親結婚」類似，顯示他是個傳統的埃及男人——他告訴記者，自己的母親是位「道地的埃及婦女，從任何意義上都很道地」。塞西以身為虔誠穆斯林為人所知，但他太太的尼卡布後來證實是假消息。事實上，她圍的是希賈布，就像多數已婚的埃及穆斯林婦女，只不過她的服裝經過精心設計。法帝·塞西（Fathy El-Sisi，部長的堂親之一）告訴《家園報》（*El Watan*），塞西曾兩度婉拒派駐美國擔任軍方代表的晉升，因為埃及當局要求他的妻子在西方時必須拿下她的希賈布。對埃及陸軍來說，這種試圖在外國人面前提升世俗形象的作法並不罕見。

塞西講話通常輕聲細語。他人不高，有著警覺的黑眼睛，而且常掛笑容。見過他的人多半對他的智慧印象深刻——一位美國官員告訴我，塞西讓她想起某種典型的華盛頓特區政治人物。「總有政治人物想當房間裡嗓門最大的人，」她說，「但也有人天生吃這行飯，同樣有能力，卻不見得是最大聲的人。」她繼續說：「我也認為這種克制、保留的姿態具有某種約束作用，能讓人靠上來聽，同時認真思考他所說的內容。他試圖傳達什麼訊號？有沒有更深層的意思？」

革命爆發的五年之前，塞西在賓州卡萊爾（Carlisle）的美國陸軍戰爭學院（U.S. Army War College）完成了學業。自從美國與埃及在一九七八年簽訂《大衛營協議》（*Camp David Accords*）後，雙方的軍事關係便很緊密，而這種交流是相當重要的一環。作為協議的一部分，美國將為埃及提供可觀的援助。二〇一二年，也就是塞西獲命為國防部長的這一年，美國給了價值超過十億美元的軍事援助，占埃及國防總支出大約四分之一。

就讀戰爭學院的塞西寫了一篇以〈民主國家在中東〉（Democracy in the Middle East）為題的論文。他對中東民主前景抱持懷疑態度：「民主國家這種世俗政體不太可能受到大多數中東人的歡迎，中東人是伊斯蘭信仰的虔誠追隨者。」他倡導伊斯蘭主義的治理觀點：「理想情況下，立法、行政與司法部門在實踐其職責時皆應將伊斯蘭信仰納入考量。」他從未提及性別不平等或其他重要的社會議題，而「女性」一詞在文中也從未出現。但他強調，假使類似哈瑪斯這樣的保守伊斯蘭主義團體勝選，也應該讓他們治國。他寫道，「現有的挑戰在於，全世界是否能接受中東出現以伊斯蘭信仰為基礎的民主國家。」這樣的看法讓塞西在弟兄們眼中成了可以信任的人。一名國務院資深官員告訴我，當總統選舉結果尚未明朗的緊張期間，塞西在祕密交流中扮演了領導角色。「跟兄弟會協商的人就是塞西。」美國官員說。

少將退役的穆罕默德・卡德里・薩伊德（Mohamed Kadry Said）在名為「金字塔政治與策略研究中心」的政府智庫工作。當我見到他時，他說自己起先很訝異塞西升官。塞西才五十七歲，此前在軍中階級體系的排名還不到前十六。「由出身軍情單位的人擔任國防部長並不尋常。」薩伊德解釋道。但他愈思考，便愈了解在革命期間拔擢一個間諜頭子的原因。「這是個需要情報的時節，」薩伊德表示，「穆爾西需要了解軍隊。塞西的用處就在於他知道每一個人的名字。」他接著說：「塞西無孔不入。如今戰爭不在明日。重要的是知道眼下埃及內部正在發生的事。」

* * *

穆爾西的總統任期剛開始時，埃及幾乎是哪裡都可以去。革命情勢已穩——至少當時如此，但新政權還沒釐清自己跟國家安全的關係。大家都說眼下是個前往敏感地帶看看的好時機。萊絲莉和我租了一輛車，帶上牙牙學語的孩子們，前往靠近利比亞邊境的綠洲錫瓦（Siwa），我還去了西奈北部幾次。

這段期間的某個早上，我出發和一位曾協力暗殺前總統安華．沙達特的人一道午餐。馬努從他家附近找了個認識的年輕司機，我們先從開羅往北走，再循支線前往一座位於沙漠中的小村落。這座村子在穆巴拉克統治期間曾經是某個外國金援農業計劃的大本營，但工程幾乎都失敗了，如今許多建築物已人去樓空。這裡感覺就像個流放地——遭人棄之不顧的街道，雜亂的灌木叢，發育不良的樹木。

薩拉赫．巴育米（Salah Bayoumi）騎著一輛破舊不堪的機車，在村子的邊緣跟我們見面。他四十九歲，黑髮、蓄鬍，還有一塊明顯的炭黑色祈禱痕。他的體重似乎是不久前才獲得的，彷彿一套跟別人借來的、剪裁不合的衣服。他的肚子在白色罩衫底下隆起，臉上的肉之多，看起來幾乎能稱之為腫脹。馬努和我抵達之後，巴育米讓我們在由烤雞、牛肉與馬鈴薯組成的豐盛午餐前入座。他用雙手吃得飛快，直到幾乎清光所有食物，他才停下來。他說，自從他出獄之後，體重已經增加了將近五十磅。

他的人生大半在監獄中渡過。儘管肚子凸出來，他的雙眼還是個饑餓的人，視線閃躲遮掩，移動很快。他事先聲明有幾件事情他不想談。「一九八一年的事件，」他說，「沙達特的事件。」每次我們碰觸到這個主題，他都用這個詞：「事件」。

一位埃及新聞業友人把我引介給巴育米，還警告我這人偏執而多疑。我先從久遠的個人生命歷程問起，展開我們的對話。巴育米說自己在舒布拉（Shoubra）長大（我的老師里法阿特也來自同一個開羅城區），十多歲時，附近清真寺一些薩拉菲派的人便很熱情招呼他。不久後，他就接受了薩拉菲信仰。

「沙達特統治的時候，政權是對抗伊斯蘭的，」他說，「為了反抗，我們研習教法與吉哈德的理念。」十五歲那年，他得知軍隊允許少年提早入伍服義務役，於是他自願提早入伍。他不覺得身為軍人與薩拉菲派之間有任何衝突。「我相信軍隊也是吉哈德的一種方式。」他說。

他想跟以色列人作戰，但軍方卻把他分配到軍樂隊。樂隊教他演奏風笛。他對這種異國樂器沒有興趣，甚至對音樂本身也沒有興趣；薩拉菲派一般認為音樂讓人分心、引誘人的能力令人擔心。但軍令在身，他非學不可。他的任務是參加閱兵行進，例如一九八一年十月六日——埃及入侵西奈紀念日所舉辦的那一場閱兵。結果，這回閱兵成了沙達特與風笛手巴育米參加的最後一場。

「後來我被逮捕，而且沒有受到公平的審判，」巴育米說，「但這件事我不想談。」

我問他願不願意解釋為何審判不公。

「他們逮捕我的時候，我身上完全沒有任何武器或犯罪證據。」

「你跟那天發生的事情有關係嗎？」

「我只知道，那場閱兵會出事。」他說，然後閉口不言。

＊＊＊

甘迺迪遭到暗殺一事深深烙印在美國人心中，但對埃及人來說，沙達特的死卻沒有那麼根深蒂固。原因不是缺少視覺方面的提醒。沙達特遇刺的那座司令台至今在首都仍占據顯著的位置，從開羅機場前往市區的幹道也是。每一次我經過時，都會想到一九八一年十月時從報章雜誌上看到的畫面，當年我十二歲。有張照片特別鮮活：在那張黑白照中，一名士兵變身成恐怖分子，對著椅子幾乎空無一人的司令台開槍。那些椅子之所以空著，是因為國家的領導人們若非殞命，就是盡力趴在地上。除了沙達特，恐怖分子當天還殺了另外十個人。

開羅的計程車司機開車經過檢閱台時不時會咕噥幾句禱詞，但多數人都沒有表現出有記憶的跡象。一般人談沙達特的次數，都沒有比他們談另外兩位在革命前統治了半世紀的強人來得多。穆巴拉克沒有領袖魅力，但他的統治期間之長，加上不久前的解放大戲，都讓他在眾人心中相當突出。此外，至今仍有許多埃及人奉納瑟為偶像，比方我的老師里法阿特。你可以叫社會主義者是納瑟派，把穆巴拉克治下得益的資本主義者叫成舊政權的「殘黨」，但沒有任何詞能用來稱呼跟沙達特有關的人——沒有「沙達特派」。

他的背景是這個總統三重奏中最中庸的。他是黑奴的外孫——外祖父在不列顛終結奴隸制度之前被迫來到埃及。沙達特的父親一生結了八次婚，有十三個孩子。儘管家裡窮，沙達特還是把自己想像成是個有遠見的反殖民主義者，只是他早期的許多理念相當紊亂。他同時崇拜甘地與希特勒；有一回，他還寫了封信向死去的元首表露心跡（「我打從心底欽佩您」）。沙達特痛恨不列顛人，但這位年輕人卻是因為父親跟英格蘭人交好，才能獲准就讀埃及的王家陸軍官校（Royal Military Academy）。

沙達特在軍中如魚得水，與納瑟一同投身於「自由軍官」（Free Officers）——一群領導了一九五二年革命的軍人。沙達特以忠誠聞名，納瑟選他為自己的繼承人。當納瑟在一九七〇年過世，沙達特登上總統大位時，美國情報界對他仍所知不多。多數人認為他不會長久在位。

但事實證明沙達特是個出乎各方所預料的複雜人物。他逮捕了許多貪腐的納瑟友人，還跟蘇聯翻臉，在一九七二年驅逐了一萬五千名俄軍部隊及軍事顧問。他對以色列發動突襲，揭開了一九七三年的贖罪日戰爭（Yom Kippur War），但不過幾年之後，他同樣出人意料地拜訪以色列國會。沙達特是第一位強調自己宗教信仰的後革命時期領導人——他自稱「信徒總統」——對於遭到納瑟殘酷鎮壓的伊斯蘭主義者，他也推行更寬容的政策。但沙達特個人的信仰相當溫和，他的妻子潔罕（Jehan）不僅受過教育、不覆面，甚至公開為女權發聲。沙達特最教人訝異的是，他寧願激怒伊斯蘭主義者，也要簽訂《大衛營協定》。拒絕蘇聯之後，他轉投美國，著手後來人稱「開放」（*Infitah*）的自由市場改革。

在地緣政治方面，沙達特精明而有彈性，而且似乎能直覺掌握到長期的戰略。他意識到納瑟的計劃經濟注定失敗，美國人比蘇聯更有用，以及埃及最好跟以色列鄰居維持和平。但這一切都代表政策的艱辛轉變，處理國內反彈也讓沙達特焦頭爛額。他對伊斯蘭主義者的手法尤其生硬。他在寬容與彈壓之間擺盪，在暗殺事件的前一個月展開嚴厲鎮壓，而負責執行鎮壓行動的則是激進團體伊斯蘭集團（al-Gama'a al-Islamiyya）——有不少成員是曾經的穆斯林兄弟會成員。沙達特死時非常不得人心，人們至今仍不時對這位總統遭人刺殺表達喜悅之情。我曾經造訪一座名叫馬臘威（Mallawi）的貧窮上埃及城市，當地人自豪地告訴我，刺殺沙達特的為首之人卡利德．伊斯蘭布里（Khalid Islambouli）就出生在這裡。他們的家鄉男孩，就是黑白相片中對著空椅子開槍的那一位，由士兵變成的恐怖分子。

* * *

伊斯蘭布里與另外四個人一同遭到處刑。還有一位恐怖分子在暗殺行動當天被衛隊射殺。但這起陰謀需要更多人加入，畢竟士兵在閱兵時配備的不應該是裝了實彈的真槍。最後有十七人因為在陰謀攻擊中扮演的角色而下獄，包括薩拉赫·巴育米。

我們在巴育米的家。聊了一會兒之後，對話又繞回一九八一年。他看起來放鬆了點，於是我開始勸說他。「你剛剛說，你被關那麼久是不公平的，」我說，「但你也說你知道會發生事情。」

「我扮演吃重的角色，」他說，「但我們不能談論細節。」

我告訴巴育米，我曾經在知名民營報紙《埃及今日》（*Al-Masry al-Youm*）看過一篇報導，上面提到他為暗殺行動提供可以實際使用的武器。

他安靜了半晌，然後回答：「你可以說這對也不對。」但他不會為上述神祕的評語細說分明。

＊＊＊

他在獄中遭到刑求，反覆的毆打導致他一耳失聰。二〇〇六年底，服刑二十五年的他獲釋，但國安單位仍然密切監視他。他在沙達特市（Sadat Ciry，穆巴拉克的沙漠新聚落之一）的大理石採石場找到一份做工的活。就算巴育米意識到這條人生道路上的任何弄人造化，他也不會與人說。談到前總統，他還是相當生氣。「每個人都恨沙達特，因為戰後他居然向猶太人尋求幫助，」他說，「他還發表演說，指控伊斯蘭主義者落後。他說圍尼卡布的女人是『帳篷』。」

二〇一一年，當解放廣場爆發抗議，警方逮捕了許多伊斯蘭主義者，包括巴育米。穆巴拉克失勢時，巴育米人在監獄裡。自從穆爾西當選後，警方顯然已經放棄對巴育米的主動監視。但他對這段相對平靜的時期並不放心。「我個人深深認為舊政權還在，」他說，「革命還沒有發生。」他擔心殘黨會找到辦法罷黜穆爾西總統。

我問他，暗殺沙達特是否達成任何正面成果。

「沒有，」巴育米說得直接了當，「穆巴拉克只是蕭規曹隨。他做的都是沙達特做的事，只是更糟。」

穆巴拉克從那起暗殺中學到的一課，就是不能盡信軍隊。作為回應，他把內政部打造成守護他個人的防禦工事，並且縱容警方最糟糕的濫權。這是埃及制度破碎化的一面——穆巴拉克非但沒有創造有條有理的體系，反而鼓勵權力各據山頭。軍官通常討厭警方，因為他們深信是警方的暴虐與缺乏紀律點燃了革命。一位美國國務院資深官員告訴我，他曾經在一次私下會晤時聽到塞西用最直接了當的方式批評警方。「就是人多勢眾的黑道。」新任國防部長如是說。軍警雙方都痛恨伊斯蘭主義者，但雙方同樣有理由不信任彼此。

巴育米說自己再也不屬於政治團體，但他仍然信奉薩拉菲理念。在那十七名因沙達特暗殺事件而受懲罰的人裡，他是最沒沒無聞的。我的埃及新聞界友人告訴我，據說為用來殺害沙達特的武器提供撞針的人，就是巴育米。另一位埃及記者友人則表示，巴育米曾把自己在暗殺行動當天原本要扮演的重要角色告訴他。策劃陰謀的人相信，一旦他們殺了沙達特，其他軍官都會支持他們奪權。巴育米銜命要騎上腳踏車，沿著濱路（Corniche Road）前往國家電視台，在那邊發表政變的消息。

不知怎的，我覺得這幅腳踏車信使的景象實在讓人提不起勁。計劃中的每一個前提感覺都像幻覺：沙達特因為跟猶太人協商所以該死，伊斯蘭信仰會認可這種行動，殺手將會統治這個國家。但參與的人確實把這個瘋狂的理念推行到所有人都無法想像的境界。這真是一小群人與微不足道的舉動如何帶來重大影響的絕佳實例——少年風笛手身上帶著幾根撞針，改變了歷史。但改變歷史跟逃避歷史不同。十八歲時，巴育米想像自己沿著尼羅河騎著腳踏車，將伊斯蘭主義者政變的光榮消息傳達給一個額手稱慶的國度。三十年後，軍隊仍然是埃及最有權力的組織，巴育米則是沙漠中的一名前罪犯，騎著一台舊摩托車去沙達特市辛苦工作。

＊＊＊

那位來自馬努家附近的司機年紀二十二歲，也跟我們一起在巴育米家用午餐。訪談進行時，他就安靜坐在一旁。當對話暫歇時，他開口了。

「你在監獄裡怎麼處理性需求？」他說。

「什麼都沒做，」巴育米說，「監獄裡沒有女人。我以為我永遠不會結婚，也釋懷了。但現在我結婚了。感謝真主。」

出獄之後，巴育米娶了一位年紀小很多的女子，兩人如今有了一對雙胞胎。這是他之所以住在這座沙漠村落的一個原因，太太在這裡有親人。巴育米問這位年輕司機有沒有結婚。

「沒有，」他說，「但我希望有。」害臊的年輕人請巴育米提點他如何克制性慾。

「全靠意志力，」巴育米說，「不在肉體。」他對這個主題更有興趣；他談起避免性慾，以及如何透過祈禱來對付荷爾蒙。他從聖訓中引了一段話：「你們誰有能力結婚，就讓他結婚，因結婚確能降低視線，保護羞體。誰沒有能力結婚，就應當封齋，因為齋戒能阻止欲望。」

「所以我得齋戒？」司機說話時有點失望。

「齋戒能除慾，」巴育米話音堅決，「齋戒勝過一切。」

司機點點頭。感覺他是出於本能崇拜這位年長男子，彷彿這人從自己的獄中經歷得到了大智慧。這位司機在訪談的另一個空檔，問巴育米如何面對對死亡的恐懼。答案還是一樣——祈禱——但這些對話顯然令司機印象深刻。

下一回我見到馬努，他提起這位司機的對話。「這根本埃及人嘛！」馬努大笑著說。「你見到某個協助暗殺沙達特的傢伙，結果你頭一個問題就是問性。」

＊＊＊

此時，馬努固定受雇於《衛報》（*The Guardian*），我們只會在他正好有空時才會一起工作。我們的聯繫多半都是聊天，周末有時候會到他以前常去的鬧區酒吧小聚。沒有任何跡象顯示他新住處附近的警方曾接獲他遭逮捕過的情報。

自從那起事件之後，馬努的父親開始打電話給他，懇求他回塞得港看看。馬努覺得這不可能，畢竟他知道警方必定已經提過他的性傾向，提過那起假犯罪事件，而且是以最不堪的方式來說。但在通電話時，他父親感覺很慈祥。「我沒有跟任何人說任何事，」他說，「你就放心回家吧。」

馬努長大時，都靠他母親的援助，保護他不受父親虐待。但如今母親已經謝世了好幾年。他所有的手足都過著跟他完全不同的生活。其中一個姊姊嫁給一位非常保守的丈夫，堅持她圍尼卡布。馬努的哥哥成了堅定的伊斯蘭主義者，而他的妻子也自己裹上了尼卡布。馬努有一次到哥哥家拜訪時，意外在嫂子還沒蒙上面紗之前就進了房間。他的第一個反應是震驚；自從嫂子婚後，他就沒有看過嫂子的臉，而那已經是十多年前了，如今她顯老的程度著實讓他嚇了一跳。她迅速再度將自己的臉遮掩起來，馬努則是本能覺得自己好像做錯了什麼事。接著他一想，此情此景有多麼可笑。假如一名女子擔心小叔看到自己的臉是很荒唐的想法，那這名女子擔心她的同性戀小叔看到自己的臉，這豈不是更荒唐？當然，馬努永遠無法和家人分享這些想法。如此說來，那起逮捕感覺就像某種天注定——無法避免的最終決裂。

但他的父親再三懇求他回去探望。最後，馬努從開羅花了兩個半小時過去，而他的父親熱情迎接他。他從來沒有直接提起逮捕事件，但他明確表示他會擔心。這次探望後，馬努開始比較常回去塞德港。

馬努的父親已經六十好幾，健康也每況愈下。合夥人欺騙他之後，他失去了他那間生意興隆的咖啡店。作為反制，馬努的父親提起訴訟，案子就這麼緩慢地在沒有希望的司法體系中費力前行，什麼都沒有實現。他原本有可能變得更憤世嫉俗，把這一切發洩在馬努身上。誰知道，他對待兒子的方式出現了一股新的暖意。他從來不像其他親戚那樣，叫馬努結婚。

逮捕事件之後，這位父親只活了幾個月。根據他的遺囑，他把自己在塞德港的房子留給了馬努一個人。這是父親會為尚未成婚的么子所做的那種舉動，但他的動機顯然不是如此。馬努發現自己難過的程度，是十年前所不會有的。他對逮捕事件後的這段時間感到感恩——這是兩人關係良好的唯一時期。父親了解到自己的兒子是同性戀之後突然流露了慈愛，這簡直是奇蹟。

＊＊＊

我所認識的所有人當中，就數馬努對埃及男性性慾的觀點最有見地。就許多角度來看，他都是個局外人，因為他既不打算結婚，也沒有興趣去追逐或騷擾女人。他對其中的剝削和荒唐看得很透徹——不願意讓人看到自己臉孔的嫂子，以及那位向堅定的伊斯蘭主義恐怖分子尋求性事建議的二十二歲司機。但馬努的局外人地位並不完整：畢竟他不停地跟男人上床。其中許多人像他一樣自認為是同性戀，但其他人卻不然。「這就像是我堂兄跟我以前在村裡會做的那種事。」一位伴侶對馬努這麼說，藉此解釋自己不是個同性戀。有些伴侶還會跟他聊他們心儀的女孩。他們對於「何謂同性戀」常常有自己獨有的看法。一個男人只有在自己不是「受」，或者覺得是由自己主導的情況下，才會對男男性行為有興趣。對他們來說，男男性行為跟男同志性行為是不一樣的，而這種態度在埃及有著悠久的傳統，在世界上許多地方也是。

馬努跟一位伴侶可能會在一起幾星期，或者幾個月，或者更久；有時甚至連直男都會來尋求一段關係。但總有個爆發的契機，畢竟這些私底下的作為跟民眾的恐同心態有如此強烈的衝突。伴侶有時候會痛斥馬努，甚至還會痛打他。「他們愛我，他們在乎我，但他們內在也有這種讓他們會恨我的東西。」他解釋道。他發現，上述的事情無論是在同性戀還是直男身上都會發生，這是他之所以不相信這些標籤的原因之一。你完全無法分辨一個人的行為有多少反映了真實的欲望，又有多少是受到宗教、家庭壓力，甚至或嚴格的性別隔離所影響。

馬努無法化解這些力量，就像他無法預測一場互動會在什麼時候導致危險。選擇很簡單：他要嘛過安穩的生活，不出櫃，封閉自己，要嘛接受開羅男性關係的不確定性與風險。就算被卡里姆設計、遭到警方拘留過，馬努仍然對於跟陌生人見面抱持開放心態。

其中一名陌生人是艾哈邁德。他年輕俊美，住在馬努的新家附近。他們在路上聊過幾次，接著開始會去都基區一間晚上有歌舞秀的酒吧約喝酒。不久後兩人就上床了。「他不是同性戀，至少根據埃及的標準來說不是，」馬努說，「他有興趣的對象完全是女的。」馬努對女人不感興趣的這個事實，似乎並不影響艾哈邁德。「我很確定他知道我們不一樣，」馬努說，「他心裡某個地方知道，但他不算很危險。」

一晚，當兩人在馬努的公寓相會時，突然傳來大力敲門的聲音。「艾哈邁德！」有人在喊。「馬努！艾哈邁德！我知道你們在這裡！」這人是艾哈邁德的朋友，另一個住在附近的年輕人。他有一股流氓氣息，馬努也看過他牽涉進各種口角。開羅每一區都有這種人物——二十多歲的無業男子在街上閒晃，大聲講話，抽哈希什，騷擾女性，跟人鬥毆。

這個流氓要求跟艾哈邁德說話。有幾分鐘時間，他們在公寓外激烈爭執，之後艾哈邁德離開了。流氓指控馬努帶壞了艾哈邁德。「幹你這個死娘炮，要是再讓我看到你，我一定把你屁股給切了。」他說。

那天晚上，馬努離開了公寓。在開羅，同性戀被揍甚或被殺並不少見，何況馬努曉得自己不能去找當地警方。但他打電話給自己偶爾在社交場合見到的其中一名年輕警察官校生。馬努請他保護自己，陪自己回公寓最後一次，拿回自己的東西。

動身之前，馬努明說自己是同性戀，因為他覺得自己有必要讓朋友全盤了解情形。最後什麼都沒發生，馬努也搬到鬧區的另一間公寓。他再也沒有見過艾哈邁德。警校學生們從來都沒有提到馬努的同性性傾向，也繼續跟他打成一片。這算是很鼓舞人的跡象——埃及男人通常開明得令人驚訝，至少私底下如此。但這是件絕對不能拿來談論的事，而出櫃的過程都不約而同跟脆弱的處境有關。馬努因為受到暴力威脅或警察騷擾，不得不告訴別人自己真實性向的次數實在是不可勝數。

* * *

穆爾西總統任期第一年的前半時，我曾請馬努介紹我跟他的警察官校朋友們認識，因為我很想聽聽他們對於新政府的看法。一天深夜，我們約鬧區見面，地點是一間馬努喜歡的無名酒吧。來的是三名受訓中的警官，全都二十歲出頭。他們的課程內容很慎重；畢業之後，這些人將負責指揮新進警員組成的部隊。在埃及，教育水準最低的義務役會分配給警方。這是警察如此惡名昭彰的另一個原因——他們的群眾控制大力仰仗於義務役。革命的其中一齣悲劇，就是這些年輕人——這些教育不足、訓練不足的年輕人，得在街頭巷戰中跟他們的抗議人士同輩人彼此較量。

數十年來，穆斯林兄弟會受到警方查禁，相關規定不久前才改變。但這些受訓中的警官都不知道班上有沒有兄弟會成員，甚至也都對伊斯蘭主義者不抱同情。「他們表現的好像自己是好穆斯林，但其實是騙子。」一名年輕人說。

他的同學說得很明白：「我恨穆斯林兄弟會，因為他們跟伊斯蘭集團勾結，還殺了沙達特。」

事實上，兄弟會跟當時的那起暗殺行動完全無關，但許多前成員卻時在一九七〇年代與八〇年代加入了伊斯蘭集團。我問起兄弟會目前對警方的態度。

「他們很怕我們，」第一個年輕人說，「因為他們曉得時間一到，我就有權力把他們送回他們該去的地方——進監獄。」

他跟其他人都相信陰謀論——穆爾西的當選是受到操縱的。這些年輕人都不能投票；自從埃及的一九二三年憲法以來，穿制服的人就不能擁有投票權，理論上這是種建立中立性的作法。如今，這種法律看起來就像來自威權主義與假選舉時代的古怪殘餘，對於後解放時期的民主制度恐怕也有巨大的影響。軍警據估計有兩百萬人，假如他們有權投票，且反對穆爾西的比例達到百分之七十三以上，穆爾西就會敗選。如今別人卻期待這些軍警去保護選舉勝選人，而那是一場把他們排除在外的選舉。

我聽說，警官學校正在修正訓練內容，讓課程不那麼反伊斯蘭主義者。但這些年輕警官候補們卻完全沒有注意到有這種轉變。當我問他們有沒有想到任何自革命以來便與以往不同的做法時，其中一人說，「我們現在訓練時比較常用真的子彈。」

* * *

穆爾西在二〇一二年十一月二十二日推行其總統任內第二項重大措施，統治之初相對平靜的時光也隨之結束。這天，穆爾西頒布一道總統命令，將不受任何法庭或法官所控制的大權暫時賦予自己。他主張，為了避免法院解散正在制定埃及新憲法的制憲大會，這是必要之舉。總統從來沒有提出法院準備這麼做的任何證據，但法院確實曾在同年早些時候解散了國會——此舉似乎有政治動機。

穆爾西頒布命令後，制憲大會倉促完成了憲法。大會由伊斯蘭主義者主導，幾乎所有反對派成員都辭職以示抗議。穆爾西宣布將在兩周內針對這部憲法舉行公投。作為回應，示威者包圍了位於東開羅行政區赫利奧波利斯（Heliopolis）的總統府。他們展開解放廣場風格的靜坐，在總統府圍牆外搭起帳棚。

十二月五日下午，穆斯林兄弟會支持者攻擊了手無寸鐵的抗議人士。他們迅速趕走了示威者，拉倒帳篷。攻擊的消息在社群媒體上傳了開來，不久後就有更多示威者前來光復失土。一連幾個小時，兩派拿起石塊棍棒對打，後來連槍都開始出現了。十人身亡，超過七百人受傷，大多數傷亡者都是遭到兄弟會支持者所攻擊。警方終於在隔天早上控制場面，並且在總統府周圍架設路障。

隔天，兄弟會發表聲明，宣稱其支持者是對安全疑慮做出回應。「一支試圖占領總統府的武裝單位已遭到逮捕，」聲明寫道，「如今正交由檢察機關訊問中。」穆爾西以陰謀論附和這些指控，提到「第五縱隊」一詞。但兄弟會從未就這些攻擊提供證據，檢察官也沒有提出指控。有影片清楚顯示是穆爾西的支持者攻擊和平靜坐的人。不久後，受害者與目擊者出現在媒體上，證言伊斯蘭主義者拘留無辜的旁觀者，有時甚至加以毒打，希望能找到陰謀證據。

兄弟會的一位領袖阿姆爾．達拉格（Amr Darrag）告訴我，治安機構的無能就是讓展開攻擊行動的合理根據。「發生這種事情比有警方和總統衛隊參與的大屠殺好得多。」他說。瓦利德·貝德利（Walid el-Bedry）是兄弟會的自由與正義黨發言人之一。他向我承認，事實上沒有人闖進總統府。但他說兄弟會成員有聽到消息。「所以我們才去那裡，把帳篷拆了，」他說，「我們拆帳棚時沒有發生任何暴力行為。」

「抗議人士有同意你們拆掉帳篷嗎？」我問。

「他們當然沒同意。」他說。

我所對談過的這些領導人當中，似乎完全沒有任何人充分了解其所作所為之嚴重。未經專業訓練的人扮演了執法角色，會讓人想起對伊斯蘭主義民兵的昔日記憶。兄弟會用了半個多世紀，試圖洗滌其早期的歷史，而這個組織在穆巴拉克鎮壓將近三十年的時間裡，也成功守住了非暴力的態度。但只消讓兄弟會掌權五個月，便足以打破這項原則。

＊＊＊

穆爾西支持者攻擊示威人士的那天晚上，有另一群暴民攻擊了兄弟會位於開羅近郊穆卡坦（Moqattam）的總部。上百人席捲了這棟建築物，破窗毀門，把辦公家具與文件拉到街上放火燒了。

暴力結束的隔天，我招了一輛計程車去兄弟會總部，一堆堆燒到一半的文件還留在街上。有些埃及記者正從紙堆中拼湊文件。第一波革命發生時，開羅有許多警察局遭到劫掠，記者們在過程中發現了一些跟穆巴拉克政權活動有關的黑材料。如今他們在兄弟會建築物外尋找類似的東西，我也加入他們，一起尋找文件——另一種革命考古活動。

不知怎的，我找到大量跟養雞有關的英文資料。文件上提到青貯料和乾、濕飼料。另一份以阿拉伯文寫就的報告，則是以〈東北開羅支部績效報告〉（A Report of What Was Achieved in the Bureau of Northeast Cairo）為題。這份報告並未提及多少績效，結論也很簡短：「疲軟的就業為本計劃所面臨的重大阻礙。」另一張紙是羅盤使用指南，是從《巴氏童軍活動百科》（*The Bader Encyclopedia for the Scout Movement*）影印下來的。我找到兄弟會復興計劃中的一份報告：〈如何清除機場垃圾〉（How to Remove Trash from the Airport）。

> 機場應設置垃圾箱。垃圾箱應有蓋，異味不應從箱中傳出。不應有蚊蠅聚集。……包商應承諾提供安全而專業的服務，且應著衣物、手套、鞋子與頭巾，顏色需統一。

大門處站了一名年輕的警衛，擺弄著一條念珠，但他並未試圖阻止我們。我找到的其中一份文件上染了血。另外我還找到一張影印的報帳表格，附上來自餐廳的收據。餐廳名叫「法蘭德斯人」（Le Flandrin），位於巴黎昂利─馬坦大道（Avenue Henri-Martin）八十號。名叫阿布杜勒．哈米德（Abdel Hamid）的男子在二〇一〇年十二月二十日晚上，到這家餐廳吃飯。他點了一碗魚湯，兩份上好的比目魚，以及半瓶夏布利白酒（Chablis）。這就是我發現最見不得人的事：一個穆斯林弟兄拿白葡萄酒報公帳。

* * *

離開兄弟會總部之後，我去了總統府。此時距離警方控制該區秩序，用鐵絲網路障阻擋街道起已經過了一天以上。荷槍實彈的警官站在路障旁，示威群眾則高喊「人民要推翻體制！」

軍隊在七點整採取行動。他們是陸軍轄下的共和衛隊（Republican Guards），任務是保護總統。他們顯然是聽了什麼命令；他們剪開鐵絲網，打開路障，接著小跑步離開。部隊沿街站了一排，肩起步槍，立正站好。

群眾有那麼一刻似乎感到不明就裡。接著人們湧到街上，跑過士兵面前。一群年輕人獨立出來，開始在總統府前面牆上噴起反兄弟會的口號。另一群人則劃出一塊空間，作為新的靜坐營區。有更多年輕人在總統府大門前站定，負責控制群眾秩序。他們想確保沒有人試圖突入建築物。

埃及「阿拉伯之春」爆發將近兩年之後的這一刻，革命就像是攜帶式工具組：所有的重要組件都可以裝進包裡，在城裡的任何一個地方迅速重組。小販馬上出現在總統府周邊，賣革命活動的主食：番薯、麵包、葵花籽。老太太在街上拉著攜帶式瓦斯爐，沿街叫賣熱茶和雀巢咖啡。還有人賣防毒面具、實驗用護目鏡，以及中國製的高出力綠光雷射筆。我在解放廣場上的夜間衝突期間目擊過最具有詭異之美的景象，就是當警方發射催淚瓦斯時，會有半打的雷射光指向那個物體，在夜空中畫出一道明亮的弧，好讓群眾能在催淚彈落地之前散開來。

不過今晚沒有任何催淚彈。在我所參與過的抗議中，這是頭一次沒有把怒意指向警方的示威行動。共和衛隊將路障移開之後，開始有些警官出現在群眾中，與示威者雜處。我在總統府的其中一側看到一位身材壯碩的警官，正用昂揚的語調對一群人說話，於是我帶著我的翻譯加入他們。從這名警官的肩章來看，他是警方中央安全部隊的中校。一名年輕女子問他，在革命期間為何有這麼多警察的暴行發生。

「警察裡有好人也有壞人，」他說，「事情都是這樣。」

她提到前一年在穆罕默德．馬哈茂德街的戰鬥。

「這我們就別提了，」警官說，「有一部分是我們的錯，一部分是你們的錯。」

「兄弟會正打算派更多人來攻擊我們，」有個年輕人說，「請你派六輛警用卡車到路口處待命。這樣應該就足以阻止他們了。」

「我不能有任何跟你們站在同一邊的表示。」警官說。

年輕女子問警官認為穆爾西該怎麼做。

「他必須從頒布憲法的行動中抽手。」他說。

「他們不信任埃及，」她說，「他們不是人！」

「報應不爽，」警官說，「你做了壞事，壞事會回頭來找你。」

「但要是他們舉行公投，你也知道大家都會投贊成啊！」

她說得有理：多數埃及人傾向於贊成選票上所寫的一切，因為當局都會將之描繪成讓國家前進的方法。警官似乎也同意她的看法。「光靠抗議是不夠的，」他說，「你們必須發動大罷工。要罷工就要通通都罷工，就像波蘭人那樣。」

我問警官為何路障會在七點整時移開，以及為何允許示威者包圍總統府。「我不能告訴你為什麼，」他說的時候臉上掛著微笑，「但你自己應該也猜得出來。」

* * *

幾天後，抗議者在總統府前成了一間革命博物館。這是解放工具組的另一部分；當時解放廣場上也有一間類似的博物館。總統府的博物館設立在帳篷裡，館長從旁邊的路燈接電。「我們有水電工，我們要什麼有什麼。」協助策展的大學生穆罕默德．易吉（Mohamed Ezz）這樣告訴我。入口處有塊牌子，寫著：「我們懇請博物館訪客不要動手觸摸」。

展覽所紀念的是過去兩年來每一場重大衝突，根據時間順序排列。日子一久，許多衝突都得到史詩般的名字：駱駝戰役（Battle of the Camels）、憤怒之日（Day of Rage）、整肅星期五（Friday of Purging）。駱駝戰役發生在穆巴拉克失勢前，前政權雇了流氓，騎著駱駝跟革命分子戰鬥。館內，這些早期的影像最讓人震驚的是示威者準備之缺乏：沒有頭盔，沒有防毒面具，沒有雷射筆。抗議配備在前政權垮台後迅速得到改良。比較後期的照片上出現摩托救護車，臨時救護站，以及久經戰陣、穿著防護衣的示威者。還有些照片是人們的眼睛被打出來，以及癱在血泊中的垂死之人。車輛化為火球，建築物滿是彈孔。每一張圖片下面都有說明日期與事件名：馬斯佩羅事件（Incident of Maspero）、內閣事件（Incident of the Cabinet）、穆罕默德．馬哈茂德事件。

但這座博物館其實不完全在談歷史。構成展覽內容的頂多就是破碎的故事，沒有連貫的敘事，也沒有分析。自從「阿拉伯之春」發生以來，衝突接連發生，沒有解決之道，埃及也在同一期間換了五任首相。許多最為重要的協商想必都是暗中進行——在警方、軍隊與伊斯蘭主義者之間。

塞西跟兄弟會的關係始終是團謎。憲政爭議期間，塞西提議「為了人道交流」之故，在穆爾西總統與反對團體之間舉辦一次對話。但會議從未舉行。多數報導指出穆爾西因為覺得塞西越權而拒絕參加。兄弟會政黨的領導人之一賈邁勒·赫什馬提（Gamal Heshmat）告訴一家埃及報紙，「會議擱置背後的原因，應該去問國防部長。」但塞西保持沉默。對於新憲法，他一句話都沒說。

到了十二月，人民以百分之六十四的贊成票數認可了新憲法。這不是難事，只要告訴國民這部憲法反映了伊斯蘭價值，而且對穩定與經濟復甦至關重要，就成了。法界專家在評判這部憲法時多半很尖銳。開羅大學教授，也是埃及研究憲法的頂尖學者之一加伯·加德·納瑟（Gaber Gad Nassar）說：「新憲法為專制提供了寬闊的空間。」納瑟原本是制憲大會的一員，但他和大約四分之一的成員辭職以示抗議，其中包括原有的所有基督徒。有些關鍵條文在最後的公投前兩天，也就是反對派退出之後才作改動。納瑟讓我看了一條原本旨在防止以「性別、出身、語言、宗教、信念、意見、社會地位或傷殘」為根據去歧視人的條款。這一條所有的字句都刪掉了，等於為伊斯蘭主義國會打好基礎，得以通過導致不公平對待基督徒或女性的法條。納瑟指出另一條跟新聞自由有關的條文，也被改成明確要求媒體應「服務社會」，尊重「私生活」與「國家安全」。

「從一九二三年以來，埃及還未曾有過像這樣的憲法，」他說，「他們可以直接據此關閉報社。」

納瑟在制憲大會的經驗，讓他深信兄弟會打算統領整個國家。但他也相信兄弟會組織的根本性格將阻止他們獲得成功。根據他的看法，兄弟會太過祕密也太過封閉；他們沒有能力從外部招募盟友與專家。「這擋在兄弟會和掌控全國之間，」他說，「他們沒有足夠的人才。」

Chapter 10

卡利瑪語言學校是由里法阿特和弟弟成立的，他的弟弟名叫拉阿法特（Raafat）。兩人的父親除了蓋了埃及各地的水塔之外，還是個足球迷，於是用自己喜歡的球員來幫這幾個兒子命名。里法阿特和拉阿法特是不同球隊的明星球員，或許這位父親沒有料到這些名字出現在同一個家庭時所造成的混亂。「至少我的名字不是穆罕默德，」里法阿特曾經這麼說，「也不是馬哈茂德。也不是艾哈邁德。」這是埃及與中國的一個共同點：人這麼多，名字這麼少。我的電話簿裡塞滿了一個個的穆罕默德和馬哈茂德，一個個的曉梅和秀英。有多少不同的穆罕默德．馬哈茂德曾經端茶給我過？以前那些王偉都上哪兒去了？穆斯林兄弟會的指導局有十八名成員，其中八人的名字不是穆罕默德就是馬哈茂德。總統大選的那個月，我隨隨便便就遇到三個穆罕默德．穆爾西，其中兩人是開計程車的。有一次在阿拜多斯，我訪問了某個名叫穆罕默德．穆罕默德因（Mohammed Mohammedain）的人。這名字意思是「兩個穆罕默德」。

幸好里法阿特與拉阿法特長得完全不像。里法阿特修長而黝黑；拉阿法特粗壯而白皙。里法阿特獨居，愛交際的拉阿法特則跟英籍太太與小孩同住。但他們的政治立場倒是跟他們的名字一樣類似。兩人都是奉賈邁勒．阿卜杜勒．納瑟為偶像的自由派，也都不喜歡伊斯蘭主義者，而且尤其討厭穆斯林兄弟會。卡利瑪有位老師告訴我，拉阿法特曾經在總統大選前親自致電給每一位職員，拜託他們投票反對穆爾西。

對於每一位教阿拉伯語的人來說，革命一度是前景看好的事。米德爾堡學院的暑期阿語課已經開了好幾年了。二〇一一年，「阿拉伯之春」的第一個夏天時，該課程收了歷年來最大一批的新生，萊絲莉和我也在其中。類似的能量在我們剛抵達開羅時依舊存在，卡利瑪的早上都很忙碌。但隨著街頭事件愈演愈烈，學校裡也愈來愈安靜。每當我問里法阿特情況如何時，他常常搖頭嘆氣，提起又有一個語言交換小組取消了在埃及的學期。我的字彙表留下情勢惡化的痕跡：

內政部 وزارة الداخلية
人為破壞 تخريب
民主 ديموقراطية
民主的 ديموقراطي
分裂 إنقسام
埃及出現分裂 فاي إنقسام فاي مصر

二〇一三年一月，兄弟會透過公投強推憲法之後，我學到了「貪婪」、「權力慾」、「對抗」和「沮喪」。同月，里法阿特教我們「*meskeen*」——「沒用」一詞，因為他會用來描述穆爾西。總統似乎承擔不起這份工作；里法阿特說，他應該去修鞋子，或者去咖啡店工作才對。課堂上，只要哪天我們談到這位「沒用」的總統，我們的字彙表就會以對話中冒出來的新詞彙作結：

替……感到可悲　صعبان
我替穆爾西感到可悲　مرسي صعبان عليّا
修鞋匠　جزمجي
咖啡店員　قهوجي
郵差　بوسطجي
別無選擇　مسيّر
有選擇　مخيّر
政變　انقلاب

＊＊＊

里法阿特其中一項了不起的特質，就是能傳達出解放相關詞彙背後的深意。我在課堂上提到「*debeba*」，也就是「坦克」的時候，里法阿特告訴我們這個字的阿語字根意思是「沉重踏步」——對軍用車輛來說是個完美的形象。「無信仰者」——「*kefir*」——則出自有「欺瞞」之意的字根。「因為無信仰者欺瞞真主。」里法阿特如是說。用來指「喜怒無常」的字是「*bighazela*」——「就像一頭瞪羚」；假如你想表達墜入愛河的感覺，你可以說「我心裡長了釘子」。「賭博」和「月亮」有一樣的字根。「月亮讓你發狂，而賭博很瘋狂。」里法阿特說。

他以埃及阿語裡面的巧合為樂。這種語言也有該國那種對「矛盾」的喜愛：傳統與創新，秩序與混亂。研究標準阿拉伯語的學者向來對其純粹感到自豪，但埃及阿語卻是一條夾雜許多支流泥沙的河流。有些詞彙來自從古埃及代代相傳而來的科普特語，但更多則是進口的希臘語、波斯語、土耳其語、法語和英語。里法阿特熱愛「阿拉伯之春」時的各種新創詞，例如「*yashayer*」——從臉書的「share」（分享）而來，再加上阿語的動詞變化而成。他經常指出源自於阿語的英語詞彙：「elastic」（鬆緊帶）、「magazine」（雜誌）、「sugar」（糖）、「kismet」（天命）。

語言的漫遊詞（*Wanderwörter*）尤其妙不可言。里法阿特在課堂上告訴我們，阿語從波斯人那引進「shah」（沙阿）一詞，後來片語「*alshah mat*」——「沙阿死了」，又變成英語的「checkmate」（將軍）。有時候，一個字會旅行數千年，一路上經過各式各樣的語言。一天早上，里法阿特教我們用來指「泥磚」（adobe）的字。古代象形文字的泥磚是「*djebet*」，在科普特語中變成「*tobe*」，後來阿拉伯人給它加上定冠詞變成「*al-tuba*」，流傳到西班牙變成「*adobar*」；這個沉重的東西被人拖行了四千年時間、七千英哩之後，終究在美國西南落戶，成為「adobe」。

* * *

埃及語言中存活下來的科普特語少得出奇。在古時候，埃及人可是以堅守其文化與語言而聞名，就連帝國落入外人手中之後亦然。希羅多德在西元前五世紀如此寫道：「埃及人避免跟隨希臘風俗，整體來說，他們不願意接受除了自己人以外的風俗。」日子一久，也出現一些明顯的例外，其中最突出的一件事，就數許多埃及人在耶穌的時代後不久改信基督教之舉。但多數的埃及人從來不去學習其外來統治者——希臘人、羅馬人、拜占庭人的語言。

阿拉伯人以精彩的方式瓦解了這種抵抗。西元六三九年，第一支阿拉伯軍隊抵達當時為拜占庭帝國一省的埃及。阿拉伯軍隊只有四千人，卻在兩年內征服了這個國家。他們的語言占領行動更是讓人印象深刻。這跟一般人認為的改宗伊斯蘭其實沒什麼關係。阿拉伯人不像拜占庭人會迫害異教徒，而是接受其他信仰的子民，只要有繳該繳的稅就好。但阿拉伯人鮮少學習其他語言，這反而刺激被統治者去學習統治者的語言。《阿拉伯語言》（*The Arabic Language*）的作者基斯．弗斯提（Kees Versteegh）便表示：「語言成為凝聚伊斯蘭帝國的因素，重要程度遠甚於宗教。」

事實上，埃及人早在改信伊斯蘭之前，就已經改講阿拉伯語了。西元七〇六年，也就是第一支阿拉伯部隊抵達埃及的六十年後，埃及的行政語言就已經換成阿語了。又過了一百五十年，原本作為日常用語的科普特語便徹底消失於下埃及。到了十世紀，一位名叫塞維魯（Severus）的主教甚至抱怨埃及基督徒只能以阿語溝通。

這種語言以類似的方式傳遍了剩下的北非以及歐洲的若干地方。隨著阿拉伯人日漸強大，成為愈來愈有自信的帝國，他們也試圖從這些新領土的文化中得益。九世紀初，伊斯蘭神學的穆爾太齊賴學派（Mu'tazila）提倡理性探討信仰與其他主題，阿拉伯人也開始尋找古希臘的著作。他們對哲學尤其感興趣，因為希臘哲學對於宗教論辯很有幫助，但他們也想獲得古代世界的科學與醫學知識。

在西方，這些文獻變得愈來愈難尋。古希臘著作鮮少譯為拉丁文，因為羅馬人有優秀的希臘文閱讀能力。羅馬帝國崩潰後，希臘文讀寫能力迅速消失，許多經典中的知識也旋即亡佚。即便是在拜占庭，這類著作也不太為人所重視。阿拉伯人開始尋找這些文獻時，常常提到自己是在被人遺忘的檔案室中找到文獻，而且文獻保存狀況通常不佳。穆斯林不僅自視為古典傳統的保護者，而且將這些著作翻譯成阿語版。譯者通常是敘利亞語或希伯來語母語人士，他們發揮語言中間人的角色，透過兩到三種不同的語言過濾原本的希臘文。

當基督徒開始在十一世紀晚期奪回伊比利半島之後，學者才把阿語版的希臘經典翻譯為拉丁文。在西歐，阿拉伯語對於重新發現古典知識至為關鍵，連巴黎大學的醫藥學者都自稱為「阿拉伯學者」（*arabizantes*）。甚至遲至一五三〇年，荷蘭醫師勞倫修斯．弗里修斯（Laurentius Frisius）仍然強調阿語在自己專業領域中的重要性。我們有些現代醫學用語仍然有阿語的痕跡，例如「retina」（視網膜）與「cornea」（角膜），便來自「*shabakiyy*」與「*qarniyya*」的拉丁文轉譯，而這兩個阿語詞彙本身則譯自希臘文獻。

每當複雜的概念穿過這麼多種語言時，曲解也就在所難免。西歐學者最後在拜占庭重新發現了經典的原典，並學習希臘語，而後主張許多以阿語為本的翻譯是有缺陷的。此時，穆爾太齊賴學派已經被更加教條式的伊斯蘭信仰詮釋所取代，而文藝復興時代的學者則開始認為阿拉伯人並非經典文本的保存者，而是褻瀆者。學習阿拉伯語的動機也改變了。此時的西方人學習這種語言，是為了跟穆斯林爭辯，試圖讓他們改信基督教。一五〇五年，第一部阿語詞彙與文法的西歐式分析在西班牙出版。這本書跟哲學、科學與醫學的古典思想完全無關，而是神職人員用來對付在異端審判期間改信的穆斯林時所使用的工具。

* * *

萊絲莉和我選擇學埃及阿語，而非標準阿拉伯語時，我們完全沒有考慮宗教的問題。這個決定完全出於實用：我們預計在埃及待五到六年；我們想跟埃及民眾說話；我們沒有打算到該國以外的地方工作。學標準阿拉伯語實在沒有道理，不僅比較難，而且對那些經常跨區移動或以閱讀文獻為主的人才比較有用。但這個決定也意味著我們學的語言比較跟宗教無涉。我們會為了禮貌交流而學習標準阿語的片語——「此為真主所願」，「萬贊歸主」——但我們不會去鑽研《古蘭經》。我們也很少閱讀稱得上正統歷史或文學的著作。學完《閒談》之後，我們基本上就全靠自學；沒有高階埃及阿語課本。埃及阿語的文學傳統不強，我們所報導的內容多數也純屬口語範疇。里法阿特上課時提供的片語清單，都是大家在開羅街頭可能會喊出來的：

別再說幹話了。

我心情不好。

他害我心情不好。

給我看你昨天買的新包包。

你是真傻還是裝笨？

對里法阿特來說，製作上課教材似乎是種紓壓方式。卡利瑪經營不易，穆斯林兄弟會又讓他大動肝火，這一切便化為他為課堂所寫的對話與故事。他每天早上興致勃勃走進教室，帶來有關貧窮、強暴，或是幫派吸收兒童等主題的新課文。他會寫極為簡短的人物介紹，開頭的句子像是「法利德（Fareed）是個非常懶惰的工人，都沒有遵守約定；他老是遲到」。里法阿特的課文中，小賊講話就像哲學家皇帝（「我不是國內唯一的騙子，騙子多的是」），家庭成員以充滿熱力的方式表現他們的愛與忠誠（「我要為了這個家的名聲打破她的頭」）。對這位終身不婚者，埃及的婚姻簡直是無止境的恐怖題材：

我受夠了這整個噁心的婚姻了。
這種生活叫我厭倦。
我整晚翻來覆去。
別擔心。
我揍他已經揍膩了。

里法阿特經常用一九五〇年代與六〇年代的廣播節目和電影當教材，因為他希望我們深深浸淫於納瑟的時代。我們會聽泛阿拉伯世界的節目，看老電影，搭配里法阿特對昔日海納百川的開羅與日俱增的懷舊之情。他描述自己孩提時的文化地理：當時他和兄弟們總會去不同的電影院一窺不同的文化，俄國片去歐點影院（Odeon），法國片去電台影院（Radio），好萊塢片則去地鐵影院（Metro）。

某一周，我們看了《開羅車站》（*Cairo Station*），這是埃及大導演尤賽夫·夏因（Youssef Chahine）在一九五八年拍的電影。這部片以首都的火車站為背景，處理勞資爭議、貧窮、殘障，以及對女性的暴力等議題。我們的詞彙表有很重的性意味：

叫人尷尬　حاجة تكسف
心理壓抑　كبت نفسي
性壓抑　كبت جنسي
他很壓抑　عنده كبت

「以前大家常常公開講出這些字句。」里法阿特說。他用力吐出「*haraam*」這個詞——「禁止」。「現在什麼都禁止、禁止、禁止！你不會像以前那樣這麼常聽到這些字了。」

有時候他開始他那有悖於信仰的大聲咆哮時，我都會揶揄他，說他是個「無信仰者」。「我是個好穆斯林。」他堅持。他宣稱自己死後會前往「*gana*」——「天堂」，而且他對於天堂的模樣有極為獨到的見解。吉哈德者（*jihadis*）也許會夢想花園裡有他們的七十位處女，但里法阿特的「天堂」是個很不一樣的地方。「會有個很大的陽台，」他說，「我跟納瑟一起站在陽台上，喝冰涼的啤酒。我們往下看穆巴拉克和沙達特在地獄裡被火焚燒。就是他們讓穆斯林兄弟會搞出這團亂子。」

＊＊＊

里法阿特發誓他信奉《古蘭經》。對他來說，這部經典之神性在於語言：裡面的表達方式如此美麗，必然來自於神。他常常提到先知並不識字，而阿拉伯語在先知於西元七世紀獲得天啟時，並沒有深厚的文學傳統。有鑑於此，標準阿語的語法能充滿邏輯，這絕對少不了奇蹟。

「阿拉伯語就像電腦，」里法阿特常常說，「一切都有系統，有條有理。不像英語，一大堆不規則變化。」

確實，阿語大部分的系統都是在穆罕默德的時代之後才確立的。伊斯蘭信仰開始傳播時，阿語的文字形式仍然在發展階段，學者正準備確立拼寫、文法與文句各方面的規則。這樣的工程對一個新帝國來說並不新鮮。以中國來說，許多關鍵的朝代傳統都是在漢代建立的——漢代從西元前二〇六開始統治，時間就在該國首度統一不久後。他們編纂儒家經典，加以標準化，作為建立漢帝國的部分工程，而這個過程有助於為文字體系確立規矩。漢代的人以這些數世紀之久的儒家經典為正式中文書寫的模範，從而制定出理想化的語言——文言文——但文言文恐怕未曾在日常生活中用於交談。

早期的阿語學者出於類似的直覺，從過去汲取所需。他們希望以合於《古蘭經》的方式將語言確立下來，但他們不像中國等更有文學發展的文化，缺乏可資使用的歷史文獻財富。於是，阿拉伯人轉而求諸於沙漠。他們找上貝督因人（Bedouins），據信貝督因人講的阿語比城市人純正。上流人士把自己的兒子送去跟遊牧民一起生活，以學習正確的說話方式，而文法學者則聘請貝督因人來仲裁語言爭議。有些貝督因人甚至到城外紮營，讓學者更容易找到他們——這些遊牧民是靠放牧文字營生。

十世紀時，一位名叫阿札里（al-Azhari）的辭書學者實在是洪福齊天——萬贊歸主！——被貝督因部落綁架。這個經驗讓他得以寫出一部名為《言說補遺》（*The Reparation of Speech*）的字典。這本書的引言有點像語法上的斯德哥爾摩症候群，文中充滿對綁架犯不盡的感激：「他們說話時遵循其沙漠天性與由來已久的直覺。你很難從他們說的話裡聽到文法或其他的大錯。」

這段阿拉伯文書寫標準化的過程多少有悖於口語的傳播。在埃及這樣的外地，當地人以非正統的方法學阿拉伯語，將文法簡化。學者的應對方式則是反其道而行，發展出邏輯美妙但極為艱深的語言版本。這種阿語形式有崇高的地位，是人們心目中《古蘭經》的語言，但日常生活中恐怕不會拿來說。史丹佛大學德高望重的語言學家查爾斯・弗格森（Charles Ferguson）主張今天的阿語方言並非從經典的語言演化而來。根據弗格森的描述，口語形式和書寫形式的阿語是「齊頭並進」，連在伊斯蘭帝國早期也是如此。

這種二分的情況在今天每一個講阿語的國家依舊明顯，口語與書寫地位的差異也很明顯。傳統書寫形式的阿語稱為「*al-lugha al-’arabiyya al-fusha*」——「雄渾的阿拉伯語」；簡稱「al-fusha」，「雄渾」。另一方面，埃及阿語則僅僅稱為「*’ammiyya*」，「口語」。數百年來，埃及的語言隨著使用者而變化，此外也從各個時代的許多語言中借字來用。但標準阿語屹立不搖，就像流經埃及的尼羅河一樣，是條沒有支流的河。沒有別語言的流入標準阿語，因為它不是日常語言；標準阿語用於周五的講道、學院授課、正式演講，以及寫作。

我認識的每一個埃及人對標準阿語都懷有一種不安全感，這讓我很驚訝，因為他們是如此渾然天成的多語使用者。在開羅時，我常常跟哈桑（Hassan）一起工作，二十出頭的他有能力進行同步口譯。即便對方還在講話，他也能將阿語同步譯為英語，等於讓訪問時間減半。在美國，傳授這種技巧的都是蒙特雷（Monterey）的米德爾堡國際研究學院（Middlebury Institute of International Studies）等菁英學校，但哈桑接受的是糟糕的開羅公立學校教育，大學還肄業，卻能完全憑一己之力自學這種翻譯方法。即便如此，每當我請他翻譯一段標準阿語講道文時，他依然會焦頭爛額。他常說自己恨這種表達方式；他覺得用英語交談容易得多。

過去，埃及人曾一度質疑以這種使用艱難的語言形式，作為寫作與教育之用的傳統。十九世紀時，隨著殖民主義與現代化的壓力與日俱增，一些知識分子因而提倡我手寫我口。他們相信這樣的改變能提升識字率，同時更容易融入現代詞彙與觀念。但傳統主義者認為文化已經遭受大量的外來干擾，擔心此舉會進一步帶來傷害。「不消多久，我們祖先的語言就會喪失其形式，這是神所禁止的，」《金字塔報》（*Al-Ahram*）的編輯在一八八二年寫道，「無力的口語將淘汰原初神聖的語言，這我們怎麼能支持呢？」

類似的論辯也發生在世界上其他往現代性過渡時掙扎不已的地方。土耳其與希臘原本都使用舊式的文學語言，兩國最終放棄文學語言，支持口語。至於中國，發生在二十世紀二〇與三〇年代的白話文運動也終結了使用文言文的習慣，由中國北部的方言取而代之。但在政治上與文化上，這種改變對中國人來說會比對埃及人容易的多。華語基本上侷限於一個國家，而這個國家受到殖民主義傷害的程度不及中東。更有甚者，文言文並未跟某種主流宗教或神聖的文本掛勾。

中東的各種反殖民運動超越了國界，從事運動的人視標準阿語為一股統合的力量。其中一種運動變成人們所說的「*Nahda*」，也就是「阿拉伯復興運動」—未來的穆斯林兄弟會對復興有他們自己的願景，但用的也是同一個字。十九世紀行將結束時，阿拉伯復興運動的領袖們決定在不對文法或基本字彙做激進改變的前提下，將標準阿語加以現代化。他們運用傳統的字根來創造新詞：例如「電報」來自「閃電」。（我們在課堂上學到這個字的時候，里法阿特說，「這不挺可愛嗎？」）用來指稱「火車」的字「*qitar*」，原本是用來指「篷車」。其他的新創詞就更需要想像力。「領頭駱駝」對「火車頭」來說是個很有創造力的選擇，用「雷聲」指稱「電話」

也是——對於那些打錯電話的對話來說，這真是完美的意象。

日子一久，阿拉伯人漸漸把所有鼓勵方言書寫的作法跟殖民主義聯想在一起，對標準阿語的擁護則成為泛阿拉伯主義的核心。但納瑟這位最偉大的泛阿拉伯主義者，跟標準阿語和埃及口語之間卻有某種精神分裂的關係。每當這位總統公開演說時，他大多會以標準阿語起頭，接著開始夾雜埃及日常片語。到了演說的高潮，標準阿語已經消失無影蹤，總統的慷慨陳詞也完全變成民眾的語言。

* * *

萊絲莉和我常常因為納瑟的緣故而跟里法阿特爭辯。爭議有時候起於里法阿特的上課教材，裡面用來示範的條件句堪稱赤裸裸的歷史宣傳工具。（「要不是有賈邁勒·阿卜杜勒·納瑟，否則沒受教育的人還會更多。」）但這號人物本身和他的不一致也有某種吸引力。納瑟是個反殖民主義者，卻引進了西方的社會主義理念，造成災難性的影響；他是個世俗論者，卻為伊斯蘭主義創造了完美的環境。這些矛盾正是讓他成為正港埃及人的部分原因——自從西元前一八六年到納瑟一九五二年的革命為止，都沒有本地人統治埃及。

納瑟生於一九一八年，正是不列顛人發表《貝爾福宣言》（*Balfour Declaration*）的隔年。《貝爾福宣言》支持猶太人民在巴勒斯坦建立「民族家園」，此後阿拉伯人與猶太人之間便開始爆發暴力衝突。納瑟的父母沒有受過多少教育——他的父親在郵局工作——但他們和許多同一世代的埃及人都成了阿拉伯人大業堅定的支持者。兩人將納瑟的其中一位兄弟命名為「阿拉伯人之光」。

納瑟還是小男孩時便參加反不列顛示威，最後他選擇從軍。一九四七年，聯合國宣布將巴勒斯坦分為三個國家：一為阿拉伯人國家，一為猶太人國家，第三個則由國際共管。內戰旋即爆發，以色列人也在一九四八年春發表獨立宣言。埃及、約旦和敘利亞以入侵回應，這就是納瑟首度的戰爭經驗。他在戰場上負傷，埃及陸軍嘉獎他的勇氣，但他卻認為阿以戰爭是一場一無是處的失敗。新成立的猶太國家將領土擴張到聯合國劃給巴勒斯坦人的地方，造成大約七十萬人失去家園。對阿拉伯人來說，這個事件人稱「大災難」（*Al-Nakba*）。

納瑟深信必須將埃及政府推翻。他和其他軍事要人一同密會穆斯林兄弟會的領袖，他們都有革命的夢想。兄弟會組織對能削弱現政權的街頭抗爭有所助益，而到了一九五二年，納瑟與自由軍官則成功奪權。納瑟繼續與兄弟會合作了一段時間，但他終究把目標對準了他們。這種作法終將成為當代埃及政局的標準發展模式：在不同的時候，埃及領導人、軍人與穆斯林兄弟會結盟，而這種盟友關係也必然會瓦解。

以納瑟來說，雙方的夥伴關係在一九五四年告終；這一年，納瑟成了一場失敗暗殺行動的目標。若干證據顯示，這場暗殺可能是納瑟與盟友演的戲，因為他們想得到能擺脫伊斯蘭主義者的藉口。納瑟以殘酷的鎮壓回應暗殺，此後他擔任總統的剩餘期間都不讓伊斯蘭主義者重新踏上政治舞台。薩伊德．庫特布就是在納瑟統治時遭到逮捕、刑求，最終處死，成為伊斯蘭主義運動最重要的殉道者。

對里法阿特來說，納瑟排斥伊斯蘭主義的作法最是能打動他。他相信這位總統了解埃及人真正的傑出之處：他們的世界性格、開闊胸襟，以及他們將上述兩種特質與強大的歷史感、認同感相結合的方式。烏姆．庫勒蘇姆最知名的幾場演唱會正是在納瑟統治年間舉辦的，政府也在全國各地興建社區劇院與藝文中心。教育體系大幅擴張，上百萬埃及人得以免費就讀大學。納瑟為鼓勵女性教育與就業所做的付出，遠比此前所有的埃及領導人都多。他將富人財產充公，期待有更平等的重分配，同時他還強化了開羅的租金控管法。

但他的中產埃及願景最後卻成了海市蜃樓。泛阿拉伯主義是一種對殖民主義的回應方式，也和許多回應的作法一樣，以新的形式複製出舊有的問題。西方列強無視於文化、宗教與歷史差異，重畫了整個中東地區的國界線；如今泛阿拉伯主義提倡「所有阿拉伯人本質上都是一樣的」時，做的也是同一件事。埃及否定了自己獨有的若干認同，包括語言，而埃及軍隊也逐漸捲入北葉門內戰等白費力氣的區域衝突。殖民式的拼裝國家來來去去，就像一九五八年至一九六一年間曾短暫統一在納瑟政府底下的埃及與敘利亞。

納瑟控制了蘇伊士運河，奮起反抗不列顛人和美國人，但他也採用了蘇聯最糟糕的一些概念。商業精神崩壞；國有企業變得既無效率也無生產力。納瑟把大部分的埃及猶太人、希臘人與其他有外國淵源的長期公民趕了出去，不僅摧毀了經濟，也摧毀了開羅與亞力山卓等城市海納百川的性格。教育的擴大後來也成了另一項失敗。學校增加得太快，卻沒有適當的改革或教師訓練；如今的埃及人可以讀大學，但他們在大學所學有限，而且還找不到工作。許多新設的學校最後都成就了伊斯蘭主義者。在一九七〇年代與八〇年代，上埃及的各大專院校變成伊斯蘭集團等恐怖組織最重要的溫床，因為年輕人進了學校之後，很快便對自己的前途感到大失所望。伊斯蘭主義的興起也旋即削弱了納瑟在女性教育與就業方面取得的進步。

無論我何時對里法阿特提起這些事，他都會把一切怪到沙達特頭上。「把宗教帶回來的人是他，」里法阿特說，「他讓兄弟會出了監獄。」

年紀比較大的埃及人多半會在納瑟和沙達特之間選邊站。知識分子與文化人以納瑟為偶像的情況居多，而從商者與軍警則較為認同沙達特。其實，這兩派人之間向來沒有什麼衝突，甚至連他們彼此相反的作法有時候也會帶來同樣的結果。在納瑟的鎮壓下，穆斯林兄弟會成員與其他伊斯蘭主義者會逃往沙烏地阿拉伯；過了一代人之後，當沙達特開始釋放伊斯蘭主義囚犯時，許多獲釋者也直接前往波斯灣。這些流亡海外的埃及人都有重返故國、傳播瓦哈比主義（Wahhabism）*理念的傾向。納瑟與沙達特的經濟政策看似全然相反，但兩者同樣無法帶來顯著的改善。儘管他們有這麼強大的領袖魅力，卻似乎缺乏翻轉埃及所必須的實權、視野或時間。

* * *

里法阿特和拉阿法特一家人仍然擁有其父在納瑟統治年間興建的那棟樓。這棟大樓位於舒布拉區中心，共有十二層樓，一樓還有店面。這家人把七套房和兩間店面租出去。這九個單位每月共帶來相當於美金十二元的收益。

開羅城內有住人的單位中，大約有百分之四十受到嚴格的租金控管法所管轄，而這套法律

* 十八世紀時由穆罕默德・伊本・阿布杜・瓦哈比（Muhammad ibn Abd al-Wahhab）倡導的伊斯蘭極端保守思想，興起於阿拉伯半島內志（Najd）地區，主張恢復純淨的一神崇拜，清洗遜尼派中與崇拜聖人有關的習俗。瓦哈比後與當地政治領袖穆罕默德・本・沙烏地（Muhammad bin Saud）結盟，此後該派與沙烏地阿拉伯王國長期保持密切關係。

在半世紀中幾乎沒有改變。假如租金控管公寓的房客過世，其後代通常會試圖繼續住在原處，因此經常造成法律糾紛。我住在蜘蛛網大樓的這整段時間裡，走廊對面的四房公寓始終沒有人住，因為其中一件這類訴訟還在法院中牛步前進。房東太太告訴我，她預料這件事還得再花十年才能解決。樓裡其他幾間公寓則是以每月幾美金的價格出租。難怪這整個地方會維持得這麼糟，開井式的電梯也缺乏基本的安全措施。

我曾經問過拉阿法特，就他們家的那棟樓來說，納瑟留下的這種遺產會不會造成他的困擾。「大家當然會因為納瑟這麼做而怪他，」他說，「但假如你有一條法律，這條法律過了五年之後就不管用了，那你為什麼不去修改它？又不是《聖經》或《古蘭經》。」他這話多少有點道理。開羅的租金從第二次世界大戰開始凍漲，租金控管政策也從阿以戰爭（Arab-Israeli War）與自由軍官崛起年間一直延續下來。納瑟加強了這項政策，但一開始推行的人不是他，而政策在他死後這數十年間也依舊延續。

一樣的道理，納瑟失敗的擴大教育也必須放回這個國家悠久的失敗傳統中來看。他對伊斯蘭主義者處置失當，但其他每一個人都是。而且，在這個地區有誰曾經以有效的方式回應殖民主義？納瑟所繼承的情況大半也傳給了沙達特，接著傳給穆巴拉克，如今再傳給穆爾西。隨著時間推移，人們也漸漸看清埃及的兩次現代革命——一九五二年的自由軍官革命，以及二〇一一年的解放運動——在規模上都太過侷限。對於一個亟需深刻的社會、文化與經濟改革的國家來說，這兩起革命只是狹隘的政治事件。

人們向來有從某種全面性的政治意識形態中尋求解決方法的傾向——意思是，也許埃及需要泛阿拉伯主義，或者埃及需要的是伊斯蘭主義。或許，就是因為在這些有缺陷、過度簡化的理念之間反反覆覆，所以才造就了尤其不幸的綜合。

＊＊＊

「民眾不想改變。」我們談到納瑟及其遺產時，拉阿法特這麼說。「他們需要改革制度，但他們又不是真想這麼做。」他跟許多埃及人一樣，對「從頭來過」有種幻想，而他也在穆巴拉克的其中一處沙漠社區買了間房子。「也許當人們去了個新地方，一個乾淨的地方，他們才會了解到自己不該到處亂丟垃圾。」他滿懷希望地說：「你必須改變埃及的教育與文化。不然的話，就算你打造了什麼好東西，也會有薩拉菲派或其他『*mutakhelif*』跑來把它炸了。」

「*Mutakhelif*」是個街頭來的字，意思是「白癡」、「智障」。二〇一三年春，里法阿特教我們「對抗」、「公民不服從」和「槍聲」的講法。那一季的另一個字是「*azma*」——「危機」，用來說明短缺的情況，像是汽油、電力均有此情形。在開羅，司機等加油等一個多小時是常態，黑市因此相當猖獗。我們一天常常碰到四、五次停電。有人說，停電是因為穆爾西政府無能，其他人則認為供電的人故意創造這些短缺，為的是削弱兄弟會的力量。不管誰說得對，結果都一樣：民眾逐漸怪罪穆爾西。

有幾次，我們在卡利瑪摸黑上課。無論何時停電，我們都會把這個主題加進來討論，應用跟短缺有關的字彙。不管發生什麼事，我們都會來上課，里法阿特也都會備課。

春天的某一天，他以自殺為題講了一課。他興高采烈地表示，自殺在埃及向來並不常見，但如今——至少據里法阿特所言——自殺發生的次數確實遠比納瑟的時代來得多。里法阿特斷言，一個人只要聽過烏姆・庫勒蘇姆的歌聲，就絕對不可能會自殺。無論怎麼說，他本人絕對不會自殺。「你知道為什麼嗎？」他微笑著說，「因為死亡怎麼樣都會到來。它來得已經夠快了。」

他反對開瓦斯自殺的膽怯作法。服藥和吞槍的人內心也一樣軟弱。假如里法阿特非得解決他自己，他會效法克麗奧佩脫拉，讓眼鏡蛇（*kubra*）咬一口。他開心地提到，「*kubra*」這字在阿語和英語聽起來都一樣，都有共同的拉丁語字根。他給我們一篇新的人物刻畫回家讀，來結束這堂課。標題是〈體制的受害者〉（Victims of the System）：

當年，易卜拉欣（Ibrahim）是個十六歲的高中生，成績優秀，擁有家人完全的信任，也享有隨意行動的自由。他跟某個老師成為朋友，這只會讓家人對他更放心。易卜拉欣對這段友情相當得意，得意到當他的老師找他幫忙洗劫某個曾拒絕自己求婚的女孩家裡時，他也完全不假思索。

Chapter 11

我從阿拜多斯出發，前往拜勒耶納行政中心拜訪另一位名叫夏班・坎迪爾（Shaban Qandil）的領導。他和阿拜多斯的領導一樣身型壯碩，髭鬚也走埃及警察、軍人與政府官員常見的那種精心修剪的風格。他的辦公桌右手邊同樣有個電鈕。牆上有根空蕩蕩的釘子。辦公室外的走廊排了長長的人龍。時間是二〇一三年四月底，總統大選之後將近十個月。

人龍中等待的其中一人是個二十出頭的男子，兩手肘部以下已經截肢了。他進辦公室時完全沒講任何禮貌問候語，這在埃及相當反常。

「我想要一間公寓，因為我想討個老婆結婚，」他表示，「我在火車事故中受傷了。」

他有篤信者的那種嚴肅外表和大鬍子。我和哈桑一塊兒坐在辦公室裡，而我們到拜勒耶納是為了觀察這些請願者。常有民眾注意到我們的存在，但這位無臂男子卻完全無視我們。他穿著一襲罩衫，寬大的兩個袖口像斷掉的翅膀一樣晃盪著。自從革命爆發以來，埃及各地發生了一系列的火車事故，因為安全設施沒有受到適當的維護。這名年輕人表示自己是在一處故障的平交道口受傷的。

領導說，政府有補助當地一些公寓大樓的興建，可以打折賣給有需求的民眾。「幸運的話，我可以把你排到名單頂上，」他說，「你能付多少錢？」

「我什麼都付不出來，」年輕人說，「沒有手我沒法工作。給我一小塊地來種吧。」

「別想了，」領導說，「你沒法在土地上耕作的。我們可以給你個販賣亭，商品一應俱全。你站在店裡賣東西就好。」

年輕人毫不猶豫。「那我要進城處的販賣亭。」

領導抬起頭看——似乎對這種厚顏印象深刻。「這我們辦不到，」他說，「我們已經把所有城門處的販賣亭都撤了。但我們可以幫你。」他說可以幫他在城裡其他地方找個販賣亭。

「我不想賣菸，」年輕人說，「賣菸違反教律。」

「你不必賣菸。別的你什麼都可以賣。」

「我還想要裝義肢。我要販賣亭跟義肢。」

領導的一名助理發出生氣的聲音。「小子，你先工作，才會有義肢！」

領導比手勢讓助理別說話。他說：「你明天帶就醫紀錄來，我們來想辦法。」

「這裡有我的紀錄，」年輕人說，「你現在就能拿出來。」

他說就醫紀錄在自己罩衫正面的口袋裡。他就等在原地，筆直凝視前方，下巴抬得老高，袖子則在身側晃動。最後領導站了起來，繞過辦公桌，把手伸進年輕人的罩衫。這個舉動有種親暱成分，一下讓辦公室裡安靜無聲——我都能聽見紙張在領導手裡的窸窣聲。接著他用大嗓門再次說話。「把他排到名單頂去！」他對助理說。「給他三房一廳一衛的公寓！你會結婚的，就在那裡好好享受吧！」他轉身向年輕人說：「每天都要幫我祈禱！」

年輕人什麼都沒說。「人家幫你耶——態度好一點！」助理說。但年輕人依舊保持他那高貴的沉默。他很快點了一下頭，然後離開了辦公室。

人在領導的辦公室裡，每小時都會有人為哈桑和我各端一杯茶來。上茶的人是按桌邊的電鈕叫來的，電鈕按下去會有鳥的啁啾聲。我問領導，國內的政治問題會不會影響到他，他擺了個「不關我事」的姿勢。「我是行政人員！」他說，「我跟政治保持距離。」他微笑，「就算烏雲在開羅形成，飄到這裡的時候也散了。」

＊＊＊

在阿拜多斯，夜裡很容易聽見槍響。上埃及人有囤積武器的悠久傳統，只是以前他們多半小心謹慎，而警方也會定期來沒收槍枝。但如今情況似乎不受控制。人在旅館房間的我，經常被「陪葬」某處傳來的自動步槍斷續答答聲吵醒。我幾次坐車去阿拜多斯，有一回司機把他藏在坐墊下的九公厘愛科爾賈卡雙手槍（Ekol Jackal Dual）拿出來給我看。這兩把手槍來自土耳其，但多數的卡拉什尼科夫（Kalashnikovs）步槍和其他大型槍械則是從利比亞偷渡而來。自從穆安瑪爾．格達費（Muammar al-Qaddafi）垮台後，利比亞的國安機構也隨之解體。

有時我會想起葉慈的詩句「一切都崩落，再無核心可以掌握」。阿拜多斯每晚都會停電，加油站外等著加油的車輛通常都排了上百輛。主要道路會有小孩子賣滿滿牛奶罐的柴油，就像扭曲版的檸檬水小販。但當地基本上沒有犯罪。晚上沒有電燈，沒有警察，到處都是槍，但我可以放心在村裡走。一切皆凝聚，核心根本無關緊要。在一個制度與法律向來疲弱的國家，總是有其他力量讓這個地方不至於崩潰。

夜裡縱使槍響，跟暴力也無多大關係。阿拜多斯人教我辨認槍響的模式：短暫連續開幾槍的話，通常代表潛在的買主在「陪葬」的某個地方驗貨。如果是一陣比較長的自動射擊，就很可能是婚禮或其他慶祝活動。槍向來在這類活動中軋了一角，只是如今戲分變得愈來愈吃重。說起來，這挺讓人放心——人們取得武器時，第一反應是拿來炫耀，而不是用來戰鬥。

一天傍晚，哈桑和我與來自當地望族的艾哈瑪德・迪亞比（Ahmad Diab）和梅德哈特・迪亞比（Medhat Diab）兩兄弟一起用餐。迪亞比兄弟出身人稱侯瓦拉（Hawwara）的部族，該部族自視為上埃及名流。

「穆巴拉克統治時，假如你參加婚禮，伴郎都是打賞最多的人，」艾哈瑪德說，「但如今伴郎是那個打最多發子彈的人。」

他表示供不應求的情況讓單顆子彈的價格漲到多達三美元。「要是你參加婚禮，人人都會帶槍去，」他說，「歌手會唱一唱，接著點名『梅德哈特！』，你就開三槍。然後歌手再點名『艾哈瑪德！』，我就開個十槍。叫到誰的名字，誰就會讓大家看看自己有多少子彈。」

發掘小屋的考古學家提到前幾天晚上他們聽到一大堆槍響，多得像打仗。我問迪亞比兄弟是不是有婚禮。

「那是我們開的槍！」艾哈瑪德自豪地說。「我們故意的——讓大家知道我們很行。」

我問是誰結婚。

「其實那不是婚禮。」艾哈瑪德說。

「是割禮。」梅德哈特說。

「我們只是找理由開開槍，」艾哈瑪德說，「幾個孩子行割禮，我們就開個槍。我們打了好多顆子彈——八成有一萬顆。」

梅德哈特微笑著說：「後來大家都打電話來向我們賀喜。」

＊＊＊

這整段期間，考古學家都在「陪葬」工作。他們增加了遺址巡邏警衛的人數，如今警衛多半都配有武器。到了晚上，發掘小屋靠發電機供電，經理艾哈邁德．拉札布則把自己的時間泰半用於在黑市尋找補給。以前當局會給予考古學家許可證，允許他們向公家的麵包爐購買大量麵包，但眼下政府已無法滿足這些需求。艾哈邁德開著車，從這間餐廳到那間餐廳，只要能買的他都買。來回鎮上這一路上，他都帶著自己那把有政府執照的手槍以防身。

這時距離艾哈邁德打造他那輛假ＡＰＣ已經過了兩年了，但他的手機裡還留著當時拍的影片。影片裡的ＡＰＣ簡直以假亂真：深色的廂型車外型，加上車頂閃爍的警燈，有目的地在「陪葬」的矮丘頂上顛簸行駛。一晚，艾哈邁德給我看過影片之後，說他不認為穆爾西實力足以擔任總統。「很多人現在都說他們需要某個『*shadeed*』的人，」他說，「我喜歡穆巴拉克。他就像我們的父親，我們的領導。因為我看過他為我們做過許多事。他到這裡啟用我們的機場。」

「*Shadeed*」的意思是「強硬」或「堅毅」，民眾常常在討論某個總統時用到這個字。對開羅的自由派來說，他們擔心的是穆斯林兄弟會會濫用權力，穆爾西強行讓制憲會議產生新憲法之後尤其如此。但阿拜多斯重視的通常跟開羅相反。在鄉民眼中，「埃及」這個國家的領導人必須以強而有力的手腕治國，而他們認為穆爾西沒有這種能耐。

一天早上我造訪遺址時，發掘團隊中有個少年這麼說：「我們不能讓軟弱的人統治我們，我們要的是像沙達特那樣強硬的人。」

另一位年輕的工人表示同意。「我們是法老的子民，所以想要由一個人掌權，」他說，「某個告訴我們『一加一等於二』的人，我們想要強硬的人。」

「就像納瑟。」第三名工人說。

發掘團隊最多可達一百五十人。現場指揮團隊的人是易卜拉欣．穆罕默德．阿里（Ibrahim Mohammed Ali），他來自從阿拜多斯往上游大約七十英哩的小城基夫特（Quft）。十九世紀末，不列顛考古學先驅威廉．弗林德斯．皮特里曾在基夫特周邊發掘，他描述當地人是「我合作過最會出亂子的人」。但皮特里發現基夫特人並非一無是處。「在這群相當會搗亂的民眾當中，我們卻找到占極低百分比的優秀人才，就像每個地方都會有少數傑出人物一樣，」他寫道，「這些人構成了我的上埃及團隊骨幹。」

日子一久，雇用基夫特人成了埃及學家之間的傳統。許多發掘坑都有基夫特工頭，由基夫特副手組成的階級體系襄助。他們監督發掘行動，擔任當地工人與外國考古學家之間的橋樑。他們鮮少接受正式教育，卻有深厚的考古田野知識。

墓群這裡的每一個人都稱呼易卜拉欣．穆罕默德．阿里為「*rayis*」——「領導」。他就跟我見過的每一位地方領導一樣，給人很強烈的視覺印象。他身材高瘦，皮膚黝黑，蓄著警方公發的標準鬍鬚。現場工作時，他包著白頭巾，圍著黃褐色圍巾，穿著一襲飄逸的罩衫。他的衣服總是整潔無比。他處理的是人，不是沙子，這一看就知道了。他掛著飛官太陽眼鏡，手裡拿著金屬尖的手杖，揮向任何一個手腳慢的童工。（「你這頭水牛！願真主摧毀你家！」）他自豪地告訴我，他父親曾經在納瑟來訪某個挖掘坑時親眼見到總統本人。這位父親曾經是「陪葬」

的上一代領導，而父親則是上上一代的領導。父親的父親曾經在一九二〇年代為皮特里工作。這個現代的阿拜多斯基夫特工頭王朝存續的時間，比自由軍官、國家民主黨，或是埃及軍事獨裁政權都久。

我曾經問過這位領導，會不會有任何基夫特人曾經涉及「陪葬」在後解放時期遭受的盜掘。領導盯著我看了好一陣子。然後他才用非常平靜的語調說：「基夫特人絕不會這麼做。」

我們坐在「陪葬」的基夫特人宿舍門廊，領導抽起了水煙。當主題轉到政治時，他對我說：「穆巴拉克是被下屬的腐敗搞垮的，同樣的事情如今正發生在穆斯林兄弟會身上。」

「每一位統治者都得仰賴身邊的人，」領導說，「比如穆爾西。他很好，但顧問跟智囊都不好。我也得靠我身邊的人才能工作。假如有事情出錯，他們會告訴我。」他提到自己曾協助發掘「須納」附近的大型墓穴，裡頭有數十人被殺，為的是陪伴國王進入來生。這項古代政治暴行的證據令這位領導聯想到當前開羅的事件。「每當我們找到這些古人的建築物，都會覺得自己現在做的一切都是在複製他們的作為。」他說。根據他的看法，統治者天生有暴力傾向，有時候會受到別有用心的追隨者所鼓動。「過去是法老被身邊的人腐化，現在我們發現歷史正在重演。」他說。

* * *

穆爾西在拜勒耶納行政區贏得超過百分之五十六的總統選票。而在整個索哈傑省，他的表現甚至更好：百分之五十八。上埃及人的支持對兄弟會的勝選至關重要，至於索哈傑新任省長一職，穆爾西指派了一位工程學教授，他名叫耶西亞．阿布杜勒—阿齊姆．穆克海默（Yehia Abdel-Azim Mukhaimer）。

穆克海默並非兄弟會成員，但他是伊斯蘭主義者。身為省長，他管理二十座城市與超過兩百五十個鄉鎮，總人口超過四百萬。但他告訴我，沒有任何一名官員因為革命的原因而遭到解職。感覺就像解放與穆爾西的勝選沒有發生過：所有的舊政權「殘黨」都留任了，就像阿拜多斯的領導也沒有因為地方上的抗議而丟官。「只因為某人在政治上的過去就把他趕走，這我可承擔不起。」穆克海默說。他解釋，這是因為沒有足夠的人手能接任這些職位。

兄弟會在開羅的官員經常提起他們龐大的草根網路，於是我決定以按部就班的方式，在索哈傑進行由上而下的調查。在索哈傑，兄弟會的政黨不久前開了個小小的省黨部，黨部內的高官尤賽夫．沙里夫（Youssef el-Sharif）說他們有一系列的辦公室，可以跟各個鄉鎮聯絡。他說，「一路下到鄰里層級都能看到我們，」接著提起阿拜多斯的其中一個地方，「阿拉巴（el-Araba）就有黨的辦公室。」

但我實際走訪下一級的拜勒耶納時，當地的兄弟會才承認這是「全國」、「省」、「行政區」三個環節的最後一站。阿拉巴或其餘任何位於阿拜多斯的鄉鎮都沒有黨部。

拜勒耶納辦公室很迷你，負責人是名叫艾曼．阿布杜勒．哈米德（Ayman Abdel Hamid）的內科醫生，他告訴我在這個行政區只有一百五十名兄弟會成員。對於一個總人口約六十萬的地方來說，這個數字小得出奇。我向來對兄弟會拒絕回答全國成員總數的原因感到好奇，如今我開始懷疑實情：這個組織比人們所認為的還虛弱很多。

他們的社福與慈善活動似乎同樣誇大過頭。在開羅，每當我跟利瓦區薩伊德家附近的人交談，都沒人表示自己受過兄弟會相關計劃的幫助。策劃那豈高速公路交流道興建工程的當地清真寺領袖表示，兄弟會在此沒有任何實質作為。阿拜多斯人說的也一樣。來到上埃及的若干大城，我偶爾會撞見兄弟會贊助的一些簡單的課後輔導計劃，而這些課程在各種選舉前都有以折扣價販賣雜貨的傳統。但大規模的社福方案或組織性社會服務的跡象，則極為罕見。該組織的構想遠甚於其所有實際作為。

阿拜多斯附近只住了一位弟兄。這位弟兄是個爽朗的年輕藥師，名叫穆罕默德・瓦吉赫（Mohamed Wajih），來自距離塞提一世神廟約兩英哩的村子。瓦吉赫是拜勒耶納行政區的媒體關係負責人，他說自己在上次選舉時無法參加拜票活動，但並非警方或舊政府殘黨阻攔的緣故。「我被禁足了，因為我父親不希望我跟我們氏族裡其他人起衝突。」瓦吉赫解釋道。

拜勒耶納的兄弟會成員人數幾乎還不及一個考古挖掘團隊，而考古隊人數又遠遠不及真正競選活動所需。他們的行政區媒體關係負責人還因為自己家人的關係而無法拜票。但不知怎的，這個組織卻在該省贏得將近百分之六十的選票。從表面來看，這樣的數字似乎反映出強大的支持，但兄弟會成功的真正關鍵其實是競爭太少。在一個沒有民主傳統的國家裡，很少有組織能發展這麼久，忠誠得來不費工夫。但忠誠消失之快也就一眨眼。到了春天時，幾乎所有我在阿拜多斯遇見的人，表達的都是對兄弟會的不滿。

* * *

在阿拜多斯，「*nizam*」這個字的兩個最常見的意思，都只有在表達負面意見時使用——「沒有政權」、「沒有制度」。舊的國家民主黨已去，穆斯林兄弟會卻並非真的存在於此。伊斯蘭主義者、世俗主義者、自由派、保守派、革命分子、舊政權殘黨——這些常用的標籤都沒有任何意義。少了現代政黨與定義的干擾，就能輕易辨識出地方政治的關鍵特質。一切都是面對面；一切都關乎個人。每一個行政區，每一個村落與每一個工作團隊都有自己的領導。在阿拜多斯，領導其實不算是個頭銜——而是一種姿態。領導描述的是一個人自我展現的姿態，穿著的姿態，說話的姿態，以及留鬍鬚的姿態。

古埃及人有創造頭銜的天分。法老有「國家首席喉舌」為之效力——是個表示「發言人」意思的美妙說法。古埃及有「掌璽官」、「寢宮侍士」、「國王的忠實記室」。舊王國時代有一位名叫肯提卡（Khentika）的宰相，他的頭銜有「浴所書記長」、「短裙總管」，以及「御早膳監督」。有個新王國時期的官員，他的陵墓列了超過八十個頭銜。他是「監督中的監督」、「領袖中的領袖」、「大中之至大」、「全域攝政」、「只要在傍晚時專注於任何事物，便將在翌日破曉時精通之人」。

我們知道這些頭銜，但那是什麼樣子？根據馬修·亞當斯的看法，古埃及史料中的詞彙經常會誤導人，尤其是跟政治扯上關係時。「埃及學家並未確實領會到個人層面的進退應對，」他說，「許多埃及學家發展出有關古埃及結構的觀念，而他們對於這些結構如何發揮作用的看法，則來自於他們本身的文化觀念。」亞當斯深信當代都會性的治理概念已經在我們心中根深蒂固，反而讓我們難以想像權力在許久以前發揮作用的方式，甚或難以想像權力至今在許多小地方的運作。「假如某個人站在宰相或高官面前時，他的態度一定會有所調整，」亞當斯說的是古代，「但這種調整沒有成文的法條或法定程序可以遵循，而是完全取決於此時此地的情況。」

每一件事情都無法脫離當下——懇求的人說話的方式，以及他展現自己傷處或失能的方式。我們鮮少能一窺這種互動方式，而其中一個例子則來自一份來自中王國時期的經典文本，叫做〈雄辯農人故事〉（The Tale of the Eloquent Peasant）。故事中有個富人搶了一位農民，農民求諸治安長官伸張正義。這位農民的陳述實在太精采，於是治安長官報告給國王知道，國王則指示官員如何對待這位農民：「若你希望見我安康，就把他留在那裡，他說什麼都不要回覆。如此一來，他就會不停地說，你不要說話。」

故事便這麼繼續下去：國家沉默，農民發言。這位農民常常運用尼羅河上的船為比喻，提醒治安長官：「你是全國的舵。」但治安長官完全沒有提供幫助，甚至還在某一個時間點鞭笞這個可憐人。「你這艘空無一物的船！」農民大吼。他不斷懇求：「測深桿在你手中，彷彿是根無用的棍子。」

這一切讓國王樂開懷。最後，當農民第九次上訪，傷害他的富人才不得不以奴僕、驢子、豬隻、鳥和穀物的形式賠償他。一般認為這個故事的寓意是正面的：正義彰顯，秩序恢復，國王有國王該有的樣子。但除非讀到最後，事情才會是這樣。故事中間沒有別的，只有官員的無視、弱者的堅持，以及看似在亂流中迷失的國家：

> 舵手筆直前望，
> 但船卻憑己意漂流。
> 國王人在宮裡，

而舵柄卻在你手中。

＊＊＊

二〇一三年考古季節的最後一夜，一群搶匪出現在「陪葬」。一名武裝警衛與賊人對陣，並通知警方。儘管整體來說缺乏作為，但這一回警方仍迅速回應，搶匪四處逃竄。馬修．亞當斯對新的監視系統抱持樂觀態度，認為足以保護遺址。

返回紐約的途中，亞當斯在開羅停步，我們一起拜訪埃及美國研究中心（American Research Center in Egypt）主管——埃及學家麥可．瓊斯（Michael Jones）。該中心為埃及古文物的研究與保存提供支持，部分資金則來自美國國務院。瓊斯辦公室中的窗戶用木板蓋著。這棟建築物距離解放廣場僅僅一個街口，而反穆爾西的示威已經到了民眾似乎要發動無差別攻擊的程度了。示威者對警方投擲石塊，但他們也會對其他建築物亂丟。

亞當斯與瓊斯在辦公室裡閒聊考古學，瓊斯提到這個領域所帶有的推測性質。「古埃及人已經死了數千年了，」他說，「沒有哪個活人曉得他們在想什麼。我們給他們創造某種形象，而這種形象所根據的是我們自己的想像。有點像照鏡子。」他接著說，「我們找到的東西多半都是壞的。這些是人家丟掉的東西。我們在拼拼圖，而且你還只有上千片拼圖中的兩、三片。」

「我們完全只能透過我們自己的參考架構來接觸過去，」亞當斯說，「我們只能透過我們自己的文化框架來處理過去。我們的詮釋多少是現代的。」

他解釋這叫「後過程理論」（post-processual theory），考古學版的後現代主義。有人相信，我們對於古代社會的觀察完全不準確，因為我們一定會把自己的經驗與觀點套用在這些觀察上。其他人則反稱人心的本質在數千年中改變相當有限，基本欲望與本能沒有改變，特定的社會模式也無止境地重複。亞當斯雖然傾向於同意後者的看法，但他也承認後過程理論有其價值。

「我們在這段長得超乎我們所能理解的發展過程中，只不過是其中的一分子，」他說，「我們認為此刻獨一無二，一切都是為了走向這一點。但我們得此時此地只是整個連續體中的一個光點。」

瓊斯說，研究中心止考慮將辦公室遷離解放廣場附近。「我們有些窗子已經給人砸破，整棟建築物都是催淚瓦斯，」他說，「抗議爆發的性質已經變了。以前有種過節的氣氛，現在更有侵略性。」在蓋上木板的窗戶內，我們討論的跟全城民眾是同樣的事情：兄弟會的崛起、塞西的諱莫如深、未來的不確定性。我們每一個人都聽過許多的謠言與陰謀論；當代政局已經變得幾乎跟埃及學的任何線索一樣神祕難解。實在很難相信，五千年中的這兩年感覺居然如此漫長。

Chapter 12

「*Tamarrod*」——「起義」，在二〇一三年五月二十二日出現在我的字彙表裡。當天早上，我在卡利瑪的下課時間注意到拉阿法特正在影印請願書。「起義」這個詞以粗大的字體印在一連串聲明的最上方：

因為安寧並未重返街頭……所以我們不要你
因為窮人仍無立錐之地……所以我們不要你
因為我們還在向外國乞討……所以我們不要你
因為烈士尚未獲得權利……所以我們不要你
因為我和我的國家沒有尊嚴……所以我們不要你
因為經濟已然崩潰，如今只能仰賴行乞……所以我們不要你
因為你聽美國人的話……所以我們不要你

每張連署書底下都留了簽名的空格：

準此，我，簽署人，身為埃及人民整體之一分子，在認知充分之情況下宣布彈劾總統穆罕默德・穆爾西博士。

這場請願是一小批開羅示威者在上個月發起的，但請願沒有法源依據。新憲法完全沒有提及埃及總統可以透過民眾請願運動而彈劾，連此前的任何一部憲法也都沒有。拉阿法特告訴我，他對這場「起義」行動完全沒有信心，但他覺得簽張請願書也比什麼都不做來得好。「不然我能怎麼辦？」他說。他把影印好的請願書分給卡利瑪的其他老師。「起義」行動據稱會在六月三十日，也就是穆爾西就職一周年當天發動抗議活動為高潮。我在我的筆記本裡添上了這天的單字：

起義　تمرد

發動起義　يتمرد

署名　توقيع

去威脅　يهدد

威脅　تهديد

緊張情勢　توتر

緊張的　متوتر

＊＊＊

到了這個時節，埃及初夏的高熱已經待著不走，開冷氣的需求也意味著我們每天會碰上四到五次停電。燃料的短缺危機實在太嚴重，導致開羅的駕駛人有時得在加油站等四個小時。埃及經濟——因為我們還在向外國乞討——長期仰賴波斯灣國家、美國人以及其他國家的援助。但即便有這一切援助，該國的外匯存底仍低得危險。

穆爾西繼承了大多數的問題。納瑟的社會主義政策擴大了政府官僚體系，這個體系在穆巴拉克治下甚至更為腫脹——他認為公務員的穩定性是解決動盪的一種方式。穆爾西上台時，埃及政府雇用了六百萬人，而這個數字還不包括軍警——六百萬人是美國公務人員人數的兩倍，但美國人口卻是埃及的三點五倍。發給這些政府雇員的薪水就占了埃及國家預算的四分之一。另外有四分之一用於支付借款利息。還有百分之三十花在補助上，以電力、汽油和天然氣為大宗。

上面那些聽起來之所以像空殼遊戲，那是因為那就是空殼遊戲。埃及的經濟活動泰半根據獲得外國的援助，以及補助公民使其堪堪跨過貧窮線的原則來安排，完全沒有任何前進的作為。這個國家等於沒錢興建基礎設施或發展建設。穆爾西固然承接了這些問題，但他缺乏政治手腕的事實也讓問題更形惡化。他的政府跟國際貨幣基金組織（International Monetary Fund，IMF）協商借款，而國際貨幣基金組織則要求埃及人展現重建其經濟的堅定態度。穆爾西決定在十二月，也就是憲法衝突期間採取第一步。街頭暴力已經導致十人死亡，而穆爾西的八名智囊與助手也辭職以示抗議。儘管如此，這位總統仍然推動他的新經濟政策，宣布汽油、電力、食用油、香菸與酒類大幅增稅。

消息在晚上曝光。身為記者，我聽到某種重大事件或政策轉變時，有時候會致電官員，請他們發表意見。但這一回我直接去了扎馬萊克的七月二十六日大街（26 July Street）的酒類專賣店。時間已經將近晚上十點，但店裡人滿為患；大部分的冰箱已經清空，顧客們為了最後幾瓶傲鹿威士忌爭執。我很幸運搶到兩箱半公升鋁罐裝的海尼根。精疲力竭的收銀員手腕上有個科普特十字架的刺青，其實每一個在酒類專賣店工作的人都是這樣。我問他覺得接下來會發生什麼。他說：「會有人宰了穆爾西，真主容許的話。」

到了夜更深的凌晨兩點十三分，穆爾西在自己的臉書貼出聲明，要取消所有加稅。咸認這是因為其他的兄弟會領導人說服他改變心意，但沒有人知道半夜在臉書上處理重大稅收政策是誰的主意。幾個月後，差不多是「起義」運動準備展開時，國際貨幣基金組織宣布借款協商實質上已胎死腹中。兄弟會缺乏實施重大的經濟重新建構所需的政治力量；他們現在不能增稅。不過，我對我的恐慌性採購完全不後悔。在二〇一三年的頭幾個月，海尼根怎麼樣都不嫌多。

＊＊＊

停電沒有時間表。之所以沒有，或許是因為官員擔心一旦民眾知道等一下要停電，他們就會提前把自家冷氣轉到最強。但官員也擔心民眾的怒火，所以單次停電鮮少持續超過一小時——至少扎馬萊克是如此。如果是利瓦區，薩伊德曾經歷一連停電四個小時以上，而阿拜多斯停電甚至會更久。埃及電力部想必有某種不為人知的公式，用來估計不同鄰里與地區的政治重要性。

萊絲莉和我在公寓各處擺了蠟燭與手電筒，有時候我們會摸黑餵雙胞胎吃飯和洗澡。幸好蜘蛛網大樓興建的時代遠早於空調。房間天花板挑高十二英呎，外牆厚達一英呎以上，整棟樓圍著功能有如煙囪的中庭天井。住在一樓的我們可以把對著中庭的窗打開，熱空氣會上升。就算停電，這裡還是很涼爽。

除了電，我們也花了很多時間煩惱水的問題。曾經有幾天完全沒有水；有時候房東太太能先提醒我們，我們會把水放滿整個浴缸，要洗碗的時候再舀出幾桶用。至於飲用水，我們原本有雀巢公司送來的大桶瓶裝水，但瓶裝工廠後來卻在二月時發生火災。瓶裝水工廠會有多可燃？在我們家的送水服務中斷之前，我從來沒想過這個問題。雀巢開羅分公司寄來一張微妙的通知：

> 親愛的寶貴顧客，
>
> 過去幾周，您非得忍受極大的不便，這是因為您喜愛的雀巢生活純水（Nestlé Pure Life）供應中斷，原因則是我們在班哈（Banha）的廠房發生非常不幸的火警所導致。

雀巢的水在火焰中蒸發之後，我們開始到「H自由」買其他牌子的小罐瓶裝水。實在沒有道理在這種問題上糾結；我們試著找到解決方法，讓生活繼續下去。住在扎馬萊克的第一年，我們遭遇嚴重的鼠患，愛麗兒和娜塔莎都在睡覺時被咬。女孩們的年紀太小，沒法告訴我們發生什麼事；從她們皮膚上門齒痕的大小，我研判咬人的動物八成是老鼠。有一段時間，我在雙胞胎的臥房裡到處放黏鼠板，但我抓到的老鼠實在太多，最後我放棄了。萊絲莉上網找到一位美國女子，她正要回國，想擺脫兩隻貓。我們選了比較大隻的貓，這隻公貓的虎斑在額頭形成

M字，這是埃及貓（Egyptian Mau）的品種標誌。他長得就像古代陵墓牆上描繪的那些貓，連這個品種的名字都很古老：在古埃及，「*mau*」的意思就是「貓」。

我們給他起名叫穆爾西。當時這似乎是個好點子——選舉剛剛結束，民眾對於埃及最高職位第一次民主選舉之公平仍感到驚訝。穆爾西證明自己是個了不起的捕鼠官，此後我們公寓就再也沒有任何老鼠問題。但隨著政治情勢惡化，這隻貓也承受了罵名。當萊絲莉第一次帶貓去給當地的獸醫檢查時，這位科普特人說：「我討厭這個名字。」「你的兄弟會貓表現就跟總統一樣糟糕。」薩伊德常常這麼說。這件事在鄰居間成了笑話；常常有人跟我說要把我的貓抓去整頓。

傍晚時分，我常帶著愛麗兒和娜塔莎在扎馬萊克散很久的步。她們白天時會上附近的托兒所，下午早些時候則是由名叫阿緹雅（Atiyat）的保母照顧她們。等到女孩們大了些，只要兩人的衣服不一樣，她們就開始發脾氣。萊絲莉跟我不希望她們穿得一模一樣，但還有許多別的事情得處理，我們很快就投降了。我們什麼都買一對，每當雙胞胎肩並著肩，穿著一樣的衣服散步時，感覺就好像某種節目。

左鄰右舍人人都曉得她們。我散步的時候，會跟形形色色的當地人聊天：顧公營麵包攤的銀髮男子，端著飲料盤的賣茶人。對街有位和善的店老闆喜歡教女孩們埃及阿語新詞彙。蜘蛛網大樓四樓有位老太太，她喜歡餵穆爾西和附近的流浪貓，我們常常看到她擺碗放貓食。她總是對穿著同樣衣服的女孩們微笑，低語「如真主所願」，以防範邪眼。

如果薩伊德正好在街上工作，他會用女孩們的阿語暱稱跟她們打招呼：愛麗兒是Aro，娜塔莎是Nush-nush。埃及人很愛取這種綽號，當成應對一個個穆罕默德、馬哈茂德和穆罕默德·

馬哈茂德的方法。阿緹雅給雙胞胎起了這兩個小名，而且她通常都對她們講埃及阿語。有些東西她們喜歡用埃及阿語說，像是顏色、動物和主食。「麵包」是「*aish*」，「水」是「*maya*」。要是我抱著其中一個女兒轉圈圈，她會大笑大叫，「*Tani!*」——「再一次！」

二〇一三年春，她們開始能分辨「好穆爾西」和「壞穆爾西」。我知道這是她們從阿緹雅那裡學來的，她也是科普特人。我哪有資格對她的政治傾向說三道四呢？很久以前，穆爾西曾宣稱不該讓女人或基督徒領導埃及，而阿緹雅就住在那種得忍受四小時停電的非法棚戶區。有一天，我收到女孩們的托兒所寄來的電子郵件：

> 由於此時扎馬萊克濃重的催淚瓦斯味，我們認為孩子們今天不要上學比較好。……我們對於臨時通知感到抱歉，但情況完全不在我們掌控之中。

這段時間我開始在公寓裡到處藏大量的現金。一旦情勢不安全，我也有緊急撤離的計劃——該帶什麼，由誰載我們去機場，都想好了。但誰知道道路是否暢通，或者飛機還飛不飛？——「我們對於臨時通知感到抱歉」。四月時，政府宣布政策，要調暗開羅機場的燈來省電。每當從阿拜多斯行程返家時，我都是離開索哈傑機場——沙漠正遮蓋穆巴拉克名字的最後一絲蹤跡——接著在穆爾西時代的殘破地帶降落：黑暗的航廈，停止不動的電扶梯。情況完全不在我們掌控之中。

那年春天，我挑了一天沒有抗議的日子，前往聯合大樓——解放廣場旁的大型政府建築物延簽居留簽證。但那一帶仍瀰漫著催淚瓦斯；我當下的感覺就像石板地之前已經吸飽了瓦斯，現在在高溫下滲出來。進了大樓，我把申請表交給一名官員。他仔細看了文件。

「你們的結婚證明在哪？」他說。

都這個時候了，結婚證明要緊嗎？但更詭異的是，我居然感到開心：終於有件事情是我成功料到的了！我返回扎馬萊克，找出那張上面有著詭異古字體（「神聖之婚約」）的烏雷郡結婚證明，然後以凱旋的姿態提交文件。這名官員看起來跟我一樣開心；簽證順利辦理。

* * *

到了六月，「起義」請願書已經遍地開花。我們家附近的商家都在櫃檯上擺了一大疊單子，多數我認識的人也說自己已經連署了。薩伊德投給穆爾西，但他也請一位識字的友人代他填寫請願書，薩伊德再把大拇指印蓋在簽名欄上。我前往阿拜多斯時，警察局的年輕警官們告訴我他們已經簽了請願書。唯一住在村子附近的兄弟會成員穆罕默德·瓦吉赫說，連他的家人都加入了行動：他的姐夫成為「起義」運動在當地的聯絡人。

穆爾西就職滿周年前六天，我拜訪「起義」全國總部，成員告訴我他們已經收到一千五百萬人的簽名。他們在一棟骯髒老舊建物六樓的公寓工作，距離解放廣場兩個路口。請願書堆得到處都是，裝在舊紙箱和塑膠購物袋中。我人在那裡時，有個盲人帶來四百多份請願書。他告訴我，這些是他從任職的辦公室收集來的。

這間公寓先前是租給稱為全國變革協會（National Association for Change）的組織，該協會在二〇一〇年曾發起請願活動，試圖施壓穆巴拉克進行政治改革。如今組織已不再活動，租約也即將到期，於是就把使用權借給「起義」。

「起義」的領導人們似乎都不知道要拿這些請願書作什麼。一些組織者約略談到交由最高憲法法院認證。其他人則提起聯合國，但我懷疑聯合國會想接收一千五百萬份缺乏法律立足點的請願書。連組織者自己也承認彈劾並非他們真正的目標。

「一開始我帶著這些連署書上街時，人家都說『這叫兒戲——沒辦法推翻穆爾西啦』，」名叫阿姆爾·哈瓦特（Amr al-Hawat）的年輕志工說，「我都回答說，我們都能推翻穆巴拉克了，穆爾西政權比穆巴拉克弱得多。」

他相信只要有足夠的人出門抗議，就會有其他勢力——也許是軍方，也許是司法界——不得不採取行動。為此，哈瓦特在自己生活的尼羅河三角洲省分代蓋赫利耶（Dakahlia）發了兩個多月的請願書。他跟我遇過的多數收集簽名的人一樣自掏腰包付影印費。當我問他一年前投給誰的時候，他一臉悔不當初。

「穆爾西，」他說，「我覺得自己犯了錯，所以我現在得這麼做。」

這些請願書之外行總令我印象深刻。影印品質一貫糟糕，多數表格要求請願者填上姓名與身分證字號，卻沒有留下電話、電子郵件或臉書聯絡方式的空間。我問哈瓦特，他們為何不收集這些資訊，建立資料庫，供將來組織之用。他說：「你期待我給一千五百萬人打電話？」

＊＊＊

塞西整個春天都保持沉默。總統就職周年的九天前，這位國防部長終於發表公開聲明。他警告不要「分裂社會」，呼籲妥協。兩天後，他說軍隊將在必要時「干預以防止埃及落入黑暗的隧道衝突」。

聲明中只有一點明確無誤：軍方準備採取行動了。但行動的性質，以及軍方支持哪一方，則留待各方詮釋。一位弟兄對我說，「塞西是我們能信任的人。」他還提到塞西是穆爾西任命的部長。但反對者似乎也一樣有自信。塞西發表演說隔日，協助成立「起義」組織的年輕女子多娃．凱利法（Dowa Khelifa）對我說：「我們了解我們的軍隊。我們曉得他們將站在我們這邊。」

一份看似警告的聲明，實際上發揮的卻是助燃劑的功用。大家都歡迎軍隊插手，因為大家都認為軍隊跟自己是同一國的。穆爾西的支持者開始在東開羅的拉比亞阿達維亞清真寺（Rabaa al-Adawiya Mosque）周邊集結，領導者希望展現他們的人數。

在革命氣氛濃厚的埃及，聚集支持者已經成為粗糙的民主手法：新聞頻道把直播鏡頭對準重要的抗議活動，如此一來觀眾便能估算群眾的人數與熱情程度。重要大事發生的日子，螢幕上有可能顯示多達六個地點的分割畫面。有時候直播是沒有講評的：觀眾看著無聲的群眾，就像商場警衛看他的閉路電視螢幕。

* * *

就職周年的四天前，穆爾西辦了一場電視演說。他和每一個沒有手腕的政治人物一樣，在脫稿演出時表現最為糟糕，而這晚他講了超過兩個半小時。他承認自己犯了錯，但隨著演說進行，最嚴重的錯誤（至少穆爾西是這麼想的）也變得愈來愈清楚——那就是他不願攻擊敵人。總統點名一位他稱為「不合法」的法官，還宣稱某家自由派電視台的兩名業主逃漏稅。他說有三十二個家族控制了全埃及的經濟。他以陰謀論的調調說話：「埃及的敵人」和「看不見的手指頭」正試圖瓦解政府。連他的放心保證也不太有讓人放心的作用。「我承諾以不關押記者為政策，」他說，「只有人身攻擊者例外。」

穆爾西聲明自己與軍方「合作無間」。演講的現場聽眾包括若干官員與軍方人員，塞西就坐在前排。他穿著黃沙顏色的軍服，戴了一頂橄欖綠軍帽。他的表情一派淡然。從他的表情完全解讀不出任何事情。

＊＊＊

就職周年前不久，全國警察協會（National Police Association）針對已經預訂好的抗議行動開了一次會，影片則張貼在協會的臉書專頁上。影片裡，一名警官表示假如有任何警察試圖保護兄弟會的辦公室——「我對全能的真主發誓」——別人一定會對他開槍。

擔任協會理事的薩拉赫·札亞達（Salah Zeyada）少將說：「弟兄們，我們一致同意，將不會為穆斯林兄弟會的各大辦公室提供安全措施。」

＊＊＊

就職周年當天下午，萊絲莉和我前往解放廣場。我們在尼羅河宮殿大橋的橋頭遇到拉阿法特——我們阿語老師的弟弟。他跟朋友在一起，朝廣場出發。橋上人多得難以前進，但氣氛相當平和，甚至有點歡樂。許多示威者是婦女。軍方的直升機每隔一段時間便飛過頭頂，群眾會報以歡呼。穿著制服的員警則伴隨示威者一起行進。

「這不夠。」拉阿法特說。即便身處這群雀躍的群眾之中，他依舊神色嚴肅，因為他深信必須來一場激烈的衝突。他說：「我想見血（*Ayz dem*）。我希望軍隊來。」

當天，「起義」官方宣布請願書的統計數量：兩千兩百一十三萬四千四百六十五張。軍方估計超過一千四百萬人參與全國各地的示威——比一年前投給穆爾西的人還多。軍方在YouTube上發表了解放廣場的空拍影像。這就是直升機的目的：它們在拍群眾的畫面。這些影片很能催眠人；人們肩並肩，站在廣場的每一個角落，每一條街道與每一座橋樑上。在六月的陽光下，可以看見直升機的影子掃過人群。

後來在當夜，有人持突擊步槍和汽油彈攻擊穆斯林兄弟會的全國總會。建築物裡的人還擊，共有八人死亡。直到兄弟會成員棄守建築物，警方才開始有動作。

* * *

隔天，我帶著哈桑一同前往兄弟會總部。檢察官辦公室的調查員正在為總部對面的屋子牆上留下的彈孔照相。他們記錄這些彈痕，似乎是因為能作為兄弟會成員曾經開槍的證據。

我在後門附近看到警官撿起一枚彈殼。「機關槍，」他說，「外國製的。」

我問他警方前一晚為何不出動。

「因為內政部宣布我們不會保護他們的總部。」他說。正當我們談話時，一名隔壁建築物的私人警衛晃過來，提到自己曾提供兩罐汽油給縱火者。這條情報似乎不怎麼吸引調查的官員。新聞記者已經忙著進行他們的發掘了。一名年輕的報紙記者從總部建築內部的凌亂中找到某種英文文件，他請我看看這封信。我一讀，心也跟著沉下去。

「寄的人是誰？」記者問。

我不想告訴他，但我也不能說謊。「是一位美國官員，」我說，「伊拉克重建特任總監（special inspector general for Iraq reconstruction，SIGIR）。」

他問我信是寄給誰的。

「希拉蕊．柯林頓。」

> 親愛的國務卿女士：
>
> 我去信是為了提醒您，我有職責對您與國會就納稅人的錢在伊拉克的運用提供疏忽的報告，但此事卻遭逢阻礙。這些問題發生在兩項SIGI審計調查期間，其一與私人軍事服務承包商有關，另一與伊拉克警方的持續訓練有關。

後來我得知這些信件在網路上是公開的，來自業已解密的伊拉克警務發展計劃（Police Development Program）調查。我不懂穆斯林兄弟會為何要在經濟危機當中收集美國政府的伊拉克審計資料。總之，這些文件如今鐵定會成為更多陰謀論的養料。「希拉蕊的電子郵件！」那位記者跟我道謝，蹓躂到別的地方繼續他的搜尋。

我花了一個多小時研究槍戰的痕跡。後門處有好幾攤融化的黑色橡膠，裡面都有糾結的鋼片——攻擊者將輪胎灌滿汽油，點火，然後往建築物裡滾。各種文件四散。我找到一位出身敏亞（Minya）的男孩高中考試的結果——又是一個穆罕默德・馬哈茂德。這個穆罕默德・馬哈茂德相當傑出，考了四百零七分。還有一些關於埃及「阿拉伯之春」的兄弟會內部報告。其一的開頭是：

> 我們展開革命時，是真主讓革命發生的。真主有大能；是真主制訂律法。誰想得到穆爾西會橫空出世？又有誰想得到，他能在僅僅二十八天達成這許許多多的成就？

高牆的陰影下有數十名警察正在休息，他們的指揮官則在附近會面。牆上滿是彈孔。我上一次在兄弟會總部看到警察，是冬天的憲法衝突期間，警官們當時穿的是黑色制服。如今他們穿的則是白色的夏季制服。埃及警察每年換兩次顏色，春天時從黑變成白，秋天時從白變成黑——警察國家換季也換新裝。牆下的陰影處有兩名看起來相當年輕的義務役警察，他們把自己沉重皮靴的鞋帶解開，交換彼此的鞋子。其中一人講到自己的腳有多痛。

開車經過大門口的老百姓以埃及人慶祝用的節奏按起喇叭：叭、叭、叭叭叭；叭、叭、叭叭叭……。一名看來六十歲的婦女搖下她轎車的車窗。「有空房出租嗎？」她大喊。

警官們抬起頭來大笑。

「以我們烈士之名，」她喊著，「我們會打垮他們！」

警官報以歡呼，女子接著驅車離去。那兩個義務役還在講自己的腳。「聽好啊老兄，我們得找雙新鞋，」其中一人說，「這樣比較好，真主容許的話。」

＊＊＊

我從兄弟會總部返家後不久，埃及國家電視台的播報員便宣讀了軍方剛剛發表的公報。軍隊給穆爾西總統四十八小時回應示威者的要求。假如總統未能適切處理問題，軍方便會「發表通往未來的路線圖」。

我出門攔了一輛計程車。司機繞島的西側，然後南向前往解放廣場。當時才下午五點多，天色出奇澄淨；河水在折射的光線下顯得湛藍。來到河對岸，群眾早已開始湧入廣場。喇叭聲四起：叭、叭、叭叭叭；叭、叭、叭叭叭。我下了計程車，繼續徒步前往「起義」總部。阿帕契直升機的影子從頭上低空掠過，後頭拉著埃及的國旗。

總部空空蕩蕩，只有三名年輕社運人士。他們在黑悠悠的會議室裡看新聞。

「事情發生得比我們預料的快，」二十三歲的會計師穆哈美德．納達（Mohamed Nada）說，「我們原以為需要一星期以上，說不定要十天。塞西出乎我們預料。」

納達等人如今確信軍方兩天內就會免除總統的職位。「『起義』組織才六十天大，」另一位二十多歲的志工穆哈美德．貝基米（Mohamed Belkeemi）說，「穆斯林兄弟會已經有超過八十年的歷史了。結果卻被這個六十天大的組織摧毀了。」

＊＊＊

自從埃及「阿拉伯之春」爆發以來，無論局勢如何，都有讓人樂觀的一面：許許多多的埃及人——尤其是埃及年輕人——變得愈來愈投入政治。民眾經常提到，回到穆巴拉克的時代，大家對政治有多麼漠不關心。如今你很容易看到令人振奮的例子：積極的年輕人收集請願書，非法棚戶區居民以社會正義知名走上街頭。

但隨著時間一久，我對於這種「突然參與政治活動」的看法也愈來愈謹慎。民眾在參與之前沒有任何準備，而且他們多半不信任傳統的機制與手法。他們鄙視任何一種協商，痛恨政黨；在他們看來，一切都應該在個人層級上為之。「起義」發起人之一，二十七歲的律師卡里姆．馬斯里（Karim el-Masry）在我第一次拜訪總部時解釋說：「黨派不該存在。我們都是埃及人。我們不想分化國家。」

四十多年前，政治學大家山謬．P．杭亭頓（Samuel P. Huntington）是這麼描述他所謂的全民干政國家（praetorian state）：「『政治制度化』趕不上『政治參與』的國家。」一旦缺乏穩定的政黨與其他組織來拿捏治國的分寸，結果就是門外漢的一連串蠻幹。在全民干政國家中，「收集請願書的社運人士」、「走上街頭的示威者」、「解散國會的法院」或「發動政變的軍方」基本上是沒有差別的。杭亭頓寫道：「每一種社會力量都會透過自己最強大的資源與戰術來確保達成其目標。」

連那些看似強大的人，其實選擇也有限。隨著埃及國內衝突加劇，顯然塞西只剩兩個選項：他要嘛什麼都不做，要嘛什麼都做。他並不屬於任何政黨，也沒有正式的組織結構可以讓他參政。他這輩子甚至連張票都沒投過。他可以提出警告與訴求，就像他在憲法之爭期間的做法，但當時完全沒人理會。官方公報若沒有落實就沒有意義，而軍方的任何一種動作看起來都會很不客氣，因為軍方基本上只有一招。

塞西的最後通牒到期的前一天，我拜訪了以前曾經見過的退役少將穆哈美德・卡德里・薩伊德（Mohamed Kadry Said）。他說自己對「起義」人士的活動力感到印象深刻。「而且他們跟軍方之間還有種互通聲息的味道。」他說。

最近有些社運人士退出「起義」，因為他們相信軍方的間諜已經滲透了這個組織。這件事後來獲得證實，而且「起義」甚至有部分資金來自沙烏地阿拉伯與阿拉伯聯合大公國，兩國都擔心兄弟會崛起。不過，我不相信「起義」是外國勢力或軍方成立的，也不相信他們有參與活動早期階段。我感覺軍方將領缺少展開這類運動所必須的政治直覺——他們不會從從基層組織的角度看事情。根據我的觀點，事情比較像兩股不同的動能匯集起來。十一月時，兄弟會對憲政危機的回應讓軍警相信有必要為行動做好準備，而春季的各種危機則讓大多數民眾開始反對兄弟會。一旦民眾的行動勢頭起來，軍方和波灣國家才開始掛勾。

我向薩伊德少將提到自己的想法，他也同意。在他看來，軍隊並未促成「起義」，反而是「起義」讓軍隊在這起特定的衝突中成為政治要角。「軍方仰賴他們，」他說，「過了一段時間之後，軍方發現了『起義』，認為他們大有可為，於是給他們一點支持。」

我問他是否認為穆爾西會讓步。他搖搖頭——總統跟兄弟會領袖都太不知變通。

「軍方會如何處置穆爾西？」我問。

「他們會把他送去某個地方，」少將說，「他們會找個理由。」

我問他是否認為過程中會動武。「會的。」他的口氣一派平和。

＊＊＊

消息指出，穆爾西計劃再次對全國發表演說。但到了最後期限前一晚的十點鐘，還是沒有事情發生。我打給兄弟會發言人傑哈德・哈達德（Gehad el-Haddad），詢問穆爾西是否正與塞西協商。

「跟塞西之間沒有對話，」哈達德說，「他是國家的臂膀。他聽從自己的總統，穆罕默德・穆爾西的領導。」

我問軍方是否已經決定如何進行。

「我想他們已經知錯，」他說，「軍方領導層知道有憲政秩序的存在。這跟穆巴拉克不同，穆巴拉克透過欺瞞的手段當選。穆爾西總統是公正選舉出來的。」

我問，假如軍方罷黜穆爾西，兄弟會會怎麼做。

「我們會擋在坦克與總統之間。」

「總統如今人在何處？」

哈達德停了半晌才說，「我不曉得。」

＊＊＊

午夜前十分鐘，穆爾西終於在電視上現身。他穿著黑色西裝外套，打了條黑色領帶，衝突似乎令他精神煥發。對兄弟會來說，這種處境並不陌生；過去他們曾多次遭到國內各種力量的圍困。

當晚稍早時，我和一位外國外交官見面，對方告訴我兄弟會某些重量級成員接觸了抱持同情態度的埃及學者，尋求建議。學者們建議穆爾西盡快公開做出一點讓步，以作為獲得道德制高點的方法。但他們的建議據說遭到否決。「沒門。」外交官告訴我。我和兄弟會成員交談時也有同樣的觀察。幾個月來，他們高估了民眾的支持度——即便到了這個節骨眼，他們似乎還不願意承認這場危機已經升級到存亡關頭。

穆爾西的演說中有個關鍵字「*shar'aiya*」——「正當性」。「民眾透過一場自由而公正的選舉授權給我，選擇了我，」他說，「正當性是我們的國家不致流血的唯一方法。」他的音調高得像喊叫，用力比著手勢：「倘若保護正當性的代價是我的鮮血，我願意承擔！」

演講結束後，開羅大學附近立刻爆發了槍戰，十八人身亡。

* * *

隔天，人人都曉得這一天會以政變作結。阿緹雅一早來工作時，指甲上塗了埃及國旗的顏色。她拿出紅、黑和黃色的蠟筆，教愛麗兒和娜塔莎畫小張的埃及國期。全城各地的人都掛起了國旗，我時不時就聽到經過的車輛按喇叭：叭、叭、叭叭叭；叭、叭、叭叭叭。我三歲大的女兒們該不該慶祝這場連發生都還沒的軍事政變？但我實在無暇他顧；等等我就要出門報導當天的事件了。

如今把女孩們送出國已經太遲，而且不管怎麼說，我覺得避開街頭和機場也比較安全。她們和阿緹雅在寢室裡畫國旗，萊絲莉和我則在房門外很快把各種可能想過一遍。假如今晚有可能回國呢？假如手機網路不能用了？假如情況變得激烈呢？據我們判斷，一旦發生槍戰，公寓裡最安全的地方就是屋內的走廊。計劃如下：關緊門，趴在地板上。

計劃無所不在。舊的計劃還不到毫無作用的程度，但制定新計劃其實不難。這幾年來，萊絲莉和我有過其他版本的這種對話。有一次，托兒所因為警方在一個街區以外發現恐怖分子的假炸彈而停課。還有一次，伊斯蘭國（ＩＳＩＳ）關係組織在開羅市郊綁架了一名外國人，然後砍了他的頭。

搬來埃及之前，我曾想像我們會建立明確的行動步驟：假如發生Ａ，我們就採取Ｂ來因應。大使館就是這樣運作的，而在這個政變的夏天，開羅的美國大使館便撤離了所有非必要的人員。但我們跟任何有這類章程的組織都沒有聯繫，而且隨著日子一久，我漸漸了解到我們最好像開羅人那樣應對，既有彈性又有理性。民眾多半以平靜的口吻談論這些事件，並維持一種抽離感。他們會開玩笑——「你那隻兄弟會貓表現很爛」。他們把注意力擺在自己能掌握的小事上。他們將一切處境加以正常化，連外國人都能馬上採取這種作法。「政變即將發生」並不代表一定會有暴力出現。只是假炸彈，不是真炸彈。被綁架的外國人是石油工人，不是記者。事情只發生過一次。假如又發生，我們再來擔心。

何況日常生活中的困難已經多得讓人分不了神。連像扎馬萊克這樣的地方，也總是會有事情出錯，而且通常跟政治毫無瓜葛。在我們家附近，那個在公家麵包攤工作的銀髮男人突然在五十歲的年紀過世了，死因是心臟病。那位喜歡教女孩兒們埃及阿語單字的店老闆被人開槍打死，據說是因為他試圖排解糾紛。在我看來，這些都是很嚇人的事情，但當地人感覺傾向於認為這些事情是躲不開的天注定。死亡只是個事實；沒道理執著在死亡的方式上。這就是憑記憶脫口而出的片語之所以如此好用的原因之一：如真主所願；願真主保佑我們；願真主使她靈魂安寧。

有一天，我們大樓裡那位老太太在四樓擺了點貓食。她叫樓下的貓來吃飯，但貓沒來。於是，老太太把頭探過鑄鐵蜘蛛網門的縫隙，往電梯井下看。在她頭上，沉重的木質電梯車廂停在某一層樓，一動也不動。

那一刻，一樓有人按了電梯。

事後，警方審問了大樓管理員，他既沒有辭職，也沒被開除。事發當時他不在附近，也沒有他失職的跡象，但他仍然是個很方便的代罪羔羊。房東太太在蜘蛛網電梯門後加裝了鐵絲網。四樓老太太的家人播放念誦《古蘭經》的錄音放了好幾個月，好讓她的靈魂安息。萊絲莉和我告訴阿緹雅千萬別讓雙胞胎在沒人看顧的情況到樓梯間。在革命、政變與暴力頭條新聞的那幾年間，我最害怕的事情之一，就是我家前門外的那台電梯。

* * *

最後通牒到期前幾天，塞西沒有任何公開聲明。整個春天，他只跟一名美國官員有定期聯絡。查克・海格（Chuck Hagel）身為美國國防部長，跟塞西平起平坐，標準程序也意味著這兩名官員可以直接聯絡。海格第一次見到塞西是三月間走訪開羅時。幾年後，我在華盛頓特區與海格見面時，他說：「我們非常有默契。」他認為，這是因為自己身為越南老兵的身分，讓塞西感到放心。「我想，他認為我是了解軍事，了解威脅與戰爭的人。」海格說。

關於塞西的情報，海格此前掌握得不多。「我們部隊對他所知甚少。」海格說。里昂・巴內塔（Leon Panetta）曾經在埃及「阿拉伯之春」第一年時當過美國國防部長，過去也擔任過中央情報局局長，而他告訴我的也是一樣的內容。巴內塔表示：「我只能說，我不記得情報摘要中有對塞西特別著墨過。」

儘管美國給予埃及這一切的援助，又有這麼多軍事交流，美國人對於這位在如此關鍵時刻竄出的人所知卻如此之少，這實在令人意外。他們對基層的敏銳度甚至更為不濟。二〇一一年，美國國家情報總監詹姆斯・克拉柏（James Clapper）曾在穆巴拉克辭職前一天於眾議院作證。他說：「『穆斯林兄弟會』這個詞能概括各種動向。以埃及來說，這是個非常異質性的團體，大致上是偏世俗的。」縱使連兄弟會都證明自己絕不異質性、不世俗也不好惹時，美國官員似乎仍不願加以批評。十二月時，穆爾西的支持者引發了總統府的戰鬥之後，歐巴馬的白宮發表了一份打圓場的聲明：「總統強調，埃及所有政治領袖應當對其支持者明確表示暴力是不可接受的。」

這段期間，我不定時會跟開羅美國使館官員見面。其中一位官員告訴我，由於兄弟會在埃及「阿拉伯之春」初期曾經扮演了維護秩序的角色，兄弟會成員後來因此不由自主地在總統府以義俠的方式行事。「他們之所以會這麼做，是因為認為這種角色既正面又為人所欣賞。」他說。這種說法感覺很天真，幾個月下來，其他的會面也讓我有種感覺——美國外交官太相信兄弟會了。

埃及人始終認為美國有邪惡的動機，因此「起義」請願書裡才會有那句講穆爾西的話：因為你聽美國人的話。談到美國，那可是有無止境的陰謀論，但從我的角度來看，這些陰謀論的問題在於一廂情願。美國人渴望跟體系、制度與組織互動。兄弟會的上下階級與紀律讓這個組織看起來像是有效運作的團體，而且兄弟會任用好些收過良好教育的發言人，善於告訴外國人他們想聽的話。兄弟會把自己呈現為溫和、負責任的伊斯蘭主義者，而希望在激進團體外有其他選擇的美國人很吃這一套。此外，兄弟會一貫誇大自己的實力，明明任何人只要到開羅鬧區之外走一走，就會發現真相。

偏偏美國人對地方動態不感興趣。這是美國人對體制信心的一部分，他們信任由上而下的結構。總之，使館職員受到太多安全規定限制，無法自由前往鄉下、小城市或非法棚戶區。美國官員在開羅的任期通常只維持兩年或三年，而他或她通常也住在門禁森嚴的建築物裡。他們學的多半是標準阿語，而非埃及阿語。他們的「埃及」抽象到一種無以復加的程度，而他們想像體系與結構的方式，就跟埃及學家迷失於古代文獻的方式一樣。「我們不能被日常的變化牽著鼻子走，」一名美國使館官員在十二月憲法之爭時這麼告訴我，「我們必須眼觀大局。」以一種哲學來說，這或許很讓人欽佩，但有時候根本沒有大局存在。沒有體系，沒有制度。多數的埃及人只有日常。

這種美式缺點似乎慢延了整個中東地區。二〇一六年，歐巴馬總統告訴《大西洋雜誌》（*The Atlantic*），美方對利比亞政權變遷的挑戰沒有做好準備。「利比亞國內派系分化的程度遠超乎我們的分析師所預料，」他說，「我們在當地建立任何一種結構，以便交流、展開訓練並提供資源的能力很快就崩潰了。」無獨有偶，美國官員並未認真看待「起義」，因為其行動不像個真正的組織。二〇一三年六月十八日，美國駐埃及大使安・派特森（Anne Patterson）在開羅發表演說，提到她對即將到來的抗議活動不屑一顧。「有人說，街頭行動能帶來比選舉更好的結果，」她說，「老實說，我國政府與我對此皆深表懷疑。」

一整個春天，查克・海格大致上每星期都會跟塞西通電話。海格告訴我，他在六月的最後幾天警告塞西：假如埃及軍方發動政變，軍事援助按美國法律將自動終止。「我說的話大意是『你不會想走一條不能回頭的路』。」海格說。

但是，從來沒有人清楚塞西究竟有沒有在看路——看大局——抑或純粹是對當下的氛圍做出反應。我問海格，他們在最後通牒期限截止前最後一次對話的內容。「『我能怎麼辦？』」海格記得塞西是這麼說的。「『我是說，我不能一走了之。我不能讓我的國家失望。我必須領導；我也得到支持。我是今日在埃及唯一能拯救這個國家的人。』」

＊＊＊

政變按照埃及時間的特色——「我們能約晚一點點嗎？」——晚了五小時。軍方的正式聲明把期限訂在下午四點，時間已經到了、過了。上萬人聚集在總統府外，我跟哈桑也在。每一個與我們交談的人，對於會等到入夜許久之後都不覺得意外。

到了九點鐘，塞西終於出現在電視上。我周圍的群眾鴉雀無聲。雖然有些人在街上架了電視，但大多數民眾還是把手機或收音機貼到耳朵旁。螢幕上，身穿卡其制服，頭戴黑色貝雷帽的塞西站在講桌後。軍隊、警察、科普特教會、艾資哈爾清真寺與某個重要薩拉菲團體等各界的代表伴隨他左右。「起義」的其中一位年輕發起人也同在一室。四面埃及國旗懸掛在這位將軍身後。他開始講話，音調平穩，眼神直視攝影機。

＊＊＊

幾天以來，穆爾西的支持者聚集在納斯爾市（Nasr City）的拉比亞阿達維亞清真寺外。政變前不久，埃及維安部隊便在清真寺附近設置了路障。塞西發表聲明後，哈桑與我前往其中一個檢查哨。軍人放我們過去，我們繼續在這條長長的道路上前進，前往伊斯蘭主義者聚集的清真寺。

納斯爾市——「*nasr*」的意思是「勝利」——設立於一九六〇年代，位置在開羅正東方的沙漠裡中。許多居民是中產階級的埃及人，他們在沙達特經濟開放時代前往波斯灣，賺了點錢。這個地方有種野心勃勃、過度建設的感覺，水泥公寓房子成堆聚集在軍事設施用地之間。即便是承平時期，部隊也駐紮在納斯爾市各地。以跟軍隊對峙而言，很難挑出比這裡更糟的地方了。

那一晚溫暖宜人，但街上空無一人。街上安靜到我能聽見我們經過時的腳步聲在建築間迴盪。塞西已經在電視上宣布暫停實施憲法，而過渡期的總統將來自司法界。他說，軍隊之所以被迫採取這一步，是因為穆爾西拒絕協商。沒有任何聲明與穆爾西的下落有關。

哈桑跟我來到一處都是兄弟會成員的檢查哨。到處都是人，他們戴著黃色的工地帽，手裡拿著簡陋的武器：木棒、警棍、雙節棍。他們看來相當震驚；有個人無聲檢查我們的政見。到了路的另一頭，我們跟一位三十歲的土木工程師兼兄弟會成員艾哈邁德・哈瓦特（Ahmed el-Hawat）交談。他拿著一根長棍，但人很友善，很有禮貌。他那頂工地帽讓他看來就像工地現場的建築工程師：眼鏡、鈕扣襯衫、體重稍微過重。

他告訴我們，塞西發表聲明的那一刻，埃及所有伊斯蘭主義者的電視台都被關閉。正當我們交談時，另一位支持者晃過來，一面哭，一面開始猛捶一輛停在旁邊的車。伊斯蘭主義者群眾主要聚集在清真寺，離這裡只有一個路口。

「我們會在埃及大街小巷見識到更多流血衝突，」哈瓦特說，「一旦我們遭到攻擊，我們可是有大量的群眾，而且有武器。我拿的這是最簡單的器械，但還有其他武器。」

我問他是什麼別的武器。

「有機關槍、霰彈槍、九公厘手槍，」他說，「我們每個人都已經是顆定時炸彈。」

他告訴我，美國政府要對這起政變負責。「他們計劃好了，」他說，「他們給軍隊開綠燈。」

他指著對面大樓的屋頂，說上面都是軍方的狙擊手。我在走來的路上沒能看到他們，但現在他們的剪影非常清楚，槍枝的細長形狀在夜空中相當明顯。「軍方發表聲明之前幾個小時，他們就出現了。」哈瓦特說。

突然間，清真寺的群眾傳來一陣怒吼，接著不知是誰拿自動武器開火。哈桑和我轉頭便走。「別跑！」他說，「別跑！」他擔心會有人一慌就對我們開槍。我們快步走，低頭走。更多的槍響：也許只是對空鳴槍，但我沒有回頭看。街上沒有別人。幾分鐘後，又傳來一震爆炸聲，而這一回來自頭頂上——是煙火。總統府旁的民眾在慶祝。清真寺跟總統府之間只有三英哩遠——就是這段距離分隔了贏家與輸家。

到了軍隊的檢查哨，哈桑和我出示證件，他們沒有任何問題，讓我們通過了。我招了輛計程車前往市區。街上很吵：叭、叭、叭叭叭；叭、叭、叭叭叭。我回到家，想起納斯爾市的人被狙擊手包圍，接著我打開電視看新聞。但拉比亞清真寺的直播畫面已經不在政府電視台螢幕上了。所有伊斯蘭主義電視頻道都是空白畫面。

＊＊＊

在那個星期的開羅，你很難看到有誰對發生的事情感到沮喪。埃及國旗四處飄揚，氣氛是幾個月來最輕鬆的。加油站沒人排隊，停電不復見；這類問題似乎神奇消失了。每個穿制服的人都是滿面笑容。

穆爾西支持者仍然在納斯爾市。一天後，軍方撤走了檢查哨，屋頂的狙擊手也消失無蹤，顯然當局決定讓抗議繼續——至少當下如此。隨著時間過去，靜坐的人也出現微妙的變化。穆爾西免職之前，我曾經幾度造訪納爾斯市，幾乎我見到的每一個人都是兄弟會成員。他們常常無精打采；活動組織者不斷跑過群眾，叫示威者開始呼口號，這樣在電視上比較好看。但我這時遇到更多跟兄弟會沒有正式關係的人，他們看起來也更有精神。許多人尤其不滿，因為電視上再也看不到他們的抗議活動。

七月五日，也就是政變後兩日，示威者聚集在共和衛隊總部前，他們相信穆爾西關押於此。一些軍人慌了，對群眾開槍，死了四個人。事發後一小時，我跟一位名叫穆哈美德・易卜拉欣・艾哈邁德（Mohamed Ibrahim Ahmed）的男子交談，他說自己就站在身亡的示威者旁。艾哈邁德來自三角洲城市曼索拉（Mansoura），空軍退役。「我不是穆斯林兄弟會的一員，」他說，「你一旦從軍就不能加入兄弟會。但我票投穆爾西。我有權捍衛我的選票。」他告訴我，軍人不該干政，他相信一切都是美國人在後面操縱。才兩天時間，盛行的陰謀論就完全翻轉。政變前，示威者認定美國人支持兄弟會；如今像艾哈邁德這樣的人則宣稱是美國把穆爾西給免職了。

我拿派特森大使批評「起義」的演說反問艾哈邁德。「要是她希望政變發生，那何必這樣說？」我問。

「那她為什麼不公開說自己支持每一位示威者？」艾哈邁德說。「所以她說的當然是反話。」

* * *

我最後一次在在「起義」總部看到人，是七月八日的事。當天早上有另一場衝突在共和衛隊總部前爆發，總計有五十一名平民、一名軍人與兩名警察身亡。想必是有軍人因驚慌而開槍，其他人還擊。這是自穆巴拉克下野以來，開羅發生最嚴重的單一暴力事件。

晚上我順道經過「起義」辦公室，一位名叫艾哈邁德・薩拉馬（Ahmed Salama）的年輕運動人士向我表示兄弟會要對這起暴力事件負責。根據薩拉馬的看法，兄弟會領袖鼓動支持者繼續停留在示威地點——在那裡很容易遭到屠殺——以期為活動賺取同情。美國依舊沒有決定該如何調整對埃及政策，但歐巴馬政府中沒有人用「政變」一詞來描述發生的事。

薩拉馬曾參與推翻穆巴拉克的抗議，如今他想起當時的情景。「我們對民主與革命來說就像小孩，」他說，「現在我們變成熟了。」

他沒有延續「起義」的規劃，因為他不認為「起義」應該成立政黨。「『起義』是個理念，而不是政治組織。」他說。根據他的描述，這幾乎是種表演藝術。「點子一來，你就行動，」他說，「這只是個工具。」他捲了根菸點起來，無視牆上的告示寫著「吸菸請至總部外」。這個空間是個完美的火場：我們周圍是一疊疊堆了六英呎高的請願書。薩拉馬說，多數請願書藏在開羅市的四個不同地點，但他不會告訴我在哪兒。沒有記者或獨立團體曾證實這些請願書的存在。就我們所知，傳聞中請願書的連署——兩千兩百一十三萬四千四百六十五份——完全是個幻想。

當月稍晚，我再度順道經過那棟建築物。守門的警衛坐在大門口，他說「起義」已經在租約到期後離開了。這名警衛是位皮膚黝黑的上埃及人，穿著灰色罩衫。他說，「起義」的存在惹惱了樓裡的住戶。「太多人進進出出。」他說。樓上，活動人士在走廊上畫政治塗鴉，警衛還得把牆重新刷過。他不停抱怨那些人在整棟樓裡裡外外踱步；他很開心事情終於結束了。他還說，那間公寓現在可以出租，看我有沒有興趣。

Chapter 13

政變後不久，薩伊德在開羅的一條街上撿到他看過的最大一筆錢。周末，清晨六點三十分，街上還沒有人；那筆錢就躺在水溝裡，用橡皮筋綁著。總額是一萬五千鎊，幾乎是美金兩百元——差不多是薩伊德平常一個月的收入。

他把錢送交距離最近的大樓管理員。在當地，只要發現大筆現金，都是這樣照規矩做事。管理員有一星期可以確認是否有誰表示遺失。假如錢沒有人認領，就應該交回給薩伊德。

薩伊德第一次描述這個程序時，我無法想像怎麼會有管理員把錢拿回給他。但薩伊德多年來常常找到錢，幾乎每一次都回到他手中。連這筆一萬五千鎊也在七天後重新現身，用同一條橡皮筋綁著。薩伊德給了他母親一百鎊，另外給妹妹七百鎊——她最近正好有一連串醫藥費得付。這筆錢的事，他沒告訴瓦希芭。

政變後的這一段時間，薩伊德注意到他清運路線上的居民給起小費比平常更加慷慨。扎馬萊克居民多數反對兄弟會，政府改朝換代讓他們鬆了口氣。但他們的打賞不久後就落回平常的水準。知名法官阿迪利・曼蘇爾（Adly Mansour）獲命為臨時總統，埃及理當在不久後的將來舉行另一次大選。至於薩伊德希望誰成為下一任總統，他心裡沒有名字，只有類型。「我希望這人強悍些，」他說，「人不用太好。我不在乎是誰，只要他不好講話就行。他必須很強硬。」

許許多多的埃及人都把這個詞跟他們理想的總統連在一起。「他必須處罰人，」薩伊德說，「穆爾西太軟弱了。」

＊＊＊

薩伊德的妹妹蕾拉（Leila）跟她的三個孩子一起住在某個距離利瓦區不遠的非法棚戶區。不久前，她帶孩子搬進寡母的公寓，起因是家庭問題。狹小的兩房公寓對五個人來說實在不夠大，但蕾拉得想辦法應付自己的丈夫。

據薩伊德所說，這名丈夫被「*afrit*」——「惡魔」附身了。這邊的人常常會講鬼怪故事，故事中的鬼會以不同形態出現。有時候看得見；薩伊德有個朋友看過惡魔躲在灌溉渠道裡，外型清晰可見。其他鬼則是因為某些事件而出現。有一回，薩伊德家附近有兩名年輕人因為踢球時的一次犯規而起了爭執，下了場之後吵得更嚴重，其中一人拿小刀扎了另一個人的胸口。受害者在小貨車載他去醫院的途中失血而死。後來，那輛貨車就被鬼纏上了，會自己發動，大燈沒來由地開開關關。車主試圖賣掉車子，但只要潛在的買家來到附近，鄰居就忍不住把那場球賽、犯規、打鬥、死人和貨車著魔的故事告訴人家。車主最後去了開羅的另一個區，找到了下家。薩伊德不記得售價。但他確定中了邪的貨車是一輛鈴木汽車。

至於蕾拉的丈夫，那隻惡魔就沒有起源故事。她先生是建築工班的油漆工，向來稱不上勤勉或成功。他抵擋不住哈希什、曲馬多止痛藥和其他藥物的誘惑；而這顯然是他中邪的跡象之一。他還常常自言自語。另一個症狀則是無法預測的暴力行為。他跟鄰居打架，連家裡最微不足道的小事都能讓他火冒三丈。

拉瑪丹月向來是個容易擦槍走火的月分。這先生在去年的開齋節生病了，他九歲大的女兒拉瑪（Rahma）建議他吃點東西。她的建議很合理——教長與伊瑪目們常常說，感覺不舒服的人就該暫時停止齋戒。但孩子的建議顯然冒犯了惡魔。父親大發雷霆，攻擊自己的女兒，於是蕾拉站到兩人中間。她正面承受自己丈夫的拳頭，手臂因此斷了。當時她已有幾個月的身孕。對蕾拉來說，這是最後一根稻草。她帶著孩子們搬回去跟母親住。她手上上了石膏，無論何時上街，她都覺得別人幸災樂禍。最後她開始相信她嫂子瓦希芭也是其中之一。

這兩人素來不睦。薩伊德的女性親屬似乎都對他太太不友善，或許是因為他選了她，而不是長輩們屬意的堂親。她的美貌恐怕是另一個因素。薩伊德與瓦希芭成婚後，蕾拉鼓勵這位比較年輕的女子開始圍尼卡布，因為她相信瓦希芭的美貌會引來太多注意。

瓦希芭同意覆面，也從未做出什麼出格的事情，但蕾拉和其他親戚依舊苛刻。蕾拉受傷之後，她咬定瓦希芭下了某種邪眼來害她。兩名女子一段時間就會遇到對方，通常是在孩子的學校，彼此之間只有冷淡的視線或冷言冷語。有時候她們會對別人發表評論，言談內容接著傳到第三方耳中，接著是第四方……直到流言蜚語命中目標為止。薩伊德常常給我看他太太傳來的簡訊：

> 昨天你沒有為我站出來。我會捍衛我自己，你會對我所做的事情後悔。

瓦希芭顯然對於薩伊德不願支持她而感到不滿。同時，蕾拉也有各式各樣的理由對自己的處境感到不開心。一旦雙方都要求薩伊德的同情時，他的因應之道通常是抽身。每當兩個女人不合，他就整晚待在扎馬萊克，睡在我這條街上的那間車庫。一旦衝突愈演愈烈，簡訊裡還會隨機出現鄰居的名字：

> 那個所有男人都在談的、跟基督徒薩米（Sammy）睡在一起的妓女用居高臨下的態度跟比她高貴的人說話。

薩伊德試圖交代簡訊內容背景，但我實在追不上劇情。每一個新加入戰局的人都會扯進一大堆跟原本衝突無關的東西，而這個人是基督徒、穆斯林、上埃及人或其他什麼樣的身分，又會帶來各種複雜糾結。最後，事情在某一天的學校外來到高潮。瓦希芭的幾個男性親人陪著她，遇到了蕾拉和她的幾個家人。爭執變成一場短暫的扭打，有人用棍子打中了蕾拉的眼睛。經過那一切已經發生在這名女子身上的事——中邪的丈夫、懷孕、骨折——她眼睛的傷又嚴重到得動手術。

＊＊＊

我第一次拜訪蕾拉時，她的手跟眼睛都痊癒了，而她的新生女兒也已經七個月大。跟丈夫的爭執已經久遠到家人在不經意間就會提起，彷彿大家都聽過的老故事一般。長女拉瑪幾乎是我一上門就提起這事。「他想打我，但我媽媽站出來保護我，結果他打在她身上。」她說。這個女孩五官非常立體：黑眉毛、黃皮膚，講話的時候一雙大眼閃動。她和每個孩子一樣，喜歡講以自己為主角的戲劇性故事。

薩伊德和我去那裡吃午餐，做飯的是他母親和蕾拉。她們想必已經弄了幾小時：有烤雞、黃麻菜湯、薯條，以及用葡萄葉飯捲。薩伊德和我坐在客廳地板上，兩名女性先為我們上菜，然後才坐下。蕾拉和這附近的穆斯林婦女一樣圍著尼卡布，她每吃一口，都得先把面紗拉離自己的嘴巴。整頓飯下來，兩位手足不停取笑彼此。

「你想再娶個太太嗎？」薩伊德問我。「她單身喔！」

他妹妹隔著面紗大笑，我則提到美國人只能娶一位妻子。

其實蕾拉仍然是已婚身分。在穆巴拉克的統治下，女人終於贏得提出離婚的權利；這一點與其他婦女權利都是蘇珊·穆巴拉克大力提倡的結果。但法律依舊對婦女相當不利，一旦她們訴請離婚，便會失去所有的贍養費與其他財務方面的權利，何況離婚對於保守的社會來說還是個嚴重的恥辱。因此，蕾拉找了律師，但不是為了訴請離婚，而是試圖迫使丈夫支應孩子的生活所需。這個男人已經好幾個月沒付過錢了。

薩伊德盡力幫助自己的妹妹，她現在去一間小紡織工廠工作。她和自己的哥哥一樣從沒上過學，但她學會認字。之所以能識字，一部分是因為在家一面聽廣播節目上的教士讀《古蘭經》，一面對經文的關係。她還報名了非法棚戶區的閱讀班，開班授課的則是由美國基督徒成立的NGO。

「他們有幫男人另外開課，」薩伊德說。「他們常對我們說手淫有多糟糕。」他說自己上課從來待不久。

在薩伊德所有的手足與異母兄弟姊妹中，蕾拉是跟她最親近的人之一。有一次，她告訴我兩人小時候的生活有多困苦。他們的父親在蕾拉還不滿一歲時過世，而她與薩伊德之間還有一個兄弟。他們的母親被迫在這一帶的農場打臨時工，而薩伊德不僅常常照顧自己年幼的弟妹，還幫好幾個札巴林人做事。蕾拉說，「他就像月亮一樣！」這句成語是用來表示美麗或高雅。「薩伊德才八、九歲，但他就會餵我們吃飯，給我們找東西喝。等到他差不多十二歲時，他告訴我們的母親說，『現在起妳別工作了。妳付出的已經夠多，輪到我來扛這個家了。』」

無論何時拜訪蕾拉，我都會避免提到瓦希芭的名字。我們來吃午飯的這個時間點，兩名女子達成休戰，而蕾拉對於自己的嫂子只有漠不關心可言。電視在整頓飯時間都大聲播著節目，轉到的頻道上播著以驅魔為題材的劇。劇中的場景似乎常常出現在埃及電視上，我以前跟薩伊德吃飯的時候也看過。今天劇裡中邪的人是個穿睡衣的女子，人被綁在床上。一名男子試圖壓制女子的身體，同時有一位大鬍子的教長念著《古蘭經》中的內容。每一次教長讀到一段聖言，女子便一面尖叫，一面口吐白沫。

這家人讓我坐在正對電視的貴賓位，有十分鐘時間我一邊吃雞扒飯，一邊試著不去看穿睡衣接受驅魔的女子。那位教長驅魔的進度感覺很慢。最後我問蕾拉的兒子能不能轉個臺，他抓起遙控器，轉到一部寶萊塢電影。其他人似乎都不在乎看什麼；他們看跳舞的印度人，就跟看驅魔一樣開心。

＊＊＊

阿語課上，我提到薩伊德關於惡魔（*'afrit*）和巨靈（*djinn*）的對話。「*Djinn*」是另一個表示「鬼」的常用字。有個熱門談話節目叫做「開羅與人民」（Cairo and the People），里法阿特錄了一集談中邪的節目。來賓包括一名心理學家、一名自稱被好幾隻鬼附身的女子，以及一名來自艾資哈爾清真寺的教長——這座清真寺是全埃及最有威望的穆斯林機構。

教長解釋，《古蘭經》證實巨靈存在，但這部聖典把他們描述成沒有形體的。遭到附身的女子不同意，她說她很了解自己身上的鬼魂，能認出其中之一是穆斯林，另一個則是基督徒。她說，那個基督徒巨靈舉止比穆斯林巨靈好得多。

對埃及人來說，鬼魂跨宗教界線並不罕見。有一次，薩伊德的穆斯林朋友被一隻基督徒巨靈附身；他很確定這隻鬼的信仰，因為他看見鬼的脖子上掛了十字架項鍊。由於管轄權有些爭議，兩人耗了一番功夫才找到人願意進行驅魔。一位科普特神父說自己不能為穆斯林祈禱，另一位穆斯林伊瑪目則表示自己對基督徒鬼魂沒有力量。最後，薩伊德找到另一位神父同意試著驅魔，不久後中邪的男子便表示自己舒坦多了。

談話節目上，那位心理學家等其他來賓講完話之後才發言。「為什麼我們這裡有巨靈，別國就沒有？」他問。「這是因為大家不願意接受精神疾病的可能性。所以他們相信有巨靈。這是個暫時的安慰。」他的用詞占據了當天課堂單字的核心：

錯覺　وهم
幻覺　هلوسة
證明　برهان

我們都是瘋子　إحنا اللي بنخرف
驅魔　زار
驅魔師（陰性）　كودية

我未曾見過薩伊德的妹夫，從描述中我也無法分辨這人是有精神方面的困擾，還是藥物成癮，抑或純粹有暴力傾向。無論如何，只要講到惡魔，上述所有可能的解釋，以及大多數的解決方法就等於無用武之地。一旦問題來自鬼魂的世界，責任就不在任何人身上，除了安排驅魔之外也別無他法。

就連日常衝突，解決方法似乎也有限。隨著瓦希芭與蕾拉的爭端愈來愈嚴重，利瓦區的一位鄰居安排了一場「*ʿadit al-sulh*」——「調解會」。這在上埃及是相當常見的習俗，當我在調解會隔天看到薩伊德時，他看起來相當振奮。他告訴我，雙方的家庭成員都有參加，花了好幾個小時試圖釐清問題。其中一個議題跟薩伊德老在衝突時扣住給太太的家用費一事有關。有個鄰居給薩伊德一點建議。「要是你太太跟你要五毛，」他說，「你就給她一塊。」

「我為什麼要給她一塊？」薩伊德問。

「因為等著給兩塊的人就站在你家外面。」

薩伊德不得不承認這是個睿智的建議。我問他瓦希芭與蕾拉在調解會上說了什麼，但這個問題讓他相當詫異。「她們沒去。」他說。

「為什麼不去？」我問。「她們不是想解決問題嗎？」

「調解會不允許女人參加，」薩伊德說，「僅限男性。」

「但這件事裡有衝突的明明是女人。」

「對，」薩伊德說。「我們就是這樣試著解決問題。」他解釋，要是這兩個女人出席，只會造成更多問題。「她們無法控制，」他說，「女人長舌，會辱罵別人。」

調解會進行時，兩個女人都待在各自家裡，女性友人與親人團團圍著她們。「她們鼓勵她們繼續鬥下去。」薩伊德說。在他看來，這才是問題：只要女人退到一邊，男人就能解決問題。無怪乎薩伊德不久後就帶著更多簡訊上門——「這不是你的房子，你這小偷……。」在我看來，都沒人把重點擺在衝突最明顯的根源上：有個男的對自己懷孕的妻子暴力相向，而這名承受創傷與重負的女子卻缺乏幫助。但是，這一切都是因為一隻惡魔而起，基本上誰都無法處理。

在薩伊德的社群裡，男女之間鮮少接觸——至少公開場合如此，而他們的不平等也意味著解決問題的戰術大相逕庭。這讓我想起杭亭頓對全民干政國家的描述：「每一種社會力量都會透過自己最強大的資源與戰術來確保達成其目標。」以男人來說，權力通常來自金錢或暴力，女人則訴諸於言語：八卦、侮辱、簡訊。受過教育的女人也能利用法律或政府機構作為自保手段。不久後，薩伊德又開始扣住給瓦希芭的錢，明明他的鄰居都給了睿智的一塊錢建議了。作為反制，瓦希芭聘了律師提起三件訴訟，其中之一是不給錢養家。

這些行動迫使薩伊德走進一個對目不識丁的人尤其不友善的世界。一天早上，我陪他去地產稅局（Real Estate Tax Authority），他得到局裡提交書面文件，才能跟他妻子對於房子所有權的主張對抗。地產稅局位於尼羅河吉薩一岸，在一棟老建築物裡，走廊和等候室擠滿了人。多數人看起來都很貧窮，緊緊抓著官方表格等職員叫號。

薩伊德從二樓開始。他隔著柵欄窗口遞交一些表格，穿著骯髒藍色襯衫的職員則坐在窗口內的桌子後。職員對著那些紙張掃了一眼，說「我想喝茶。」

薩伊德掏出一張二十鎊鈔票，遞了過去。職員把錢收進口袋，在表格上蓋章，指示薩伊德去三樓的另一間辦公室。三樓的職員頭髮抹了髮膠，睡眼惺忪。他說：「星期四再來。」

「有可能辦快一點嗎？」薩伊德問。

「我也很想啊。」睡眼惺忪的男子說，於是薩伊德給了他一張十鎊鈔票。

每一個窗口的職員都有獨門的委婉索賄方式。下一個窗口直接說「我需要點東西才能加快速度。」又是五鎊。下一個窗口，又一張十鎊。等到付錢給五、六個職員，收齊了所有必要表格之後，薩伊德便帶著表格到大樓外，有個識字的朋友在外面等他。這位朋友填好表格，薩伊德再把拇指印蓋在簽名欄上。接著他回到大樓裡，應付更多職員。

以前看到政府雇員的統計數字時，我很好奇六百萬公務員一天能夠做多少事。但現在我才了解，合法的工作內容不見得能創造熙熙攘攘的辦公室。說起來，這個地方還挺有生產力：錢不斷易手，薩伊德這樣的人則輕快地從一個窗口到下一個窗口。就連窮得無法行賄的人也有其作用。他們成為某種靠山——這些人擠在走廊，無助盯著地板的方式，能說服比較寬裕的來人大方掏錢。於是，在那些除了時間以外什麼都付不起的群眾團團包圍之下，薩伊德的鈔票只好一張接著一張扔。

＊＊＊

如果在我們這條街上的車庫裡，薩伊德就睡行軍床。他有一些寢具，幾套衣服，還有插座能幫手機充電。有時候，他會到我們家沖澡，習慣上是晚餐時間前後順道來我家。他跟我們一家人一起用餐的次數，足以讓我女兒們稱他為薩伊德叔叔（*Amu Sayyid*）。

有幾個月時間他都沒有看到自己的孩子。瓦希芭表示得很清楚，只要薩伊德不給錢養家，他就別想來看孩子。萊絲莉和我常常對他說他必須單獨見自己的妻子，不讓親戚和鄰居來攪局。從我們的觀點看，兩造的衝突看起來不致於無法化解；都是小問題跟些微的誤解累積造成的。但他們似乎無法把根本的問題獨立出來。

某個國定假日，薩伊德邀請我陪他一起去他母親老家的村子，在拜尼蘇威夫附近。我們在開羅搭上小型巴士往南走，順著尼羅河西岸沙漠高地上新開的路前進。半小時後，司機在加油站停靠。他叼著一根點燃的香菸，把油箱加滿，同時間引擎還在怠速。

我們經過距離開羅不到兩小時車程的梅杜姆金字塔（Meidum Pyramid），接著下到河谷。村子叫「華斯塔」（Wasta），就是阿拉伯語裡面指「關係」的那個字。到了之後，薩伊德的舅舅伴著我們進到自己家，為我們上茶。我們是座上賓，坐在客室（dawar）——每一個上埃及人家裡占據顯著位置的待客場所。

這位舅舅的家相當氣派，因為他幾個成年的兒子在利比亞當移工，收入頗豐。過去十多年來，上埃及男子到利比亞工作算是常態，通常是營建業的工作。但格達費垮台與後續的激烈情勢讓大多數埃及人返回本國。薩伊德有個外甥現在回到華斯塔，試著決定下一步該往哪兒走，他也和我們一起在客室喝茶。薩伊德問華斯塔在政變後有沒有變化。

「警察沒收了我們的槍。」外甥說，他解釋說那是把卡拉什尼科夫步槍。「我們在房子裡對外面開槍，所以槍才被沒收。有人檢舉。」

「現在槍在哪？」薩伊德問。

「在家裡。我們拿回來了。但我們不能再開槍。現在管得很嚴。」

人在客室時，一條簡訊跳出來顯示在薩伊德手機螢幕上，彷彿要提醒他就算人在華斯塔，還是逃不掉自己的問題：

你得把你的兩隻腳盤到頭頂上，跟我離婚。

薩伊德這一趟行程穿得很體面，是住在他收垃圾路線上的某個外國人丟掉的牛仔褲和鈕扣襯衫。我已經習慣看到薩伊德對扎馬萊克居民採取順從的態度，有時看門人和其他鄰居還會善意開他玩笑。但他在華斯塔的儀態就是個長輩。他以自在、舒服的姿勢坐在客室，一屁股坐在軟墊上。外甥為他上茶時，薩伊德稍稍點個頭就接了茶。他給自己的叔父帶來大城市的禮物：五錠鋁箔片包裝的印度製曲馬多。

＊＊＊

村裡人常常提到薩伊德的父親。他不是這裡人，但他跟當地女子結婚一事顯然留下了深刻印象。「他常常放聲大笑，」有個老農夫告訴薩伊德，當時我們正在田間散步，「而且他結婚好多次！他還娶過基督徒女人。他們生了阿塔拉（Atala）。」

「阿塔拉是我哥？」薩伊德說。

「沒錯，阿塔拉是你哥。」老人說。

我們走遠之後，薩伊德若有所思地搖搖頭。「我都不知道阿塔拉是我哥哥，」他說，「他幾年前過世了。他膚色就跟這件外套一樣黑。」薩伊德的其中一個哥哥告訴過我，就算人已中年，到現在他仍然不時在驚訝中初見某個同父異母的手足。

這個村子看來相當繁榮，有不少用利比亞外匯興建的新農舍、雞籠與房屋。人家說穆爾西當政那一年，農地上的非法建案突然遽增過一回。薩伊德告訴我，他有點事情要代不久前離婚的哥哥處理，於是我們這一程的最後便在舅舅的客室跟家族中的另一個長輩見面。年輕人負責上茶，薩伊德則提起結婚的話題。

「我哥哥是挑擔子的。」他說。

「給他從這裡拉頭驢子去。」長輩說。他年近六十，頭上圍著農場工人的頭巾。

「我哥哥有一間公寓，一輛車，三個女兒和一個兒子。」

「我可以幫他找個老婆，」長輩說，「他年紀多大？」

薩伊德打電話給開羅的哥哥，接著開擴音。「你幾歲了？」

「四十七歲。」

「你強壯嗎？」

「我很強壯！」

「你有多少馬力？」

他哥哥大笑。「六十四匹馬力！」

薩伊德把電話掛掉，問長輩怎麼想。

「是有幾個可能，」這名男子說，「有一個皮膚黑的，還有一個三十五歲的。」

「你會作媒嗎？」

「當然，兩千就好。」

「兩千？」薩伊德大笑著說。「騙麵包跟鹽啊！」這句話的意思是——「騙人全家啊！」

兩人握了手，薩伊德說他會試著帶他哥哥回來拜訪。我們在日落後招了一輛小巴返回開羅。夜色中，司機逆向開上高速公路，另一輛巴士突然出現在我們眼前。對方的大燈照滿整個擋風玻璃，我們的司機在最後一刻才猛然把車頭轉開。乘客紛紛跌下座位，接著大聲喊出標準的習語：「*al-hamdulillah*」——「萬贊歸主」；「*rabina yustor*」——「願神保佑我們」。到了加油站，這輛車的司機跟早上那輛小巴司機一樣，在引擎怠速時加油。這趟行程之後不久，我決定要是我還要繼續造訪上埃及的話，我要自己握方向盤，於是便考了埃及駕照。願神保佑我們。

＊＊＊

人在開羅時，我常在傍晚時帶著愛麗兒和娜塔莎在家裡花園玩。我們有架鞦韆和一點其他玩具，女孩們就在蜘蛛網大門和高聳磚牆圍起來的狹小空間裡跑跳。門外則是熙來攘往的艾哈邁德．赫什馬提街與伊斯梅爾．穆罕默德街（Ismail Mohammed）。這個地方感覺就像綠洲：一座小島上的一小塊地，被地球上人口最密集的城市之一包圍著。

一天下午，薩伊德過來，我們聊了半晌，女孩兒則在旁邊玩。他隨口問我有沒有計劃讓她們割陰。我望著在蜘蛛網大門邊挖土的愛麗兒和娜塔莎——她們才三歲。

「不考慮，」我說，「美國沒有人這樣做。這樣違法。大家都覺得這很可怕，對女孩很不好。」

「割陰在這裡也違法，但大家還是照做。」他說。

穆巴拉克當局在二〇〇八年禁止割陰，但這種習俗依然普遍。到了二〇一五年，由埃及衛生人口部（Ministry of Health and Population）出資的一次調查估計，十五歲至四十九歲間的埃及女性有百分之九十動過這種手術，過程中會部分或完全割除外陰。反對這種習俗的人將之稱為「女陰殘割」，而埃及人通常是在孩子年紀在九至十二歲之間時進行手術。手術極端疼痛，有時候女孩子還會因為併發症而殘廢，甚至死亡。長期影響還包括囊腫、泌尿問題和生產時併發症的風險。這種作法完全沒有正面效益，似乎是因為割陰會減少女性性交的樂趣，所以才讓男性主導的社群對此趨之若鶩。

我問薩伊德，他該不會打算要她的女兒動手術。

「沒錯。」他說。

我直截了當告訴他不該這麼做。

「我們必須這麼做，」他說，「不然女人會為『*dakar*』瘋狂。」這個字的意思是「男人」。他接著說，「她們會在家外頭到處跑，追男人。」

後續我陪薩伊德再去他母親老家的旅程中，這個話題又出現了一次。我們和他的兩個外甥坐在客室，其中之一不久前結了婚。忘記是誰提到女性割陰，於是我便問起法律是否會對村民造成阻礙。

「法律沒有影響。」表親說。他表示，醫院如今已經不能動這項手術。「但還是有醫生願意開刀，」他說，「換成他到你家動手術就好。」

我問，為什麼民眾覺得這種手術有其必要。

「水很燙。」他說。據他解釋，尼羅河的水溫太高，會讓女人發展出強大的性衝動，手術是控制她們的必要手段。

＊＊＊

這個社會議題讓里法阿特大動肝火。我們在課堂上談到這件事的時候，他開始抓狂，抱怨心態傳統的埃及人有多麼愚蠢。他認為，迷信、性別歧視、宗教、貧窮與這個國家的現代化轉型問題，讓女孩受到的殘害被遮掩得完全看不見。從這天的字彙表就能看出這些因素：

女性割陰　ختان
純潔的　طاهر
割陰；絕育　زنطي
男性割包皮　طهور
經濟衰頹　الكساد الاقتصادي
心理學家　دكاتور نفساني
現代生活　الحياة العصرية

割陰原本是非洲部落習俗，後來卻在包括尼羅河沿岸在內等許多地方根深蒂固。進入現代，埃及伊斯蘭主義者把割陰當成信條加以提倡，或許是因為這是控制女性的另一種方法，但這《古蘭經》裡卻找不到根據。世界上其他地方的穆斯林鮮少進行這種手術，沙烏地阿拉伯與其他波灣國家的保守派對此也相當反對。不過，埃及人的這種習俗並不限於穆斯林，也有大量的科普特基督徒殘割自己的女兒，情況在南方尤甚。

政府對抗割陰手術的行動在受過教育的開羅居民間取得重大的成果。但在非法棚戶區，民眾的觀點與看法依舊與家鄉的人相去不遠。這種現象有部分是地理形勢的作用。埃及沿單一河谷發展的狀況讓交通相當便利，有超過三分之二的人口都生活在距離開羅三小時車程之內的地方。像薩伊德這樣的人很容易就能跟家鄉保持聯繫——無論何時，他跟自家人出身的農村從未距離超過兩小時以上的車程。開羅人有時候會開玩笑，說上埃及與其他鄉村來的大量居民，已經把首都從城市變成巨型鄉村了。

我時常想到中國的流動方式與埃及有多麼不同。我住在中國的那幾年裡，有超過一億五千萬中國人離鄉背井，相當於世界史上最龐大的農村人口移入都市現象。移工如洪水般流入都市，但他們沒有像埃及人那樣，把這些城市轉變為鄉村。中國的結果完全相反：這些城市把移工變成了都市人。無獨有偶，中國有些情況也可以用地理形勢來簡單解釋。中國版圖大小與美國相當，早期發展聚焦於東南沿海城市。對多數移工來說，這是一段迢迢遠路，他們通常一年只會返鄉一次。鮮少有中國人能像薩伊德的模式，一日往返與親戚見面。

到外地工作的中國人通常會成為體系的一部分。他們在工廠裡做事，睡在宿舍裡，任職的工作有明確的內容與穩定的上下階級。工作條件也許很糟糕，很剝削人，但整個產業的環境也教會人們什麼叫「制度」與「程序」。農村的時間觀已經過去，工人學會看時鐘生活。夜校和商業課程在工業城鎮如雨後春筍般出現，因為教育能幫助工人晉升為管理階級。女性同樣會參與這個過程——事實上，女性移工人數一般都比男性多，因為多數的工廠比較喜歡聘女員工。久而久之，他們的想法與觀念漸漸受到同事、室友與媒體所影響，而不是家鄉的長輩。宗教對這段過程可以說沒有任何影響。但識字與否則有：基本上，所有中國移工離開家鄉時都已經識字，這也讓他們更快吸收新觀念。

這一切同樣少不了強大的經濟與教育根基。大規模人口移動始於三十多年前，而中國在這三十多年的迅速發展期間，製造業平均占了超過百分之三十的GDP。至於埃及這個年輕人口眾多的國家，明明有便宜的勞動力，有便於基礎建設的地形，又有重要航道經過，但製造業在已經不高的GDP中卻仍只占百分之十六。中國與其他亞洲國家的策略是重金投注於公立教育，同時對位置能吸引外國投資的關鍵城市提供優惠政策，但埃及政府從未有效推行這種做法。在埃及，政府試圖在塞德港等運河城市成立製造業專區，但貪腐與政府缺乏方向的程度，已經將這類建設的能量消耗殆盡。

結果，埃及產業部門停留在以能源開採與生產為基礎，雇用的人力相對少了許多。外國援助掩蓋了這個缺口。成果來得容易，但不會創造出體制性的變化。即便是開羅，全體勞工中也有百分之二十五至四十主要受雇於非正式部門。對於未受教育的上埃及人來說，從事地下經濟的比例特別高：拾荒者、管理員、送貨員、營建工人。他們打黑工，生活在非法棚戶區這種體制外的環境中。而且，所有的經濟動向都是由男性主宰：男人離鄉工作，女人則留在家鄉等著結婚。遷徙在中國與世界上的其他地方都是一種革命性的社會力量，但在埃及反倒而是強化了傳統的兩性差距。

＊＊＊

薩伊德的母親有個同卵雙胞胎姊妹，至今仍住在華斯塔。每一回薩伊德帶我去他老家，我們都會順道去阿姨家拜訪，離開之後他也總是提到阿姨看起來比他母親老很多。因為務農，他阿姨在戶外待的時間更久，上埃及的陽光曬黑了她的臉。

但身為外國人的我倒是對這兩個女人依舊的共通點更印象深刻。成年後，她們邁入了不同的世界：雙胞胎之一跟工人丈夫一起移居首都，另一人則留在故鄉，與農夫結婚。但她們的經濟與社會成就基本上沒有差異。兩姐妹都沒有發展自己的職涯，也沒有在正式經濟中工作過。她們的錢基本上全部來自男人。她們不識字，不會開車，很少離開家。她們同樣虔誠。兩人用風格同樣保守的希賈布包住臉，穿的也都是長而厚重的罩衣，連熱天也不例外。她們燒一樣的菜，用餐時女人永遠先服侍男人，男人永遠先開動。四十年前，薩伊德的母親搬到北非最大的城市，見證了首都前所未有的成長。但就連一座一千七百萬人口的巨型都市，也壓不倒這座她們稱為「關係」的村子帶來的影響力。

Chapter 14

二〇一三年八月，我搭乘埃及航空班機，從法蘭克福飛往開羅。機上的空位多到空服員不願意讓人坐到靠機尾的位置。乘客經過安排，坐在機身中段與前端，以維持飛機平衡，幾乎每一排都有一個人。班機上沒有夫妻或小孩。我唯一一次見過另一架國際班機出現這種情況，是我在二〇一一年福島核電廠爐心熔毀後不久飛往東京的時候。那次班機上的乘客，和現在這班埃及航空班機上的乘客行為一模一樣。沒有任何交談，大家吃的、喝的都不多。多數人橫躺在空位上睡覺。我往走道看去，一雙雙的腳從各排座位的底端伸出來，彷彿班機上每一個人都累垮了。

這架埃及航空的飛機在機場宵禁後降落。無論是誰，這麼晚才出現在機場的話都得先安排好接送，哈桑因此在他的車上等我。身為記者，有輛車才能讓我們在晚上開出門。

第一個檢查哨就在機場外。警官負責查核車子的行照和我們的證件，並要求哈桑打開後車廂。他們揮手讓我們離開之後，我們開了不到半英哩，就被另一批警察攔下。第三個檢查哨距離甚至更近。路上幾乎沒有其他車輛，緊張的神色清楚掛在警員臉上。他們多半都把武器拿在手中。

僅僅幾天前的八月十四日，維安部隊才在開羅掃蕩了兩起挺穆爾西的大型示威。自七月政變以來，就一直有警方將採取行動的謠言，而一旦他們終於行動，手段會很激烈。人權觀察組織（Human Rights Watch）後來估計在兩次掃蕩中有超過一千人死亡，絕大多數都是手無寸鐵的人。上一次有世界大國首都發生這等事情，是一九八九年的事，位置在天安門廣場周邊。埃及大屠殺之後，政府宣布戒嚴，開羅也實施宵禁。全國上下有超過五十名警官與義務役警員身亡，其中許多人是死於游擊隊式的報復攻擊。

鎮壓展開時，我們家正在美國渡假。萊絲莉和我決定由她陪著女孩們，我回去報導開羅發生的事件。哈桑在機場接到我之後，我們試著走平常的路線去扎馬萊克，但主要道路都已封鎖。各個檢查哨似乎都沒有人知道哪條街還有開放。宵禁是突然實施的，許多路障處都是由義務役負責。他們看起來受到驚嚇，訓練也不足，對於自己目前崗位以外的事情一概不知。每個檢查哨都像一座島，島上的人行事彷彿跟外界完全沒有接觸。他們會檢查我們的證件和後車廂，然後遣我們離開去漂流，直到我們抵達下一座制服與槍枝之島。前一晚在尼羅河三角洲的某個檢查哨，一群員警在驚慌下對一輛載有兩名埃及記者的車開槍。一名記者身亡——是當周橫死的第五名記者。

置身於讓人透不過氣的八月高熱中，哈桑和我在東開羅緩慢移動將近一小時之後犯了兩個錯誤。第一個錯誤是把車窗搖起來，打開空調。第二個錯誤是轉開收音機。收音機不算非常大聲，但車窗搖起來就讓我們聽不到街上的警員喊叫。他站的路障又沒有任何燈光。等到我們看到他時，他已經舉起手上的卡拉什尼科夫步槍，就射擊姿勢。

哈桑急踩煞車。現在距離三十英呎，我們才終於聽到對方說話。「這是最後警告！」他大吼。

我們高舉雙手。哈桑大喊——「我們已經停車了，我們是記者！」——但員警看起來定格了。所有人一動也不動，過了漫長的五秒鐘。接下來，這名員警以極為緩慢的速度靠近車子。他依舊拿著步槍瞄準我們。他往車裡看，然後示意哈桑搖下車窗。行照、證件、後車廂。文件在三人之間傳遞時，這三雙手全都在發抖。那名警員看起來不過十九歲。

＊＊＊

靜坐的清場顯然是配合拉瑪丹月的時間來安排的。事情發生在開齋節結束後一周，無論進行的是什麼樣的計劃，目標似乎都不是將傷亡減到最少。警方從未提出明確而公開的警告或期限，一旦鎮壓開始，他們也未能為希望和平離開的示威者設定安全的出路。他們使用壓倒性的火力——作法彷彿靜坐民眾坐擁重武裝一樣。

兄弟會的戰術失誤之一，就是讓某些武器出現在示威者手上。現場槍枝數量似乎一直不多，但絕對是有；我曾親眼看到支持者在政變當晚發射自動步槍，其他記者也有看到槍過。我離開埃及過暑假之前，經常造訪拉比亞清真寺的靜坐活動，經常有穆斯林兄弟會的糾察隊排好隊型巡邏，戴著頭盔，手持棍棒。這些糾察隊沒有實際上的維安價值，反而會刺激人們的視線。許多老百姓認為，這種展現力量的方式加上現場的武器，讓政府無情的作法獲得合理性。

有人相信挑釁是一直以來的目標。鎮壓前，民間報紙《埃及今日》的年輕記者艾哈邁德·拉札布（Ahmed Ragab）協助證明兄弟會在拉比亞清真寺靜坐活動中的濫權行為。情況和其餘多起埃及抗議活中發生的事情很像：穆爾西的支持者時不時展開私刑正義。若干民眾隨機遭到拘留，在「間諜」的模糊指控下受到刑求。拉札布相信，兄弟會領袖之所以容許這種行為與聚集武器，是因為他們曉得此等因素能激起政府不成比例的回應。「我個人相信穆斯林兄弟會領導層清楚即將有事情發生，」拉札布告訴我，「他們希望發生一場大屠殺。他們希望的程度跟警方不相上下。」他的話讓我想起拉阿法特在六月三十日遊行時的評論：「*Ayz dem*」——「我想見血」。對埃及政治操作的粗暴戰術來說，傷亡有其價值，因為可以激起更多的支持。

雙方的領導曾等於抱持被動攻擊的態度。沒有人真正領頭，他們留給支持者足夠的餘地，縱容其最糟糕的本能與行為。何況躲在「派系分裂、無能為力」背後是很容易的事。屠殺前一周，美國國防部長查克．海格經常與塞西電話聯繫。海格後來說，他曾警告塞西必須控制情勢。但塞西總是強調自己沒有權力。

「他會說，『我也很難為，畢竟出手的是警方，不是軍隊』，」海格告訴我，「我說，『你得想辦法處理。』這時他就會說，『我無法控制警方。』」

大屠殺後，海格與塞西又談了一次。根據海格的記憶，「他說他很遺憾，真的很遺憾。他說自己希望事情沒有走到這一步。」

我問他，塞西還有提到些什麼別的。

「他談到他的家人，談到他太太，」海格說。發動如此的大屠殺之後，這位將軍居然還能深情談論自己的家人。海格接著說，「他說他太太看到這一切流血衝突感到非常難過，他的家人也是。他沒說家人是否怪他，但他們顯然深受觸動。他說他們家會為所有人祈禱。」

* * *

晚上時，我會在扎馬萊克散步。萊絲莉和女孩們不在，公寓感覺很空，這段時間貓咪穆爾西會在我工作的位子旁邊留禮物——老鼠啊蜘蛛的。天黑之後，每當覺得睡不著，我就會走到島的最北端，那裡就像船艏般將河流一分為二。之後我會走扎馬萊克西岸回家，看著河水對岸吉薩區的燈火。開羅的夜晚通常給人一種生氣勃勃的感覺，但現在除了不時巡邏經過的員警之外，就不會有人上街。比起車聲，反而更常聽到阿帕契直升機飛過頭頂。

白天，城裡的日常依舊進行，但正常的表象其實一碰即碎。我有兩回看到圍尼卡布的婦女彼此拳腳相向，這種事情在大屠殺前我還沒見識過，之後也再沒有看過。一天下午，我看到一名怒氣沖沖的計程車司機追著跟一名薩拉菲乘客要車資，追進位於東開羅的阿濟茲貝拉清真寺（Aziz Bellah Mosque）附屬慈善基金會的大門裡。司機的口角流著血；他追在那個留鬍子的男人後面大喊：「幹你媽的宗教！」

這座清真寺保守出了名，地點距離大屠殺最慘烈的事發現場拉比亞清真寺不遠。會眾中許多薩拉菲派成員參加了靜坐，數十名受傷的示威者被人帶到清真寺附屬的小醫院治療。一天下午，哈桑與我順道經過，拜訪這間清真寺的執行經理——六十歲的艾哈邁德．穆罕默德（Ahmed Mohammed）。

穆罕默德是退休的警察少將。民間大型清真寺的管理職通常交由有治安相關背景的人擔任，不過穆罕默德說自己是因為信仰而在此服務。我進到他辦公室時，他正在研讀一位知名伊瑪目不久前周五講道的逐字稿。

穆罕默德說他反對罷黜穆爾西，但他也不支持開羅幾個地方目前舉行的反塞西示威。「正信伊斯蘭信仰不是要你不服從統治者，就算他很壞很黑心，腦袋跟葡萄乾一樣也是，」他說，

「罷黜穆巴拉克是錯的，罷黜穆爾西是錯的，罷黜塞西也是錯的。」他說得就好像塞西是領導國家的人，但名義上他還只是個國防部長。

穆爾西的命運依舊不明朗。目前為止，當局只表示前總統關押在某個不公開的地點。穆罕默德投票給穆爾西，而這場大屠殺令他感到厭惡。「他們本來可以分成五、六天驅散，不需要殺那麼多人。」他說。但他也很同情接獲命令對自己同胞開槍的警察。他說，他在警界服務時還是穆巴拉克時代，而他最大的恐懼一直都是哪天得聽令參與一場大屠殺。擔任警察的每一天，他都祈禱自己可以不用擔負這種責任。「真主應允了我的祈禱，」他說，「他讓我跟屠殺保持距離。我心存善念。」他暫停下來。「但有些事情我希望真主能原諒我。我們受到壓力。我們被迫這麼做。我嘴裡說不行，卻還是做了好幾次。」

我問他是什麼事情至今仍需要真主的原諒，而他沉默不語。接著他抬起頭來。「跟操縱選舉有關。」他說。

「你做了什麼？」

他淒然一笑回答：「不能說。」

＊＊＊

兄弟會的領導高層沒有人在拉比亞清真寺被殺，但當局隨後迅速加以逮捕。每當撥電話給以前見過的重要兄弟會成員時，我總是聽到同樣的電信公司錄音答覆：「您撥的電話是空號，請您查明後再撥，謝謝。」都是語音。我曉得的許多低階弟兄則是悄悄溜出這個國家——只要有門路的話。住在阿拜多斯附近的弟兄穆罕默德・瓦吉赫遷往科威特，而馬努的朋友塔里克則搬到卡達。

大屠殺後有一段相當短暫的時間，大家似乎不尋常地坦率而反省，就像阿濟茲貝拉清真寺那位執行經理。但這段時間過得也很快，之後陰謀論甚至比過去更猖獗。人們誇大從拉比亞清真寺起出的武器數量，此外還有警方在兄弟會靜坐現場發現無辜民眾屍體的假消息。國營的《金字塔報》用頭版指控美國與兄弟會密謀分裂埃及。

開羅其他地方也有零星暴力事件，其中以幾起發生在距離阿拜多斯以北約兩百英哩處敏亞省的事件最為嚴重。從許多標準來衡量，敏亞都是國內最貧窮的地方，狂熱的穆爾西支持者以異常憤怒的方式回應開羅大屠殺的消息。他們燒了十多座科普特教堂，還洗劫各個政府機構與警察局。

來年春天，我前往敏亞，希望跟省長會面。他名叫薩拉赫・札亞達，就是那位在穆爾西政權江河日下時，公開表示警方不會保護任何兄弟會所，因此博得一定版面的退役警察少將。顯然是因為這件事情，政變後他獲得省長一職為酬庸。

札亞達的辦公室在一棟不列顛人蓋的美麗舊大樓，面對尼羅河。哈桑和我會見他的方式就跟會見每一位領導一樣：我們沒有先預約，反而是跟他門外形形色色的人一起排隊。士兵配備卡拉什尼科夫步槍，駐紮在整棟樓的每一條走廊上，因為游擊隊式攻擊仍不時發生。沒多久，一位助理帶哈桑和我進省長的辦公室。

札亞達熱情招呼我。他是個健康、英俊的灰髮男子，穿著一件黃色V領毛衣與警察公發的標準鬍髭。他爽朗叫喚手下的送茶人，我的飲料端上來之後，省長便遞給我一根萬寶龍。他自己也點了一根。這間辦公室有兩尊娜芙蒂蒂（Nefertiti）的胸像做裝飾，其中之一是敏亞省南方出土的知名彩色雕像的複製品。我在牆上沒有看到釘子。

我問起不久前敏亞發生暴力衝突的原因，尤其是焚燒科普特教堂之舉。

「都是因為歐巴馬，」省長說，「以及所有那些分化全世界的美國政客。他們是唯一支持穆斯林兄弟會的人，因為他們知道穆斯林兄弟會會毀了全埃及。」他接著說，「聽聽歐巴馬的發言人從六月三十日到今天說的每一句話。問他為什麼他們要給穆斯林兄弟會撐腰。」

我說歐巴馬從來沒有支持過兄弟會。

「那他為什麼要切斷給埃及的援助？」省長說。

歐巴馬政府在大屠殺之前什麼都沒做，大屠殺之後才暫停對埃及的軍事援助。但事實證明這只是暫時措施，反正二〇一三年的援助還是平常的數字——大約十五億美元。歐巴馬政府玩文字遊戲，繞開了反政變的美國法條：對於埃及發生的一切，他們就是拒絕使用「政變」一詞。我對省長提到這件事。

他說「這我不清楚。」十足表現「跟我無關」的態度。「接受援助的不是我本人。」他告訴我，因為卡達和美國付錢給人製造麻煩的關係，抗議仍不時在省內發生。此時，他的手機響了。他對我微笑，接著把手機開擴音。

「敏亞省長嗎？」是男子的聲音。「是這樣的，我在採石場工作。現在臨時工可以轉成作正職嗎？」

省長說他確實聽說有些採石工得到全職的工作機會。他問男子姓名。

「馬哈茂德・阿布杜勒・達云（Mahmoud Abdel Dayum）。」

「年底之前你就會轉正，只要跟真主祈求，還有禱告，」省長說，「你是穆斯林還是基督徒？」

「穆斯林。」

「對耶！」省長說：「叫『馬哈茂德』怎麼會是基督徒？」

房間裡每個人都笑了起來。

「願真主保佑你，馬哈茂德！」省長說：「還有什麼需要的話，就來找我。」

他掛掉電話，轉身對我說：「你看到省長是怎麼跟民眾說話了嗎？」

他的助理開口：「大家都有省長先生的電話。」

我們繼續進行訪問，這時省長換講英語，講得相當流利。他又點了一根萬寶龍，提到自己曾經待過美國。「我去過紐約、芝加哥和華盛頓，」他說，「你們美國ＣＩＡ對我很了解。」

我問他原因。

「因為我去過那裡，而且上過課。」

「你在哪裡上課？」

「ＦＢＩ，」他說，「我住萬豪酒店（Marriott），華盛頓特區的。我在那邊待了三個星期。」

所以，這位前警官暨現任陰謀論家是另一位美國—埃及軍事交流的受益者。我問他，他的國家如今是否已朝正確的方向前進。

「只要美國別來插手，我們就會走在正確的方向上。」他說。

我們談話的過程中又有三個人打來，每一次他都把手機開成擴音。其中一個人想知道南開羅政府大樓的地址。另一個人想商量還個人欠款的事。「我知道你是個賊，一次就可以偷個幾千鎊，」省長邊講電話邊開玩笑，「跟我一起參加周五祈禱！」

他掛掉電話，告訴我他們打算在省裡沙漠各地興建十六座全新的城市。自從政變以來，這類不切實際的事情就不斷見報，證明埃及經濟已經來到發生奇蹟的邊緣。我問省長有關沙漠城市的事，但他馬上把話題轉走。

「你聽過那個笑話嗎？」他說：「講誰統治埃及的那個笑話？」

我說沒，我沒聽過跟誰統治埃及有關的笑話。

「他們叫某個人把曾經統治埃及的人名字列出來，這人說『賈邁勒・阿卜杜勒・納瑟、安華・沙達特・胡斯尼・穆巴拉克，接下來……。』」省長暫停下來想創造效果，深深吸了一口他的萬寶路。「穆巴拉克接下來是……」他說，「喜劇時間！」

＊＊＊

萊絲莉和女兒們等到戒嚴解除才回到開羅。我們展開尋常的討論，尋常的推理：只要檢查哨撤掉，員警看起來不那麼惶惶不安，女孩們就可以回來。

她們回來之後，萊絲莉和我買了一輛 Honda 房車。家庭日常恢復正常有種讓人安心的感覺——我們攔了計程車，到東開羅一處新開的 Honda 大型展售中心，一位穿黑色西裝的業務用堅定的握手禮招呼我們。他的名字叫穆罕默德・馬哈茂德。我把他的聯絡方式加進電話簿裡，跟其他所有穆罕默德・馬哈茂德們列在一起。試駕時，我把車開出車廠，到環狀公路以不快不慢的速度開了個幾英哩。等到我開回來，穆罕默德・馬哈茂德正在展售中心前等我，臉上掛著僵硬的笑容。他說他們有嚴格政策規定，車輛在購買前不能離開廠區。我剛剛要開出去時，他有試著大喊叫我停車。

萊絲莉和我跟安聯保險公司的專員約了時間碰面，但對方在最後一刻打來取消，因為他剛撞爛了自己的車。另一位專員接手。處理我們的申請書時，她提到自己其實已經失去為安聯經手汽車保險的資格，因為她連續三年每年都發生過多起車禍。她把一本亮面紙小冊子遞給我們，上面寫著：「我們的數據顯示，在埃及購買的每十輛車就有六輛發生碰撞、車損或遭竊。」

我付了保險金。這下子我對開回家這一小時的路程感到憂心忡忡，擔心到我請哈桑開自己的車來跟我們碰面，由他領著我們穿過尖峰時刻的車流，就像拖船。我把房車停在我們家花園的一隅，就在其中一扇蜘蛛網大門後方。

＊＊＊

此時，我的阿語已經足以進行簡單的訪問，於是我開始自己前往上埃及。我頭幾次去的時候，有一回在小城馬臘威停留。馬臘威位於尼羅河在敏亞省內的河彎處，是個貧窮、偏遠的地方，但當地卻有一間好得不尋常的博物館，因為河對岸就是阿瑪納（Amarna）的考古遺址。西元前十四世紀，當阿肯那頓法老和妻子娜芙蒂蒂統治時，阿瑪納曾短暫成為埃及首都。

拉比亞清真寺屠殺後有一段時間，敏亞省許多地方都發生暴力事件，馬臘威博物館也遭到一群暴民占領並掠奪。每一樣能搬走的東西都被偷了——這是革命爆發以來最嚴重的文物掠奪事件。

我把車停在博物館對街，車頭對著另一輛車子的車尾。下了車之後我才意識到那是一輛被火燒毀的BMW。車窗破了，輪胎也拆掉了。這感覺是個不祥的預兆，但我找不到其他地方可以停車。

馬臘威有悠久的伊斯蘭主義歷史；暗殺沙達特總統的殺手就出身此處。但在最近的這次革命期間，馬臘威稱不上是危險的地方，不久前爆發暴力事件的原因簡直是個謎。一群挺穆爾西的暴徒焚毀一座科普特教堂，還把政府大樓燒了。我抵達的當天，工人正在修復政府建物，但遭到破壞的博物館仍保持劫掠後的狀態。鬧門壞了，正門敞開。

進入館內，博物館館長艾哈邁德・阿布杜勒・薩布爾（Ahmed Abdel Sabbour）坐在一張桌子後方，桌上的玻璃桌墊原本被砸碎，現在拼了回來，用膠帶黏著。他提議為我導覽這所博物館。事到如今，拜訪過這一大堆被劫掠的古代墓地、燒光的兄弟會辦公室、滿是彈痕的大屠殺現場之後，政治暴力考古學簡直成了我的副修科目。

「我們原本在這裡擺了阿肯那頓其中一個女兒的雕像。」館長在我們進入主展示廳時說道。他指指地板，有個方形跟周圍的水泥顏色不太一樣，就像圍繞著一根空釘子的穆巴拉克肖像遺跡。地板上的其他地方則有刮痕構成的圖案，從四面八方往大門口匯聚——拖行重物所留下的鬼影。「這裡原本有個石棺。」館長指著說。樓上有些老式木製展示箱被敲爛，碎片還留在地板上。「以前我們用這來放錢幣，」他說，「那個箱子裡的是托勒密王朝的錢幣。」

館內原本有一千零八十九件文物，如今有一千零四十三件遭竊。那四十六件是因為太重搬不動而留下來，不過現在也已經送去上鎖的庫房了。從逃生門的監視畫面看，古代棺木就像積木一樣堆在卡車後方，運輸過程中恐怕已經有所損壞。館長帶我去看博物館的廁所，讓我看看馬桶間的金屬門是怎麼給人扯下來的。連這種現代人工製品也有價值，因為掠奪者可以把它們賣給收破爛的人。

館長用筆記本列出遺失的物件，找回來的就用綠色筆做標記。筆記本裡的綠色線條比我想像中還多。我在二〇一四年五月，也就是同一年稍晚回訪當地，館長表示他們已經找回一千零四十三件失竊文物中的八百一十三件。

他解釋道，竊賊會把遭竊物件的數量當成談判籌碼。許多人在這起暴力事件後遭到逮捕，有時候氏族裡的人會以歸還文物來交換某個人的自由。這部分的過程很緩慢，但館長希望最終能找回幾乎所有的文物。他們目前找回來的文物中，有將近五十件已經毀損。政府計劃修復這些文物，並重建博物館。

攻擊事件當天，館長因為被東西丟到頭而進了醫院。「不是石頭就是酒瓶，我不確定。」他說。他認為自己很幸運；博物館售票員可是被槍打死了。這名售票員三十有五，有兩個小小孩，他已經在館內工作十五年了。事後，政府一方面出於對死者的尊重，一方面希望支持他的家人，於是提議把賣票工作交給他的寡妻。但她要求在不同的政府部會工作，也得到首肯。往事歷歷在目；在自己丈夫身亡的地方工作，是這名未亡人所不能承受的。

＊＊＊

跟館長見過面後，我回到馬路對面那輛燒掉的 BMW 那裡。這輛車停在一處蓬市前——這是一種在埃及相當常見的市集。我研究這輛車的時候，有五、六個賣衣服的和警衛從蓬市走出來。其中一人說，這輛ＢＭＷ是市場主人之子的車，被汽油彈燒掉了。這人說，多數的示威者都很平和，但有少數的麻煩分子。我問他是哪些人搗亂。

「他們是別村來的。」

「哪個村子？」

「沒人知道。離這很遠的地方吧。他們不是馬臘威人。」

「他們為什麼攻擊這裡？」

「因為有人付錢讓他們這麼做。」

其他人七嘴八舌：卡達人跟美國人要負責，因為他們付錢給貧窮的埃及人發動抗議和暴動。

當我造訪上埃及其他地方的暴亂遺址時，我也常常聽到類似的解釋。這種說法本身就像棄置在亂局中的另一件文物——外國人幹的。外國間諜付錢叫他們這樣幹。不是當地人；怎麼會是當地人；當地人何必幹這種事？

圍在我身邊的人漸漸超過了二十人。下一個路口就有一間警察局，我還在想會不會有人告訴警察鎮上有個奇怪的外國人，在打聽最近的暴力事件。但這些人就跟多數的埃及人一樣健談又友善，他們丟出一個個的問題：那輛車是你的嗎？你開多久到這裡？你是穆斯林還是基督徒？就在這一刻，人群後有個人說：「蓬市裡有個中國人！」

他不知道我以前跟中國有點關係。他只是以為我是外國人，我們又在聊外國間諜，自然會對蓬市裡的中國人有興趣。我問他這個中國人在馬臘威做什麼。

「他在這裡工作！」

「你能帶我去見他嗎？」

十幾個人帶我走進篷市。大多數的攤子堆滿便宜的衣服，一切都在金屬支柱撐著的厚重布篷頂的遮蔭之下。這種有遮蔽的篷架很適合一個從不下雨的地方。到了迷宮般走道的底端，人們紛紛站了開來。

他們停在一處衣服攤，桌上和大型金屬架上展示著色彩鮮豔的商品。有絲質睡衣、蕾絲內褲和紅色胸罩；豹紋小內褲和亮粉紅色的丁字褲在架子上一字排開。在這一切燦爛華麗的包圍下獨自坐在攤位上的，是個個頭非常小的中國男子。

「你好，」我說，「你是什麼地方來的？」

＊＊＊

他名叫葉達（音譯），來自青田。青田是座小城，位於中國東南的浙江省，距離溫州市不遠，我住在中國時去過許多次。青田人以到海外發展聞名，尤其是到歐洲，開餐廳、商店、美髮沙龍、小工廠——只要是創業都行。

葉達跟太太經營這個攤子，他太太此時正好在兩人租的公寓休息。他說自己有親戚在埃及的其他地方，有個堂親在往上游的下一個城市——敏亞。我問他親戚在敏亞做什麼。

「他賣一樣東西，」葉達說，「女人內衣。」

「他怎麼會開始這一行？」

「因為有其他青田人在開羅賣啊。」

他說，接連幾個上游城市都有中國人專賣女性內衣，艾斯尤特（Asyut）、索哈傑、拿戈瑪第、亞斯文都有。我問他我能不能拜訪其他的經銷商，他聳聳肩。「去找我親戚，」他說，「你去到敏亞，就跟出租車師傅說帶你去『*ma la*』。」

「Ma la」是他念的蓬市（*m'arad*）近似音。他不太會講阿語，而且是攻擊事件不久後才搬到馬臘威的。關於自己攤子對街發生的暴力事件，他只聽說有幾個人死了，此外幾乎一無所知。

＊＊＊

我們聊了將近一個小時，我也答應之後會再回來。等到我進車子裡的時候，蓬市的埃及人還是圍在旁邊。他們很開心我有見到葉先生，還告訴我過河的路怎麼走。下一次我造訪馬臘威時我待得更久，第三次的時候還過了一晚。

有鑑於不久前的動盪，加上一切跟外國間諜有關的謠言，認為馬臘威人有戒心似乎是很合理的想法。一個美國人孤身一人開著一輛新車出現，用阿語打聽伊斯蘭主義暴民的事，等到跟一位來自青田的商人見面之後居然講起中文——懷疑這個美國人似乎也很合理。不過，看起來完全沒有人做此反應。馬臘威人總是熱情招呼我，警察也完全懶得找我說話。

說起來，埃及人的陰謀論似乎在敵人保持距離時最能發揮功效。這就像巨靈和惡魔：陰謀論是無能為力的表徵，也讓人能撇清責任。「不是當地人；怎麼會是當地人；當地人何必幹這種事？」即便是外國人，只要他出現在熟悉的環境中，他就不再是陌生人了。埃及人天性坦率而友善，馬臘威人或許覺得要是把陰謀論套在這個站在他們面前、講著他們語言的真人身上，會讓人家不開心。「他不是間諜；他怎麼會是間諜；間諜何必幹這種事？」每一回造訪，我都停在燒掉的ＢＭＷ後面，大家也都開開心心，陪著我回去找葉先生和他太太。沒人對這兩位中國人有一丁點提防。真要說的話，蓬市的人似乎很照顧這對出現在他們河彎的異國小夫妻。

＊＊＊

死人是每一位駕駛在離開馬臘威的路上看到的最後一樣東西。與葉達初次見面之後，我開車過橋到尼羅河東岸，一條高架道路橫跨了綿延的田野。我開過一條往南走的小路，這條路通往阿瑪納的考古遺址。北邊有一處大型的現代墳場，傍著尼羅河谷的乾燥緩坡而建。數以百計的圓頂浮現在小小的墳墓建物上。在下午斜射的陽光下，圓頂顯得相當美麗——一座由圓影構成的寧靜城。

我順著公路穿過一處陡峭的峽谷，接著景色大開，進入遼闊的北非高地。在空蕩蕩的道路上開了幾十英哩之後，我來到一處收費站。警察揮手叫我開上東沙漠公路（Eastern Desert Highway）。

我往北走。這裡是一片徹底的荒漠，連荊棘與矮草也受不了這樣的乾旱。這條公路是雙向三線道，但車流量實在太少，根本沒人想立廣告看板。每隔一百多英哩就會有一間加油站現形；商店跟餐廳甚至更少。在這片無人地帶的幾個地點，政府在路旁插了一連串的金屬標語牌。上面的阿語內容以每小時七十五英哩的速度閃過：

愛國的埃及
歷史的埃及
未來的埃及
永遠的埃及

第三部

總統

Part Three: The President

人言一回事；

神言一回事。

——記室阿門尼莫（Scribe Amenemope）

成文年代約西元前一三〇〇年至一〇七五年

Chapter 15

前往上埃及的路上最難走的一段，就是離開開羅的這一段。從扎馬萊克出發的話，我會開車到島的底端，經過尼羅河宮殿大橋，接著沿尼羅河往南開。車子經過解放廣場，經過不列顛殖民者建立的老城區花園城（Garden City），再經過福斯塔特（Fustat）——一千多年前，阿拉伯入侵者建立了這座都城，後來才發展成開羅。這段距離只有三英哩半；運氣不好的時候，卻得開一個小時。

每當車流動彈不得，我便開始觀察四周的車輛。埃及人喜歡在自己的後車窗上貼白色的字母貼紙來發言，而且通常都是一樣的話：「*masha’allah*」——「如真主所願」；「*la ilaha ill’allah*」——「萬物非主，唯有真主」。不過，上面的訊息有時是為了與真主無涉、車流毫無動靜的時刻所精心構思的。「*Mafeesh Faida*」——「沒有用」，「*Ana T’aben*」——「我累了」，令人難忘的訊息都通常是用英文寫的：「真女人才主動」、「愛的故事——耶穌」、「生命若像一分鐘，就要過得像個人」。一輛韓國起亞（Kia Cerato）寫的是：「勞累不淚」，一輛珍寶牌（Jumbo）巴士寫著：「官司——友誼的目的地」，一輛日產 Sunny 則是：「警察是我的工作，犯罪是我的遊戲」。

來到城南，我會經過托拉監獄的高牆——這是伊斯蘭主義者、異議分子和前國會議員的家，到了這裡之後，東沙漠公路也就不遠了。我會在收費站付兩塊錢的過路費，這是在埃及花得最划算的一筆錢。路的東邊是棕紅色的低矮山丘，貧瘠的坡面寸草不生。公路沿著比較低的山側走，不久後河谷朦朧的綠便消失在西方。我會聽里法阿特念我們課堂字彙表的錄音，一面開車，一面學阿語。他高亢的聲音清楚而堅定，讓我想起我留在後頭的一切：

不用麻煩了　بلاش تتعب نفسك
不要再問我　ماتسألنيش تاني
我不需要你的服務　مش محتاج خدماتك

公路開闢在沙漠台地的高處，路面完美無瑕，而且幾乎沒有其他車子。這裡從不下雨；視線好到不能再好。多虧政府補助，汽油價格比瓶裝水還便宜。在某幾個路段，我可能開了五十英哩都看不到任何植物。

匝道出口跟樹木一樣少。有些出口通往敏亞或索哈傑等省會，引領我去跟政府官員見面，至於其他支線則帶我到考古遺址去。有些岔路讓我置身於那些中國女性內衣商人開店的地方。每一個出口背後的故事都不盡然相同，但每一個出口的布局永遠都是一樣的。往西拐彎之後，會有一條延續十多英哩的聯絡道，接著河谷的綠彷彿海市蜃樓，在擋風玻璃上現形。出口是港，公路是河。對現代旅人來說，這條路就是該國的新軸線。

逃脫 هروب
危機 أزمة
感覺孤單 الإحساس بالوحدة

以時速七十五英哩前進，在車裡用喇叭聽單字吹冷氣，實在讓人很難想像昔日的沙漠之旅。一八六八年，名叫愛德華・亨利・帕默（Edward Henry Palmer）的英格蘭人在日記中寫著：「星期一——走六小時，看到兩隻金龜子和一隻烏鴉。」安妮・奎貝爾（Annie Quibell）在一九二五年寫道：「一段時間過後，壓迫著人的就不是高熱，不是強光，不是沙塵暴，甚至不是孤獨，而是死氣沉沉與極強的風。」對過去的旅人來說，這是一片無情的景緻，但他們常常發現沙漠中的孤寂能澄淨內心。羅伯特・寇松（Robert Curzon）在一八三三年寫道：「在這些炙熱平原的寂靜與孤獨中，有種宏大、崇高的存在。」一世紀後，羅賓・費登（Robin Fedden）把沙漠景象比擬成「雪下的澄淨」，他寫說：「你會有一種看著如此鮮明的地方，鮮明到此前絕對沒看過的印象。是你憑藉你的『看』創造了這些地方；它們因你而存在。」二十世紀出發掘阿拜多斯與其他遺址的亞瑟・韋格爾則寫出：「沙漠是世界呼吸的空間，有了沙漠，人才能真正在世上呼吸、生活。」

如此的反應並不限於外國人。基督教在三世紀晚期橫掃埃及之後，出現了許多年輕埃及富人離開自己在尼羅河谷舒適的家，前往沙漠追尋祈禱、反思、獨身生活的例子。根據傳統說法，底比斯的保羅（Paul of Thebes）成了基督教的第一位隱士，而沙漠的安東尼（Anthony of the Desert）則是第一位修士；這兩人無須走得太遠，便能在這處狹窄的河谷找到一處蒼涼。他們所在之處的相對易達性使得訪客不時到訪，來人則轉而將這兩位聖者的消息傳達給基督教世界其餘各地。埃及的沙漠——世界呼吸的空間——啟發了基督教的修道傳統。

* * *

西元前一三四六年前後，法老阿肯那頓在上埃及興建新的首都，位置在尼羅河東岸高處未曾有人居住的沙漠陸棚上。埃及的大城市向來位於河谷，就連國王興建死後的祭殿和紀念建築物時，也偏好沙漠中一些已經因為先祖陵墓而超凡入聖的地點。但這位年輕的國王想要一片不受歷史或儀式所染指的風景。他在這個位置立碑：「看啊，是一位法老（生命！繁榮！健康！）在此地尚未屬於任何男神或女神，尚未屬於任何男性或女性統治者，尚未屬於任何人在此活動之前便建立了這裡。」

當時，埃及人的信仰在缺乏核心宗教文本的情況下——沒有《古蘭經》，沒有《聖經》，沒有《塔納赫》（Tanakh）——居然將近千年都沒有什麼重大的變化。埃及學家托比．威爾金森（Toby Wilkinson）寫道：「這很能說明尼羅河谷生活不變的節奏，河流本身以年為單位的秩序主導了這種韻律，導致信仰體系在如此長時間中依然穩固。」在一片如此簡單而綿延的景象中，核心信仰根本沒有必要形諸文字。尼羅河就是聖典。

但阿肯那頓想要一個在沙漠中的家，想要一部核心的經典。他的長詩人稱〈阿頓神頌〉（Hymn to the Aten），歌頌太陽神拉（*Ra*）的太陽光球型態——阿頓。從各個方面來看，詩中的文字都是革命性的，是以一種比傳統埃及文本更雄渾的語言形式寫就，內容還讚頌自然界：

大地展現其工；
牲口滿意其秣，
林木花草繁盛，
鳥兒高飛歸巢。

〈阿頓神頌〉在想像力與概念上跟《詩篇》（*Psalm*）第一百零四篇有若干相似之處，有些學者提出理論，認為詩篇的以色列人作者們可能有受到阿肯那頓詩作的影響。最教人驚訝的是，這首頌歌只獨尊阿頓。有史以來首度有人往一神信仰跨出了腳步：

唯一神，祢旁無別神；
祢隨意創造大地。

國王把新家稱為阿克赫特阿頓（Akhetaten）——「阿頓升起之處」。不出幾年，這裡就成了估計三萬人的家園。道路、宮殿、神廟與政府建築以驚人的步調興建。建物規模相當龐大：光是儀式地點之一的大阿頓神廟（Great Aten Temple），便長達半英哩。為王室生產工藝品的眾多作坊聚集成加工城鎮。威廉．弗林德斯．皮特里在一八九〇年代發掘後世考古學家稱為阿瑪納的這個地方，他寫道：「處理這個遺址的工作簡直是排山倒海，想像你正要開始探索化為廢墟的布萊頓（Brighton），這個地方的大小就跟那整座城一樣。」

阿肯那頓寫的那首頌歌，以及其他由他所寫、描述此地邊界的文本，都未能提到一個關鍵細節：這裡沒有飲用水。作物無法在此生長。傳統供應鏈從未提供這個地方過。埃及學家貝瑞・肯普寫得好：「身為絕對統治者的風險，就是無人膽敢告訴你：你剛頒布的命令不是個好點子。」

* * *

有一回開車去阿瑪納時，我把車停在阿頓神廟附近，貝瑞・肯普不久前才在神廟發現阿肯那頓雕像的破片。他的團隊正在發掘神廟正面的部分，他把雕像破片從沙土中穿出來的部分做了定位。這塊破片長度稍微比一英呎短些，但他把破片拿給我時，感覺卻比我預料中來得重——是花崗岩。破片來自國王的小腿，而雕像膝蓋的位置曾經受到重擊，力量足以讓石塊完全破裂。「這並非意外受損。」肯普說。

肯普的年紀七十有五，自一九七七年便開始在阿瑪納活動。打從一開始，他便深受「沙漠中的城市」的概念所吸引。世人對於阿肯那頓其人的著迷有段悠久的歷史，埃及學家傳統上也把焦點擺在王室成員與其他菁英上。但肯普就讀利物浦大學時正值考古學領域的轉變期，對於研究、追尋日常生活有全新的關注。阿瑪納正是這種嘗試的完美地點。這座城市有人居住的時間至多十二年，後來阿肯那頓在西元前一三三六年前後過世，城市也在不久後完全棄置。沒有人延續這位國王的作法，而原因就跟沒有人先於他在此一樣：這裡沒有水。

肯普開始發掘這個遺址時，身分是劍橋大學的教授。他跟大多數的考古學家一樣，把假期與進修假都花在考古發掘坑了。最後他從學校退休，為的是更常在遺址工作——肯普制定了阿瑪納發掘計劃，也得到私人贊助者的挹注。數十年來他一絲不苟，發掘這座城市的各個地區，期待找到日常生活的吉光片羽，以便能回答更大的問題。這座都城的布局如何？原本的規劃如何？關於古埃及，這些街道、家戶和公共建築物道出了什麼？

肯普人很高，講話輕聲細語，長長的灰髮落在頸間。他蓄著白色的大鬍子，有助於抵擋阿瑪納的陽光。大半個冬季與春季，他都住在遺址南緣的發掘屋，屋內沒有非必要的物品。他挖掘城內各處所耗費的時間，比阿肯那頓興建這座城的時間多了三倍。

即便渡過這麼長的時光，肯普幾乎每一個考古季都會因為一些發現而驚奇不已。不久前，他判定阿頓神廟曾經在阿肯那頓治世的第十二年時完全摧毀後再重建。這就是發生在那尊斷腿國王雕像上的事——工人八成是把雕像敲爛，用破片作為新建物地基的骨料——或稱填料。關於如何描繪自己的形象，阿肯那頓經常改變心意，而他顯然斷定這件雕像和整間神廟都不再符合自己的願景。

「這是很漂亮的收邊，」肯普一面說，一面比畫這尊破碎雕像的線條，「從我們的觀點看，他們的做法很奇怪。雕像不需要了，他們就把它還原成骨料。」他把手中的石塊翻個面。「對於發生了什麼事，我們沒有想法。」

＊＊＊

古埃及人鮮少表明心跡。他們從未明講自己為何要按照金字塔的形狀興建，也不清楚說明那些大型建物象徵的是什麼。我們不清楚他們如何將兩噸重的石塊搬到超過四百英呎的高處。我們可以追尋從「須納」到階梯式金字塔，再到大金字塔的建築發展，卻當時的文獻卻沒有描述這個過程。就連基本的社會傳統也一直是個謎。陵墓中的繪畫提供了關於喪葬習俗的豐富細節，但我們卻沒有關於婚禮的相應史料。埃及史有三千年的時間完全沒有直接證據能證明曾經舉行任何婚禮過。

古代的希臘人與羅馬人留下許多關於當時政治與社會事件的評述。「古埃及沒有這種事，」肯普表示，「你得做大量的推測。而且你得從更晚的時代裡挑出類似的事物來做推測。很難說清楚像阿肯那頓這樣的人得到多少支持。他完全不受歡迎嗎？還是說他其實深受愛戴，是軍人把所有能顯示支持的痕跡都抹去了？」

由於文獻不多，挖掘出來的也就難免是想像。一九〇五年，埃及學家詹姆斯·亨利·布雷斯特德（James Henry Breasted）將阿肯那頓描述為「人類史上的第一個個人」，因為這位國王以奪目的方式站出來反對既定的過去。二十世紀一路下來，世人以各種方式呈現這位古代君主，像是基督徒的原型、熱愛和平的環保主義者、公開且自豪的同性戀，以及極權獨裁者。納粹與非洲中心主義運動以同等的熱情擁抱他的意象。納粹將阿頓與亞利安人的太陽崇拜傳統相連，甚至深信阿肯那頓有部分的亞利安血統。另一方面，黑人思想家則歌頌這位國王為「黑肯那頓」（Blackhenaten），作為非洲人力量與才華的象徵符號。托馬斯·曼（Thomas Mann）、納吉布·馬哈福茲（Naguib Mahfouz）、芙烈達·卡蘿（Frida Kahlo）與菲利普·葛拉斯（Philip Glass）全都把阿肯那頓融入自己的創作中。一九三〇年代，齊格蒙·佛洛伊德（Sigmund Freud）對阿瑪納的發掘興致勃勃，甚至寫道：「假如我是大富翁，我就贊助讓發掘工作繼續進行。」他和卡爾・榮格（Carl Jung）爭辯阿肯那頓是否苦於對母親過度的愛時，更是激動到一度昏厥。（佛洛依德的診斷是：阿肯那頓有伊底帕斯情結，時間比伊底帕斯早了將近一千年。）

埃及學家多米尼克・蒙特塞拉特（Dominic Montserrat）寫了本談阿肯那頓的書，副標題是「史實、幻想與古代埃及」。他在書中提到這位國王已經成為「一個符號，而非一個人」。不過關於這號人物，還是有足夠的證據提供更踏實的觀點。阿肯那頓是第十八王朝的一員。第十八王朝崛起自與希克索人（Hyksos）的權力衝突中，來自東地中海地區的這群人在我們所知的第二中間期控制了尼羅河三角洲。為了驅逐希克索人，重建帝國，第十八王朝的祖先不得不採用來自敵人的關鍵創新——包括馬拉的戰車與複合弓。

這起權力爭奪也驅使埃及人將軍隊專業化。始於西元前十六世紀中葉的第十八王朝成為第一個擁有常備軍的王朝，而他們的帝國也不斷擴張，直至今日的蘇丹與敘利亞。縱使帝國還在擴張，國王們依舊著力強化家庭的範圍。他們拒絕讓女兒與氏族以外的人成親，藉此鞏固財富與權力。國王經常娶自己的女兒，兄弟也會與姐妹成婚。不時會有某個王室世系一連幾代都沒有分岔。第十八王朝第二任統治者阿蒙霍特一世（Amenhotep I）娶了親姐妹，而他們兩人有一樣的父母，一樣的祖父母與一樣的曾祖父母——接連三代都是親兄弟姐妹成婚。難怪阿蒙霍特一世和他的姐妹王后死後無嗣——這或許對埃及的福祉也比較有利。

儘管在基因上有如此難處，這個王朝的人仍然是政治好手，出了好幾位胸懷大志的人物。其中一位奮鬥者就是阿肯那頓的祖父——圖特摩斯四世（Thutmose IV）。圖特摩斯四世不在王位繼承人選中，也就是說，他可能是靠殺了兄長奪權的。關於埃及史上許多關鍵時刻，我們都缺乏同世代的外部評論，這一回也是——我們有的只是圖特摩斯關於自己崛起的說法。他宣稱當自己在吉薩高原打獵時，中途決定到半已埋沒的人面獅身下陰影處打個盹——當時，人面獅身像已經有千年以上的歷史。這位王子睡覺時，赫魯埃姆阿克特神（Horemakhet）拜訪他的夢，宣布：「我要將王權授予你。」神明指示王子將人面獅身像軀幹處的沙子清掉。等到清完之後，等到王子成為國王之後，他便把這個夢的故事刻在石板上，置於人面獅身像的兩爪之間。

* * *

國王的後人也運用了這種精明的政治策略——透過古老的過去，將改變、中斷甚或激進的舉動加以正當化。他的兒子阿蒙霍特三世（Amenhotep III）統治著一段前所未有的蓬勃時代，興建的紀念建築物也比此前任何一位法老都多。他派遣官員研究吉薩高原上的古王國陵墓與神廟，從而將古代的形式與傳統化入新的建築與儀式中。阿頓就是其中一項返祖的作為；太陽光球在幾個世紀前有著比當時更重要的地位。阿蒙霍特三世展開提升阿頓神地位的行動，在他的指示下，宮廷藝術風格開始往我們認為更寫實的方向發展。

阿肯那頓治世時，這些改變化為一場全面爆發的浪潮——一場由上而下的革命。其他的神祇先是遭到忽略，而後受到撻伐。遷都阿瑪納數年後，阿肯那頓派工人隊伍到全國各地，鑿毀神廟中阿蒙神（Amun）的圖像與名諱。阿蒙向來是底比斯（Thebes，位於今日的盧克索）的主神，因此阿肯那頓遷都的決定或許是打破當權祭司階層專權的方式。

國王一再更動自己在雕像與肖像中出現的樣貌。他的五官常常以詭異的方式誇大：巨大的下頷、突出的嘴唇，以及拉長得超乎現實的雙眼。他的形象與妻子娜芙蒂蒂以不尋常的親密與自然的姿勢同時出現；甚至有個場景是國王與王后準備上床一起睡覺。肖像中的他們常常撫摸、親吻兩人的六個女兒。娜芙蒂蒂獲命輔政，並且出現在此前僅限男性國王的場景中，像是審視犯人，或是擊打遭綑綁的俘虜。〈阿頓神頌〉的最後幾行就是獻給她的：

> 國王最尊之妻，他的愛人，
> 上下埃及的女主人，
> 阿頓之美至美．娜芙蒂蒂，
> 活力年輕永在永遠。

在阿肯那頓與娜芙蒂蒂統治下，埃及的信仰是種激進的精簡：更少的神，更少的儀式。廷臣派人在城市後方的峭壁上開鑿自己的陵墓，裡面不再出現奧塞里斯，也不再描繪傳統的死後世界。阿肯那頓興建沒有屋頂的神廟，讓太陽崇拜更為直接。儀式過程想必酷熱難耐。亞述國王寫了一封生氣的信給阿肯那頓：「憑什麼非得讓我的使者一直待在室外的陽光下，死在陽光下？」

但對阿肯那頓來說，遷往沙漠是復歸到更純潔的昔日。德國學者克里斯蒂安．拜爾（Christian Bayer）告訴我：「他試圖盡可能復古。當然他也想成就一些全新的事物。他用傳統發動革命。」

阿肯那頓這場革命借古塑今的作法也透露出了未來。他提醒了我們，基要派從來不會貼近基礎——他總是保持一段距離，回頭凝視無法觸及的事物。貝瑞．肯普寫道：「在敬神的歷史上有一道廣泛的潮流，朝更為簡樸的神聖觀前進，而阿肯那頓似乎就是個早期的例子。」就像當代的伊斯蘭主義者，他們在伊朗、阿富汗與埃及的革命總是展望某種遙遠、純淨的昔日能復歸。

阿肯那頓興建這座屬於他的新城市，以及創造自己的新儀式時所最先採用的政治手法，至今仍為人所用。阿瑪納的陵墓出現國王閱兵的場景，預示了沙達特等人在十月六日出席的儀式。畫面中，阿肯那頓的衛隊非常顯眼，他們的姿勢也化為永恆：躬身向前，日光警醒，武器在手。另一項創新則是宮殿陽台的場景，統治者俯瞰下方流露崇拜之情的子民，就像俯瞰英雄廣場（Heldenplatz）的希特勒。阿肯那頓的新都裡，廷臣們在花園裡興建聖祠，擺了這對王室佳偶的圖片——將來的某一天，穆巴拉特的肖像也會以同樣的方式掛在官員的辦公室裡。肯普寫道，「阿肯那頓的王權在無意間以誇張的方式，呈現出每一位現代領袖熱衷於派頭、展現領袖魅力的模樣。」

我們不曉得當這一切進行時，埃及百姓普遍的想法是什麼。阿肯那頓在自己治世的第十七年突然死亡。當時這座城市仍在興建當中；王陵也尚未完工。他選擇與自己一起下葬的傳家寶是個有千年歷史的石碗，上面刻著興建人面獅身像的法老之名。

＊＊＊

阿肯那頓的革命幾乎在一瞬之間瓦解。他過世兩年後，坐上王位的是他的獨子——當時還不滿十歲的圖坦卡門。圖坦卡門的母親並非娜芙蒂蒂，而他顯然對新宗教理念也沒那麼投入。

他頒布詔書，批判他父親造成的局面：「國土危亡；眾神已拋棄了這塊土地。」不久後，埃及人便把他們的城市棄於沙漠中。

治世不到十年，圖坦卡門也意外身亡。他娶了同父異母的姊妹，兩人僅有的兩個孩子也都是死產——近親交配終究結束了這家人的統治。經過另一位國王的短暫統治後，軍隊統帥霍朗赫布自行稱法老——這恐怕是歷史上的第一起軍事政變。霍朗赫布宣布進行一場「復興」，但這場復興為的卻是遺忘，而非銘記。國王著手拆除阿瑪納的王室建築物與神廟，他的繼承者則加快破壞的腳步。他們派遣工人到阿瑪納摧毀每一尊找得到的阿肯那頓與娜芙蒂蒂雕像。阿肯那頓的棺木遭人搗毀；王族的名字被人從銘文上抹去。繼承霍朗赫布的第十九王朝統治者們，在提到阿肯那頓時都很隱諱，只用「罪人」與「叛徒」來稱呼他。不過他們漏掉了阿拜多斯塞提一世神廟中，知名君主世系表上的法老與其繼承人。這場記錄抹煞（*damnatio memoriae*）行動之成功，讓阿肯那頓從歷史上消失了三十一個世紀。

但當異國考古學家在十九世紀中葉重新發現他的名號時，世人便對「叛逆國王」的概念著了迷。在一個革命風起雲湧的時代，人人都想把阿肯那頓據為己有。自覺受邊緣化的群體尤其吸引受他吸引，而他們也運用了這位國王「據過去為己用」的策略。要是有人希望環保理念、同志權利、納粹思想、種族平等或其他議題得到更多人的接納，就會利用阿肯那頓破除傳統的形象，證明上述理念根源於古代。他們的證據通常都很薄弱；許多學者僅憑少少幾幅阿肯那頓跟男性繼承人牽手的圖像，便猜測他是同性戀或雙性戀。（如今的埃及學家多半認為，另一號人物其實是以另一個名字出現的娜芙蒂蒂。）

這位國王的吸引力有一部分來自於他的存在能夠遺留至今的事實：縱使繼位者行動目標

如此明確，仍不足以摧毀有關他的記憶。有時候，破壞的舉動反而成就了某種形式的保存。拉美西斯大帝拆除的阿瑪納神廟與宮殿比誰都多，他還用拆下來的石磚——今人稱為三手磚（*talatat*）來蓋自己的神廟。許多阿瑪納的三手磚都有漂亮的銘刻，拉美西斯把它們擺在建物地基的深處，當作把這個異端國王的傑作掩埋的方法。但經過數千年時光，拉美西斯大帝自己的神廟也慢慢被人拆毀，直到只剩地基為止。

埃及學家雷蒙．約翰遜主持芝加哥大學位於盧克索的研究中心。他說：「這是個『循環利用』的循環。拉美西斯以為自己把東西掩藏起來，如今卻曝了光，真是諷刺已極。有什麼方法能比把東西壓在神廟的地基藏得更隱密？結果我們現在對阿肯那頓神廟的認識比拉美西斯神廟還要多。我們接過來的是個謎團，因為沒有任何阿肯那頓的紀念建築物仍然屹立可供參考。我們擁有的都是碎塊。」

這些碎塊散布在尼羅河上上下下，三手磚被人用於各種興建工程當中。後來近代考古與蒐藏又引發了新一輪的擴散。原本在神廟牆上相鄰的三手磚，如今恐怕位於地球兩端不同的藏品中。各機構將館藏電子化之後，約翰遜用了大量時間上網尋找吻合的配對。有一次我到他在盧克索的辦公室拜訪前，他才剛從哥本哈根與紐約市的博物館館藏中找到兩塊相鄰的磚。

「它們相距四千英哩遠，但我意識到它們是接在一起的。」約翰遜說。一旦將兩塊磚的數位影像並排，就會顯現出令人驚訝的一幕：陪同阿肯那頓進行儀式的人不是娜芙蒂蒂，而是奇亞（Kiya）——他的另一位妻子，很可能是圖坦卡門的母親。

約翰遜受過專業藝術教育，對阿瑪納風格有深深的情感。他相信，雖然阿肯那頓性格專斷，但此人必然「創造力奔放」。創造力則是這個時期總能引人注意的另一個原因：包括知名的娜芙蒂蒂石灰岩胸像在內，許多當時的文物都美麗驚人。寫實的場景描繪出王族情緒與表情的變化；隨著年紀漸長，娜芙蒂蒂——這個名字的意思是「美人已然降臨」——還會出現皺紋。根據約翰遜分析，這種「有時挺傷人的誠實」是種超克「永恆」與「循環」時間觀的方法。「這種全神貫注於當下而非永恆的做法，是阿瑪納藝術的標誌之一，」他寫道，「幾乎就像埃及時間觀的兩個面向——神的永恆與自然界和人間無盡循環的現在——匯聚起來了。」

雖然阿肯那頓的信仰在他死後迅速遭人擯棄，但藝術卻似乎始終無法抑制。阿瑪納風格影響了後續的幾個時期，拉美西斯大帝實的宮廷藝術亦然。我還注意到，像雷蒙·約翰遜等關注藝術表現手法的學者對阿肯那頓的看法，通常會比，貝瑞·肯普等研究阿瑪納城物質痕跡的學者來得溫和。

大都會藝術博物館（Metropolitan Museum of Art）的策展人瑪莎·希爾（Marsha Hill），不時也有將反阿肯那頓行動期間遭人摧毀的雕像碎塊拼湊回來的經驗。她告訴我，當她處理這些碎塊時，對阿肯那頓的感受是正面的。「每個人多少都會喜歡革命分子，」她說，「有人提出真正良好、強有力的點子，讓人覺得事情似乎會變好。我不覺得他是想搞破壞。當然，事情沒有成功。通常都不會成功。蒸氣會在地底下累積到爆炸，接著你得把東西重新拼回去。」

＊＊＊

有天大清早在阿瑪納，貝瑞·肯普帶我前往知名的娜芙蒂蒂胸像於一九一二年出土的地點，發現者是德國考古學家路德維希·波爾哈特（Ludwig Borchardt）。我們從切穿遺址的現代道路出發，接著往東走。地面上滿是陶器破片，多數都帶有人稱「阿瑪納藍」的美麗淺藍色。矮磚牆呈矩形排列，不難描繪出過去房舍的形狀。

「地板通常都不在了，」肯普指著一間廢墟房子說，「把東西埋在地板下是當時常見的習俗，整座城的地板都給人挖起來了。」他認為，這是許多阿瑪納人最後採取的行動——全城的人在放棄這座城市之前，把自家地板都挖遍了。

我們走到另一堵呈直角的牆邊。「這是間大房子，」肯普說，「我們不知道主人的名字。這是德國人在第一次世界大戰前發掘出來的房子。房子在那邊，坐落在範圍很大的圍牆中。」

我們跨過殘餘的牆——風吹沙中一條低矮的線。肯普繼續走到另一落斷垣殘壁。「這是一座泥磚塔。比較近的這一半有座花園，裡面有個小廟，或者說神龕。這是對王族的崇拜，是種忠誠的表徵。泥磚塔跟小廟之間有個方形的坑，是低窪庭園，原本應該有水。」在阿瑪納，人人都會挖井，但肯普相信地下水想必跟今天一樣帶有鹽分——只能澆灌植物，頂多用於洗滌。飲用水得從河邊運來，而河流距離我們走過的地方超過半英哩遠。城裡其他地方距離尼羅河甚至更遠。

如今，柴油幫浦和電力灌溉系統讓農民得以在沙漠陸棚上種植作物，阿瑪納的周邊都有住人。埃及「阿拉伯之春」期間，阿瑪納並未遭逢嚴重的劫掠，但農民卻大幅侵入遺址範圍。肯普指出一處非法拓墾地，精明的農民在上面蓋了一座迷你清真寺，知道當局不願意拆除宗教建築物。敏亞省古文物部門主管穆罕默德．卡拉夫（Mohammed Khallaf）對我說，阿瑪納周邊的村民依法僅有三百畝的地可以種植作物，但他們透過不久前的侵占土地之舉，將面積擴大兩倍。由於革命為警方帶來許多額外壓力，因此他也無力採取任何措施。

村民稱呼這處考古挖掘地點時，就跟阿拜多斯人用的是同一個詞：「*al-Madfuna*」——「陪葬」。兩個地點相隔將近兩百英哩，但想起來還真是天生一對。阿瑪納位於尼羅河東岸，阿拜多斯位於西岸。兩地都有一種天然劇場的感覺，峭壁聳立於彷彿舞台的遺址後方。每天早上，太陽從乾燥的阿瑪納山後方升起，每天下午太陽則在阿拜多斯寸草不生的峭壁後落下。一處遺址是墓地，另一處則是城市。它們還暗含其他成對的概念：死與生、永恆與瞬間、靜與動。阿拜多斯是永恆的——縱使來到今日，來到第一位國王入土的五千多年後，當地人依然將死者埋葬於此。但阿瑪納城只活了一剎那。十九、二十世紀之交，曾經在此工作的不列顛考古學家諾曼·德·加里·戴維斯（Norman de Garis Davies），將阿瑪納稱為「歷史行進途中暫時紮的營」。

肯普在沙上停步。「娜芙蒂蒂的頭像就是在這裡找到的。」他說。四周的磚牆高度仍然及腰，不難看出這座建築物的格局——據信是雕刻師製作這尊胸像的家庭作坊。「這是原本的入口，」肯普說，「你會發現有幾階非常淺的台階，轉進門廊，接著就是客廳。」

他帶我走遍這座建築物，一一指出細節。這一刻，令人摒息的娜芙蒂蒂胸像從我的腦海中消失，我發現自己想像的反而是三十三個世紀之前日復一日生活在這裡的人。「這裡有一件家具，」肯普說，「是張石桌。那些則是上樓的階梯。這是廁所。波爾哈特在此找到的幾乎是一間完好的廁所。這是砂岩接水盤，上面有個小排水孔。我來到這裡的時候，接水盤已經破了。他把東西留在原處，結果村民把它打破了。一九七七年的時候就已經發生了。至於旁邊的便器則是在波爾哈特的時代之前就已經被毀。」

＊＊＊

阿瑪納城有一條跟尼羅河平行的主要道路。這條王家道路連接各個宮殿與神廟，平常是供阿肯那頓與娜芙蒂蒂的雙輪戰車車隊行進之用。但除了這一條路之外，城裡的街道布局卻完全沒有邏輯。沒有任何座標網格與象限，特定產業也沒有專門區域。

「阿瑪納彷彿跟都市計劃完全對立，」肯普寫道，「在我們看來，就像是要刻意繞過一個建構整個完整社會的完美機會。」他把這裡稱為「都市村」，而他的發掘成果顯示街坊鄰里以有機的方式發展，小房子通常會聚集在某些重要官員或工匠的住宅與作坊周邊。他寫道：「這種模糊座標格式的規劃也會出現在現代世界，例如在政府控制力弱的地方所發展的非正式聚落。」

有一年，名叫比爾・艾瑞克森（Bill Erickson）的現代都市計劃學教授加入了肯普的考古團隊。艾瑞克森在倫敦的西敏大學（University of Westminster）研究世界各地的非正式都市發展，他注意到阿瑪納和今天的貧民區或非法棚戶區都是按照同一種模式形成。「觀察現代貧民區的時候，你會發現它們並非無序，」他告訴我，「人家又不笨。他們會做出理性抉擇，只不過是以最小的規模做決定。他們有非常迫切的需求。他們不去擔心能不能挖下水道，或者公車能不能走，或者警車開不開得進來。這些都是非常在地化的決策。他們想的是：『我得挨著我的堂表親或姑姨嬸。』」

他相信，阿瑪納的民眾基本上也是一樣的心態。阿瑪納存在著王室道路與宮殿之城，也存在著老百姓之城，兩者之間鮮少有接觸。「我不認為這座城有設計來讓人得到自己是公民的感覺，」艾瑞克森說，「你蓋這條大路，給自己駕戰車，這跟希特勒試圖在柏林做的一模一樣。」

肯普數度帶我穿梭遺址間，有一回他提到古希臘人打造聚落的方式與此完全不同。「希臘人非常熱衷於幾何都市規劃與公共建築，」他說，「希臘城市的核心是廣場，是談政治和進行買賣的地方。你細看阿瑪納，卻很難指出有任何類似的地方。城裡沒有興建市場。明明有個完美的機會可以蓋，在城中心的大小阿頓神廟之間。這兩座神廟為公共空間創造了天然的界線。但這塊地卻沒有用來當成政治中心，或是供任何公共建築所用。這裡不是聚會點。」

我問，希臘城市的布局要傳達什麼樣的重要訊息。

「身為公民很重要，」他說，「參與都市生活很重要。」

「你認為埃及的情況為何如此不同？」

他說埃及的情況其實並不罕見：非正式城市規劃是古代世界普遍的潮流，而且至今在許多地方仍是主流。「你要面對的問題是：希臘文化為何如此不同？」肯普說。「我們繼承了它的這種不同。希臘文化由何而來？希臘人漸漸發展出政治哲學。他們會去思索理想的社會所應有的樣貌。他們將之形諸於抽象的文字。他們有能力把自己本身從過生活的方式抽離開來，並想像其他的可能性。埃及人和其他古代文化的人沒有這樣的發展。你在古埃及找不到與希羅多德與修昔底德旗鼓相當的文獻。因為有修昔底德，你現在才能讀到那些東西，而且幾乎為了分析之冷澈而顫慄。他去寫是什麼樣的動機讓人發動戰爭，而他是為了造福後代子孫而寫。他意識到伯羅奔尼薩戰爭的重要性——他了解人就是會發動戰爭。這是了不起的見識，他明明人也在現世中參戰。這是不同的思想高度。」

＊＊＊

娜芙蒂蒂彩色胸像在舊制度之下被人從埃及運走——當時，每逢考古季結束，受外國資金贊助的考古學家便會跟埃及政府分掉發現的文物。一九二四年，胸像首度公開展示，地點是柏林的新博物館（Neues Museum），結果立即轟動世界。埃及人的後悔就跟這件文物的名氣傳播得一樣快速。政府官員要求歸還娜芙蒂蒂。此後將近一世紀時間，他們每隔一段時間就提出一樣的要求。如今，所有在埃及發掘到的文物都必須留在該國。

新博物館同樣展示了從同一個阿瑪納雕刻作坊中發現的石灰岩阿肯那頓胸像。阿肯那頓胸像已經在古代那場抹滅國王記憶的行動中化為碎片，但德國人還是能將之拼回去，只是臉部大部分的碎塊已永久毀容。沒有人曉得娜芙蒂蒂胸像何以能以如此完好的狀態保存下來。

法律上，埃及人沒有立場要求文物歸還。讓渡協議是根據當時的國際法而制定，所有文件都經過妥善處理。但道德方面則有待商榷。同意移交娜芙蒂蒂的那位埃及政府官員是個法國人——當年，該國真正的大權多半落在外國人手中。許多埃及人認為，這尊王后胸像象徵了帝國主義下所失落的所有遺產與文化，這也不難理解。

一九三九年，第二次世界大戰爆發後，新博物館多數的文物都撤走了。這些文物先是進了銀行保險庫，後來轉移到地下碉堡。隨著戰事愈演愈烈，文物進一步送到遠離納粹首都的地方。阿肯那頓與娜芙蒂蒂胸像各奔東西：國王去了德東，王后則下到德西一處鹽礦的深處。新博物館因盟軍空襲而一再毀損。一九四三年，博物館中央樓梯的壁畫付之一炬；一九四五年，博物館的整個藝廊遭到摧毀。大到運不走的文物則堆沙包蓋起來，但有幾個例子顯示這是不適當的做法。有一扇銘刻精緻的阿瑪納石門就此消失——上面的字肯定被沙子磨掉了。德語有個詞專門說明這種事：「*Kriegsverlust*」——「戰損」。

戰後，這對埃及王室佳偶被鐵幕分開。娜芙蒂蒂留在西德，阿肯那頓則進了蘇聯的手中。一九五〇年代晚期，這件文物回到東德，但新博物館仍然是堆炸掉的廢墟，時間持續超過四十年。兩德統一後，博物館建築才終於修復，而且修復工程刻意保留了建築物各處損毀的痕跡。大門口的石灰岩石柱不僅焦黑，上面還有彈孔。走進展廳，許多壁畫都有破裂、汙損，甚至完全被火燒毀。

館長芙莉德莉克．翟弗里（Friederike Seyfried）博士帶我參觀時說：「這個建築本身就是考古文物。」上了二樓，我們在阿肯那頓前停步。翟弗里表示，這件文物的損壞分了幾個階段。胸像上原本有金屬飾件，她認為是在雕刻作坊廢棄時就被人橇掉了。後來在古代那場記錄抹煞行動中，工人或軍人回到作坊，故意砸碎了胸像。三千多年後，當文物在戰時德國各地流轉時，嘴唇與嘴部掉了下來，就此消失——又是個小小的戰損。現在，胸像已經補上了嘴唇，坐落在一處小穹頂下，而這座穹頂下半部的壁畫也毀損了。

「建築物的損壞所透露的故事，跟發生在某些文物上的破壞非常相似，」翟弗里說，「我們不能假裝沒事。這是我們歷史的一部分。民眾在此得到相當正確的概念，也就是歷史仍在繼續，而且歷史會造成文物的改變。他們了解這些傷害有可能在世界各地，在任何時刻發生。」她接著說：「這座展廳曾經毀壞過，柏林到處都有毀壞過的建築物。你也知道戰爭後會發生什麼——掠奪接著開始。阿瑪納遭人放棄之後，肯定發生了一樣的事情。歷史會重演。」

＊＊＊

娜芙蒂蒂的彩色胸像擺在一處大穹頂下，高聳的頂上開了一盞天窗。王后單獨在此；這處空間裡沒有其他文物。通往穹頂的其中一個入口有一句退了色的銘文：

普羅米修斯為凡人創造藝術

穹頂下的地板一度是黃色、紅色與白色的馬賽克地面，只是多數的原材料已經不見了。四周的牆面都染了色。顏色鮮豔而神祕：粉紅色、不均勻的深綠色。天花板與牆壁各處共裝有二十二盞高科技聚光燈，以精準的角度打在王后身上。漂亮的鼻子，完美的雙唇。吹彈可破的下巴。雙眼附近刻了細微的皺紋。優雅的長頸有著精微的韌帶線條，它們的陰影在燈光下顯得柔和。

穹頂內禁止攝影。無論遊人是德國人或外國人，是男是女，是少是老，他們的舉止都相似得近乎於儀式。人們第一眼看到文物時無一不靜默。有些人會靠近圍著胸像的玻璃，但多數人恭恭敬敬，保持七、八英呎的距離。他們動也不動地站著，面對王后。她的表情透著一絲笑意，但幾乎每一個接觸到她視線的人都很嚴肅。他們不會交談，也沒有動作。等到十幾個人這樣站在一起，就成了敬拜的信眾。

Chapter 16

塞西沒有在政變剛過時說出任何關於追求總統大位的話。我在開羅認識的多數人都相信他不會參選。他們都說塞西太聰明：只要他藏身幕後，權力就能更多，問責則會更少。

這位將軍對總統一職的看法一開始是無意間釋放出來的。二〇一三年十二月，距離政變發生將近半年，有人把塞西與埃及記者亞西爾・利澤克（Yasser Rizk）對談的錄音檔貼上網。利澤克專跑軍事線，這個政權也信任他。兩人談話時提到了「夢」這個主題。

「我是那種一直會作預知夢的人，」塞西說，「我看過很多夢境成真。」

利澤克請他舉個例。

「這不能傳出去。」塞西說。

「訪談裡不會提到，」利澤克說，「唯有出於神意，我才會使用。」

接著塞西講了個故事。多年前，他夢見自己拿著一把劍，上面刻了古蘭經文中的「萬物非主，唯有真主」。而在另一個夢中，他戴了一隻上面有顆綠色星星的歐米茄腕表。腕表和星星，寶劍和字句，這必然有象徵上的重要性，但塞西沒有細說。他繼續說：「在第三個夢裡，不知誰對我說，『我們會賦予你我們此前從未予人之物。』」

塞西重複了這個句子：「『我們』會賦予你此前我們從未予人之物。「接下來的另一個夢中，我跟沙達特坐在一起，跟他談話，」他說，「他告訴我，『我以前就知道我會成為共和國的總統。』而我回，『我知道我將來會成為共和國的總統。』」

這份錄音檔顯然是在沒有知會利澤克的情況下洩漏的。有一系列與塞西和其他軍事要人談論關鍵議題的錄音與影像檔，這是其中之一。人們認為是塞西洩漏的，而塞西的首相易卜拉欣．馬赫萊卜（Ibrahim Mahlab）則否認錄音的可信度，但多數分析家認為檔案是真的。沒有人知道這要怎麼假造。

許多洩漏的檔案起先都是由一家在土耳其的伊斯蘭主義電視頻道披露的，目的顯然是打算削弱塞西。但這段談夢境的對話卻起了反效果。這下子民眾更加公開討論將軍成為總統一事，而且大家似乎對於他的神祕好運不怎麼在意。畢竟，這不是埃及史上第一次出現法統有問題，卻得到一場夢所支持的領袖。

＊＊＊

穆爾西從公眾視線中消失後正好滿四個月又一天時，他被安排在開羅警察學院（Cairo Police Academy）已經改裝為法庭的演講廳中再度現身。我確保自己早早抵達。所有想要旁觀前總統受審的記者或律師，都必須持有來自開羅上訴法院（Cairo Court of Appeals）蓋有關防的通行證，還得通過四個武裝檢查哨與三道金屬探測門。任何人都不許攜帶相機、錄音機或手機。記者不能找翻譯陪同。每一位出席的人都必須爬半英哩的陡峭小山，才能抵達警察學院，通往學院的道路皆禁止車輛進入。我跟在一群律師身後開始爬。這群身材偉岸的人穿著黑袍，低著頭緩慢而吃力地前進，就像一排胖得飛不起來的烏鴉。

隊伍最後那為穿著袍子的律師相當肥胖，氣喘吁吁。我向他自我介紹，他說自己的名字是薩伊德．哈米德（Said Hamid），屬於穆爾西的辯護團隊。穆爾西被控幾項罪名，包括謀殺，而今天的案件則跟二〇一二年十二月時發生在總統府周邊的衝突有關。哈米德說這些指控是捏造的。我問他是否有與他的委託人會面過。

「沒有，」他說，「我們無法與他會談。」

「你之前有跟他見過面嗎？」

「上次我看到他還是在電視上，」他說，「政變之前。」他用了一個在多數圈子裡都成為禁忌的詞——政變（*ingalab*）——來表達立場。

開羅警察學院位於東方相當遠的郊區，坐落在從尼羅河谷往沙漠上坡方向幾乎頂點的位置。過了這一帶，就只有七十五英哩的沙子與碎石，接著就是蘇伊士運河。任何政治審判都有受到恐怖攻擊的風險，警察學院就是因為遠，所以雀屏中選。

二〇一一年夏天起，穆巴拉克便因為從貪腐到煽動暴力等各種罪名而受審，而自從他受審開始，警察學院的其中一間講廳便改裝作為法庭之用。穆巴拉克被判終身監禁，但他的律師提出上訴，因此審理還在進行。若干跡象顯示當局終究會釋放他，目前也很少聽聞民眾把怒火再度指向穆巴拉克。但當下他仍然受到拘留，於是兩名前總統將會在沙漠邊緣的同一棟建築物中交替受審。

哈米德停下來休息。我們正經過警察學院高聳的水泥牆，頂上有金屬尖刺與鐵絲網。我問他是不是兄弟會成員。

「完全不是，」他說，「其實我是納瑟派的。」

我表示驚訝，結果他笑了。「不是人人都了解『納瑟派』是什麼意思，」他說，「現在人家說塞西就像賈邁勒・阿卜杜勒・納瑟。這叫說謊；塞西跟納瑟根本不像。看看納瑟成就的一切：他蓋了亞斯文水壩，他控制了蘇伊士運河，他蓋了很多工廠。塞西做過什麼？他唯一做的就是殺害埃及人。」

我問哈米德算不算虔誠。

「不算很虔誠，」他說，「我有幾天祈禱，有幾天不會。」他說他出於原則而支持穆爾西，因為這位總統是遭到非法手段罷黜的。

到了門口，律師與記者有各自的檢查哨，於是哈米德與我握手分別。我在一堵高聳磚牆附近排隊等候，牆上有人用噴漆噴了口號，字句就跟開羅絕大多數的政治塗鴉一樣，帶有一種不會過時的特質；沒有哪種意見在經歷這一切革命的循環之後，還能看起來全然新穎或全然過時。這些口號是何時噴上去的？也許去年，也許今晨，也許從此刻起的一年之後：

穆巴拉克會回來

穆巴拉克無罪

我愛你，穆巴拉克！

* * *

審判時間安排在九點，但穆爾西晚了一個半小時才現身。埃及作風——「我們能約晚一點點嗎？」據說，遲到跟衣服有關——為了尊嚴，前總統拒絕穿上傳統埃及囚犯穿的白衣。法庭官員最後允許他穿黑西裝，不打領帶出席。

他現身那一瞬間，整間演講廳都炸了鍋。穆爾西的律師團有一群人站起來，高唱穆爾西競選期間常見的那種足球風加油歌：「穆爾西西西西西西西！穆爾西，穆爾西！穆爾西西西西西西西西！穆爾西，穆爾西！」埃及記者也跳起腳來，用他們自己的助威口號來壓過律師們：「*E'adem, e'adem!*」——「死刑，死刑！」

我坐在靠近講廳前方的位子，身邊的人全都跳了起來；為了能看到前總統，我站到自己的椅子上。穆爾西依舊蓄鬍，而且看起來沒有瘦到。他昂著頭，就像去年七月他在電視上最後一次現身的姿態。等到喧嘩聲漸息，他才大喊：「這個共和國的總統是我！這個共和國的總統是我！這是場軍事政變！」接著又爆出一陣喧嘩，安全人員才終於要求廳內所有人坐下。

這間講廳看起來沒費多少功夫改裝。房間呈長型，空間很大，木地板陡峭地斜下去到低矮的講台處。這地方感覺就像倒過來的劇場——這裡的觀眾高高在上。大家全坐在附有寫字桌面的粗糙凳子上，活像老舊校舍中的學生。我們往下看法官與其他法庭官員，他們則坐在一張長桌前。在他們身後的是一堵高度超過二十英呎的木頭鋪面牆。這個空間空蕩蕩的：沒有標誌，沒有文字，沒有國徽。廳內連一面埃及國旗都沒有。僅有的字句以小字刻在法官桌上：「司法為治理之根本。」

自沙達特遭到暗殺以來，埃及最重要的幾場審判都在這棟建築物中進行，結果室內卻沒有任何跟國家有關的象徵，這似乎相當不尋常。不過，反正權力的工具都這麼明顯，那些抽象的東西或許也不必要了。講廳左邊設置了一對沉重的黑色金屬籠，用來關押被告。其中一個籠子裡是穆爾西；某個兄弟會領袖則占據了另一個籠子，他也是今天受審。整個法庭裡站了好幾打的警衛。至於後頭，年輕的義務役警員趴在桌上睡著了。無論噪音有多大聲，他們似乎都睡得著。

口號跟叫囂持續了半個多小時。在場的外國記者不多；有幾個單位的人不得其門而入。被告家人同樣不得出席。埃及媒體中完全沒有人打算假裝中立；絕大多數的記者站起來高喊：「死刑！」

法官是名叫艾哈邁德·薩布里·尤謝夫（Ahmed Sabry Youssef）的中年男子，他不停要求維持秩序。他手上沒有議事槌，而是用手掌拍著桌子，活像運氣不好的代課老師。最後他宣布休庭，穆爾西等人則在戒護下出了籠子，進入旁間。觀眾當中有位女記者跟穆爾西法律團隊的一名男子發生口角。這名女子相當年輕，圍著顏色鮮豔的希賈布；她把一隻鞋子脫下來，對著律師揮舞，這在埃及是種侮辱。這位律師也抓著自己的一隻鞋子依樣畫葫蘆。兩人面對面，手舞著鞋，其他人則加入戰局，彼此推搡、搧耳光。警察最後介入，把雙方分開。

＊＊＊

休庭期間，我身旁有兩位埃及記者聊起他們上一回看到有前總統關在籠子裡的光景。「穆巴拉克上法庭的時候我也在場，」其中一位記者說，「他舉止才不會這樣。」「穆巴拉克很禮貌。」他的同事說。

「完全沒有這種叫囂，喊的不會是總統。」前一位記者以非難的口氣說。他為兩間民營報紙《家園報》（*Al-Watan*）和《埃及今日》供稿。我問他是否認為塞西將競選總統。「我希望他出來選，」他說，「這個時候我們需要塞西。」

我身後是位年輕中國記者，他坐著揉自己的腿。其中一場混戰中，有人把他一把推倒在座位上。他任職於中國國際廣播電台，是國營頻道。我們講中文，他說自己對此情此景不可置信。「這簡直一團亂，」他說，「你怎麼分清楚誰是誰？在中國，檢察官、被告、律師都會有個牌子。」這裡沒有人試著把不同派別的人分開，這也是大家不停打架的原因之一。

剛過中午，起訴過程終於重新展開，但馬上被穆爾西打斷。「給我一支麥克風！」他大喊。「我要麥克風，這樣才能對你們講話！這不是法庭，我對諸位並無不敬，但這不是能審判共和國總統的法庭！審判總統，這叫軍事政變！我是國家的代表！」演講廳再度炸了鍋，法官用自己的手掌在桌面上徒勞拍打著。中國記者往我靠過來說：「在中國，這種事情不會公開進行，會祕密審判。」

* * *

隔天我聯絡穆爾西律師團的薩伊德．哈米德，他說當局告訴他們此後就可以跟他們的委託人會面了。穆爾西被關在靠近亞歷山卓的阿拉伯堡監獄（Borg al-Arab Prison）。自政變以來，前總統的下落首度公諸於世。

哈米德說，在法庭上混亂的那天，律師終於在其中一次休息時獲准與委託人交談。我問穆爾西看起來如何，結果哈米德用難為情的口氣表示自己錯過了那次簡短的會面。經過了這幾個月時間，經歷了這一切執法方的刁難，當局終於准許會面，但這時哈米德人恰恰不在場。他那時正好離場，吃了個三明治。

* * *

二〇一四年一月，距離埃及安排好為新憲法舉行公投的時間已經不到一周時，塞西才首度放出明確信號，表示他有可能競選總統。他說：「假如我參選，就必然是出於人民的要求，並且獲得我麾下軍隊授權同意。」他要求國民現身投票所，支持這部憲法。「別讓我在世人面前丟臉。」他說。

自從政變以來，法學教授等人組成的團隊便如火如荼制定新憲法。這部憲法以一句直述句開場——「埃及是尼羅河獻給埃及人的禮物，也是埃及人獻給全人類的禮物」——接下來（經過翻譯後）又是另外的一千三百字。宗教與歷史人物按照以下的順序出現：阿拉、摩西、貞女瑪利亞、耶穌、先知穆罕默德、穆罕默德・阿里帕夏、阿札里亞的里法阿（Refaa the Azharian）、艾哈邁德・阿拉比（Ahmed Orabi）、穆斯塔法・卡梅爾（Mostafa Kamel）、穆罕默德・法利德（Mohammad Farid）、薩德・扎格盧勒（Saad Zaghloul）、穆斯塔法・那哈斯（Mostafa al-Nahhas）、塔拉阿特・哈布（Talaat Harb）、賈邁勒・阿卜杜勒・納瑟以及安華・沙達特。雄辯農人現身了。尼羅河在頭六句話裡氾濫了三次。這段話不光是憲法的序言，更是這個文明本身的序言：

自歷史伊始，人類意識浮現並閃耀於我們偉大先祖的心中，他們凝聚至純之心，在尼羅河岸成立第一個大國，規範並組織埃及人的生活。

穆爾西時代的憲法已遭宣告廢止，但兩份文件之間其實有許多相似之處。穆爾西統治時，憲法序言同樣提到「永恆的尼羅河」，以下將近寫了九百字。文中間接提到阿肯那頓，指出制定出這部憲法的跟「開創一神信仰之道與認知到造物者」的是同一個文明。這種說法如今看來有點傲慢——文中有這麼長的歷史，結果六個月就無效了。世界上最古老的實用民主憲法——也就是美國憲法——只有五十二字的序言，其中完全沒有提及歷史。

不過，埃及憲法說起來也是前仆後繼。過去一世紀內，埃及一共有九或十部憲法，端視你如何認定。自革命開始以來，這個國家已經舉辦了三場憲法公投。憲法序言一部比一部長，提及歷史的情況也愈來愈明顯。最新的這一部明確提到歷史的作用：

我們深信能以過去為啟發，激勵現在，前進未來。

不過，一項史事倒是刻意刪掉了。新版本與穆爾西的憲法不同之處，在於完全沒有提到「解放廣場」等字眼。如今，這場政治運動已改稱為「一月二十五日至六月三十日革命」，從最早的「阿拉伯之春」示威延續到反穆爾西政權的抗議。

就實際條文來說，後政變時代的憲法似乎有所改進，尤其更明確提到婦女權利。但這份文件仍然讓軍隊得以不受公民監督，而且容許政府以多種方式鎮壓異議人士。穆爾西憲法的前言有一句話昭然若揭地消失了：

> 我國武裝力量共同構成一個愛國、專業而中立的全國性組織，並不干預政治事務。

我完全沒有遇見有誰反對這部憲法的。薩伊德投贊成票，里法阿特也是；兩人都告訴我，國家若要向前，就必須同意。馬努就跟其他我認識的不支持新政權的人一樣，直接不去投票所。以全國來看，出門投票的選民有百分之九十七點七支持新憲法。選舉沒有舞弊的跡象，自從「阿拉伯之春」伊始以來，埃及每一次投票與公投都是這樣。

事到如今，反覆進行這些民主程序只是讓它們變得更沒意義。自從二〇一二年春天首度展開自由的總統選舉以來，當時最受矚目的八位候選人現在有三人進了監獄，一人流亡海外，還有一個已經過世。超過七千人曾獲選進入國會，如今這每一個人都丟了位子。埃及史上唯一經公正選舉產生的總統，眼下出現在公眾面前時卻是關在籠子裡。自三年前爆發的革命以來，埃及已七度舉行全國大選，每一次選舉都沒有暴力與舞弊發生，但這個國家至今無論各個層級都沒有一位由民選產生的官員。

＊＊＊

在那些日子裡，馬努偶爾會談到出國的事。這種話題逐漸在有門路出國的年輕人之間成為常態。埃及上流家庭多半有出國留學的傳統，雙護照在這個階級的人之間並不少見。隨著革命情勢惡化，經濟日益下滑，其中就有些人離開了這個國家。

但對馬努來說，這沒那麼容易。他並非出身富裕，受過的是二流公立大學的教育。他有護照，但從孩提時一次短期到國外遊玩之後就沒有再出過國，而歐洲國家多半不會給有可能逾期停留或成為難民的申請人發給簽證。總之，馬努不確定自己能否出得了開羅機場。他父親死前一度提起那場警方羅織的指控。他說完全沒有辦法預先得知指控是否還登記在案。「你去機場就知道了。」他說。

所以馬努不做規劃。他依舊為《衛報》工作，也依舊住在市區。縱使友人常常告誡他要更小心才是，尤其當前政治氣氛有變，但他仍盡可能以開羅所能接受的程度繼續他的同志生活。在鬧區的酒吧中，馬努有時會跟年紀較長，而且在沒有跟警方、鄰居或攻擊同志的人出過大問題的情況下活下來的開羅同志聊天。但這些人通常都極端保密；他們絕不會在尼羅河宮殿大橋或拉美西斯廣場等獵豔場所遊蕩，也從未參與政治活動或新聞業。而且，就算低調如斯，還是有些遭人羞辱或進監獄的故事。

警方不時發動對同志流連地點的掃蕩行動。一晚，當員警衝進拉美西斯廣場時，馬努正和另一位年輕人閒聊。他們抓住馬努和他的伴，但馬努來了一場完美演出。他把自己的政府公發記者證亮出來，對警察大喊他正在工作；他宣稱自己正在採訪這名年輕人。他推敲之後，認為憤怒是最有效的回應，而他也曉得警員可能會被媒體部的文件唬住。於是他揮舞證件，表現得好像他很生氣；但他愈演，那股怒氣感覺愈真實。警察有什麼權力因為他跟另一個男人講話而逮捕他？經過簡短的討論之後，警察把他放了。他還大聲堅持要他們把另一個人也放了——這很大膽，但成功了。

不過，問題決不限於警察。馬努最糟糕的一些經歷來自他帶回家的人。我在開羅認識他的那段時間，他就被人偷過三台電腦和三支手機，另外還有室友的一台電腦和手機——全都發生在他公寓。犯人有時候是跟他睡在一起的人；他一醒來，發現只有自己，財物則不翼而飛。其他竊賊則是他請來的客人。有一次他在同志挑對象的地點遇見一名年輕人，這人才剛經歷過掃蕩後的長時間拘留。馬努讓這位年輕人到自己公寓沖澡，稍事休息；他還給對方衣服，把拘留後的髒衣服換掉。後來年輕人從他家摸走一台電腦、一支手機，消失了。不消說，馬努對這些竊賊的反應方式從來都不是找警察。

他說，想預測每一個個人會有什麼行為是不可能的，因為同志生活太常牽涉到一層層的欺騙與否認。「跟你好上的同志可能是警察，是小偷，或是個會揍你的人。」他說。「這些都有可能。」他認為最糟的問題來自於常常到那些地點找伴的直男，但就算是同志也有可能被自我厭惡給壓倒。「每當他們化身成賊，或是在上床後恨起你來，這都跟罪惡感有關，」他說，「他們覺得我是隻蟑螂（*shoshar*）。我很弱，他們可以為所欲為。而且我很噁心。我必須受到懲罰。」

我常擔心馬努——我總有感覺，有一天我會接到他朋友打來的電話，告訴我壞消息。我時不時會忍不住給他建議：不要找直男。但我也意識到箇中的荒唐，既然在這個國家無論誰都不能公然作為同志，誰也都不可能百分之百是個直男。何況馬努已經決定當他自己；危險當前，他沒有任何幻想。建議他不要找直男，就跟建議他「在埃及不要既是年輕人又是同志」的意思差不多。

＊＊＊

時間來到二〇一四年一月二十五日——解放廣場示威的第三周年，已經很少出現示威者公開集會的情況。政變後，過渡政府立法規定抗議人士必須在任何抗議活動前三天登記，大家也都曉得這個政權會駁回所有集會遊行申請。儘管如此，示威者仍宣布會在未經登記的情況下，前往與扎馬萊克僅一河之隔的穆罕德辛區（Mohandiseen），到穆斯塔法·馬哈穆德清真寺（Mostafa Mahmoud Mosque）門前集會紀念解放廣場示威。

我獨自前往示威活動地點。一點時，幾百人聚集在清真寺前方的小草坪。前幾年革命期間，遊行隊伍通常都從此處出發，一直走到解放廣場，但今天軍方已經在附近的街口駐紮了十多名武裝人員。軍官攜械坐在APC的砲塔上，街上也站了好幾排警員。

現場有兩群示威者。挺穆爾西派高喊「推翻軍事統治！」與「人民要推翻這個政權！」。五十碼外，自由派示威團體「四月六日」（April 6）與革命社會主義者（Revolutionary Socialists）的成員開始唱起反軍隊和兄弟會的口號。其他人靜靜站在外圍，我上前與其中兩人攀談。兩人都二十多歲，住在附近；他們說自己既不支持兄弟會，也不支持示威團體，但他們也不喜歡軍人專政。正當我們交談時，突如其來的槍聲打斷了我們。

事後，政府媒體報導若干兄弟會支持者有騷擾軍人的舉動，還有一家報紙宣稱是抗議人士先開槍。但群眾聚集才十分鐘，我也沒在人群間看到任何武器。槍聲有如潮水而來；先是霰彈槍，接著是發射催淚瓦斯罐的低沉撞擊聲。民眾開始尖叫，跟我講話的兩個人高喊：「快跑！」保安部隊似乎對著我們的頭上開槍。我跟多數的群眾一起跑，從草坪往南跑，瞬間我感到右腳一陣刺痛，跟著便跌倒在地。我不曉得發生什麼事；身處混亂的群眾中，我八成笨手笨腳踩在水溝蓋或什麼東西上。我站起來繼續跑，等到我認為已經遠離亂局時，就慢下來用走的。但接著我就聽到霰彈掃過我頭頂一棵樹的樹葉間，於是我重新開始跑。

我在第一條街轉彎。有個示威者獨自踉蹌走著，頭上被霰彈打到的地方流著血。我問他還好嗎，結果他揮手示意我走：「繼續跑！」這邊是住宅區，有些當地人站在大樓門口看著。我找了個人，問我能不能進去待一下。

「滾出這裡！」他說：「你們這些兄弟會的人為什麼要來這裡惹麻煩？」

我告訴他，我是外國記者，而且腳受傷了，但他用力把我推開。「滾！」

附近的其他人一臉尷尬——埃及人通常不會這樣對待受傷的陌生人。但我一拐一拐走開時，也沒人說些什麼。現在我肯定腳是斷了；腎上腺素效果過去了，每一步都帶來劇痛。走過這個街口之後，有兩位居民從院子圍牆後看著我，我告訴他們發生的事情。他們打開大門，讓我進去。

院子屬於一位銀行家，他的鄰居則是退役的軍事工程師。銀行家拉了張椅子給我，給我一杯水，接著我們三個人就做在院子中等待。警笛四處響起；警方巡邏路旁巷弄，逮捕竄逃的示威者。這兩人英語都很流利，而且工程師還在德州的沃思堡（Fort Worth）待過一段時間。銀行家說他今天原本排好要動心臟手術。「但醫生認為示威活動會出亂子，民眾一旦受傷就得到醫院來，」他說，「所以他們把我的手術排到下周。」

我們的對話不時因為連發的槍響而中斷。跟這些受過教育的專業人士一起坐在院子裡小口喝水，警察則在牆外追捕示威者，感覺實在很詭異。住在這一帶的人多半都是中間或中上階層的人；這個行政區的名字「穆罕德辛」，意思就是「工程師」。不過，暴力事件發生在上流住宅區，其實是埃及革命時的普遍特色。幾年下來，衝突最嚴重的地點都位於相對富裕的人所住的地方：解放廣場附近鬧區，總統府周邊市郊，以及包括拉比亞在內的納斯爾市社區。

抗議活動鮮少在非法棚戶區舉行。雖然非法棚戶區居民有大把的理由可以抱怨政府，但由於當地沒有公園、紀念建築或其他公共場所，政治動員的人找不到集合地點。革命初期，窮人與工人階級常常為了參與遊行與集會而朝較富裕的城區移動。但日子一久，他們幾乎都待在家裡。地理因素是革命之所以倒向菁英的一個原因——多數事件都發生在很難動員窮人的地點。

比爾．艾瑞克森對古代阿瑪納的評價也能套用在今日的開羅：這座城市的布局不是為了讓民眾覺得自己是公民。對於這座現代首都的多數居民來說，市內環境缺乏規劃，也沒有市民例行活動可使用的施力點。即便像穆罕德辛等比較好的行政區，遊行與示威活動仍然常常在清真寺周遭舉行。「四月六日」這類世俗團體將抗議活動安排在穆斯塔法．馬哈穆德清真寺前的做法似乎很奇怪，但這純粹因為清真寺是該地區能見度最高的機構。同樣的情況在革命初期和穆巴拉克時代都是常態。沒有市民例行活動，沒有市民空間，留給民眾的就只有清真寺所提供的一切：通常僅限男性參與的周五講道與祈禱廳。開羅政局的伊斯蘭化現象，至少有一部分是糟糕的都市規劃所造成的。

＊＊＊

保安部隊花了一小時才完成穆罕德辛街道清場，而銀行家與軍事工程師整段時間都與我同坐。兩人都不支持塞西；連軍事工程師都認為軍隊不應涉入國家的管理。「他們不該攻擊埃及示威者，」他說，「這種作法不對。簡直就是納瑟。」

他是沙達特的支持者——他告訴我，自己很欽佩這位前總統致力於打造區域和平的做法。

我敘述了示威時發生的事，當局並未發布命令清場，甚至連鳴槍示警都沒有。兩人問我假如這種事情發生在中國會是什麼情形，這我覺得很難回答。我提到一九八九年天安門廣場周邊的大屠殺，中國當局當時殺害了上千名手無寸鐵的示威者。後來，政府展開殘酷的鎮壓，但同時也訓練警方使用非暴力方法驅散群眾。將近三十年來，中國始終是嚴格的一黨專政國家，但再也沒有另一起公然的大屠殺。

為此而稱讚中國當局似乎是件很糟的事。我覺得自己就像穆爾西審判時那位中國廣播記者，他說政治案件在中國可以壓下來，祕而不宣，彷彿這樣才有面子。但就算不管道德面子，連貫性與可預測性也多少有一點價值。中國有一套真實存在的治理體系，以及一套真實存在的鎮壓體系；貪贓枉法是有，但至少大家都曉得有個界線。這是我在埃及學到的、讓人不悅的教訓之一：沒有架構的極權體制比有架構的極權體制更糟。

慣常而公然的暴力成為常態，這一點尤其糟糕。公民的力量因此消耗：經過三年，就連發生在首都首善之區的慘事，他們都感到麻木。超過六十人在這個周年紀念日身亡，幾乎都是被當局槍殺，但新聞對此卻不加著墨。經過三年的革命之後，當局依舊缺少應對動盪的基本程序，但對此還會在乎的埃及人卻似乎少之又少。

從穆罕德辛返家之後，我去找醫生照X光——斷了兩根骨頭。後來我打電話給槍響當下我所交談的其中一人。他說他們往反方向跑，但結果一樣；他的朋友跌倒，腳也斷了。阿語課上，里法阿特教我怎麼講「拐杖」，我把這個字跟其他與周年相關的字添進我的筆記本：

去威脅 يهدد

死 وفاة

受苦 معاناة

疼痛 ألم

＊＊＊

我拄著拐杖，參加了穆爾西的第二次出庭。爬上山花了我很長時間，但我一進法庭，警衛便幫我找了個好位子，就挨著其中一個鐵籠。經歷第一次開庭日的災難之後，當局加了一層隔音玻璃，把籠子罩住。

除了穆爾西，另外還有二十一人也安排在今天受審，他們多數是兄弟會領袖。這一回的案件與上次開庭不同。現在穆爾西等人是被控策劃從鈉谷監獄中脫逃，也就是二〇一一年革命初期發生的事。

其他人先走進來，他們呼著口號，但我們所有人只能聽到含糊的隆隆聲。這些人意識到籠子經過隔音處理之後，便開始比手勢。他們背對法官夏班・沙米（Shaaban al-Shamy）而坐，並且比出代表拉比亞的四指手勢*。幾名埃及記者則用兩隻指頭比出代表勝利的V來回敬。我正前方有個剃了光頭的記者，他站起來比出他的小指跟食指，就像演唱會時金屬樂團的主唱。他就在籠子旁邊舉著這個撒旦手勢，直到有個便衣警察過來叫他停止，他才放下。

「這些人都是恐怖分子！」記者說：「我才不怕恐怖分子！」

其中一位被告是穆罕默德．貝爾塔吉，他開始隔著鐵柵對我比畫。革命之初，我曾經在幾個場合見過他，最後在二〇一一年時到他的辦公室採訪他。當時，貝爾塔吉競選國會席次成功，我問他是否相信當局會容忍兄弟會贏得多數席次。「任何將國會化為橡皮圖章的嘗試——都不可接受，」他的口氣很肯定，「他們不能牴觸民意。只要施壓，他們就會尊重。」

眼下，牢籠裡的貝爾塔吉吸引了我的目光，他一面笑，一面比出一連串誇張的手勢。他用一隻手劃過自己的嘴——被迫噤聲。接著他拍拍自己的背，然後背對法官——抵制。緊握拳頭，雙臂抱在胸前——軍隊。拇指朝下，手擺在肩膀上——鎮壓。說起來很糟，但這個人的樣子有種小丑的感覺：穿著寬鬆的白囚衣，關在隔音的籠子裡，臉上一面笑一面作默劇表演，彷彿自己正玩著某種扭曲的比手畫腳遊戲。

批評兄弟會的人經常指控其領袖躲在安全之處，卻鼓動追隨者涉險。但貝爾塔吉失去的不亞於任何人。他十七歲的女兒阿絲瑪（Asmaa）在拉比亞被殺。事發過程如同革命中許多悲劇性的公眾事件一樣被人錄了下來，貼上YouTube。影片中，一名年輕女子站在群眾的邊緣，聆聽教長傳道。畫面非常平靜；沒有人奔跑，也沒有槍聲。接著女孩突然間倒下，彷彿失去對自己雙腿的控制。子彈打中她的胸口，開槍的人顯然是屋頂的狙擊手。有人猜測，阿絲瑪之所以

---

* 拉比亞清真寺的名字來自伊斯蘭蘇非派詩人巴斯拉的拉比亞（Rabia of Basra）。她是家中的第四個女兒，「拉比亞」的意思就是「第四」。

成為目標，是因為她的父親。

阿絲瑪死在拉比亞臨時醫護站的手術台上，連這過程也有YouTube影片。即便到了影片結束時，這名年輕女子仍整齊裹著紅色花紋的希賈布。她臉色蒼白，眼神平靜，用虛弱的聲音囁嚅著「*Ya Allah!*」——「真主啊！」。等到她的父親走進法庭上的籠子時，那段影片已經有超過五十萬次的觀看。沒有人因為這項罪刑而遭受指控。

＊＊＊

貝爾塔吉匆匆在紙上寫了什麼，接著舉起來貼著玻璃。另一位維安警員一個箭步，擋住了我的視線。剃光頭的那個埃及記者掏出自己的紙，在上面大大寫了兩個大寫字母：「CC」——「塞西」的縮寫。這記者抓著紙，高舉著手，咧著嘴笑，彷彿動物園裡嘲弄猴子的小孩。

穆爾西在將近十一點時現身。這一回他被迫穿上白衣，押解進入比較小的籠子裡。直到此時，法官都沒有打開籠內的麥克風。麥克風是由安裝在法官木頭桌子上的一個按鈕所控制。這種設置看起來完全就像上埃及官員用來叫人送茶的按鈕。

現在法官按下按鈕。這是我們第一次聽見被告的聲音：

軍事統治下台！

下台，下台——

法官又按了一下按鈕，講廳也跟著安靜下來。整段開庭期間都是這個模式：法官打開麥克風，籠裡的人呼口號，接著幾乎在喊出口的瞬間就被人關掉聲音。

我仔細往籠子裡看，看到許多我在革命的第一年時訪問過的人。哈贊姆・法魯克・曼蘇爾（Hazem Farouk Mansour）就在裡面；二〇一一年，他在角逐國會席次時向我保證兄弟會將贏得民眾的信任。「我們在地下運作了八十年，」他說，「現在我是在陽光下與你談話，你可以充分了解我。」籠子裡的他坐在索比意・薩勒赫身旁。我趁薩勒赫在國會大廈裡讓人擦鞋時和他會面，他就是在那裡承諾兄弟會將不會尋求總統大位。

許多身陷囹圄的人都衰老得誇張。我差點認不出拉夏德・巴育米（Rashad El-Bayoumi），這位兄弟會高層曾經在全國總會跟我說過話。伊瑪目沙夫瓦特・赫札吉（Safwat Hegazy）也蒼老許多。赫札吉遭到逮捕時，他的鬍子是染黑的，今天卻跟身上的囚衣一樣白。我曾經在穆西的競選活動中看過赫札吉，集會中的他就像某種薩拉菲派串場歌手炒熱氣氛。那時的兄弟會已經不再假裝要與人分享權力了。二〇一一年五月一場在伊斯梅利亞舉行的造勢大會上，我聽到赫札吉對少數群體的權利口出怨言。「沒錯，我們要掌握一切！」他大喊：「我們要掌握國會！我們要掌握總統！我們要掌握內閣跟部會首長！」他的聲音化為嘶吼：「多數就該掌權！不允許少數主張意見！」如今在牢籠中，他沉默頹坐。縱使他還有任何想說的話，也沒人聽得見他。他的臉看來又老又疲憊。

＊＊＊

案件本身相當荒唐。一開庭，法庭官員便發表了二十三分鐘的聲明，宣稱有八百名哈瑪斯與真主黨的成員非法進入埃及，夥同攻擊監獄。超過七十名巴勒斯坦人也以缺席審判的方式同案受審，他們全都被控「實施陰謀顛覆埃及政府及其體制」的罪名。此外，他們還被控從監獄的倉庫偷雞肉。其中一名巴勒斯坦被告哈桑・薩拉瑪（Hassan Salama）在過去二十年的每一天都待在以色列監獄中。另一位巴勒斯坦人夏迪・薩尼亞（Shady El-Sanea）在控方指控他協助規劃埃及監獄脫逃事件時，人早已經作古。

但荒唐正是案子一部分的重點。此舉將會削弱解放作為本土運動的論述，將兄弟會與潛伏的外國間諜掛勾，並將一件實際發生的歷史事件化為幻想。審理過程將近結束時，貝爾塔吉開始敲打籠子，於是法官按下了按鈕。

「要是真有八百名哈瑪斯與真主黨成員越過邊境，從西奈到開羅，造成發生的這一切。」貝爾塔吉說，「那這叫革命，還是叫軍事占領？」

控方律師口氣平靜：「根據對陳述的回應，貝爾塔吉承認此案屬實。」法官按下按鈕——靜音，幾名記者跟著鼓起掌來。但這下貝爾塔吉火冒三丈。他爬上籠子的金屬柵欄，試圖更靠近安裝在玻璃頂上的麥克風。籠子發出尖銳的聲響；貝爾塔吉正大吼大叫。法官終於按了按鈕。貝爾塔吉咆哮說：「從一月二十五日到一月三十日之間，到底是一場革命還是軍事占領？」

「我不談政治。」法官說。

「這無關政治！」

他們來回了幾次，最後法官按下了按鈕。他比劃著趕蒼蠅的手勢，觀審的人大笑。

＊＊＊

法官表示休庭後，我單腳跳起來，撐著枴杖，研究那個籠子。一名穿著藍色工人制服的人也在做一樣的事情。這人不高，禿頭，公司名稱縫在胸前橢圓形布章上。「你可以看出他們是怎麼裝的，裝在柵欄間，」他邊摸玻璃邊說，「到上面再接起來。」

我問他是不是要來修理籠子的哪個地方。

「當然不是，」他說，「我是修冷氣的。」

「冷氣怎麼樣了嗎？」

「喔，冷氣沒問題！」他說話的時候看起來很驚訝。「根本沒開冷氣。」

這很合理——現在是一月的最後一周。那他怎麼會在這？法庭禁止攝影機、錄音機和手機；被告的親屬不得出席；在場的外國媒體少之又少。結果大冬天的居然有冷氣修理工混在埃及記者與伊斯蘭主義者律師之間。我想，我也得問問他的看法。

「你對這籠子有什麼看法？」我問。

「我覺得這不對，」他說，「應該讓他們講話，對不對？」

等到審判繼續，他就直接坐在我前方。接下來兩小時，他都聽得很仔細。我實在想不出這人怎麼會來，但我覺得法庭裡有這位冷氣修理工還挺不錯。很開心看到有人如此密切關注。

＊＊＊

二〇一四年三月，塞西終於發表聲明。聲明中並未將他的舉動描述成追求志向，或是經過個人反思或仔細商討後的結果。從塞西講話的方式來看，他是別無選擇；這個決定就跟入夜後來臨的夢境一樣被動。他說：「多數人希望我競選總統的時候，我不能置之不理。」

Chapter 17

每當政府機關需要聯絡薩伊德，就會寄封信到「H自由」販賣亭。這實在很神奇——上面印的地址條只有他的名字、販賣亭的名字，和路口這兩條街的名字。但在這個一千七百萬人的村子裡，這樣寫就夠了：四個名字，沒有數字。販賣亭老闆把信讀給薩伊德聽：

司法部

阿朱札（Agouza）辦事處

主旨：處理家事問題

敬啟者：

請您於下周二早上十時至阿朱札辦事處處理家事問題……。

薩伊德完全曉得這封信的意思。「真主啊（*W'allahy*）！她真動手了！」他說。「她訴請離婚。她知道在販賣亭可以找到我。」

* * *

薩伊德已經在車庫睡了大半個冬天了。幾個月過去，他人看起來愈來愈糟，平常吃飯幾乎都在街上解決。每當他路過我們家，萊絲莉和我會把剩菜給他，然後一起聽他抱怨。薩伊德幾個月沒見到孩子，但他篤定他太太打官司只是種協商戰術。就他看來，最好的回應就是寸步不讓。他拒絕付任何錢養孩子，直到他太太不再爭吵為止。

但如今出庭時間已經安排好了。第一次出庭前一晚，薩伊德想找自己的律師，而我陪著他去。

這個律師也代表薩伊德的妹妹，幫她跟分居且惡魔纏身的丈夫交手。律師的辦公室位於利瓦最髒的地方；我們得小心下腳，才能穿過一堆堆腐爛的食物。薩伊德解釋說，這附近從二〇〇九年的豬隻大撲殺以來就是這樣。「札巴林人把他們以前拿來餵豬的垃圾丟到這裡來。」他說。

在一棟老舊建築物的一樓，有扇門上掛了招牌：「撤銷法院律師」（Cassation Court Lawyer）。入內後，這地方相當乾淨，書架上擺了一排精裝本法律書籍。一架天秤擺在房間中央的桌上展示，相當顯眼。整間辦公室裡仔細擺了小小的宗教標語牌：「以先知之名祈禱」、「萬物非主，唯有真主」。我們在面對律師桌子的紫色塑膠草坪用摺疊椅上坐了下來。

他拉開一個抽屜，拿出一疊法律文件。其中一份上面用迴紋針夾著瓦希芭的照片。

「這是你太太，還是惡魔？」律師問。「你知道她打算做什麼嗎？她要訴請法定離婚。」

這位律師很矮，看不見脖子，說話的時候身體往我們傾，肩膀聳到耳朵的高度，彷彿準備拿自己的腦袋去撞任何擋路的東西。「你必須告訴我，你是想讓大門保持開著，還是想關起大門？」他說得不留情面。「你們已經結婚十年，所以你得付兩年的贍養費。假如你離婚，就會花你兩萬六千塊。我得知道——你要不要我保留協商餘地？」

「不要。」薩伊德說。

「那我們就關門囉。」

「嗯，」薩伊德語帶猶豫，「也許我可以協商。」他看起來很緊繃；過來辦公室這一路上他都在活動自己的下巴，彷彿嚼著什麼他吞不下去的東西。他眼袋都出來了，而且身上依舊穿著他那套髒兮兮的工作服。

「只要她有百分之一的機率改變心意，那我就建議不要離婚，」律師說，「我恨離婚！我問你，她得到的對待能不能改善？」

薩伊德詳細描述各種衝突的緣由：他太太把房子登記到自己名下的做法，以及和她妹妹的爭執。他談到那些羞辱人的簡訊，接著便拿手機點開一則。律師睜大了眼。

「她說你是狗！」他說，這下子協商——那扇開著的門，那百分之一的機會——就沒了。「要是她是我老婆，我對真主發誓，我一定會開槍打她。『碰』，我發誓！」他搖搖頭。「她知道你沒法出現在法官面前。她的律師知道你忙到沒時間出庭。而且他們覺得你會找個收費五十鎊的爛律師，而不是向我這樣的好顧問。她們就是這麼盤算。你知道嗎，約瑟在埃及被關了七年耶！」

薩伊德似乎被這個天外飛來一句的經中故事搞迷糊了，但律師還在放連珠炮。「我關心的，也是法律關心的，就是紙本作業。」他邊說邊揮舞著文件。「法律無心。法律有腦，這腦就是文件。而這份文件上說她不能跟你生活，她受不了你。」

薩伊德說：「就算這樣，我還是不想羞辱她。」

「薩伊德，這就是愛！」律師堅決表示他心太軟，接著又拿出另一張紙。「你看看！」

「我不識字。」薩伊德說。

「她用髒話罵你！她寫了這些——好好看看！」

「我不識字。」薩伊德說。

律師沒有注意。他揮著紙，彷彿薩伊德已經看懂。「她羞辱你！她告了三個案子。每一個都是路上的減速丘。她的目標就是要讓你無法前進，或者就算你往前開，也會進退維谷。」薩伊德看起來承受不住了，但這個律師當下似乎沒有感受到他的焦慮。律師花了十分鐘時間平靜地問問題，確認形形色色的細節。他不時揮舞文件，薩伊德則答一樣的話：「我不識字。我不識字。」律師問他一開始是誰安排婚事的。

「她住在我哥哥家附近，」薩伊德說，「我一看到她就喜歡上她了。」

「她會祈禱嗎？」律師問。

「常常。她圍尼卡布。」

「她圍尼卡布？」

「對。」

「真主保佑我們！（*Rabina yustor!*）別管外表——鬍子啊，尼卡布啊。一切在心。心才是最重要的。」

接著，薩伊德提到他太太為了養孩子，不久前到一間紡織工廠工作。律師眼睛一亮。

「工廠地址是？」他說。「告訴我，我就可以逮捕她！」他以凱旋的姿態揮舞瓦希芭的律師提交的其中一份文件。「上面說她沒有工作。你看，法律真美好！」

「她老是要求我讓她工作，」薩伊德說，「我告訴她，等我死，她才能工作。」

「所以她要求你讓她去工作？」

「對，但她當我是誰，小孩嗎？」薩伊德說：「我可以工作。我太太不需要工作。」

「你一定不會相信我看過的案子。」律師說。他描述另一位委託人——此人的母親一直跟自己的女婿調情。「她們這些念頭都是電視上看來的，」他說，「你太太，她是上埃及人，以前都跟在牛後面，」他繼續說，「她來到開羅，有了電視，看人家跳舞——就想要這一切。」

「我有兩台電視。」薩伊德相當自豪。

「我們有責任教訓她，」律師說，「假如我們有頭牛脾氣不好，我們要怎麼做？我們就給她穿鼻環。你的問題就是人太好。你心太軟。」

他提到瓦希芭聘的是個女律師，在他看來，這是個詭詐的策略。他料定法官是從艾資哈爾大學畢業的，他說所有艾資哈爾出來的人都很端正虔誠，一定會因為看到女人而不知所措。「只要這個女律師跟這個艾資哈爾法官講話，他一定會盯著地板，」律師說，「他會害臊，他會手足無措。」

但是，得知瓦希芭有工作，就是他們的在手王牌。按照法律，埃及女性有工作自由，但就伊斯蘭傳統而言她必須得到丈夫的允許。這種事通常會白紙黑字寫在婚約，那紙約束薩伊德與瓦希芭的協議就有提到。「我們去找工廠經理說，『你要嘛開除她，要嘛給我們她在這裡工作的證明』，」律師面帶微笑著說，「他非得照做。不然他的工廠就得關門大吉。」他接著說：「根據伊斯蘭教法，女人就像雞蛋。假如你有十顆蛋，你會怎麼收？你會讓它們隨便滾來滾去嗎？不會嘛，你會把蛋找個妥善地方擺好，放冰箱啊。女人屬於家。得到丈夫允許她們才能出家門，天經地義。你的所作所為是在保護女人。她可以吃喝，她可以享樂——她在自己家就是個公主！又不是虐待；又不是打人。又不像你把狗關家裡，繩子綁在牆上。她可以自便。」

現在這個律師進入哲學家模式，靠回自己椅子裡。就他看來，婚姻衝突常常是女人出外工作造成的。「有工作的埃及女人常常會拿丈夫跟同事比較，」他解釋道，「同事人都很親切，對她很好。結果她下班回家，丈夫卻說，『給我弄茶來，婆娘，婆娘。』問題就出來了。」

問題就出在這——不是因為丈夫叫自己的妻子是「婆娘」，而是彬彬有禮的同事拉高了標準。薩伊德聽得專注；他似乎平靜下來了。他提起自己妹妹的法律問題，還說附近有個木匠有時候會騷擾她，而且手腳不規矩。

「他有服用曲馬多嗎？」律師問。

「有，」薩伊德說，「他人沒有一刻是清醒的。他會在清晨四點跑去敲我妹妹家的門，講很多不堪入耳的話。」

「把他的名字和地址給我，我來處理。」律師說。他建議用提告的方式威脅那個木匠。他提醒薩伊德千萬別把對瓦希芭工作地方施壓的策略講出去。「祕密要保守在你的牙齒之間，」他說，「真主讓你有這樣的一張嘴，是為了守密！」他接著說：「你得放聰明。假如你在狼群之間，那你就得化為狐狸。」

「現在我是一頭狼。」薩伊德說。

「你是頭獅子！」律師說。

* * *

只要薩伊德跟這位律師見面，他都會提起跟家人或朋友有關的其他案件。薩伊德的妹妹有好幾個案子候審，同時也有幾個兄弟在跟法院打交道。其他我認識的札巴林人也會提到他們提告或試著辯護的法律糾紛。這些人做的都是地下經濟中的工作，住在跟政府機構毫無瓜葛的非法棚戶區。但他們似乎特別愛打官司。

不過，這些法律行動多半似乎跟家人或鄰居間的衝突有關，很少涉及更嚴重的社會或經濟權利問題。薩伊德完美適應一份沒有任何合約的工作，對於付錢給那些理應擁有他路線上收垃圾權利的人，他也毫無怨言。對薩伊德來說，這種口頭約定的傳統很容易接受——他從沒想過把律師帶進他的職業生涯中。可一旦是跟他太太的爭端，或是妹妹受鄰居騷擾的問題，找法律代表似乎完全可以接受。

政府事務中想必有相當可觀的量是這類衝突帶來的。拜訪律師之後幾天，一名警官到扎馬萊克找薩伊德談他的收入，因為瓦希芭提出財務支持的要求。各式各樣的法院與司法部門以穩定的速率將文件送到「H自由」，薩伊德則經常過河去政府部會報到。

每當我陪他去政府的家事法辦公室時，大多數的訪客都是試圖釐清自己碰上的是哪一種訴訟的男人。似乎採許這種行動的多半是女人，這或許是因為她們遭受虐待，又或者是因為缺乏其他形式的權力。

一旦男人進了這些辦公室，他們得打交道的多半都是女性職員。埃及只有大約四分之一的女性有就業，但公職是少數能讓保守家庭認為適合妻子與女兒從事的工作。一般認為這些工作壓力不大，也不會跟陌生男人發展出別人覺得不得體的那種交流。當然，公職沒什麼前景可言。由於公務部門的臃腫使然，公職薪水都很低，也沒什麼機會讓職員展現自己的技巧或創造力。

我從來沒看過這些女公務員像男公務員那樣索賄，但她們似乎讓薩伊德很緊張。一天早上，我陪他去位於印巴巴區（Imbaba）的家事法庭。從扎馬萊克過尼羅河，印巴巴就到了。薩伊德沒有換下他那身骯髒的工作服，他說這是種法律戰略。「律師告訴我，假如你穿舊衣，判決會好百分之十五。」他說。

我們排在一位顯然沒有人這麼建議他的男子身後。他穿整套西裝，講話像是受過教育的人。整間辦公室的職員都是女性，其中一人要求跟這位西裝男的律師說話。

「他沒有來。」他說。

「怎麼不來？」

「只是個小官司。」

「什麼小官司？」女子問。

「只不過是撫養孩子。」

「只不過是撫養孩子？」她挑起眉毛。「假如撫養孩子是小官司，那什麼是大官司？」

「嗯，離婚。」男子說。

薩伊德對我耳語，說這一切都得怪穆巴拉克政權修的法。他講得氣呼呼，彷彿修法是引發革命的其中一項不公義。「蘇珊·穆巴拉克幫女人發明了離婚，」他忿忿道，「她們可以訴請離婚、贍養費——一切都是因為她才發生的。」

我們繼續排隊。等到輪到薩伊德時，對口的職員——一名四十多歲的女子——以冰冷的方式招呼。她翻了翻幾張表格。「這個艾哈邁德·赫什馬提街的販賣亭是怎麼回事？」她說。「這寫在你的地址欄。門牌號碼幾號？你在那邊工作嗎？」

「我在街上工作，」薩伊德說，「我負責收艾哈邁德・赫什馬提街的垃圾。但那座販賣亭是我收信的地方。」

「街道地址呢？」

「那裡沒有地址。」

「不要玩花樣！」

「我沒有，」他懇求，「真的沒有地址。」

花了一番功夫之後，這名職員才相信販賣亭是聯絡他最好的途徑。她問了一連串問題作為他的部分證詞，最後才提起他是否同意離婚的主題。

「我不想離婚。」薩伊德說。關於這一點，他的律師有過諄諄教誨。只要薩伊德沒有要求離婚或是同意離婚，他在財務上對瓦希芭就沒有義務，而瓦希芭還得返還薩伊德起先為了共同生活所付出的大筆費用。對埃及女性來說，這是解除婚姻關係如此困難的原因之一。

職員記錄薩伊德在法律上相當精明的回答時，薩伊德卻忍不住吐出另一句意見。

「但她是個暴君，」他說，「她傷了我妹妹的一隻眼睛。」

「哦？她那麼壞，那你怎麼不跟她離婚？」職員話鋒尖銳。

薩伊德吃了一驚，但他回過神來。「我只能說，『真主是使我們滿足的，他是優美的監護者！』」他複誦起《古蘭經》中人盡皆知的句子。「你看，這就是我的工作服。我在垃圾堆裡工作。我清理街道。但一切我都要感謝真主；至少我的收入得到了應允（*halal*），真主的應允。」

「這並不丟人。」職員說。經文與他卑微的工作似乎軟化了她。「做這樣的工作並不違反教律。」她溫和地說。

就在他們談話時，瓦希芭也到了。家事法辦公室將丈夫與妻子安排在同一時間處理，於是職員請薩伊德先到一旁，她要向瓦希芭提問。

薩伊德從房間的另一頭看著。瓦希芭的臉圍著尼卡布，陪著她的是兩人的三個孩子，以及她的律師——是名年輕、亮眼的女子。這是薩伊德幾個月來第一次看到孩子。兩個男孩——齊祖與尤素夫（Yusuf）都很小，還不到七歲；他們緊抓著媽媽，看來嚇壞了。他們不停瞥著房間另一頭的父親。薩伊德的嘴繃著——他又嚼起那無法下嚥的東西了。

過了半晌，瓦希芭站到一旁，換職員把薩伊德叫過去。

「你太太想跟你離婚，」職員說，「你確定你不要就這樣離婚？」

「沒錯。」薩伊德的口氣明確。

「一旦她提訟，這案子她一定會贏，」職員說，「這是她的權利。」

薩伊德說自己了解。職員在表格上蓋章，寫上下一次出庭的時間。我們乘渡輪過尼羅河回扎馬萊克。那是個薄霧早晨，水就跟石板一樣灰。薩伊德看起來很震驚。「我心好痛，」他說，「我連跟孩子們打招呼都沒辦法。」我們在沉默中走回家附近。他直接走回車庫，想試著睡一下；他告訴我，以這種方式見到孩子們之後，他實在沒有力氣清運垃圾。

＊＊＊

薩伊德在晚上順道拜訪時，常常會尋求建議，但給建議在埃及向來是很困難的事。即便是對很容易溝通的馬努，我也不知道該說什麼好，畢竟他的問題沒有任何明確的解決方式。薩伊德的情況則不同：有太多行為上顯而易見的改變能改善他在家中的處境。但他的世界太過傳統，周遭人物的厭女心態又隨處可見，以至於萊絲莉和我的任何建議通常都成了耳邊風。

如今夫妻的衝突已經進了法院，我實在無法揣測局中人真正的目標。埃及人時常以迂迴的方式運用法律，箇中原因多少跟體系的混亂有關。傳統伊斯蘭教法的影響力仍強，對家事法尤其如此，但其他領域的成文法則是以歐陸法典為基礎。諸如女性離婚權等各種權利相當晚才出現在埃及法律中，而且雖然通常為法律所尊重，卻為社會所指謫。其他法律或傳統仍然發揮與上述改革相反的功用，例如要求妻子工作前必須徵得丈夫同意。

由於體系紊亂如斯，民眾因此找出其中的不連貫，加以利用。真正的基礎通常不是法律，家庭與信仰相關的其他傳統比法律更為深厚。法律工具常常發揮著另一種平行架構的功用，讓個人作為強化其他策略的方法。西康乃狄克州大學（Western Connecticut State University）的人類學家克莉絲汀・黑格爾—坎塔雷拉（Christine Hegel-Cantarella）花時間研究塞德港的法律案件，找出了一些運用法律的非正統方式。較窮社群中的年輕女性訂婚時，她的家人有時會要求未婚夫簽署一份商業文件。這種文件原本並非訂婚習俗的一部分，但卻能強化女性地位，因為任何破壞承諾的舉動都會變成刑法而非家事法案件。黑格爾—坎塔雷拉同時觀察到若干婚約一取消，正式的強暴控訴旋即隨之而來的例子。提告之後，遭到控訴的強暴犯同意迎娶受害者，受害者就會撤銷控訴。女性宣稱遭到強暴的陳述似乎不是保護自己免於性暴力的方法，而是協商的手段。

這些策略造成的眾多問題之一，就在於它們必然指向同一個目標：婚姻。離婚之恥如此強大，能夠在經濟上自給的女性又如此罕見，因此就連設計來讓她們從糟糕的婚姻中解脫的法條，也都有助於維持這種結合。女人用法律是為了抗爭，而不是逃脫。

薩伊德向來盤算瓦希芭並非真的鐵了心要一輩子分開。畢竟整套體系都對她不利。她在未經薩伊德同意的情況下出門工作，因此給他在法律上留了把柄，何況她也無法獨力養育三個孩子長大。經過幾個月的出庭，就在離婚即將成真的前一刻，她撤銷了對丈夫的所有指控。

＊＊＊

薩伊德一度似乎有所改進。我猜，換作其他許許多多的埃及男人，恐怕會膽子大起來，懷著報復心，不過他性格並非如此。我看得出，雖然他用這種方式對待自己的妻子和孩子，但他也是真心關愛他們。案件撤銷之後，他回到家，瓦希芭也不再到紡織工廠上班。她以前總抱怨他在扎馬萊克待太久，如今他似乎在努力改變。我後來再也沒有看過他晚上還待在附近。到了周末，他偶爾會帶著長子齊祖到扎馬萊克，讓小男孩幫他一起收垃圾。這是對瓦希芭的又一點讓步——瓦希芭告訴薩伊德，他得多花點時間孩子相處。

然而，薩伊德終究故態復萌。只要夫妻倆吵架，他就睡去車庫；要是愈吵愈兇，他就扣住錢。有那麼一次，瓦希芭隻身前往扎馬萊克，對附近幾位德高望重的人物抱怨薩伊德不養家的事。其中幾人——包括「H自由」的老闆——厲聲叫薩伊德承擔自己的責任。但薩伊德輕輕鬆鬆就吸收了上一回法庭攻防最顯而易見的體悟——占上風的是他。

其中一次爭吵的高峰期，我開車載他到上埃及，再度走訪他母親的故鄉華斯塔村。到了華斯塔村，我們在農田附近散步，經過幾年前那位原本盼望當薩伊德的表妹孩提時的家。她人正好走出來，但薩伊德沒有以正式的方式打招呼；兩人在一段距離之外，以最短的揮揮手表示認出了對方。

「我不能跟她講話，」薩伊德等到我們離開了對方聽覺範圍的距離才說，「這樣不合適。」他一邊走，一邊告訴我她的故事：這個表妹嫁給了一個婚後會家暴的男人。她忍了他的行為幾年，才終於跟他離婚。如今她帶著年幼的孩子們，住在自己父母家。

「她會一直待在家裡，」薩伊德說，「她不會再嫁了。」根據埃及法律，再婚對女人來說風險很大，因為她的前夫有可能要求獲得孩子的監護權。一般人認為孩子跟陌生男人同住屋簷下並不合適，就算男人如今成了繼父也一樣。另一方面，孩子跟繼母住就沒有問題。這是傳統對男人偏心的另一種方式。

我們那次造訪華斯塔不久之後，她表妹便死於一場車禍。消息震驚了薩伊德，他常常談起這事，但他卻沒有花兩小時回鄉參加喪禮。他告訴我，不能因為他們原本可能婚配的過去而這麼作。我實在很難想像比這更悲傷的人生：一場短暫、殘酷的婚姻；一段離群索居的離婚生活；一場突如其來的意外死亡。即便到了死後，傳統依舊限制著哪些人適合向這位已成回憶的可憐女子致意。

Chapter 18

我第一次前往馬臘威時認識了葉達。在這之後，我便開始尋找其他在上埃及的中國商人。葉達提過有個堂親在敏亞，所以我下一回去那座城市時，便前往市區的蓬市。市集入口寫了一段警告人「勿心生嫉妒」的古蘭經文。進了市場，走到底之後，有一家叫「中國女用內衣角落」（Chinese Lingerie Corner）的店，經營這家店的就是葉達的堂親葉海軍（音譯）和他的太太。他們兩人告訴我，城裡另一區還有第二間由中國人擁有的店面，於是我也拜訪了那第二間店。

此時，我對於在埃及道路上開車已經愈來愈有信心，也常常自己一個人開著那輛 Honda 到南邊的考古現場。我先走訪一處遺址，接著在返回開羅之前，我會花一兩天時間找旅居埃及的中國人。他們通常不難找。艾斯尤特是座散亂延伸的城市，我一抵達這個將近四十萬人的家園的外圍，便把車停好，對著第一輛我看見的計程車招手。我只需要問司機一個問題：「你知不知道城裡有沒有中國人？」

司機毫不猶豫。他招手叫我上車，車子一路沿著艾斯尤特的河濱道路行駛，經過面對尼羅河的中央政府大樓。河面平靜而寬闊；河對岸則是沙子色的陡峭、光禿沙漠高原斜坡。司機在市中心連串的小巷間穿梭，接著把車停在一家店門口，招牌寫著「Linjer Seenee：中國女內衣」。另外兩家店——「China Star」（中國之星），與「Noma China」（諾瑪中國）相距不到一個街口。

這三間店連同敏亞的兩間，以及馬臘威唯一的一間，都是由浙江出身的人經營的。這幾家店賣的都是一樣的商品，大部分價格不貴、顏色俗麗，而且超級不實穿：屁股部分鏤空的漁網內衣、只能遮住一邊乳房的睡衣、用羽毛裝飾的丁字褲，以及用懸在鏈條上的塑膠金幣妝點的透明女上衣。品牌名通常寫成英文，熱銷的幾個牌子有「Laugh Girl」（微笑女孩）、「Shady Tex Lingerie」（隱織女內衣）、「Hot Love Italy Design」（熱愛義大利設計）和「Sexy Fashion Reticulation Alluring」（性感流行網誘）。

住在這些城市的外國人少之又少。偶爾會有敘利亞商團經過，考古季時也有一些西方人住在遺址地點，除此之外就只有中國人。我在靠近薩伊德老家華斯塔的拜尼蘇威夫城找到兩名浙江來的內衣商人，他們和一群敘利亞商人共同經營一處叫「敘利亞市集」的蓬市。至於距離阿拜多斯以北三十英哩的索哈傑城，另外還有兩對夫婦在賣丁字褲和睡衣。他們說，自己之所以到這麼遠的地方，是因為北邊已經有太多中國人做一樣的生意了。

在這綿延三百英哩長的尼羅河上埃及段沿線，我一共找到二十六名中國女性內衣商人：索哈傑四人，艾斯尤特十二人，馬臘威兩人，敏亞六人，以及拜尼蘇威夫兩人。另外還有三人才剛離開遙遠的拿戈瑪第城，當地市場仍舊掛名向他們致敬：「*al-M'arad al-Seenee*」——「中國市場」。這感覺就像在調查掠食性的大型貓科動物領地：在尼羅河河谷，中國內衣商人群聚通常間隔三十到五十英哩，至於每一群的規模則視當地人口而異。開羅的商機大到足以支持數十名商人。我在埃及首都認識了董衛平（音譯）。他告訴我，自己在埃及有四十多名親戚，大多數在開羅與亞歷山卓，賣的都是董家的產品。他在東開羅有家小廠房，生產以「杭州」（Hangzhou）為品牌名的女性內衣。董衛平說他之所以選這個名字，選了寶塔圖案作為商標，是因為埃及人認為中國製女內衣品質上佳。

人在開羅的中埃商會會長陳建南以前也是女性內衣商人。每一個非洲國家的首都基本上都有類似商會，協助中國生意人跟當地政府打交道。陳建南出身浙江，但他在開羅已經住了十五年，講著一口流利的埃及阿語。他秉持老開羅人的精神，以戲謔的方式運用這種語言。

「你是穆斯林嗎？」我一進他辦公室，他就這麼問我。

「不是。」我回。

「萬贊歸主！」他說。接著他把手往辦公桌下探，撈出兩罐半公升鋁罐裝的薩卡拉（Sakara）啤酒。他把其中一瓶推到我面前，開了另一瓶給自己，接著遞來一張名片。名片上有十二個不同頭銜，除了中埃商會，他還是個什麼「埃及中國和平統一促進會」（Egypt-China Peaceful Reunification with Taiwan Association）的會長。他有一間工廠生產鞋子，一間做聚氯乙烯窗框，另外也組裝太陽能板。在埃及的這一切商業活動都是從女性內衣起家的。當我問他是怎麼想到「女性內衣」這種商品能大賣時，他說的內容完全跟市場研究或市場策略無關。

「有些人做生意時著眼點就是不一樣，」他聳聳肩說，「就像獵人。獵人到野外，鎖定了兔子、鹿，還是什麼別的動物，他曉得自己要找什麼。做生意也是這樣，他看的是人家缺什麼。」

* * *

上埃及的中國女性內衣商人有其時間觀。他們跟多數中國人不一樣，睡得很晚；他們下午開店，過了半夜才打烊。多數的生意都是晚上上門，而且比起冬天，夏天才是旺季。拉瑪丹月的銷量尤其高，宰牲節（*Eid al-Adha*）也是。他們不過春節——尼羅河沿岸的人不過這種中國節。還有其他日子能刺激顧客上門：元旦、先知的生日，以及母親節。

但情人節才是最無與倫比的。我喜歡在忙碌的晚上到店裡去，這樣才能觀察中國人跟埃及人的互動。有一年情人節，我特別開車去艾斯尤特，為的就是到那間叫「中國之星」的店過節。就在昏禮禮拜的宣禮聲響起前，一位教長踏著方步走進店裡。他身形高廣，五官結實黝黑，穿著綠松石色的罩衫，披著兩條厚紗圍巾，包著白頭巾。兩名圍尼卡布的壯碩女子跟在他身後。

時不時會有其中一名女子拿起衣服給教長過目，教長則以搖頭表示自己的意見。她們找到兩件商品是他點頭的，都是成套的丁字褲與薄紗透明內衣，一套紅，一套藍。我和這位教長在她們購物時閒聊起來，他告訴我，自己是為宗教捐獻部（Ministry of Religious Endowments）服務，工作內容則是清真寺的查核。他親切健談，但完全沒有提到這兩名女子。這是南方的習慣——上埃及人不太對陌生人提起家中的女性。以這位教長和兩名女子來說，我說不準他們的關係，這是尼卡布造成的問題之一。面紗讓人難以猜測女子的年紀或表情，而這必然會留下豐富的想像空間。這兩位女子是教長的妻子嗎？是一人穿紅，一人穿藍，專為情人節而穿嗎？

教長開始向陳亞英（音譯）——也就是那位和先生一起經營這家店的中國女子——詢問衣服價錢。夫妻倆讓人家稱呼自己是琪琪（Kiki）與約翰，這樣埃及人比較好發音。琪琪二十四歲，但從外表看，說她是個好學的中學女生也會有人相信。她戴方眼鏡，綁著鬆鬆的馬尾，嬌小的身材勉強搆到那位教長亮藍色的胸膛。

「這中國做的。」她拿起其中一套丁字褲與睡衣的組合，用口音很重的阿語說：「品質很好！」兩套衣服總價兩百鎊，但她打折到一百六十鎊，折合美金稍微比二十元多一點。教長表示一百五十鎊，而且拒絕討價還價。他們以埃及人的不殺價方式交手了一陣子：一百六十鎊，一百五十鎊，一百六十鎊。等到宣禮聲響起，他們還在為那十鎊意見分歧。

祈禱聲很響亮——伊本・卡塔布清真寺（Ibn al-Khattab Mosque）就在店的隔壁。「我得走了，」教長一面說，一面想把錢塞到琪琪手中，「我是教長！我得去禮拜。」

但這位中國女子擋住他的路。她輕拍他那隻拿著現金的手。「還差十鎊！」她語氣堅決。

教長佯裝驚訝，雙眼圓睜。當地婦女絕不會對陌生男人有這種身體接觸，但琪琪的中國人身分卻讓這一拍成了滑稽的表現。現在輪到教長出招了：他大動作面朝麥加方向，閉上雙眼，伸出雙手作勢禮拜。人還站在女用內衣店中央，他就開始誦讀。

「行了，行了！」琪琪說。教長離開時嘴都笑開了，兩名女子則跟在後頭。琪琪後來告訴我，她確定兩名女子是教長的母親和妻子。在我看來，她的說法讓故事劇情大大轉向，但趣味一分不減。只是對於這件事，琪琪不打算多說什麼。對她來說，成交的那一刻，故事就結束了。

＊＊＊

中國商人鮮少揣度他們的埃及客人。除了女用內衣之外，他們也賣類似睡衣的質輕服裝，南方婦女在家時會穿。當地熱得要命，夏天溫度常常達到攝氏四十三度——但道德標準卻要求女子在公開場合穿一層層的厚重衣物。她們買這些輕柔的衣服，一離開陌生男子的視線就馬上換上。中國人的店之所以賺錢，這就是原因之一：埃及婦女確實需要兩個衣櫃，一個裝家居服，另一個裝外出服。

但中國人多數的生意還是來自女性內衣。琪琪說，有些當地婦女一個月會到店裡好幾次，她還知道有幾個人買了超過一百套的睡衣與小褲。「中國之星」和所有中國人開的店一樣，常常會換新貨。我三催四請，希望他們分析一下這種需求時，他們常常說這是因為埃及男人性好漁色，此外也會提到公共場合穿著方面的限制。「要是你從來沒有機會打扮，是會讓人心裡難受的。」艾斯尤特的另一位商人陳歡泰（音譯）這麼說。「而且，她們出門非得穿這麼多衣服，所以在家就會穿這類衣服，讓自己看來漂亮一點。」這種理論恐怕有幾分真實：外衣保守，使得埃及女性更講究外人看不見的另一套衣服。

但這個主題引不起中國人的興趣。他們多數人受過的正式教育不多，也不認為自己正參與某種文化交流。對於宗教議題，他們抱持道地的不可知論，似乎對此沒有預設立場或被動接受灌輸的觀念。「那幾個掛十字架的人——他們是穆斯林嗎？」葉海軍有一回這麼問過我。他在敏亞已經住了四年，當地宗教衝突之嚴重，導致好幾間科普特教堂在拉比亞大屠殺之後遭人縱火。另一次談話時，我意識到在他的腦海中，園希賈布的女子跟圍尼卡布的女子信奉的是不同的宗教。這不無道理：他注意到兩者在穿著與行為上的差異，所以他以為她們信仰不一樣。「伊斯蘭」這種一神信仰標籤，對他們來說毫無意義。

起先我實在難以置信——中國商人對於自己身處的文化環境認識之少，好奇心之低，居然還能生存下來。連他們找出這種不尋常商品線的過程也是意外。在艾斯尤特，為這個小小中國社群打頭陣的人是琪琪的父親林翔飛（音譯）。一九八〇年代之前，林翔飛在浙江某個半畝大農場長大，貧困迫使他在升上小學五年級之後輟學。他搬到北京，其他國家的買主到這個地區從事成衣貿易，他在買賣中頗有斬獲。但一九九七年亞洲金融風暴之後，林翔飛的客戶多半不再前往中國。

他聽說家鄉有些人已經去了埃及，而且生意有成。於是他研究地圖，決定到艾斯尤特落腳，因為艾斯尤特是該地區人口最多的城市。北京的阿語課學費太貴，於是他轉而報名英語課。

「我知道自己必須是當地唯一的中國人。」當我問他為何選擇艾斯尤特時，林翔飛如此回答。「假如我留在開羅，開羅就會有更多中國人，那我就得面對更多競爭。」

到了艾斯尤特，他先在一處蓬市弄了個攤位。起先他賣三樣中國製品：領帶、珍珠和內衣。之所以選擇這幾樣東西，不是因為他知道這對上埃及人有什麼特殊吸引力，而是因為尺寸。「它們很容易就裝進公事包裡。」林翔飛解釋道。

他很快便意識到，艾斯尤特當地人鮮少對珍珠有興趣，也沒有人會穿罩衫打領帶，但女性內衣銷量倒是一飛衝天。林翔飛一再往返中國，把女性內衣裝進行李，之後更開始把裝滿內衣的貨櫃裝船運過印度洋。他的妻子陳彩梅（音譯）過來埃及，最後兩人遷出蓬市，租了間不錯的店面。

根據林翔飛的說法，這就是故事的全部，而他對於自己的成就也並不特別自豪。他用的詞是「素質」，字面意思是「品質」，但其實帶有「高下」的言外之意。「要是我素質高一點，就能待在中國了，」他說，「只有素質不高的人才會來這種地方。」這種看法在女性內衣商人之間相當典型，但他們卻和許許多多的浙江創業家一樣，是橫向產品轉移的大師。來到上埃及賣女性內衣之前，有人在敘利亞賣過冬季大衣，有人在亞塞拜然作營建物料生意，還有人在東海養螃蟹。在每一個故事裡，他們都是因為同一個理由而離開——太多中國人出現了。「我曉得，只要我去個像這裡的鳥地方，就不會有別的中國人。」索哈傑的一名商人說。但就算是索哈傑，馬上又有兩名浙江商人現身和他競爭了。

* * *

我在上埃及從來沒遇過認真學阿語的中國人。事實上，他們當中甚至完全沒有人手邊有本漢阿辭典、片語書或課本。他們完全憑「聽」來學語言，結果則相當獨樹一幟——我漸漸把這視為一種「女內衣方言」。如果講女內衣方言，連男人也會用女性的口吻說話。官話和中國其他方言沒有性別變化，做生意的人很難掌握阿語中陽性與陰性之間的分別。大多數上門的顧客是女性，因此這些中國人自然採用了她們說話的方式。

女內衣方言中有個重要的片語「*fee wessa'a*」——「有大尺碼」。中國商人常常講這個片語。埃及人以大為美——尤其是南方，個頭大的人通常有種與生俱來的魅力。他們和許多地中海地區的民族一樣，經常比手勢。對話時，埃及人會模仿禮拜的動作，或是摩擦自己的手指來暗示「錢」，或是拍拍自己腦袋、轉轉眼珠子，表示「瘋狂」。我最喜歡的埃及手勢是把手指併攏，然後緩緩往下移動，彷彿把熱氣球拉回地面。這意思是「冷靜」。

中國人就不是這樣。他們講話時鮮少比手畫腳，也會因為不自在而避開身體接觸。典型埃及男性友人之間的問候方式是親吻臉頰，大力擊掌讓手掌發出「啪」的聲響，這在中國簡直就是騷擾了。每當我坐在「中國之星」裡，觀察埃及人跟中國人的互動，我實在想不出有哪兩個文化彼此間能差距更大。

可不知怎麼，這些差距對於女性內衣買賣卻是天作之合。中國人沒有那種大塊頭，讓他們不至於在埃及婦女找貼身衣物時造成干擾。中國男子以女性口吻說話也有某種讓人卸下心防的效果，而他們也不用假裝缺乏性趣。他們對於埃及文化和傳統懂得少，關心得更少，這似乎讓顧客更自在。在這個遙遠的地區，「缺乏文化意識」實際上卻成了一種有效的商業策略。

中國人開的店常常雇用當地年輕女子作幫手。在南方的傳統地區，女性就業尤其罕見，多數的助手都是因為家中處境使然，而不得不找工作。來到敏亞，名叫拉夏・阿布杜勒・拉赫曼（Rasha Abdel Rahman）的女子早在近十年前母親過世、父親在車禍中傷殘後，就開始到「中國女用內衣角落」工作。拉夏有四個妹妹，截至此時，她所掙的錢已經足以為其中三人的婚姻支付嫁妝。二十七歲的她仍然單身。我懷疑是因受雇於女性內衣店而有損名聲之故，畢竟上埃及男人多半強烈反對婦女就業。但事實上，她是為了四個妹妹而犧牲自己。

拉夏曾經在兩間不同中國人開的店工作過。她說，有了這樣的經驗之後，她再也不會為埃及人工作了。她描述的中國人既直接又誠實，而她也很欣賞中國人跟當地八卦網路保持距離的做法。「他們口風很緊。」她說。

在她的社群中，有許多女用內衣店是由埃及人經營的，但拉夏說當地男人賣東西從來無法像中國人一樣高效。「我沒法描述他們怎麼辦到的。」她是說中國人。「但他們可以眼睛看商品，拿給女人，就這樣。埃及男人會眼睛看商品，打量女人，接著他很可能就會對人家的身體開起玩笑，或是直接大笑。接著她談到前一個中國老闆。「他賣東西時心裡沒有想別的，」她說，「你買東西時，對賣東西的人有什麼念頭總有點感覺。就中國人來說，他們腦裡不會去想女人的身體。」

＊＊＊

女內衣方言中最重要的字是「*arusa*」，也就是「新娘子」。中國人發音會念成「阿魯莎」（alusa），而且他們常常使用這個字；在開羅，會有中國人用大袋子裝滿衣服和內衣，在不同地區挨家挨戶叫賣，叫賣聲就是「阿魯莎！阿魯莎！」在中國人開的店裡，老闆用「阿魯莎」當作標準的稱呼，來招呼任何上門的女性顧客。

回來說情人節這天，一襲綠松石色衣服的教長離開後不久，就有一位「真正」的「阿魯莎」走進「中國之星」。她十九歲，婚禮安排在下半年。從旁陪著這位「阿魯莎」的人有未婚夫、母親，以及十六歲的弟弟。琪琪開始從架上挑衣服。

「『阿魯莎』，這件要不要？」她一面說，一面拿出一個上面標著「春蝶性感網衣」的盒子。先是由「阿魯莎」端詳這件網衣，接著傳給未婚夫，再傳給媽媽，最後傳到弟弟手上。盒子上印了兩張照片，正面與背面各一張，是一名斯拉夫人長相的模特兒，腳踩高跟鞋，穿著從脖子到腳踝的蕾絲緊身連身網衣和丁字褲，表情若有所思。正值青春期的弟弟端詳這個盒子良久。最後盒子進了那堆「核可」的衣服裡。

在埃及人的婚姻中，雙方負責出錢的物品會明定在婚約中，而衣服和女用內衣就是「阿魯莎」部分的責任——這就是女性內衣市場之所以如此重要的原因之一。我在開羅認識的製造商董衛平告訴我，除了自家工廠的生產之外，他每年還得從中國海運十個貨櫃的女性內衣。那位「阿魯莎」和她的家人在「中國之星」花了一個多小時，挑了二十五套睡衣與內褲套裝，另外買了十套內衣、十件胸罩與一件性感網衣。那位母親付的金額相當於三百六十美元，對於艾斯尤特這個窮中之窮的埃及省分來說，可是一筆大錢。她說，他們準備在婚禮前再光顧兩、三間服飾店。

他們是相當熱情投入的血拚客。過程中，當琪琪展示某件睡衣時，他們甚至自動報以掌聲。「你們覺得呢？」琪琪問的時候，手裡拿的是一件透明上衣加上粉紅色丁字褲的套裝。

「真主啊，這衣服真美！」未婚夫說。他在艾斯尤特擔任律師，而他的「阿魯莎」則在大學讀法律。她能言善道，衣著得體，還披了一件厚重的綠色大衣。她的希賈布以保守風格緊緊繫在下巴處。

他們這種傳統中上階級家庭給我留下深刻印象，而這場購物行動中似乎完全沒有違和之處。說實話，他們購物的氣氛既純真又歡樂，「阿魯莎」絲毫沒有表現出一點難為之情。我保證，即便是最有自信的美國女子，對於跟自己的未婚夫、母親和青春期的弟弟一起逛內衣店也會感到不自在，何況在場還有兩個中國人老闆、老闆助手和一個外國記者。我在上埃及的其他店家也看過相同場面，「阿魯莎」總是由友人或家人陪伴，整個過程幾乎不跟性聯想在一起。

而且，身為「阿魯莎」，多少也是需要觀眾的。中國商人有時會告訴我，埃及女子買這些衣服是為了在晚上跳肚皮舞給丈夫看——我懷疑這個理論是從電影看來的，跟真實的行為無關。但從打比方的角度來說，這說不定是真的。每當我看到有任何「阿魯莎」跟朋友或家人一起來買內衣，我總覺得這名女子是在台上表演，為未來的角色作準備。

回來談「中國之星」，我問那位母親，她女兒婚後會不會從事律師工作。「當然不會！」她說。「她會待在家裡。」她的口氣相當自豪，就跟薩伊德和其他男人提到自己的太太不用工作時如出一轍。在埃及阿語中，「阿魯莎」（*arusa*）的另一個意思是「娃娃」——小孩子用這個字稱呼他們為之穿脫打扮的玩偶。

＊＊＊

正當林翔飛和陳彩梅打造他們的「中國之星」事業時，他們也注意到艾斯尤特到處都是垃圾。他們不是第一個有這種觀察的人，卻是最早引進聚對苯二甲酸乙二酯瓶罐碎片清洗流水線的人。他們用江蘇生產的機器將塑膠瓶絞碎、清洗、乾燥，接著再用高溫將之磨成粉狀，當成回收物料來賣。

根據林翔飛的說法，塑膠只不過是另一項橫向商品轉移。「我看東西丟得到處都是，就決定來做回收。」他說。他回到浙江省南部，參訪幾間發展成熟的回收場，並研究機械設備。為了組裝設備，他付錢請一位中國技師到艾斯尤特待了幾周，但林翔飛的目標是自己處理大部分的維修工作——如同他的阿語，他在工程或製造方面從未受過任何正式訓練。

工廠蓋好後的某一天，一台工業研磨機出了問題，於是林翔飛把機器關掉。他把手伸進機器裡。當他摸到刀刃邊緣時，有個工人把機器又打開了。

林翔飛在艾斯尤特大學附設醫院的病床上躺了二十天，因為刀刃把他給捲進機器裡。他的右手五處骨折，一大片皮膚被扯了下來，肩膀、脖子和臉也受到嚴重割傷。埃及醫生從他的左大腿取皮膚移植到右手，手術花了八小時。等到林翔飛狀態穩定到可以出遠門，他便飛回浙江南部，復健了幾個月。之後重返艾斯尤特，重新研究機械設備。

林翔飛和陳彩梅的回收廠成為上埃及第一座塑膠瓶回收單位。林翔飛處理機器，陳彩梅則照管生意中跟錢有關的諸多方面。不久後，人們開始從遠至亞斯文的地方把瓶罐運過來，工作量遠超過回收廠所能處理。這間工廠位於艾斯尤特市西邊沙漠中一個小小的工業區裡，我第一次拜訪時，等著回收的瓶罐堆到超過一層樓高。

回收廠每天能清洗、磨碎四噸的塑膠。廠裡雇了三十人，林翔飛把處理過的物料賣給開羅的其他中國人，讓他們拿去生產絲線。這些絲線之後會再賣給女用內衣製造商董衛平在內的埃及成衣業者。每當有人把塑膠瓶丟在艾斯尤特路邊，這個瓶子就有機會經過中國人三個階段的加工與製造，之後化為女性內衣回到城裡——賣的人還是中國人。

林翔飛右手的皮膚就像橡膠，臉上滿是嚴重的疤痕。右手雖然無法行動自如，但對林翔飛的工作影響不大。當我問起在當地醫院接受的醫療照護水準時，他聳了聳肩。「只花一萬鎊而已。」他說。價格對他來說似乎挺划算——相當於一千五百美元。對他來說，那起意外他只怪自己。「我太蠢，」他說，「我受的教育不足以幹這活兒。」

林翔飛和陳彩梅靠著這間回收廠，一年淨賺五萬到二十萬美元。這樣的成就導致一位艾斯尤特生意人從這對中國夫婦這裡挖腳了幾名工人，開了上埃及第二間回收廠——但其實南方的塑膠瓶多到足以讓兩間公司都能生意興隆。

林翔飛與陳彩梅住在廠房樓上，生活在嘈雜的機器聲響中。他們家就跟我拜訪過的每一個上埃及中國業主的家一樣，用塑膠摺疊椅當家具。牆上唯一的裝飾是時鐘，他們有一架舊的國際牌電視，而他們的埃及製小耳朵接收的則是中國中央電視台。只要人在家，他們就一直看央視。他們跟當地的科普特基督徒買豬肉——中國人什麼都不需要就能生活，不需要鄰居、朋友、家具，卻不能沒有豬肉。

林翔飛才五十出頭，但看起來還要老十歲。他常常抱怨胃痛。他們這一輩的中國老闆跟生意夥伴應酬很多，他也不例外。他話不多。有一回，他開著自己的 Nissan 老爺車載我穿過艾斯尤特，我隨口問他埃及最大的問題是什麼。他的回應中蘊含的力道令我吃驚。

「男女之間的不平等，」他不假思索回答，「這邊的女人只會待在家裡睡覺。假如埃及想要發展，第一件事就是解決這個不平等問題。中國在革命之後就是這麼幹的。」他經常提到這一點，強調中國婦女不久前同樣也是與世隔絕。十九、二十世紀之交，有錢的中國男子妻妾成群還是常見的事，婦女也很少在工作。中國人以前也有和女陰殘割等級相當的「纏足」——弄斷女孩子腳掌的骨頭，長大後一輩子痛苦地纏起來。包括「五四運動」在內，二十世紀初許多政治運動都反對這種習俗，後來共產革命將纏足就此終結。就林翔飛來看，埃及還在等待一場真正的革命。「簡直浪費天賦，」他說，「看看我家——你看過我太太怎麼工作。沒有她，我們就不會有這間工廠。還有我女兒經營店面。假如她們是埃及人，這些就都不能做了。」

* * *

在上埃及，幾乎所有中國女用內衣店都是由夫婦共同經營的。這種安排功效極佳：丈夫跟埃及男地主和供應商打交道，妻子則與女性顧客有更親密的互動。我在「中國之星」曾經好幾次看到同一位埃及婦女背對約翰與我，然後揭開自己的尼卡布，好讓琪琪能一窺她的真面目。這種方式能建立更私人的關係，但如果是男老闆就不可能了。

我在一九九〇年代第一次到中國生活時，還是個二十幾歲的單身男子，在一間小小的學院教書。學校附近的餐館和小店都是夫妻經營的。我常看到丈夫與妻子一起在田裡工作；在當地的小巴上，丈夫開車，妻子則負責收車資。這個社會當時仍有嚴重的性別歧視問題，政府最高領導層與大企業老闆幾乎都是男的。但在日常生活中，夫妻之間常常有為了共同目標奮鬥的感覺。在我的第一本書《江城》（*River Town: Two Years on the Yangtze*）裡，我提到自己有天傍晚坐在河岸邊，看著舢舨上的兩個人：

> 他們是夫婦，和許許多多在小漁船上工作的夫婦並無二致。女子站在船尾用長槳搖著船，她的丈夫則在船首處理漁網。他們彼此沒有講話。我自忖，跟某個人結婚，一整天都在一艘十五英呎長的小船上工作，不知是什麼感覺？而舢舨上這對夫妻看起來適應得很好。

十五年後，這段敘述害我想笑。在開羅時，萊絲莉和我將公寓裡相鄰的房間當個別的辦公室，我們都在寫以埃及為題材的書。我們之間的距離差不多就等於一艘舢舨。我們會交替安排踏查行程，假如她得去亞歷山卓或敏亞，我就待在扎馬萊克，跟雙胞胎一起顧家。由於埃及的性別分野顯而易見，我們的素材自然也有區別：萊絲莉把時間多半用在跟女人相處，而我研究的重心都跟男人有關。

出了蜘蛛網大樓，附近沒有任何一間餐廳或店面是由夫婦經營。在埃及鄉下，農事也是男女有別，而且通常只有男人能做。科普特札巴林人是個例外，女人常常負責將丈夫收集來的垃圾加以分類，但薩伊德與其他穆斯林札巴林人不准自己的妻子做這種工作。就連科普特基督徒在勞動方面也有嚴格的性別分野，基督徒妻子可以做垃圾分類，因為垃圾分類在家就能做，但她絕對不會跟丈夫在外面一起工作、開著卡車、在大樓之間拖著垃圾。

若不是我開始到上埃及拜訪中國店東，我還真沒意識到自己有多懷念看到男人跟女人一起相處的樣子。跟這些中國人一起消磨時間很讓人放鬆——我可以坐著跟琪琪聊天，不用擔心她丈夫的反應，也不用擔心身為男性的我出現在此會損及她的名聲。那些古怪的小店，連同他們的情趣商品和不正統的混和語言，漸漸像是正常狀態的綠洲。連埃及幫手們也有這種感覺，所有在這些店裡工作的女子都沒結婚，而且無一不對他們的外國老闆之間的關係感到入迷。「他們平起平坐，」「中國女用內衣角落」的助手拉夏談起老闆夫妻，「而且他們會討論事情。他們有爭執，但他們會說開。埃及男人只會試圖掌控全局。」

一般來說，當地社群似乎很喜歡中國商人，對他們的堅強也相當佩服。有一次我拜訪艾斯尤特回收廠時，只有陳彩梅自己一個人管理整個廠房，因為林翔飛回中國看他的胃病。陳彩梅正在處理買來要回收的物料，此時有兩名附近村子的年輕人開著卡車來到工廠大門。車斗裡滿是用麻袋裝的瓶罐。

其中一人名叫奧瑪（Omar），他說自己以前一直沒有固定工作，等到中國人開了回收廠之後，他開始翻找塑膠，後來直接跟卡車車主合夥。如今他們把在城裡各地撿塑膠瓶的工作外包給村裡的孩子。奧瑪通常一天賺的錢相當於十三塊美元，是當地工人薪水的兩倍。

我們談話時，陳彩梅從工廠大門衝出來。她圍著一條花圍裙，裙上用英文寫著「我的玩伴」（My Playmate），而她的表情則完美詮釋了何謂憤怒。

「你們為什麼要裝水？」她尖聲喊叫，把幾個一公升裝的水瓶往奧瑪和他的同伴扔去，兩人馬上閃到卡車後。「你們很壞！」她用很破的阿語大叫。「阿里巴巴！你們這些阿里巴巴！

我很氣，很氣，很生氣！」

陳彩梅發現裝空瓶的麻袋裡有裝了水的瓶子，撿回收的人試圖以此偷加重量。她不停尖聲喊著「阿里巴巴！阿里巴巴！」。在埃及的中國人常常用《一千零一夜》裡的這個典故，說人家是小偷。奧瑪保持在怒氣範圍之外，等到陳彩梅大步走進門裡，這才從卡車後出來。

「真主啊，我真希望她被車撞！」奧瑪說。「有一次她還對我們丟磚頭。」

工廠裡一位叫穆罕默德・阿布杜勒・拉希姆（Mohammed Abdul Rahim）的領班說了些關於奧瑪在他的麻袋裡藏了什麼、會有什麼影響，所以活該被扔東西的話。

「又不是我藏的！」奧瑪說。「是小孩子幹的——撿瓶子的是那些小孩。」

「他知道自己做了什麼。」穆罕默德對我說。他解釋道，只要麻袋裡藏了什麼異物，陳彩梅一定都會揪出來。「她有權這樣對你，」他對奧瑪說，「假如她不這樣做，這邊的人會把她給吞了。」

陳彩梅不久後再度現身，展開新一輪的阿里巴巴謾罵。數落了一陣子，她才終於坐定，跟收空瓶的人就每公斤的價格激烈協商。整車的總金額稍微超過一百美金。奧瑪的合夥人堅持要拿滿零頭，相當於十二美分；這時陳彩梅把硬幣像被出牌的麻將那樣，「碰」一聲拍在桌上。這位年輕的埃及人作勢檢查鈔票，找到一張五十鎊，宣稱鈔票太破爛不能收。

「錢就是錢！」陳彩梅大喊，但她還是換了鈔票。收集瓶子的人一離開，她的怒意瞬間煙消雲散，跟我用平靜的口氣講話。就像埃及人和他的錢，這一切都是一場表演。

陳彩梅的頭髮往後梳成髮髻，她有一張中國農民飽經風霜的寬臉，以及反求諸己的謙虛。有一回，我提到她搬來艾斯尤特是非常勇敢的一件事，她馬上把這些稱讚抛到腦後。她說她在這件事情上別無選擇，畢竟自己沒受過教育。她那一代人長大的時候，教育環境尚未因為經濟蓬勃發展而改善。「我不識字，」陳彩梅說，「我完全沒上過學，一天都沒有。」

她的先生也常常有類似說法，提到夫妻倆「素質」低。但我每一回造訪，都會想著：在埃及這個超過九千萬人的家鄉，數十年來西方的開發工作者與數十百億的美金援助不停流入，而埃及南方的第一個塑膠回收中心卻蒸蒸日上，靠著消化滿地的垃圾來付人薪水，同時賺取可觀的利潤。為什麼成立這間廠房的人，會是兩名從女用內衣中賺到錢的中國移民——何況其中一人不識字，另一個人只念到小學五年級？

Chapter 19

當警方終於要抓薩伊德的時候，用的餌就是垃圾。我們大樓的警衛幫忙設了局。他看到薩伊德在街上工作，於是告訴他我們大樓有些垃圾要立刻處理。薩伊德一踏進蜘蛛網大門，兩個條子便用法庭文件給他來個措手不及。

我那時正好出差，等到我回來的時候，事情已經傳開了。「你有聽說薩伊德的事嗎？」「H自由」販賣亭的老闆問我。他伸出雙手，在手腕處交疊，握著拳。警衛也比了同樣的手勢：手銬。

到頭來，這件事跟離婚、養家費或房子的所有權都沒有關係。瓦希芭找到一種更迂迴的絕妙方法來操縱法律。就像薩伊德，我也以為她已經放棄了，但如今她使出殺手鐧，出奇制勝。

我撥了薩伊德的電話號碼，而我聽到的語音訊息，就跟我無論何時試圖聯絡那些消失在司法體系中的兄弟會領袖時一模一樣。「您撥的電話是空號……。」於是我打給薩伊德的妹妹蕾拉。

「監獄（*Sigen*）。」她說。「薩伊德在牢裡。」

* * *

警察抓了薩伊德，給他上手銬，接著將他移送位於尼羅河宮殿的派出所，在河的另一邊。到了之後手銬是拿掉了，但薩伊德的手機則被沒收。員警讓他把錢留著。他們說，之後會用得到。

他被關在一間用來當拘留室的房間，房間裡裝了四十名被拘留者。有好幾個人是因為販賣哈希什或曲馬多而被捕，一些人則是因為攜械的緣故。有一個皮包小偷，和幾個交通違規的駕駛人。還有一群蓄著鬍子的人，是在支持穆爾西的小型示威中被逮。

薩伊德一進房間，有個彪形大漢告訴他：如果想坐在水泥地板上，就得付二十鎊。那個大塊頭臉上和雙手上都有明顯的疤痕。薩伊德付了那二十鎊。他坐下來。一位留絡腮鬍的兄弟會成員問他怎麼會被抓。

「挪動家具。」薩伊德說。

* * *

瓦希芭的律師想出了這個點子。埃及人的婚姻會鉅細靡遺記錄配偶雙方貢獻的各種物品，這正是為什麼每一位上埃及的「阿魯莎」，都會如此重視採購家電、衣服、女用內衣等各種由她帶進這種結合中的物品，同時將內容記錄下來的原因。一旦離婚，婚約便能保障這些財產，但婚約同樣能防止爭執或分居期間有任何輕率之舉。其中一方有任何試圖撤除物品的舉動，皆為法所不容。

根據瓦希芭的律師所估計，指控薩伊德違反婚約是對他施壓最快也最有效的方法。於是她提交文件，宣稱薩伊德把電視、洗衣機、爐子和寢具搬走，而這些物品都列在「挪動家具」的指控下。當然，這些東西其實都沒有不見，何況薩伊德也沒地方擺，畢竟他可是睡在扎馬萊克一處車庫的行軍床上。不過，重點是這項指控已經讓埃及司法當局，以及其瑕疵與貪腐都動了起來。提交指控之後，一份通知送到了薩伊德的律師處，而他的律師沒有通知自己的客戶。警方也都懶得確認是不是真有家具被搬走。與此同時，瓦希芭的律師跟扎馬萊克的警察局有交情，所以能說動他們拘留薩伊德。

薩伊德一遭到拘留，警察便開始從他身上搖錢出來。他用自己的手機打給他妹妹，他們要收錢；後來等到他妹妹來，送家裡煮的飯菜給薩伊德，這他們也要收錢。警員開始談釋放他的價格，但他們拖延程序，知道多拘留一點時間，就能讓薩伊德願意花更多錢買自己的自由。他妹妹希望我不要去警察局，因為外國人出面只會提高價格。她看來很冷靜；許多生活在非法棚戶區的家庭都有跟條子和監獄打交道的經驗，他們也不例外。薩伊德有個同父異母的哥哥不久前才因為被控販賣哈希什而在牢裡待了一年多。

在尼羅河宮殿的警局待了一晚之後，薩伊德和另一名犯人銬在一起，轉道阿卜丁（Abdin）的派出所。接著缺乏制度的老問題引發了爭論，因為警員無法決定該把薩伊德送去尼羅河的哪一邊。他們討論了一陣子，然後銬上他，送過河到吉薩。每移交一次，就會有新的人要錢，薩伊德也會跟新一群被拘留者共處一室。他們總會問一樣的問題，他也總回一樣的答案：「挪動家具」。

最後他落到喀達沙（Kirdasah）——吉薩岸一處惡名昭彰的非法棚戶區。不久前，當地發生數起嚴重交通意外，肇事的司機嗑了曲馬多等藥物正嗨著，於是警方發動掃蕩，並在開羅各地隨機進行藥檢。在喀達沙的拘留室，薩伊德發現自己身旁坐的是個卡車司機，對方因為在藥效發作時開車而遭到逮捕。

「我才吃半片而已，」卡車司機說，「而且又不是曲馬多！」

這位司機是來自亞斯文的黑皮膚努比亞大漢。他開長途到開羅，而他也和許多司機一樣會服藥。但這努比亞人吃的是山寨版的威而鋼——他宣稱這是提神的好方法。到了開羅，他在警方檢查哨被人攔下，顯然尿檢中測出了威而鋼的若干成分。「我才吃半片而已。」他不停地說，他望向薩伊德髒兮兮的工作服。「曲馬多？」

「不是，」薩伊德說，「挪動家具」。

這間位於喀達沙的拘留室就跟其他地方一樣，關了一群伊斯蘭主義者。薩伊德馬上就學到，跟這些大鬍子男人打好關係很有用，因為他們得到的食物比其他被拘留者更好。兄弟會有著照顧獄中成員的悠久傳統，而他們的監獄網路自從拉比亞大屠殺之後便開始運作。在喀達沙時，伊斯蘭主義者會跟薩伊德分享牛排、米飯和義大利麵。作為回報，他則聽這些人講《古蘭經》，還有塞西的邪惡。這是兄弟會的另一項傳統：數十年來，他們一直在埃及的監獄中傳教。

四天後，薩伊德獲釋。貓艾曼——薩伊德多數收垃圾路線的所有權人——擔任他的品格證人；他出現在喀達沙派出所，幫薩伊德跟警方協商。最後，薩伊德得知出庭日期。在他獲釋之前，幾名被拘留者正要上吉薩的一處法院出席宣判。那位用威而鋼助威的可憐努比亞卡車司機得進牢裡關十天。——「我才吃半片而已！」

* * *

獲釋後過了幾個小時，薩伊德路過蜘蛛網大樓上門拜訪。他依舊穿著被捕時所穿的同一套衣服，但人看起來倒是比在開羅各地拘留室水泥地板睡了三天的人該有的樣子更有精神。我一開門，他便給我一個微笑，和一個埃及式的用力擊掌。「*Hamdillah salema*」，我說——這是傳統上跟旅行回來的人打招呼的方式。我不知道跟出獄的人有沒有特定的致意方式。薩伊德說自己很餓，萊絲莉和我於是熱了一盤烤雞給他。他吃得津津有味。

「所以你現在打算怎麼辦？」我問。

「我得清垃圾。」他說，幸好拘留發生在周末，大家不會期待有多少清運服務。但現在垃圾堆積如山，接下來他得忙個幾天。

「不是啦，我的意思是，你太太的事你打算怎麼處理？」

「喔，這個啊？」他說：「我想我得跟我律師談談。我覺得他辦事不力。」

薩伊德管自己的律師叫「騙徒中的教長」。他懷疑律師故意不讓他知道家具的案子。也許他想要更多錢，或者跟瓦希芭串通好——這個陰謀論對薩伊德很有說服力。但現在他不想談這件事。

「有一件跟美國有關的事我得問你。」他解釋道，拘留時有個曲馬多藥頭告訴他，美國有種化學藥劑帶有奇效。只要男人把這種特別的美國產品噴在自己身上，就會有無法抵擋的性吸引力。

「薩伊德，沒這種東西。」我說。

「你確定？這傢伙說只要女人一聞到，就控制不了自己。」

「*Ya rait!*」——「你作夢！」萊絲莉嗤之以鼻。

他不太談拘留的事。警察在他的檔案找到一件沒有解決的投訴，跟幾年前發生的衝突有關，而這件事讓他的釋放變得更複雜。馬努擔心的就是這種事：沒有人知道自己的警方檔案裡會出現什麼。薩伊德把烤雞迅速解決，問能不能再來一些。我從沒見識過有誰像他這樣能吃。

我又問他有沒有打算去看自己的太太和小孩。他抬起頭。「你下一回去美國的時候，」他說，「能不能幫我帶些那種特別的噴劑？」

「薩伊德，別再講這種蠢話了！」萊絲莉爆炸了。「你才剛在牢裡蹲了四天，而且幾個星期都沒有給你的孩子們付任何錢——結果現在你還在想這種事？你腦袋裝什麼啊？你得想想你的問題！幫幫忙！」

「好像是該這樣吧。」他似乎收斂了點。

「所以你跟你太太的事情打算怎麼處理？」

「我不曉得，」他說，「或許跟她談談吧。」

＊＊＊

我擔心這件事會跟埃及發生的許多事情一樣，繞了一圈又一圈，同樣的模式無盡重複。對於那件「挪動家具」的指控，薩伊德抱怨了一陣子，但他不僅從不抱怨漏洞百出的司法體系或貪腐的警察，反而似乎因為想出提起訴訟這點子的人不是自己而生氣。他把錯怪在騙徒中的教長頭上。這似乎是薩伊德從這個案子裡學到最重大的教訓：從今天起，他再也不會支付他律師的天價帳單。

Chapter 20

總統大選預計在二〇一四年五月舉行。競選期間，臨時政府嚴格實施新的集會遊行法，里阿法特也為課堂準備了一段電話對話。課文標題叫「悉聽尊便」，內容結合了他最鍾愛的兩件事：阿語的禮貌與埃及人的譏諷。

甲：您好，請問是內政部集會遊行處嗎？

乙：是的，先生。有什麼需要我協助的嗎？

甲：蒙您允許，我想為明天兩點到六點的示威活動作登記。

乙：悉聽尊便，先生。您需不需要中央維安部隊、救護車，以及保安警察到示威現場？

甲：中央維安部隊就好，謝謝。我們人已經夠了。

乙：（笑聲。）您真是甜美如蜂蜜，先生！你們的抗議活動需不需要水？或者催淚瓦斯跟警棍，畢竟都是免費的？

甲：真主啊，祝你好運。但大家希望身上能乾乾淨淨回家。

乙：那您要不要附帶狙擊手、霰彈槍和暴徒？

甲：不用，這樣就甜美如茉莉花了。謝謝您。

儘管氣氛壓抑，里阿法特還是計劃投給塞西。這是他矛盾的另外一點：假如有個軍事強人結合了力量與溫情的一面，他就無法抵抗。里阿法特喜歡塞西說話時聲音裡的誇張和煦，也喜歡他那種跟納瑟之間明顯的一脈相承。「穆巴拉克不在乎人民，」里阿法特說，「他想欺騙人民。但民眾熱愛塞西，正是因為民眾熱愛他，所以他會做對的事情。」

課堂上，我們讀了流行歌〈人人都愛塞西〉的歌詞。歌手名叫夏伯拉（Shabola），他原本在某個非法棚戶區的洗衣店工作，後來因為表演而成名：

> 你說你想要秩序，我們就給你下令，
> 我們命令你當總統，人民感謝你。

「軍事領袖回應人民要求」在埃及政局有悠久的歷史。一九六七年，埃及與盟國在阿以戰爭中遭到以色列橫掃之後，納瑟於同年宣布辭職。民眾擠滿開羅街頭，懇求他留下來，不久後總統也同意了。他表示，除了遵循人民的意志之外，他別無選擇。

在民主制度中表達謝意的正常方向在這種情況中逆轉。候選人不用感謝自己的支持者，反而是支持者感謝候選人同意出來競選——等於選民得為「改變」負起責任。塞西常常提醒埃及人，說他們有哪些缺點：他說人民愛睡懶覺，而且還批評他們的工作倫理。有一場軍官會議錄音遭到洩漏——這是塞西計劃的一部分——會議中這位將軍在會議上抱怨民眾期待札巴林人幫他們撿垃圾，卻不願意為他們的服務付錢。他們還在自己的手機上花太多時間。「人們老是像這樣在街上轉，」塞西說話時假裝把一支手機貼到自己的耳朵邊，「不，不，不，我的孩子啊——這樣的國家永遠不會長大，永遠不會有真正的精神去工作或戰鬥。」

他的話聽起來經常像父親嚇唬小小孩。「你們要像那種老大哥，」在另一段外流的對話裡，他對著一群軍官這麼說，「或者那種老爸爸，兒子有點不中用，不專心。」嚴格是善於為人父母的根本。「我要讓你們用自己的兩隻腳走路，你們能忍嗎？」塞西問：「你們準備好忍受每天五點鐘起床了嗎？你們準備好忍受吃更少，冷氣吹更少了嗎？你們能承受我把所有補助都取消嗎？」他接著說：「這個塞西就等於折磨跟受苦。」

關於家庭的比喻與埃及人批評自己社會的傾向相互共鳴。選舉政治的另一個模式也顛倒了：如今，提出空泛競選承諾的人不是候選人，而是選民。夏伯拉唱著，

我們將在五點起床，此後再也沒有偷懶。
假如我們只吃一餐，只要你願意，也會甘如飴，
佐料吃起來比烤肉串更有味，
我們將活在和平與愛中，再也沒有恐怖主義。

塞西本人什麼都沒承諾。他沒有真正的競選演說，也不是以某個政黨成員的身分競選。他從來沒有擘劃要制定任何體制或結構，用來改善他在埃及社會觀察到的缺陷。他的競選陣營在開羅與其他城市舉辦造勢活動，但塞西連一場都懶得出席。他是個天賦異稟的演說家，但他卻和許多軍人一樣，似乎討厭、不信任政治。他不認為有必要講他個人的歷史，而他的過去也仍

舊諱莫如深。競選活動的官方 YouTube 頻道甚至為這名候選人提供了兩個相衝突的出生地。

他的競選總部不允許記者進入，但一位歐洲外交官曾告訴我入內的經驗。競選總部設立在第五社群（Fifth Settlement，穆巴拉克的沙漠城市之一）一棟租來的大樓裡。總部有層層安保，但這位外交官經過金屬探測器，接受士兵搜身之後，她卻發現這地方空空如也，只有一對退休的政府官員在裡頭。兩人不斷聊著他們有多嚮往在選舉結束後重回自己的退休生活。

「要是你造訪某個競選總部，應該要擠滿年輕人才對，」她說，「他選擇不打選戰。但這原本是跟年輕人建立連結的好機會。」她提到，在實際的民主運作中，年輕人在選戰中和競選者辦公室裡都扮演重要角色，而候選人助理更是常常承擔重責大任。但在埃及這個有半數人口低於二十五歲的地方，「缺乏制度」意味著除了走上街頭之外，年輕人就沒有別的辦法能參與政治。

以塞西來說，這種對年輕人不屑一顧的態度似乎深植於他的背景。年輕人在階級分明的軍隊裡沒什麼價值，只不過是原物料——年年都會有大批義務役報到。更有甚者，塞西的家族也遵循嚴格的家父長制傳統。他祖父製作有阿拉伯雕花的木製品，上面鑲有錯綜複雜的珍珠母鑲嵌，從而發跡，開創成功的事業。日子一久，塞西的整個大家族漸漸主宰哈里里市場（Khan al-Khalili，開羅首屈一指的觀光市場）中的相關買賣。

這個家族至今在哈里里市場仍擁有將近十個店面，我曾經在某個下午順道經過摩薩德·阿里·哈瑪瑪（Mossad Ali Hamama）照管的店，他是塞西堂親的三十二歲兒子。哈瑪瑪說，氏族內所有青少年男性——而且只有男性——在夏天時必須做學徒，學習這個行業中的某個環節。塞西還是小男孩時，便受訓擔任「*sadafgi*」——負責用長柄小刀切出小片的珍珠母。

「我們這裡不會有講『這是老闆的兒子、這是總統的兒子』的情況發生，」哈瑪瑪說，「唯一的規矩就是長輩跟年輕人之間的互動方式。假如我跟我父親的堂親講話，對方年紀比我大，那我就得聽他話。」他接著說：「要是有長輩到店裡來，就算不是公事，他還是會像自己擁有這間店的樣子坐下。我們雖然不是上埃及家族，但你不妨說我們有上埃及人的傳統。」

我腦海裡出現畫面：某個沒念過書的老頭兒從這家人祖上的村落到來，一屁股坐進椅子，使喚人家上茶。我問哈瑪瑪，他身為年輕人，這種嚴格的階級感會不會讓他感到困擾。

「不會，剛好相反。」他答道。「我會敬重比我年長的人，哪天我也會變老，到時也會有人敬重我。這是一種延續。這種上下階級有一種安全感。」

＊＊＊

馬努在緊接著拉比亞大屠殺之後的期間，完成了自己最優秀的一些深入報導。到了現在，連埃及民營媒體也不再批判政府。政變餘波中，民營媒體記者起先因為支持軍方，所以對於兄弟會遭到挫敗感到快意，但如今他們的聽話則是恐懼促成的。大體而言，只有外國報紙追查政府的殘忍行徑。其中一件慘絕人寰的事件中，有三十七名埃及囚犯死於押解過程的囚車上——跟薩伊德受拘留期間，用來載著他在城裡各地移動的車輛就視同一種。當局宣稱囚犯是穆爾西支持者，他們的暴亂行為讓警察別無選擇，只能對車輛發射催淚瓦斯，造成囚犯窒息而死。

馬努與《衛報》的不列顛籍通訊記者派屈克．金斯利（Patrick Kingsley）合作，訪問從那輛囚車中生還的前囚犯、目擊該事件的警員，以及其他也在調查事件的人權人士。金斯利的文章揭露官方的暴動與催淚瓦斯故事幾乎肯定出於捏造。這些人之所以橫死，是因為無能與殘忍相結合：車輛本身原是設計來關押二十四人，但實際卻塞了四十五人，而且在八月的高溫下曬了數小時。當囚犯懇求水喝，甚至開始昏厥時，條子還嘲笑他們。死者多半年輕，有些人甚至是被隨便抓來的；他們跟穆爾西或示威活動完全無關。

囚車死亡事件之後，我對薩伊德和他的家人在拘留期間的樂觀感到震驚。但死者真正的故事在主流埃及媒體上隻字未聞，而且民眾反正也已經麻木了。他們知道只要扯上警察都很危險，也無法預測，但數十年來都是如此。何況對於住在非法棚戶區從事勞苦工作的人來說，生活本來就充滿風險。

馬努喜歡做追蹤報導。這是他抱持信念的事情之一——他說，縱使是受過最多教育的埃及人，也會忽視國家的濫權，而將之記錄下來是件非常重要的事。當然，日子愈久，這份工作只會益發危險——身為同志也是。有時候，他看待威脅的態度已經趨近於虛無，彷彿自己完全無從預料或避免問題。但這也是一種麻木，畢竟馬努經常觀察到開羅的危險有多麼隨機。一個人有可能發現自己在城裡陷入各種頗具威脅的處境，卻毫髮無傷活了下來，結果回家之後卻發生可怕的事情。

一天深夜，馬努與一名友人前往尼羅河宮殿大橋的同志閒晃地點。他們在那裡時，和另一位二十出頭、名叫艾哈邁德的男子講起話來。三人聊了一陣，之後坐馬努友人的車離開。他們把車停在城裡其他地方，喝了點啤酒。

艾哈邁德二十出頭而已。他彬彬有禮，來自其中一個非法棚戶區。他跟馬努閒聊了幾小時，抱怨那些年輕人常常抱怨的事情：工作沒前途、沒錢、沒機會結婚。就馬努的判斷，艾哈邁德是直男——「至少就埃及標準來說是。」這是馬努的口頭禪。他們那晚上床了。

事畢，他們站在馬努的廚房裡，邊聊天邊喝啤酒。馬努望向窗外，此時艾哈邁德從他身後靠近，拿啤酒瓶砸碎在他頭上。馬努人跪倒在地，當他試圖站起來時，艾哈邁德又拿第二個酒瓶攻擊他。

事情完全毫無徵兆。後來馬努連攻擊發生當下原本在聊什麼都想不起來。他只依稀記得自己倒在廚房地上，血流滿地，不斷來回於清醒與失去意識之間。他只記得自己不知怎的站了起來，把艾哈邁德推出公寓門外，然後把門鎖住。之後他又垮了下去。

他打電話給外國友人，對方幫忙把他帶去醫院。醫生縫了他的頭，把他打發回家；接下來幾天，馬努都苦於頭痛與暈眩，於是他又回到醫院做腦部掃描。結果顯示他有嚴重的腦震盪。醫生問他發生什麼事，他說自己跌倒了。

攻擊發生的三天後，艾哈邁德現身在公寓外，身邊伴著另一名年輕人。艾哈邁德拜託馬努跟自己談談，但馬努一直鎖著公寓的沉重鐵門。他大吼要艾哈邁德離開時，自己也因為恐懼而顫抖。馬努不曉得這年輕人為何回來——而這只是許多無法解答的問題之一。為何要突然攻擊人？為何他沒有試圖偷任何東西？為何他回來時還帶了個朋友？

事發時我人不在埃及，馬努傳了簡短的訊息給我。我回到埃及之後，他看起來已經不一樣了。因為腦震盪的緣故，醫生叫他一個月不要喝酒，馬努也避免自己習以為常的鬧區尋歡行。他頭上留下嚴重的疤痕。恢復之後，他發誓再也不去尼羅河宮殿大橋。不久後，他判斷前方只剩一條路可走：他要試著逃離埃及。

* * *

總統大選期間，我多半都前往南方。我每個月都會開個幾趟車，尋找中國商人，走訪考古遺址。在幾個城市，我會經過荷槍實彈的檢查哨，停在「阿拉伯之春」以前曾經人滿為患的觀光景點。自二〇一〇年起，也就是革命發生的前一年，來自埃及古蹟的歲入便已經掉了超過百分之九十五。我走訪盧克索知名的圖坦卡門陵墓時，是現場唯一的人。阿瑪納一處貴族陵墓地下室的警衛說，他看到的上一位遊客是十天前離開的。他告訴我，有一次熱天，他在空無一人的墓中睡著了，結果有個惡魔一耳光把他給打醒。偏遠地方的警衛常常有這種鬼故事——看來鬼是如今僅剩的遊客了。

「阿拉伯之春」期間，許多考古學家仍穩定工作著，而阿拜多斯尤其活躍。來自賓州大學的團隊發掘出了據信是埃及最長的鑿岩墓穴。這個墓穴是為辛沃斯瑞特三世（Senwosret III）而建，他是西元前十九世紀中王國時期的強大法老。辛沃斯瑞特三世以軍事成就聞名，尤其是在產金的努比亞地區所取得的勝利——他成為第一位在努比亞長久駐軍的法老。他也是成果豐碩的宣傳家。他命人寫頌歌，內容就像夏伯拉的塞西之歌，透過人民的聲音來歌頌法老：

埃及在您強壯的臂膀中多麼歡喜：
您守護其傳統。
百姓在您的建議下有多麼歡喜：
您的力量為他們贏得發展。

到了辛沃斯瑞特三世時，建造金字塔的偉大年代已經成為久遠的過去，但這位國王希望把自己跟早期法老的榮耀連接起來。於是，他命人在阿拜多斯興建龐大的陵寢，地點在「陪葬」遙遠的邊緣，阿努比斯山（Mount Anubis）下。這座山的天然造型令人想起金字塔，而國王的陵寢便往岩床開鑿。幾世紀後，新王國的法老也依樣畫葫蘆，在國王谷（Valley of the Kings）的天然景緻之下建造自己的陵墓。

辛沃斯瑞特三世之墓在古代已經遭人多次盜墓。羅馬時代的人把此處當成採石場，把一塊塊切割漂亮的紅石英與其他石材從裡頭拉出來。他們留下大量的碎石，等到近代考古學家終於在一九〇一年進入陵墓時，後者馬上判定這裡不太可能留下有價值的文物。若干埃及學家相信，這些墓室其實是衣冠塚——只是象徵性的陵寢，國王並未埋葬於此。考古學家在現址的兩年期間僅一度草草檢查，接著便封閉入口，讓滾滾黃沙埋沒此地。

一世紀後，賓州大學考古學家約瑟夫・維格納（Josef Wegner）在二〇〇四年重返遺址，以進行徹底的發掘。維格納在此的第一個考古季，一支由兩百名工人組成的隊伍花了三個月將沙子挖開才看到陵墓入口。之後，他們慢慢往陵墓內部推進，一間墓室接著一間墓室，把碎石清出來。一切都得用獨輪手推車清運，或是由工人組成人龍，將提桶接力取出來，因為重機械會損害遺址結構。

等到我造訪時，維格納已經發掘了九年。他的團隊大致上清理到陵墓長度的一半，並且布好線用發電機為電燈和通風扇供電。從入口處開始，我們沿著一連串沒有燈罩的電燈泡走下陡峭的斜面，接著是一條通往基岩的漫長隧道，途中還經過兩間令人印象深刻的側墓室。

「這我們是去年開挖的。」維格納停在其中一間墓室前說。他指著高二十英呎的天花板。「碎片一直堆到頂。」牆面是用手工處理的平滑石灰岩塊砌成，在電燈下閃耀著鬼魅般的白。「造就這一切所耗的功夫令人震驚。」維格納說。

他還沒推敲出這幾間墓室原始的用途是什麼。維格納相信這個陵墓是真正的埋葬地點，而非衣冠塚，他希望自己能找到證據。他估計還需要一兩年，才能清理到陵墓的盡頭。

我們繼續沿著發掘工人擺的一些木棧道和梯子前進。斜坡往下通往另一段長長的通道，發掘隊伍目前就在此作業。五、六名年輕人用鏟子和十字鎬清開碎石。他們用喇叭聽埃及流行歌。電燈和風扇用的電線只到這裡；隧道繼續往前方延伸，但幾乎都為碎石所填滿。

「你想繼續往前的話，行。」維格納指著碎石中的一道縫隙說。他不久前才跟手下幾個開挖的人爬進去過。他估計前面至少還有三百多英呎。

我從背包取出頭燈。維格納交給我一盞大電流手提燈。「我想你會比較想要這個。」他說。

我費勁爬進了隧道。有一段時間還能蹲著走，但之後的碎石讓我只能用爬的。歌聲在岩壁間迴盪，穩定漸弱，直到完全消失。很難想像有哪個地方會讓人感覺流行歌退流行的速度如此之快。

發掘處的燈火很快也消失了。我的頭燈之微弱彷彿燭光，於是我扭開手提燈。在我頂上，就在天花板上，我能看見三千多年前為了指引工人開鑿隧道所畫的紅色線條。

儘管幅度非常不明顯，但這條紅線確實漸漸往右轉。隧道設計成一百八十度大轉彎，同時下挖至岩床。維格納認為這條隧道是以象徵的方式呈現「*amduat*」——「古埃及夜晚之太陽神走的路線」。根據傳統，每一個白晝都是隨著太陽神在西方下降後結束，祂在此進入大地，在地面下劃出一道完整的弧，然後再度從東方出現。我的路線就是這樣——在隧道追隨著夜晚的太陽。

近代第一位發掘這座陵墓的考古學家亞瑟．韋格爾苦於幽閉恐懼症。在這段通道中爬行時，我對韋格爾對撒哈拉沙漠的愛——他說「沙漠是世界呼吸的空間」——有了新的體會。韋格爾於一九〇一年展開辛沃斯瑞特三世陵墓的發掘工作，但經歷這條塞滿碎石的通道之後，他馬上把任務轉交給加拿大考古學家查爾斯．嘉瑞利。到了一九〇三年，嘉瑞利也受夠了。

通道內的酷熱出乎我意料。我的地底經驗多半都是在天然的洞穴，有流水與流通的空氣，創造出涼爽的溫度。但漫長的墓穴就像礦脈，受到地溫梯度所支配：你下得愈深，溫度就愈高。不久後我就汗濕全身。我在通道地面看到小小的陶碗，中間是黑的：古代人以此充作簡單的火把，盜墓賊在這些碗裡裝滿易燃的油料。間或我會爬過破掉的雙耳壺，羅馬時代的盜墓者用這種紅色的陶器攜帶飲用水。他們在這個地方作業，從牆面採石，時間則是西元三與四世紀。到了那個時候，陵墓已經是古墓了。我跟那些羅馬盜墓者在時代上的距離，比他們跟辛沃斯瑞特三世時代的距離更近。

我呼吸開始變喘。我完全無法想像挖掘隧道的人會有什麼感受，他們最頂級的工具，頂多就是青銅鑿子與拿來重敲用的石頭。維格納告訴我，我最後會抵達他認為是底墓室的地方，那邊就有辦法站起身來。我花了十分鐘，但感覺就像永遠。等到終於能站直，我便把光打在我的羅盤上，看到隧道的方向徹底轉了過來：我從西方進來，如今則面向東方。在我正前方，在上百英呎的硬岩之上，就是尼羅河翠綠的河谷。

我把手提燈關掉。黑暗完全壟罩：我的雙眼是睜是閉，都沒有差別。高溫從四面八方輻入

——地板、天花板、牆面。這裡唯一的聲音，就是我心臟的跳動聲。

＊＊＊

我們不可能曉得古代工人對於建造這座陵墓有什麼想法。也許他們氣憤不已，也許他們順從那首國王之歌的精神：「百姓在您的建議下有多麼歡喜！」他們沒有留下有形的痕跡。工人的遺體必然埋在阿拜多斯周遭的其他地方，但不可能位於「陪葬」這等居高臨下的抬升地形。他們的墳墓最可能的所在是河谷，但那裡的他們已經被幾千年來尼羅河的洪泛給沖走了。

對考古學家而言，最有希望找到完整非貴族墓地的地方，向來都是阿肯那頓的城市。不列顛埃及學家法蘭西斯．呂韋林．格里菲斯（Francis Llewellyn Griffith）在一九二三年發掘後寫道：「它是一道鬼火，是夢想中阿瑪納中間階層豐富而未受劫掠的墓場，充滿精挑細選的花瓶與護身符，召喚著一代代的探險家前來。」這座城市歷史之短暫，代表任何墓地都能精準定年。格里菲斯派人前往沙漠探勘，但他最終宣布搜尋無果：「風雨堆積起了幾平方英哩的不毛之地，底下的墓地在地面上恐怕完全沒有痕跡。」

將近八十年後，貝瑞．肯普在二〇〇三年委人對沙漠進行現代式的探勘。探勘人員在幾個地點的地表找到人骨與陶片，試掘結果證明他們發現了四處獨立的墓地，而且顯然都是用來埋葬建照國王新城市的普通工人。

發掘工人在阿瑪納計劃副手安娜．史蒂芬斯（Anna Stevens）的指示下，從最大的墓地著手。我在總統選舉的春天到訪時，這個計劃已經進行將近十年了。他們蒐集了至少屬於四百四十名阿瑪納居民的骨頭樣本。只有兩具骨骸是連名字一起找到的：其一是名為馬雅（Maya）的女子，其二是名為赫辛蕾（Hesyenre）的女子。不過，其他的骨骸也完整得足以作為個人來研究。針對每一個人，考古團隊會記錄其死亡年齡、骨骼狀態、疾病或受傷跡象，以及是否有任何陪葬品出現。

一天早上，我在發掘屋看到年輕的美國生物考古學家愛希莉・西德那（Ashley Shidner），正把一組脆弱、麻雀般的骨頭排列在木桌上。「這是鎖骨，還有上臂、肋骨、小腿，」她說，「這具骨骸大概一歲半到兩歲大。」

骨頭顯示出營養不良的跡象，這個墓地中的小孩身上常有這種情況。「成長遲緩大約在七個半月時發生，」西德那說，「也就是開始從餵母乳轉為吃固體食物的時候。」她接著說：「也許根據母親的判斷，食物已經不夠餵了。」

阿瑪納居民即便活過兒童期，未來也依舊黯淡。就已知死亡年齡的遺體來說，有百分之七十的人都不到三十五歲。超過三分之一在十五歲之前死亡。四百四十人中只有少數能活過五十歲。小孩的成長情況至多會延遲兩年，許多成人受到脊椎損傷，可能是興建新城市期間過度勞動的結果。

這個結果很難放到整體脈絡來看，因為埃及其他地方從未有如此詳盡的古代平民墓地調查。不過還是有一些零碎的例子，而這些例子似乎暗示阿瑪納的生活比大多數時代與地點都要艱難許多。骨骸的故事絕對跟王室建物或是貴族陵墓——鑿入高於沙漠的峭壁中——等牆面所描繪的一切完全相反。大阿頓神廟出現的陵墓場景中，上百張擺祭品的桌上堆滿了食物。

「我一開始假設我們應該會看到良好的健康與營養狀態，畢竟陵墓上的畫顯示阿肯那頓治世時是一段豐饒的時代，」負責指揮生物考古學家們的阿肯色大學教授傑瑞・羅斯（Jerry Rose）如此告訴我，「他還說，在他之前沒有人用過這塊地。沒有人染指過這個地點，所以我們理應不會發現這麼多疾病與寄生蟲感染。但我們不僅找到更多的疾病，更明顯的營養不良，甚至還發現死亡率在少年期並非谷底。死亡率是一條直線。死去的青少年就跟嬰兒和成人一樣多。這項證據指出某種相當嚴酷的情況。」

＊＊＊

平民的墓地完全沒有透露出阿肯那頓革命的任何跡象。貴族陵墓中有許多王室成員、阿頓，以及新信仰儀式的場景。但這一切都沒有出現在一般人的墳中。「裡面沒有阿頓，」安娜・史蒂芬斯說，「沒有提到阿肯那頓或娜芙蒂蒂。就好像這裡不屬於他們。」

團隊研究完第一個墓地後，便往北方的第二處墓地前進。安娜・史蒂芬斯從發掘的一開始就感到不太尋常。「當天工作結束時，我們聚在一起吃午餐，大家都在問『有人挖到成年人嗎？』」她說：「每個人都說沒有。」

在他們發掘出的一百三十五具遺骸中，超過百分之九十都不到二十五歲。半數死於七至十五歲之間。全部的人都有做苦工的跡象，連最小的小孩也不例外。許多人是草草埋葬的。沒有橫死的證據，但家庭結構顯然已經被打破了；許多例子看來就像把兩三個毫無瓜葛的人丟進一個坑裡。

「這顯然不是正常的死亡曲線，」史蒂芬斯說，「這一帶曾經是國王的石灰岩採石場，顯見這種死亡情況並非巧合。這群工人是不是因為他們年輕，可以工作到死，所以遭強徵而來？」她還懷疑阿肯那頓統治時期的末尾是否曾遭到瘟疫襲擊。

史蒂芬斯就像肯普，她向來把焦點擺在城內的遺址，而非王族。她對阿肯那頓與娜芙蒂蒂興趣缺缺，而她也相信阿瑪納的房屋與街道能反映一般人生活的樣貌。但發掘幾處墓地後，她才意識到連「城市」這種紮實的證據都有可能誤導人。「我想，我們總是把安靜的泥磚小房子看得很美好，」她說，「即便是訓練有素的考古學家，我們還是有一種樂觀看待生活環境的傾向。真正能傳達生活現實的，其實是人類的遺骸。」

「阿拉伯之春」也改變了她看待該遺址古代統治者的看法。阿瑪納計劃的辦公室就在解放廣場旁邊，史蒂芬斯親眼看過不少騷亂。「在這段時間生活過，讓我對於阿肯那頓，對於革命的衝擊以及獨裁者的倒台有了更多的思索。」她說，「這種對強大男性領導人的重視讓我感到震驚。過去如此，眼下也如此。大家跟在塞西後面跑，因為他是個強大的男人。」

＊＊＊

我為了觀察選舉過程而前往阿瑪納。投票日安排在五月下旬的兩天，但政府又延長一天，因為投票率實在太低。塞西的對手是納瑟派的哈姆迪恩・薩巴希（Hamdeen Sabahi），他沒什麼資源打選戰，而且有些支持者還遭到逮捕。所有伊斯蘭主義政黨與候選人都禁止參選。

其中一個投票日，我開車到敏亞，走訪投票所。一如既往，投票過程有序而和平，但我注意到伊斯蘭主義者似乎都待在家裡——我看到的大鬍子和尼卡布比往常要少。我在某個投票所附近的販賣亭買了點水，經營販賣亭的人是兩名蓄著茂密鬍鬚、頭上有祈禱痕，兩隻手乾乾淨淨的中年男子——又是個沒有等於有的證據：每一位投票人的手指都要用紫墨水染色，以防止重複投票。我問其中一個鬍子男，問他怎麼沒有去投票所。

「我們已經投過五次了，」他說，「那幾次投票的結果都進了垃圾桶。那何必再投？」

他說，自己過去曾投身伊斯蘭集團，也就是過去曾參與暗殺沙達特等恐怖活動的伊斯蘭主義組織。跟我在開羅外圍會面的前風笛手薩拉赫·巴育米以前就是該組織的成員。我上一回聽到巴育米的消息時，他依舊在那座沙漠村落中自在生活，但政變後我還沒有聯絡過他——政變很可能給他造成麻煩。

販賣亭的這名男子說自己在監獄裡一共待了十七年。「你知道他們怎麼對付人，」他說，「你看看！」——他拉起罩衫下擺。左右腳踝都有一圈白色的疤痕。

「這是因為被他們上下顛倒吊起來。」他說。據他解釋，獄卒會把手銬銬在他的腳踝上，把他吊上天花板，然後毒打他。他指指自己的同伴：「他也一樣。」另一個鬍子男不發一語，拉起自己的罩衫——更多白圈。

我問第一個人，當他得知沙達特遭槍殺時作何感想。

「我當時年輕氣盛，所以聽到很開心。」他說：「但後來我想法就變了。」他說，事實證明穆巴拉克比沙達特更壓迫人。

我問他是否認為伊斯蘭主義者會對塞西成為總統一事採取激烈反應。

「大家拚了命要和平，」他說，「你有看到任何暴力發生嗎？」

他說得對：選舉期間發生的事情少得驚人。當局認定兄弟會為恐怖組織，加以查禁，但沒有任何證據顯示他們是零星炸彈與攻擊事件的幕後黑手。多數的問題都發生在西奈，當地最主要的恐怖組織終究在二〇一四年底對伊斯蘭國宣誓效忠。在我幾次前往南方期間，我感覺到南方不再是激進伊斯蘭主義的溫床，或許是因為人民已經在一九八〇與一九九〇年代經歷太多了。這就像是打預防針：連總統遭到暗殺都沒有造成多大的改變，民眾對此已有親身體悟。

我問這名鬍子男，他加入伊斯蘭集團期間是否參與過任何暴力事件。

「如果說真正參與暴力事件的話，那沒有，」他說，「不過我或許協助創造過某種情勢，或是接待過準備要做什麼的某個人。」

「運用暴力是錯的嗎？」

「『錯』跟『沒用』之間是不同的，」他微笑著說，「暴力是沒用的。」

* * *

我在幾個投票所看到的年輕人都不多。夜裡在敏亞的某公園有一場挺塞西的造勢，但現場的年輕人感覺都意興闌珊。有些投了票的年輕人告訴我，他們之所以去投票，只是因為父親或家族長輩命令他們去。許多地方都有長輩指示家中年輕成員如何投票的傳統。

綜觀全埃及，五十五歲以上的人只占總人口的百分之五點七。老人人數之少，但掌握的權力之大總教我啞口無言。有一回，我在一篇談埃及南方村落的文章中提到這種情況，後來貝瑞．肯普寄了封電子郵件給我：

關於你提到的人口年齡輪廓，聽起來跟我們在阿瑪納人的墓地發現的非常類似。五十歲以上的人極少，多數人在二十五歲以前就死了。但兩者的原因相當不同，阿瑪納的情況是年輕人的死亡率高，而非出生率太高。不過這對當時的影響是很類似的，獨厚少數的老人。

搬來埃及之前，我曾看過解放廣場都是年輕人的圖片，而他們所占的極高人口比想必將徹底轉變整個國家。人多就是力量——對我來說，這再明顯不過。但如今我意識到我的前提出自受到侷限的西方、民主觀點。有時候從現實考量會比較有用，就像考古學家那樣。真正的權力來自稀少性；「豐富」有是人們浪費得起的東西。在埃及，年輕人很廉價。

＊＊＊

塞西贏得百分之九十六的選票。就職後，總統成立官方的青年委員會，而他指派的委員長則是一名五十三歲的男子。塞西在掌權的第一年宣布埃及將在沙漠中建立全新的首都。

Chapter 21

馬努和大家一樣清楚，眼下對難民來說絕非好時節。敘利亞人從東邊，利比亞人從西邊，雙雙進入埃及；兩者都是為了逃離因「阿拉伯之春」而垮台，或是遭到削弱的政權。這些遷徙的人絕大多數希望繼續前往歐洲，他們在埃及北海岸匯集，尋找海上通路。當危機成形時，馬努不時會採訪他們，作為《衛報》報導之用。二〇一四年，成千上萬的人流向北埃及，而光是其中一場意外，就有五百人因為試圖航向馬爾他而溺斃。馬努在亞歷山卓和一名曾經十一次試圖渡過地中海的敘利亞人會面，這人十一次都失敗了。

馬努因此定了一項規則：不搭船。

埃及人以難民身分逃離的情況相對少見。該國情勢自二〇一一年開始惡化，但從未瀕臨崩潰，如今局面看起來就更是不可能。周遭的其他地方則是搖搖欲墜，因為它們的國界線被不怎麼在乎部落與派系緊張關係的近代殖民者縫在一起。儘管埃及數世紀以來遭逢各種文化入侵，但它的地理形勢依舊永恆：一條河，一個國家。我幾乎從來沒聽過有埃及人提到國家正在瓦解。信仰才是關鍵——不是伊斯蘭，也不是基督教，而是對於此地是大地上第一個成立國家之地的信念。

有些埃及的穆斯林兄弟會成員在拉比亞大屠殺後出逃，但其他離境的人多半有錢、找得到合法的康莊大道——例如出國攻讀學位。馬努則斷定另一種版本的合法管道才是他最好的途徑。假如他以觀光客身分參加一系列國外旅遊，便能建立一套旅行模式，或許有望說服歐洲國家發給他簽證。他的目標是前往德國，德國有時候會為因性傾向而遭到虐待或歧視的個人提供庇護。

馬努仍然有遭到逮捕的警方報告，而他也跟一位在開羅活動的聯合國難民事務高級專員辦事處（Office of the United Nations High Commissioner for Refugees）代表會面過，說明自己的經歷。至於自己可以處理的部分，他則是規劃了一趟前往賽普勒斯的短期旅遊。出境那天，他前往開羅機場的護照查驗處。官員拿了他的證件，開始在電腦上打字。

「麻煩你先到旁邊等？」他說。

馬努他等。這名官員把護照又拿去另一台電腦處。時間走得很慢：五分鐘、十分鐘、十五分鐘。馬努想像幾名官員挖出了那起沒有解決的強暴未遂指控，這讓他慌張到想逃跑。但如今除了等，他也別無選擇。終於，那名官員回來了。

「沒事，」他說，「你可以通關了。」

到了賽普勒斯，馬努做的第一件事就是買罐啤酒，到海邊坐下。

＊＊＊

薩伊德從拘留中獲釋後的幾個月，萊絲莉和我很少在晚上看到他。他說他待在家的時間更多，周末時他幾乎都會帶著其中一個兒子跟他到扎馬萊克工作。男孩們看起來開心又健康，薩伊德也很少抱怨瓦希芭了。她撤回了偷家具的控訴。我一直在為不可避免的衝突再度燃起做準備，但幾個月過後我開始在想，事情說不定真的改變了。

那年的拉瑪丹月落在六月。某一天，薩伊德邀請萊絲莉和我到他家吃開齋飯（*iftar*），於是我們開著那輛 Honda 去利瓦區。路上，人們走在一條條車流之間，提供免費的塑膠袋裝果汁。這是拉瑪丹月時的慷慨之舉——要是齋戒中的司機在宣禮聲響起時不巧身陷車陣中，他就能喝點東西渡過這段抵達家門口之前的時間。

到了薩伊德家附近，狹窄的街道布置了銀絲帶和傳統燈籠。瓦希芭在門口招呼我們。自從她帶著孩子到家事法辦公室（訴請離婚的一環）那天以來，這是我第一次看到她。如今她歡迎我們進入家門，尼卡布底下的雙眼流露著微笑。

餐點大半已經在他們家樓上客廳的地板上擺好了，有牛肉、雞肉、番茄醬汁煮馬鈴薯，以及撒了黑胡椒的葡萄葉捲飯。薩伊德與大兒子齊祖坐在地板上，眼巴巴看著菜和餐盤邊擺的水杯。這是齊祖齋戒的第二年；他才剛完成小學三年級的學業。他的弟弟尤素夫年紀依然夠小，照規矩來說不用齋戒整天。但他跟其他人一樣等在食物邊。甚至連不滿三歲的拉蜜絲也坐在那，不吃不喝。

薩伊德今年有齋戒。他的工作讓他得以豁免，以前他常常在拖著垃圾的大熱天吃東西，至少也會喝點水。我感覺眼下他對齋戒態度變得嚴格，幾乎當成某種形式的贖罪。人在公寓中的他看起來筋疲力竭，眼光不停掃向電視，螢幕上播著晚間新聞。一旦宣禮聲響起，節目就會暫停。

瓦希芭燒好最後幾道菜，一起加入我們。現在一家人齊聚一堂，他們的視線在食物與電視之間來回移動。每當我到某個人家裡用開齋飯時，總會有這最後一段的分心難耐。

新聞終於切成宣禮聲，於是人人都伸手拿水。薩伊德說一開始別喝太多，這很要緊。他慢慢地吃，控制自己的速度，免得讓空空如也的胃不舒服。每吃一小口，瓦希芭都得拉著自己尼卡布的下緣，拉起剛剛好的高度，讓他能把叉子放進自己嘴巴裡，又不至於讓臉露出來。

抵達之前，萊絲莉和我還在想我們會不會見到瓦希芭本人。但夫妻倆相處似乎很融洽，飯後我們也還坐在地板上聊天。因為正好提到婚姻的主題，我就問他們一開始怎麼認識的。薩伊德於是講起瞥見瓦希芭在哥哥家陽台上的故事。

她進了另一間房，回來時手上拿著兩人婚禮的照片簿。她坐在萊絲莉跟我中間，翻著本子。照片中，新娘與新郎相隔壁，坐在一個比較高的平台上。薩伊德穿黑西裝打領帶，當時的他比較瘦，臉上沒有皺紋——剎那間我才看出當拾荒者的這份工作多麼催他老。瓦希芭穿白洋裝，臉上的妝很濃。她沒有微笑。她的表情似乎很緊張，近乎於害怕。婚禮前一個月，瓦希芭才剛滿十八歲。照片中的她甚至更年輕。

她快速翻著相本，介紹一個個親戚和客人，還對著當時自己與薩伊德的樣子大笑。我向來不習慣跟圍尼卡布的女子互動，而這本來就是她們一開始之所以會圍上的原因。但如今這感覺尤其彆扭：一名圍著面紗的女子讓我看有她臉的照片。這何必呢？說不定瓦希芭也冒出一樣的想法，因為過沒多久她便把相本擱著，進了旁邊的房間。回來的時候，她的臉上已經沒有面紗了。

我先前唯一一次見過沒有面紗的她，是將近三年前在拉蜜絲的慶祝晚會時。那一瞥如此短暫，中間又發生這麼多的衝突，讓我老早就忘了她的長相。但現在我馬上認出她來——白皙的皮膚，立體的五官。大熱天園尼卡布讓她流了不少汗，於是她拿了塊布擦臉。

就從她把面紗取下的那一刻起，我們互動的調性就變了。對話變得更親近，更個人，有一種新的溫暖。這也讓萊絲莉與我更容易了解瓦希芭。身為阿語講的不好也不壞的人，我們經常仰賴臉部表情來加強自己的理解，但這種理解過程不僅微妙，而且出於直覺，所以我們一直沒有意識到其重要性。這下子我才第一次體會到，和看不清臉的人說話時，究竟漏掉了多少東西。她的問題似乎同樣在拿掉面紗之後變得更直接了。她問萊絲莉和我是怎麼認識的，萊絲莉解釋說我們以前都在北京當記者。

「你們是在中國結婚的嗎？」

我說其實我們沒有辦正式的婚禮。我也沒有提到那場為了埃及簽證而壓線結的婚——光是用英語解釋就夠麻煩了。

「那你們怎麼曉得你們結婚了？」她說。

「我想，結婚只是兩個人的承諾。」

「但你們還沒結婚之前就在一起了？」她稍稍瞇起眼，於是我想她指的是上床。「對。」我說。

瓦希芭搖搖頭。「這在埃及是『不允許的』（*mamnouh*）的。」

「在美國很平常。」

「那大家結婚之後呢？他們還能同時跟其他人在一起嗎？」

「通常不會，」我說，「但這不違法。有些人會這樣。因人而異。」

「對你們兩個人來說呢？」

「不行。」我說：「對我們來說，這是『不允許的』。」

＊＊＊

接下來幾周，薩伊德人看起來開心又放鬆。每逢周末他帶兒子到扎馬萊克時，都會順道到我們公寓拜訪。我告訴薩伊德，說想請他們家過來吃晚餐，有一晚我便開車到利瓦區接他們。男孩們穿著整齊的襯衫跟長褲，薩伊德則穿著一條不錯的牛仔褲，是他收垃圾路線上某個外國人搬走時給他的。拉蜜絲穿的套裝則是我們雙胞胎長大後穿不下、送給她的衣服。瓦希芭的臉有圍起來，她的黑色洋裝前面有銀色的繡花。

萊絲莉和我花了點時間想可能的菜單。我們想準備一些一看就知道的美國菜，但又得吸引埃及鄉下人的胃口。理想的情況要有很多的肉。東西用炸的準沒錯。於是，萊絲莉和我在我們婚姻生活中首度準備晚宴，是由麵包粉炸雞、即食比斯吉、馬鈴薯所組成，而且沒有葡萄酒。

孩子們很喜歡，薩伊德吃的量也跟平常一樣可觀。瓦希芭的尼卡布一直圍到菜端上桌，接著她悄悄把布用針別到後腦。此後這就成了常態：只要我們在私底下相聚，她對我們總是不會覆面。過去我一直以為尼卡布有宗教意涵，但現在我才了解——對瓦希芭來說，圍尼卡布完全是出於實用。對她來說，把臉圍起來在社群裡會比較容易生活：上街比較不會受到騷擾，她可以簡單出個門，在不會引起注意的情況下送兒子上學。但只要是私底下跟不會批評她不守禮節的人在一起，她就會把面紗取下。

她對孩子相當嚴格。在我們家的時候，每當我們給男孩們一盤餅乾或其他什麼點心，他們都會馬上把盤子原封不動遞給我們女兒。我們得給他們三、四次，他們才會接受。我記得《閒談》的課文裡有這種社交規矩，但就我個人經驗，這種規矩很少用在埃及小孩身上。我女兒念的私校中，多數的孩子都來自富有的扎馬萊克家庭，但我從沒看過哪個小朋友跟齊祖與尤素夫一樣有禮貌。

有一回，我問瓦希芭這種嚴格教養在他們家附近是不是常態，她搖搖頭，用舌頭發出埃及人表示否定的聲音——嘖嘖。「我不讓他們在外面玩。」她說。她很擔心非法棚戶區的影響，而且她決心讓自己的孩子受教育。

齊祖剛上四年級時，薩伊德決定要他去鄰居木工家當學徒。周末和放假時，這男孩得從早上八點工作到晚上六點，每天領大概兩美元。瓦希芭堅決反對——這件事是自從薩伊德遭到拘留以來最嚴重的一次衝突。他對萊絲莉和我提起這件事，我們直白告訴他——他太太有理。他們家並非赤貧，沒有道理讓這麼小的孩子去工作。沒過多久，薩伊德便讓步了。他現在下這種決定的速度似乎快多了；如今他不會讓問題像以前那樣化膿。我完全料想不到，但拘留似乎化解了某些根本的問題。

* * *

男孩們讀當地的公立學校，校名叫聖城（*Al-Quds*）——耶路撒冷的阿語名。這間學校擠到學童必須輪流上課。齊祖上早上的四小時，尤素夫上下午的四小時。即便如此，每間教室還是得擠大約一百名學生。

世界經濟論壇（World Economic Forum）不久前將埃及小學排在一百四十四個國家中的第一百四十一名。政局不穩只會讓情況雪上加霜；「阿拉伯之春」的第一年，埃及便換了五任教育部長。在齊祖的公發社會課本裡，有些段落說得委婉（「埃及的天氣四季宜人」），其他部分則宣傳完全錯誤的資訊（「全世界有三分之一的古蹟位於盧克索」）。課文之間則散落著埃及人誠實但不得體的瞬間。阿語課文描述民眾燒垃圾，汙染尼羅河，以有毒排放物汙染空氣。對於在利瓦區公立學校擠沙丁魚的學童們來說，讀到人家這麼露骨形容自己的家時，感覺一定很洩氣：「非法棚戶區顯然不在政府規劃之內，而且缺乏水電。」

書裡關於歷史的部分有一項作業：

跟你的老師討論這句俗語的意思：沒有歷史的人，就沒有現在。

這課本是在革命開始四年後出版的。文中描述阿肯那頓帶來「歷史上的第一場宗教革命」，但卻沒有提到解放廣場，或是「阿拉伯之春」，甚或是穆巴拉克下野。連一九五二年的革命都跟著納瑟一起省略了。至於「誰是最好的埃及總統」這個永恆的問題，作者表現了強烈的立場：

你知道人稱戰爭與和平英雄的穆罕默德．安華．沙達特總統嗎？他在一九七三年的十月戰爭中率領埃及國軍擊敗以色列。他為埃及帶回尊嚴。戰勝之後，他跟以色列簽訂條約，好讓我們活在和平與安全中。

十月戰爭其實是以埃及第三軍向以色列人投降告終——除了這點錯誤訊息，書上也沒有任何一張地圖畫出以色列國。每一回這個國家出現，都只有用阿語標上「巴勒斯坦」。我問齊祖以色列位於哪裡時，他完全不知道。馬努告訴過我，他孩提時最震驚的經驗之一，就是一家人到西奈半島北邊旅行時，他突然意識到以色列——那恐怖的敵人——其實就在隔壁門口。

身為家長，對這一切該怎麼做？瓦希芭與薩伊德與許多埃及人一樣，花大錢找私人家教，而且瓦希芭還會盯著男孩們做家庭作業。每學期她都會自豪地把齊祖的成績單亮給我看：他每一科成績永遠都是「特優」（*momtez*）。他是班上的第一名。感覺實在了不起：孩子的父親不識字；孩子住在非法棚戶區；他讀的學校擁擠到小朋友得像工廠工人一樣輪班上學。政治跟歷史脈絡不一致——學校以耶路撒冷為名，課文因為和約而奉沙達特為偶像，但卻不准以色列出現在任何一張地圖上。但齊祖感覺還是有學到點東西。他書讀得很好，而且常常問我跟美國和中國有關的精彩問題。他的聰明顯而易見，比他小的弟妹也是，而且他們在大人面前全都能泰然自若、進退有禮。當我問齊祖他長大之後想做什麼時，他說，「不要當札巴林人（拾荒者）。」

* * *

父母過去的衝突必然會影響這幾個孩子，但我看不出有受到創傷的跡象。無獨有偶，薩伊德與瓦希芭顯然也跨過了他們的坎。瓦希芭偶爾會拐彎抹角提起過去的問題——她有一次當著我的面，說薩伊德表現不好。但她不會死咬著不放，而薩伊德感覺也從未對被警察抓的事情懷恨於心。

我身為外國人，本能認為凡沒有解決的事情都是問題。我總以為薩伊德遭拘留一事會成為最後一根稻草；我看不出一對夫妻如何能從這種事件中重修舊好。但日子一久，我意識到這一連串衝突與法律訴訟在他們眼裡遠沒有那麼戲劇性。平常生活就是這樣，人們只不過是在有缺陷的環境中運用所有可用的手段，解決彼此的差異而已。瓦希芭的法律策略因為「有用」所以正當。連薩伊德似乎也承認這一點。他再也沒有抽掉照顧孩子的費用，每當遭遇分歧時他也不再試圖掌控自己的妻子。每一件讓身為外國人的我感到不可置信的事——濫用法律，找警察來對個人衝突施壓——都不要緊。對於當事人來說，只有一個重點。這有用。

Chapter 22

古埃及的工人在敏亞附近的尼羅河東岸高處開鑿石塊，供兩尊巨大的雕像所用，但雕像從未完成。這幾個遺址都沒有正式對觀光客開放，我自己也是從托雷多大學（University of Toledo）大學的考古地質學退休教授詹姆斯・哈瑞爾（James Harrell）那裡聽來的。他在埃及的沙漠中漫遊了好幾個冬天，研究古代的採石場與礦坑。

哈瑞爾說其中一尊未完成的雕像很容易找，還給了我GPS座標。我開著我的Honda，前往穆巴拉克政權在沙漠高台邊緣興建的城市——新敏亞。我把車停在聚落的盡頭，接著繼續徒步跨越綿延的沙子與石灰岩露頭。走沒多久，我便抵達能俯瞰下方四百英呎處尼羅河谷的石灰岩懸崖。

從高處看，河谷的布局有如一系列明確的線條。懸崖下方是一條沙色的沙漠，接著是一道綠帶。更過去是深棕色條紋狀的尼羅河。至於河的對岸，敏亞老城則開展成一長條低矮的灰色建築。

懸崖上方有許多古代採石留下的痕跡。有些地方的石灰岩已經切割走了，幾塊沙發大小的大石塊遭到棄置，石塊邊緣已經處理成整齊的平面。我跟著GPS座標走，直到我抵達供巨像之用的岩塊處。下令製作巨像的人是阿蒙霍特三世，他在西元前十四世紀統治超過三十年，直到其子阿肯那頓繼承為止。這段期間前所未有地繁榮，阿蒙霍特三世似乎想做什麼就做什麼。治世的頭十年，他就獵殺了一百一十頭獅子。他命人雕出高三十英呎的蹲姿狒狒像。他在埃及各地興建的巨型建築比他的所有前任都多，兩尊大得難以置信的國王像至今仍位於盧克索西岸。這些雕像就是所謂的門農巨像（Colossi of Memnon），每一尊巨像都是由單一一塊石英岩所雕成，重達七百二十噸。

位於新敏亞邊緣的這個石灰岩塊甚至更勝一籌。雕像完成後將超過七十英呎，大約跟一棟五層樓的建物一樣高。工人已經鑿出國王坐像的大致外型，並且把岩塊周圍都跟岩壁鑿分開了。其中一處的縫隙很窄，我便跳了過去。到了未完成的巨像頂，我從一端走到另一端，數著自己走了幾步：六十步。接著我趴下來，往岩塊邊緣外望去。離地實在很遠。邊緣上有鑿子在三十三個世紀之前留下的痕跡。

岩塊遭到棄置的原因並不清楚，但根據哈瑞爾的推測，可能是國王在工程尚未完工前便駕崩了。另一尊未完成的巨像更大，也同樣位於敏亞附近的懸崖上。兩尊巨像原本可能都計劃立於上游方向將近兩百五十英哩處的盧克索。沒有人曉得古埃及人打算怎麼搬移這些東西。

* * *

新敏亞的領導名叫艾哈邁德・易卜拉辛・阿德索基（Ahmed Ibrahim AlDesouqi），他在一棟距離未完成巨像不到半英哩處的嶄新政府大樓中辦公。我順道拜訪時，他坐在自己的辦公桌前，平面電視播著某首歌的ＭＶ。辦公桌上沒有電腦。牆上沒有釘子——這棟大樓新到從來沒有掛過穆巴拉克的肖像，塞西的照片則還沒有到來。穆爾西沒有機會讓人繪製肖像。他掌權的那一年裡，我從沒看過他的照片掛在任何政府辦公室中。

領導告訴我，等到二〇五〇年，新敏亞就會有六十萬居民，是舊敏亞目前人口的兩倍。我問他，民眾在這座新城市要作什麼工作營生，他坦承目前官方還沒推敲出等號另一邊的答案。「會有一些木作店面，」他話說得含糊，「我們正規劃一處工業區，和一處手工業區。」

我開車穿過這座新城市塵土飛揚的街道，工程隊伍正在興建公寓房子，但這裡看起來沒有多少人入住的跡象。他們在其中一個路口打造了一尊巨大的阿肯那頓水泥雕像，象徵這個地區的驕傲。另一個路口則是娜芙蒂蒂的雕像。

其他次南巡時，我走訪了新亞斯文、新索哈傑和新艾斯尤特。這些地方看起來都不熱鬧，但塞西決心加速建設沙漠的步調。新都會社區局（New Urban Communities Authority）主管這些地方，我在開羅時曾短暫拜訪名叫卡利德．馬哈茂德．阿拔斯（Khaled Mahmoud Abbas）的助理局長。他說他這個局——通稱NUCA——目前監督二十三座新城市與兩座正在規劃的城市。他們期待到二〇二七年時能夠有兩千萬人住在這些地方。

「單就化沙漠為生機來說，我們是獨一無二的，」阿拔斯說，「世界上其他地方都不是從無到有。他們都是在已經有水有電的地方來推動，但我們不是。」

他相信這些全新的都市將鼓勵民眾離開非法棚戶區，另外他也強調該局友善年輕人的政策。其中許多新城市裡，政府興建了有購買資格限制的公寓，只有二十一歲至四十五歲之間的人能購買。阿拔斯說，此舉對於一個愈來愈年輕的國家而言至關重要。

日益提升的出生率似乎是革命的副作用之一。一九八〇年後，埃及出生率穩定下降，但這樣的潮流卻在二〇〇八年政府上一次健康普查時突然逆轉。到了二〇一四年，每位婦女的平均生育數字已經增加百分之十五以上，從每人三胎增加到三點五胎。增加的幅度在二十出頭的女性之間尤其顯著。專家推斷有幾個原因：穆巴拉克時代的節育政策在革命後戛然而止，此外女性勞動參與也下降了。經濟差，政局不穩讓許多家庭比以往更不願意讓女人出門工作。結果更多女性留在家裡，在家裡就容易生更多孩子。

阿拔斯告訴我，他們局裡已經為這種人口分布變化做了準備。「我們有一份針對未來五十年的戰略計劃，」他說，「我們打算再蓋三十到五十座新城市，全都位於沙漠。到了二〇五二年，我國人口將達到一億六千萬至一億八千萬。」

這數字是目前九千多萬人口的近兩倍之多。我問他，政府是否有任何鼓勵節育的規劃。

他停頓一下。「目前嗎？沒有。」語調緩了下來。但接著他又提高音量：「不過我想未來會有。我希望，真主容許的話。」

＊＊＊

塞西的新首都預定坐落在開羅以東三十英哩的沙漠中，夾在通往蘇伊士市與紅海的兩條高速公路之間。開發商預估新都將花費三兆美元，所需基金泰半將來自波灣國家。政府發言人表示，除了政府大樓、公寓與旅館之外，新首都還會興建非洲最高的建築物。埃及人跟某家中國國有企業簽訂的合約，占了這座城市興建工程中相當龐大的一部分。

當年穆巴拉克擔任總統時，他也要求中國人到沙漠裡蓋點什麼。名叫「天津經濟技術開發區」的國有企業（簡稱泰達〔TEDA〕）在距離紅海與蘇伊士運河交接處不遠的溫泉鎮（Ain Sokhna）興建了中式的工業城。中埃蘇伊士經貿合作區已二〇〇八年成立，官方口號是「合作讓世界更美好」。

從開羅出發不到兩小時就能抵達合作區，我就常開車前往。工業城很小，只有二點五平方英哩大，而且廠房全數蓋在一處由寬闊、筆直的道路圍成的方格裡。城裡有天津路、重慶路和上海路，有幾間給水泥工住的宿舍，還有用來放空貨櫃的場地。貨櫃堆了六層高，由於地形缺乏起伏，貨櫃鮮豔的顏色在幾英哩外都能看到。從遠方看，它們就像樂高積木，在陽光下融化。

原本的構想是讓中國公司在此扶植製造業。它們可以雇用工資遠低於中國的埃及工人，並且用運河運輸完成品。泰達開發區得到租稅與設備的補貼，大約有五十間中國公司在此開店。其中幾間是由前女用內衣商人所開設的。一位名叫張彬華（音譯）的女子曾經在埃及的蓬市中賣內衣褲，如今則用利潤在工業區內開了一間生產絲線的公司。她有一部分的原物料來自艾斯尤特的林翔飛等中國籍塑膠回收業者。區內有其他中國公司製造塑膠袋、衛生紙、尿布、金屬管與玻璃纖維。一位名叫王偉強（音譯）的企業主則生產沙烏地阿拉伯與其他波灣國家男子所用的白色格特拉（*ghotra*）頭巾。

我一見到王偉強，就問他怎麼會開始生產這種特定商品。二十年前，王偉強在中國東北的天津生產的是內衣與運動褲。他的摯友之一擁有一間專作格特拉頭巾的工廠。後來這位友人做事惹惱了王偉強，於是他挖腳朋友的經理作為報復。正是因為這位經理的專長，王偉強才能開始生產自己的格特拉頭巾。「這好比血債血還，」王偉強說，「我是出於報復。」

波灣地區的阿拉伯人有其榮譽與復仇的傳統，我很懷疑他們能不能理解中國人：居然有人生產出口用的白色衣物來復仇。我問王偉強，他的朋友是不是很生氣。

「那還用說！」他說：「他氣炸了！」

「你們還是敵人嗎？」

「沒，我們和好了。」王偉強說：「他也生產格特拉頭巾，但品質比較低。我做品質好的，他做便宜的。所以我們沒有競爭。」

結局皆大歡喜：中國人之間沒有什麼衝突是大到無法用市占率來化解的。王偉強把自家工廠起名為矢島（Yashima），十年來他的事業都很賺錢。他可以把頂級的格特拉頭巾以每件將近六十美元的價格在沙烏地阿拉伯銷售。於是他決定開始在埃及生產。

「我在這裡有上好的埃及棉花可用，」他說，「我的設備很先進。我對這座工廠的投資超過一百萬美元。但這兩年我也損失不少。問題都跟勞工有關——工人的心態問題。我們工廠需要二十四小時運作；不是只輪一班。在埃及如果要整天生產，我們就得雇用男性工人，但他們真的很懶。」他話還沒說完：「現在來應徵的男的有百分之九十我都拒絕。我只找女孩跟女人。她們是很好的工人。但問題是她們只能在白天工作。」

在泰達合作區，類似的抱怨此起彼落。另外一位名叫徐新（音譯）的業主，原本在中國時任職摩托羅拉，事業有成，後來計劃在泰達合作區為埃及消費者生產低價手機。他也偏好雇用女性，但旋即意識到只有未婚女性才願意來工作。等到訂婚或結婚之後，她們肯定會辭職，導致員工流動率極高。女性工人也不願意像中國人那樣住在宿舍，因為埃及人認為年輕女性晚上在離家很遠的地方並不得體。因此徐新的生產線無法輪班，他還得用巴士接送女工往返蘇伊士市，這等於在工作日多加三小時以上的工時。一年後，他把手機工廠關了。泰達合作區的宿舍也無用武之地——就跟那些貨櫃一樣空空如也。

王偉強還在為他的格特拉頭巾生意苦苦掙扎。他四十四歲，跟住在天津的太太和十多歲的女兒聚少離多。當我問起他有沒有放鬆一下，去埃及任何地方觀光時，他把話說得很白。「沒有，」他說，「我多半都待在廠裡。我一天要工作十到十四個鐘頭。」

合作區在紙上行得通，遵循的跟過去三十年來幫助中國蓬勃發展的基本原則如出一轍：位置就是一切。勞工好找。在高速公路與口岸附近興建工業城，對投資人提供優惠政策。錢先進來，接著工人進來，然後換你發大財。但埃及人——尤其是埃及女人——卻比中國人難找得多。

王偉強欣賞手下的埃及員工，但他也學會對待他們要有耐心。據他看來，想改變工人的本性是不可能的。「中國跟埃及恐怕完全相反，」他說，「我覺得埃及適合過生活。這裡更放鬆，人們也享受生活。但做生意就沒那麼適合了。」

* * *

我在埃及從來沒有遇過哪個中國人對這個國家的改革流露出關心。他們常常提到自己認為是缺點的地方——民眾缺乏工作倫理，政府缺乏制度——但口氣卻跟許多西方人大不相同，其間沒有什麼失望之情；中國人似乎如其所是地接受這些缺點。他們身上也沒有原罪，畢竟中國沒有殖民這個地區的歷史，而中國政府也同時跟以色列與巴勒斯坦來往。不像西方人，幾乎沒有中國業者對埃及及革命的結果感到失望。原因倒不是因為他們相信「阿拉伯之春」帶來正面的結果，而是因為他們本來就對此不抱任何信心。

二〇一二年，穆爾西當選總統後的首度國是訪問就是前往中國。等到塞西在將近兩年後當選之後，他也馬上去了中國一趟。沒有任何跡象顯示領導層的更迭對中方來說有任何差異。在開羅，我認識一位來自另一個亞洲國家的外交官。她曾經在中國生活過，也經常跟中國官員打交道。我把自己跟女性內衣商人和企業主打交道的經驗告訴她。這位外交官說，我的經驗讓她想起自己工作時觀察到的現象。

「人家喜歡什麼，中國人就賣他們什麼，」她說，「他們不問問題。他們不在乎你拿他們賣的東西作什麼。他們不會問埃及人要不要舉行選舉，或是會不會鎮壓民眾，或是把記者關進牢裡。他們不在乎。」她接著說，「美國人認為，『只要大家都像我，他們就比較不會攻擊我。』中國人不做如是想。他們不打算讓全世界跟他們一樣。他們的策略在於建立經濟關係，如此一來，只要你破壞這些關係，那你傷得也會跟他們一樣重。」

據估計，前來非洲的中國人或許有百萬之譜，而他們建立連結的策略常常能創造出榨取資源的機會。中國人興建高速公路、醫院、機場與其他基礎建設，收穫的回報則是從非洲取得中國短缺的礦產與各種資源。但中國人對埃及的盤算不同。埃及擁有的天然原物料很少是中國需要的，但該國卻有廉價的勞力以及重要的戰略價值。中東地區提供中國所需的半數原油，而中國對歐洲貿易也大半得經過蘇伊士運河。

中國人也看到機會，在美國聲望嚴重受挫的區域站穩腳跟。塞西當選後，中方決定將開羅使館人數增加三分之一，並興建新使館。他們還宣布計劃將溫泉鎮的合作區擴大幾乎兩倍。但你很難想像要用什麼填補空間，畢竟不久前已經有幾間工廠在經歷吸引勞力方面的問題後關門大吉了。

我在埃及觀察到規模各異的中國商業活動，小至中小企業主，大至拿政府資金的大型計劃，而這些活動的結果一概取決於同樣的社會議題：女性地位。女性內衣商人用自己的草根直覺，嗅出一種從埃及的性別差異和婚姻傳統生財的聰明方法。與此同時，國有的工業區——以生硬的方式試圖引入中國的發展樣板——卻在失血。每當我走訪泰達，我都住在唯一的一間旅館，旅館的名字叫「瑞士旅館」（Swiss Inn），挺符合這個合作區的混搭精神。這裡很少有其他客人。晚上時，我會走過荒涼的街道，到園區內唯一的中國館子「喜運」（音譯）點清真餃子。中國的工業城通常在入夜後都很有精神，但這個地方死氣沉沉——沒有夜班的機器運作轟轟聲，也沒有成群結隊、穿著制服的工人。光是一條路，我就數到有兩百三十二座不會亮的路燈。一名園丁告訴我，他的團隊原本種了一千棵棕櫚樹，但多半都因缺水死掉了。埃及不缺華而不實、方向出錯的沙漠建設，而且古今皆然，但泰達卻是其中最詭異的：撒哈拉沙漠中失落的中國工業城，此處的厄齊曼迪亞斯之夢*只不過因為「沒法讓女人走出自己家門」這個小小的失敗而夢碎。

＊＊＊

泰達合作區有一位年輕的業者名叫吳枝成（音譯），他生產的是便宜的塑膠餐具。這些餐具包裝成套，許多埃及低收入婦女會買來準備自己的嫁妝。其中一套產品——美耐皿餐盤組——刻著對結婚的祝福，是用英文寫的：

我們同甘共苦，
有你的愛與照顧，
知曉你不在遠處，
你那溫柔輕觸，
讓我的憂愁消失無處。

吳枝成三十出頭，他和同輩的中國農民一樣，只受過最起碼的正式教育。但他觀察入微，對埃及的看法遠比我遇過的其他中國人都要深入。吳枝成著手生產餐盤之後，他意識到自己不能跟在中國時一樣只仰賴幾個批發商。在埃及，你必須拜訪個別店家，跟大家握手，秀出自己的產品。

於是吳枝成用了三年時間這麼做。第一年，他那輛四門雷諾房車開了十萬英哩以上。埃及幾乎每一座城市他都開車去過，而商人毫無章法囤積商品的方式令他訝異。「供應商把商品賣給他們，他們則先支付百分之二十，」他解釋道，「每星期，供應商都會在同一天經過，比方星期四，然後店老闆會盡可能支付。沒有付款方案，完全取決於店老闆有多少錢。」

吳枝成告訴他的客戶，身為外人，他沒法這麼做。但他提出替代方案：先付現，可以得到

＊ 典出英格蘭詩人珀西・比希・雪萊（Percy Bysshe Shelley）之詩〈厄齊曼迪亞斯〉（Ozymandias）。「厄齊曼迪亞斯」是古希臘人對法老拉美西斯二世的稱呼，雪萊以他為題寫詩，描述黃沙中的人面獅身像上寫著：「吾厄齊曼迪亞斯，萬王之王；見識吾偉業，汝之強人亦要折服！」但周圍早已黃沙滾滾，空無一物。

大幅折扣。「這是我的優勢，」他說，「比較便宜，也沒那麼複雜。」

他發現這種作法能打動許多埃及商家，如今他們的關係已經穩固到他不用那麼常跑業務了。儘管如此，他認為自己還是有可能離開泰達合作區，畢竟這裡太難吸引勞力。他雇用大約二十名女性進生產線，而他也和區內的其他業者一樣，經歷過因為訂婚與結婚所導致的高流動率。

來到埃及之前，吳枝成曾經在中國東南經營小工廠。據他觀察，年輕的中國農村女性經常是出於「想遠離原生家庭和村子」這種模模糊糊的渴望，而來到工業城工作。但埃及女性勞工的出發點卻完全不同。「他們不像中國的女孩子一樣是想逃離什麼，」他說，「這裡的人純粹是為了錢。」

其實，埃及女性通常是為了參與傳統社會體系才去工作，而非為了添亂。她們需要錢才能購買家電、餐具、衣服、內衣和其他使她們得以進入婚姻的東西。二十二歲的索雅德．阿布杜勒．哈米德（Soad Abdel Hamid）在吳枝成的生產線上操作塑膠成型機，她告訴我這些責任讓她感到多麼沉重。「我原本打算今年結婚，」她說，「但現在看起來難了，因為我還沒把我的東西買全。」她說，常常有人因為婚約裡明訂該買的東西還沒買好，結果婚事延期或告吹。哈米德計劃婚後辭職，我在吳枝成的廠裡遇到的每一個員工幾乎都是這樣。

組裝線上只有一名已婚婦女。她名叫法蒂瑪．穆罕默德．馬哈茂德（Fatma Mohammed Mahmoud），五十多歲。她說自己想離婚想了好幾年，但她先生不同意結束婚姻，她們大家庭的人也表示反對。「我兄弟姊妹都叫我不要離婚，因為這在我們的傳統裡不是好事，」她說，「我們家來自上埃及。心態很封閉。」結果，她和先生依舊住在同一間公寓裡，在家裡避免跟彼此互動。她到工廠工作，是因為他拒絕給她夠用的錢。

在她的單身同事之間，只有一位名叫伊絲瑪（Esma）的年輕女子說自己打算在婚後繼續工作。伊絲瑪原本有份好工作，在她住的蘇伊士市處理一間大工廠的存貨。她的未婚夫在同一間工廠工作，可是婚約後來吹了。事後，伊絲瑪的父親逼她辭掉工作——明明廠裡還有成千上百名員工，但他認為年輕女子不適合跟曾經的未婚夫在同一個地方工作。伊絲瑪表示：「身為埃及人，只要你爸媽有令，你就得聽話。」於是她現在得為一份薪水更低，而且沒什麼前景的工作，每天花三小時搭巴士。

在泰達合作區內，我發現跟年輕埃及女性勞工講話並不困難。她們和埃及男人一樣，多半有魅力、風趣而外向。我是陌生男人，如果是在她們家附近，她們對我的態度就會謹慎得多，但這裡是中國人的廠區，她們比較自由。她們經常主動接近我，坦率問我打哪兒來，做哪一行，對這個地方有什麼看法。她們會跟男同事嬉鬧調情，還會跟自己的中國老闆頂嘴。她們笑著告訴我自己學會的中文字：好、壞、我想休息、阿里巴巴。基本上，人在埃及的每一位中國業者都拿阿里巴巴這個《一千零一夜》的人物當作「小偷」的同義詞。

我在中國生活時去過好幾十家工廠，而我經常發現年輕女工個性都很害羞孤僻。遇見外國記者就有可能嚇著她們，通常得見過好幾次面，她們和我說話時看起來才會比較自在。要是讓我比較第一印象，無視文化或經濟脈絡的話，我一定會覺得埃及婦女比中國婦女更可能有所成就。

但長期而論，環境與體系卻比個體的人格影響更大。問工人「有朝一日，會不會想自己開工廠或做生意」就是最有鑑別度的問題。中國那些害羞退縮的女孩幾乎毫不遲疑——這是她們夢想的一環，許多人還真的實現了。但埃及婦女對這個問題卻付之一笑。有一位說：「這不可能！（*Mish mumkin!*）」

＊＊＊

吳枝成與不少中國人都很讚賞埃及人的慷慨友善。「假如你車子半路拋錨，第一個經過的人就會停下來幫你，」他說，「中國沒有這種事。」他也很欣賞埃及人高度的地域意識。「在中國，大家都是外地來的，到處搬來搬去，」他說，「假如你住城裡，人人都不認識你。就算你跟鄰居住同一個小區，關係也不見得密切。跟埃及這裡不一樣。」

但他也了解，這種跟家庭與傳統之間緊密的紐帶雖然維繫著埃及人，但也是有代價的。對於手下工人未來的發展，吳枝成的結論很簡單：只要缺乏脫離舒適圈的根本渴望，她們的生活就不大可能有重大的轉變。他對埃及政局的看法也很類似。就他看來，之前的革命是場半吊子的革命，畢竟多數人內心深處還是想維持現狀。「假如他們沒有趕走穆巴拉克，說不定還比較好。」他說。

許多中國業者都說類似的話，這在西方人耳中聽起來很像自掃門前雪。但中國人看得說不定更清楚。姑且不論好壞，他們的國家與文化在整個二十世紀經歷了真正天翻地覆的劇變，而他們則認為埃及人從來沒有堅定投入如此猛烈的轉變。此外，中國人看埃及是看它的現實，而不是看他們希望埃及成為的樣貌。埃及「阿拉伯之春」初期，西方人經常相信自己正在見證一波強大社會運動的崛起，中國人則傾向於認為這是一個弱國的垮台。

何況中國業者跟埃及的接觸都很在地而實際，他們不會受到籠統的政治運動理念所影響。根據他們的觀點，埃及的根本問題與穆斯林兄弟會、軍隊或總統完全無關——問題在於家庭。丈夫與妻子，父母與孩子，長輩和年輕人——在埃及，這類關係完全沒有因為「阿拉伯之春」而改變，改變發生之前都談不上是場革命。

* * *

二〇一四年底，中方決定在工廠區興建四座遊樂園。泰達在生產金屬管的國際鑽探材料製造公司（International Drilling Material Manufacturing Company）的馬路對面蓋了某種叫「恐龍世界」的東西，主打暴龍、異龍和其他生物的電動模型。這座史前公園裡有些時代錯置的東西：海盜船、太空山，以及用快樂蛙裝飾的雲霄飛車。吳枝成懷疑是中國國有娛樂產業中有人想把過度生產的商品傾倒過來。要揣摩某些幹部的想法不難——「幹嘛不把這些東西丟到沙漠裡呢？」

泰達官員都不願意實名表示意見，但一位主管明白告訴我，他們希望藉此為園區創造能見度。「如此一來，民眾就會來遊樂園玩，只要他們來，就會對開發區多一點了解。」他說。他希望此舉有助於解決勞力問題。當然，他講中文，不會用阿語的詞彙，但我腦海卻冒出：真主容許的話。

來年春天的某個周末，泰達邀請民眾到開發區參加遊樂園的免費試營運，於是我從開羅開車過去。風很大，空氣裡都是沙子，大部分人都躲到「水世界」的池子去，就蓋在一些空的工人宿舍旁。除了「水世界」與「恐龍世界」，另外兩個遊樂園分別是「糖果世界」和「汽車世界」。「汽車世界」設在一棟兩層樓的建築物裡，之前的承租人是徐新——到埃及生產手機的那位前摩托羅拉經理。

「汽車世界」的卡丁車和碰碰車人氣很高，為了參加活動而從天津來到這裡的高幹對此趨之若鶩。他們穿著黑西裝，雙腳都頂到迷你車的方向盤了。這些高幹開著碰碰車衝撞彼此，在卡丁車賽道上打轉，重回賽道後又再度打轉。「汽車世界」內部改裝非常成功，完全看不出來這裡原本是一間因為缺乏女性工人而關門的手機工廠。對街的機械恐龍栩栩如生。牠們不時擺動手腳，張著大嘴，透過廉價的喇叭來咆哮，彷彿對於自己置身於撒哈拉沙漠感到驚駭莫名。

Chapter 23

我女兒還小的時候，她們很少去離蜘蛛網大樓很遠的地方。我們會在附近散步，她們讀的也是附近的托兒所，周末時則到扎馬萊克南端的私人園區傑吉拉俱樂部（Gezira Club）玩耍。她們通常一次不會離開這座島幾個月以上的時間。

等到我們買了那輛 Honda，女孩們也長大了些之後，我們就開始帶她們去看古蹟。我們第一趟短程出遊是去代赫舒爾（Dahshur）的紅金字塔（Red Pyramid）和曲折金字塔（Bent Pyramid），之後再帶她們去解放廣場邊的埃及博物館。她們滿五歲前的冬天，我們一家人開長途車到上埃及玩。我走東沙漠公路去艾斯尤特，接著跨到河谷西岸，繼續前往阿拜多斯。我們在城裡待了幾天，走訪「須納」和塞提一世神廟，之後往盧克索與國王谷前進。

我很好奇，這幾趟旅程會如何在女孩們的記憶中迴盪。即便是到最宏偉的古蹟一遊，過程中得到的體會依然有種私密感，因為觀光客已經拋棄了這些地點。我們開車去紅金字塔的時候，就把車停在金字塔底部旁邊，彷彿把車暫停在朋友家一下。停車場裡沒有其他車子；入口處的警衛無聊得很，根本懶得跟著我們進入金字塔。我們走下兩百英呎的陡峭階梯，經過一間內室，之後才抵達斯尼夫魯王在金字塔深處最終下葬的墓室。雙胞胎的聲音在樑托頂迴盪。

到了阿拜多斯與盧克索的神廟，她們好喜歡在巨大的石柱間玩耍。法老的形象令她們著迷不已，尤其是開羅與盧克索等地的博物館公開展示的阿肯那頓巨石像。從南方之旅返家後，女孩們迷上了畫戴著戰場頭盔的國王與標誌性藍色王冠的娜芙蒂蒂。她們會玩角色扮演，而且很喜歡名字的字母排列：愛麗兒是阿肯那頓，娜塔莎是娜芙蒂蒂。過去兩年來，她們總堅持穿一模一樣的衣服，結果這下突然變了：愛麗兒穿褲子，娜塔莎穿裙子。萊絲莉和我為此鬆了口氣，我們再也不用為找一樣的衣服來搭配而操心了。十八王朝以超乎我們所能的方式說服了女孩們。

那年春天，她們學校訂了一天，讓孩子們打扮成書裡自己最喜歡的人物來上學。我們分工合作：我根據阿瑪納出土的文物形象來設計衣服，萊絲莉到扎馬萊克各地找材料，阿緹雅把一切縫起來。當女孩們在街上踏著大步，往學校走去時，附近一些大樓的管理員甚至大聲叫好。班上有個同學的家長看到娜塔莎高高的藍色王冠時說：「噢，看看人家公主！」

「我不是公主，」娜塔莎回，「我是共同攝政。」

孩子們很自然聯想到某些古埃及藝術與概念。他們的認識是發自內心的：成雙成對的概念、動物頭的神祉，以及象形文字之美。基本上，我遇過的每一位外國埃及學家，都是從孩提時的入迷展開自己的職涯的。貝瑞．肯普的父親在二次大戰時曾隨英軍駐紮埃及，寄回來的遺址圖案明信片讓自己的兒子神魂顛倒。瑪莎．希爾還是奧克拉荷馬州的小女孩時，就愛上了一本關於某個阿瑪納公主的書；如今她是大都會藝術博物館的策展人。緬因州一處偏遠養雞場裡的雷蒙．約翰遜，則是迷上了《國家地理雜誌》上講埃及的文章；現在他掌管芝加哥大學在盧克索的研究中心。我到「陪葬」拜訪馬修．亞當斯時，他告訴我當自己還是個西維吉尼亞小鎮孩子時，就用祖母車庫裡的床單做出了古埃及陵墓的模型。

對於考古現場的埃及人來說，這似乎就不是共通經驗了。札希・哈瓦斯（Zahi Hawass）是埃及本國最著名的埃及學家，革命前曾擔任古文物部部長。他對我說，自己原本想當的是律師。他還為了當外交官而努力念書，但在口試時被刷掉了。踏入古文物領域其實是條後路，但他後來意識到自己自己熱愛這份工作。這樣的人生道路還挺常見：對埃及的埃及學家來說，他們的出發點多半出於實際，而非純粹的熱情。優秀的學者曼杜・愛爾達瑪迪（Mamdouh Eldamaty）在二〇一四年成為古文物部部長，當我問他孩提時的志向時，他坦白告訴我答案。「我一向痛恨歷史。」他說。他原本想當醫生，但拿不到醫學院入學許可；之後他試著學商，結果發現自己恨做生意甚於恨歷史。他和哈瓦斯，愛爾達瑪迪一樣，從事埃及學是他們的第三選擇，後來他才發現自己有學習古代語言的天賦。

有時候，埃及人對這個領域的觀點幾乎就像是局外人。這個國家跟自己上古歷史的關係，就和其他許多事物一樣矛盾。埃及一般民眾引法老時代的歷史為豪，但他們跟這段歷史之間也有一種斷裂，因為伊斯蘭歷史傳統更強大，也更切身。埃及的貨幣設計精準捕捉到這個現象。每一種貨幣單位都採取一樣的模式：鈔票的一面是阿語，以及埃及某座知名清真寺的圖案。另一面搭配的則是英語和某個法老的雕像或建物。箇中的意涵相當明確：古人屬於外國人，伊斯蘭屬於我們。

甚至連致力於埃及學的埃及人都能超然物外。有一回，我對愛爾達瑪迪提到殖民主義遺留的影響，問他有這麼多外國人在埃及進行發掘工作，他會不會覺得是個問題。我拿中國來對比，中國政府決不會讓外人在定調本國歷史時扮演如此突出的角色。愛爾達瑪迪堅決反對這種看法。「這是全人類的遺產，」他說，「我們不能說這是只屬於埃及人的遺產。」他接著說：「無論是誰，只要夠資格都可以作相關工作。是外國人或是埃及人都一樣。」

外國學者常常提到類似的說法，並且指出歐洲與美國學術機構對古代遺址的研究與保存有重大的貢獻。但年輕一輩的埃及學家漸漸對這種情況感到不自在。先前在阿拜多斯發掘出錢幣與神像的布朗大學學者羅瑞兒．貝斯多克，甚至會質疑自己考古熱情的出發點。她和其他許多人一樣，都是小時候便激起了熱情：自從讀了幾本關於埃及考古的奇幻小說之後，她就夢想前往撒哈拉。「我想，『不去面對殖民主義』就是我們文化遺產中的一環。」她說：「我們自己的興趣從很小的時候就開始了。那不是經過考慮的、成年人的那種關心，而是孩提時的魂牽夢縈。學術的興趣就從這種魂牽夢縈中發展出來。我們很難理所當然說自己的興趣是對的，畢竟那種意圖本質上就很幼稚。」

說不定這反映了古埃及作為文化根本的特性。那失落的世界多麼令人感到熟悉，其中又有多少觀念是西方文明的基礎，實在讓人很難去思考所有權的問題。但貝斯多克愈來愈不自在，於是她不再到阿拜多斯工作。她不僅認為那個遺址受外國人掌控太多，對馬修．亞當斯也抱持批判態度——亞當斯的發掘雖然徹底但鮮少發表，這意味著別人——無論是外國人還是埃及人——無法得知他在阿拜多斯的細節發現。「馬修是位了不起的現場考古學家，但你得把東西發表出來。」她說。

如今，貝斯多克發掘在蘇丹的古埃及遺址。她說，自己雖然計劃回埃及進一步研究，但研究的模式必須改變。「我不曉得我這一輩的學者有誰會立志像這樣只待在一個遺址，大動作進行挖掘。」她說：「讓外國人主管整個遺址的作法，跟從一開始就進行規模比較小、合作比較密切的計劃，這兩者是有區別的。」

* * *

我不太確定要怎麼勾勒我家女兒們跟埃及的關係。這種關係在某種層面上似乎非常根本，我也漸漸相信小小孩最接近古人所過的時間。對她們來說，事情以「循環」的步調重複著：遊戲、學字、上床睡覺，日復一日。此外也有「永恆」的當下。我女兒對於我們家來埃及之前的生活沒有概念，也不曉得在埃及的生活有一天會結束。她們從來不會問我們到底屬於哪。革命年間，我常常感受到需要保護她們的壓力，但她們那種一切如常的模樣卻也讓我覺得放心。在娜塔莎為小學一年級寫作課準備的日記裡，停電只不過是「循環」的一環：

十二月十五日——晚上停電的時候我正在看書。

十二月二十日——我去了金字塔，而且我們還進到裡面。裡面很黑。

十二月二十七日——我吃完早餐電燈就不亮了。

有一年，我們回了美國一趟，有個叔叔向愛麗兒問起她的寶貝貓咪。她講貓咪的事講了一會兒，接著她說：「還有另一個穆爾西，是人，不是貓。他以前是總統。」

叔叔問穆爾西如今何在。

「他在監獄裡。」

「怎麼了？」

「他派人殺了別人。」愛麗兒一副道出事實的模樣。「現在有別的總統。我不知道他人好不好。不過他的名字叫塞西。」

經過這事之後，萊絲莉和我意識到我們必須停止在女孩面前討論政治。但她們似乎不受環境中負面的部分影響，還常常逢人就說自己是埃及人。先前有朋友從德國來訪，他覺得這兩個小小的華裔美國人一直說「我們好愛開羅！」實在很荒唐。她們學會了小小開羅人的肢體語言。如果是堅決的「不」，她們會說「*la'a*」，配上颯爽的搖頭與揮手，同時發出埃及人人都會的嘖嘖聲。每當薩伊德來我們家，她們都會熱情喊他「*'amu*」——「叔叔」。他總是用她們的阿與小名 Aro 和 Nush-nush 稱呼她們。在女孩們的所知範圍內，下面這句知名埃及成語是準確無誤的：這個國家是「*um al-duniya*」——「世界之母」。

但我卻驚訝發現，隨著女孩們愈長愈大，她們的阿語卻漸漸丟失了。萊絲莉和我原本想像女孩們未來能流利使用阿語，況且她們還小的時候，學習字彙的速度就很快。可一旦她們到了進學校的年紀，就讀的學校最看重的卻是英語。外國人不可能念本地的公立學校，所以我們想找一間用阿語教學的私立學校。但這種學校並不存在，至少扎馬萊克附近沒有。

送小孩到法語或英語教學為主的學校念書，是開羅上層家庭的悠久傳統。這種傳統可以回溯到殖民時代，但日子一久，加上埃及教育體系日益惡化，連中層、下層家庭也開始送子弟到外語學校念書。經營我們院子隔壁那間「H自由」販賣亭的人雖然沒受什麼教育，而且住在非法棚戶區，但他卻把孩子送去英語學校就讀。你不難遇到把孩子送去讀法語中學的計程車司機。有一刻，薩伊德也考慮讓孩子念英語學校，但他最後覺得學費太貴了。

如果是辦學品質不高的私校，老師的外語通常講得很糟，孩子們學到的會是奇怪的口音與文法規則。通常這些孩子中學畢業後，無論是阿語或外語都無法流暢寫作。就連好的私校有時也覺得沒有方向。幼稚園來說，我們是把雙胞胎送去開羅不列顛學校（Cairo British School），她們穿著小小件的不列顛式制服，左胸有個校徽。課堂上，她們就像英格蘭小小孩一樣，要寫每日天氣記錄表。上面有一格讓她們為每天的天氣作分類：豔陽、下雨、多雲或下雪。昨天豔陽，今天豔陽，明天豔陽——紀錄永遠不變。

隔年，開羅不列顛學校遷往其中一座沙漠城市，於是我們送女孩們去吉薩岸的開羅愛爾蘭學校（Irish School Cairo）讀一年級。不列顛、愛爾蘭——有什麼差別嗎？在不列顛學校，她們沒有不列顛同學；現在念愛爾蘭學校，還是連一個愛爾蘭學生都沒有。每天早上，我開車過河，停在一棟以酢漿草裝飾的建築物前，送我這兩個一半華人血統的愛國埃及小小孩跟她們的同學莎莉法（Sharifa）、胡賽因（Hussain）、哈姆札（Hamza）、穆哈美德與阿布杜瓦薩（Abdulwassa）一起開心上學。

雙胞胎的阿語理解能力很好，但她們變得不太說這種語言。當阿緹雅對她們講埃及阿語時，她們常常用英語回話。有時候她們也會這樣對薩伊德叔叔。萊絲莉和我嚇壞了；畢竟我們起先會來埃及，對阿語的興趣正是其中一個原因。但小小孩對於「別人重視什麼」卻有強大的直覺。有時候兩人在家裡院子玩，還會假裝自己在講法語。

* * *

一天早上，薩伊德整理蜘蛛網大樓的垃圾時，發現有個袋子裝了一些女性衣物、一大堆筆記本和一支 iPhone。他把手機連同吃掉半排的「奪久」——孟加拉的山寨版威而鋼——拿到我們公寓。那些剩的「奪久」是從街上另一棟大樓的垃圾裡找到的。這是好一陣子以來薩伊德撿寶最有收獲的一天。

我拿我的充電器插進這支iPhone。一看桌面，我就知道這手機屬於我朋友。她是美國人，在開羅當記者，不久前才換新工作前往倫敦。她不住在我們這條街上，但飛機起飛前，她曾經在樓上的公寓住過幾晚。我寄了封電子郵件給她——如今，這已經成為我身為垃圾顧問的固定工作內容之一。我常常打電話給某些大使館，不然就是拿著一本進了垃圾桶的護照到使館拜訪。

我朋友很快便回信。她確定那是她的舊手機；是因為出於匆忙，才把手機丟掉了（「我以後再也不會這樣連眼都不眨就把電子產品給扔了」）。她說手機可以留給薩伊德沒關係。

「萬贊歸主，這一切都是因為我助人。」薩伊德說。他解釋說，當地有個管理員的兒子不久前出了嚴重意外，薩伊德和其他人捐了錢作為他的醫藥費。薩伊德付了五百鎊，相當於平常一星期的收入。

他說：「在伊斯蘭信仰中，助人是會有好報的。」他相信這就是自己發現手機的原因。他請我暫時幫他保管；他不想帶著這麼貴重的東西四處跑。另外，他也需要時間考慮該怎麼把手機賣掉。「人家一知道就會嫉妒我，用邪眼詛咒我，」他說，「拜託不要告訴別人手機在你這裡。」

我把手機放進書桌抽屜，發誓我一個字都不吐露。

* * *

不到一天，附近送茶水的那個人便問我關於 iPhone 的事。他說，「阿布・伊斯瑪儀！」薩伊德給我取這個綽號，向那個如今進了監獄的狂熱薩拉菲傳道者致敬。「那支手機多新啊？阿布・伊斯瑪儀，我想看手機！」我尷尬告訴送茶人，手機不在我這裡。

接下來，常在「II自由」出沒的其中一個熟面孔提起那支 iPhone，之後我開始從這條街上工作的停車收費員口中聽到這件事。不久又有幾個艾哈邁德・赫什馬提街的管理員提起來。這些人是從薩伊德那裡知道我的，因為我有時會在周四用黑色塑膠袋裝幾罐啤酒給他，讓他跟朋友共享。現在他的友人都喊起「阿布・伊斯瑪儀！阿布・伊斯瑪儀！」，然後把想像的手機貼在自己耳朵邊。

過幾天，開始有訪客來到我們公寓參觀 iPhone。晚上時，薩伊德會在雙胞胎們上床睡覺後，陪同這些訪客過來。來的人多半是管理員與停車收費員，他們就在我們家客廳坐下，圍成莊嚴的圓圈。我覺得自己有沏茶的義務。他們慎重對待這支手機，每個人都仔細端詳過才傳給下一個人。不時有人提起價錢。等到他們離開，我再把手機放回抽屜。

一天晚上，一群人離開之後，萊絲莉問了：「這種情況還要持續多久？」

我說我不知道，但感覺這事不會善了。

每逢參觀期間，薩伊德便緊張動著嘴，彷彿嚼著什麼吞不下去的東西，跟他在法庭攻防戰時一模一樣。他一直擔心會有人騙他。但他自己又忍不住一直提起那支手機，偏偏此舉只會增加遭人邪眼以對的風險，讓他加倍擔心。他到我公寓來看手機的次數，多到害我也發現自己像中了邪那樣一直念著它。每次我拉開抽屜，我都希望那鬼東西消失。

最後，薩伊德跟一位名叫艾哈邁德的年輕停車收費員談妥五百鎊的價格，跟薩伊德捐給兒子受傷的那位管理員金額一樣。這似乎讓他安下心來——這個數字代表神的義。

成交後，薩伊德把手機交出去。艾哈邁德給他兩百鎊。

「另外三百呢？」薩伊德問。

「我現在沒有，」艾哈邁德說，「也許之後會有。」但從他說話的方式來看，顯然是不打算付尾款了。

＊＊＊

上阿語課時，我有時會對里法阿特提到薩伊德，於是有一周他就準備了一課談札巴林人。我們談起開羅許多區域缺少公營事業服務，也談到自從豬隻大屠殺以來垃圾堆積的情況。他厲聲抱怨。「我不會只怪政府，」他說，「我也怪民眾。但領導人受過比較好的教育。要是你把民眾當畜牲對待，民眾舉止就會像畜生。這一切實在醜陋至極！」

現在他常常發出類似的不平之鳴。埃及醫療體系經常成為目標，因為他有腳痛的毛病。情況遲遲不見恢復，他擦了醫生開的藥膏之後反而還惡化了。於是里法阿特找了第二個醫生，對方說第一個醫生誤診。第三個醫生則對前兩個醫生都不同意。或者是潰瘍，或者皮膚癌，或者根本沒病；似乎沒人能做出明確的診斷。里法阿特第一次讓萊絲莉和我看痛的地方時，大概是五分硬幣大小，但已經痛到害他睡不好。在他為上課準備的對話中，人物似乎比以往更不開心，而年輕人對於以退為進、執著於要孩子結婚的雙親也更沒耐心：

母：你姐姐今天帶小孩過來。我希望哪天也能看到你的孩子，真主容許的話。

卡希姆（Qasem）：媽，這話題你說不膩啊？

課堂上，里法阿特喜歡找朋友或鄰居過來，讓我們有機會聽不同的口音與詞彙。而且我看得出他很享受拿我們炫耀給人看。無論萊絲莉或我都沒法流利講埃及阿語，但我們已經達到能從容以對的程度，這對我們這年紀的學生來說並不容易。此時我也寫到第七本阿語筆記本了。縱使里法阿特提供的詞彙愈來愈黑暗，但看著它們累積起來還是很讓人滿足：

白奴貿易　تجارة الرقيق الأبيض
皮夾　محفظة
承諾　يوعد
處女　عذراء
保護　يدافع
家族名譽　شرف العائلة

一天早上，里法阿特介紹我們跟一位住在卡利瑪學校同一棟樓的中年婦女認識。她衣著昂貴，我們聊的則是政治。過沒多久，她開始抱怨那些抗議塞西的年輕人。她說：「他們該給他個機會處理問題啊！」並提到塞西上任還不到一年。里法阿特點頭表示同意，但她卻接著開始對窮人發牢騷。

「這種人什麼都想要免費，」她說，「食物免費，電免費。難怪國家這麼落後。」

里法阿特開始變臉——他的嘴閉得愈來愈緊，眼睛也瞇起來。但這名女子似乎沒有注意到。「我們一直都有好好工作，這些問題又不是我們造成的，」她說，「他們就是希望給他們東西。我們打造了這個國家，如今他們正在摧毀它。」

每一次她說出「*ehn*」這個字——「我們」——里法阿特的臉色就多沉一分。她離開之後，他爆發了。

「*Ehna, ehna, ehna!*」他大聲說。「我們、我們、我們！這就是她的想法——是我們跟他們的對抗。但就是這種人毀了一切！不是要求東西的窮人，是有錢人。有錢人在沙達特和穆巴拉克統治之下攫取了一切！」她對走上解放廣場街頭的窮人與年輕人缺乏同理心，里阿法特為此七竅生煙。「我年輕時從來不喜歡這些有錢人，」他說，「我們想要受教育，想過舒服的生活，但我們不會理所當然認為一切都是我們的。」

萊絲莉和我常常揶揄里法阿特的懷舊心態，但那天早上他似乎過於心煩意亂。儘管我不同意他對納瑟的崇拜，但他對埃及社會分化的看法是正確的。而那樣的鴻溝——一邊是無數的窮人，另一邊是少數的富人——讓夾在中間的人都很氣餒。對於一個自視受過教育、世俗而堅貞的中間階級來說，埃及已經成了一個孤獨的國度。

* * *

塞西擔任總統的第一年時，他的重點建設是拓寬蘇伊士運河。這項計劃將花費超過八十億美元，經費則來自賣給埃及民眾的高利率銀行定存單。大多數經濟學者都認為一個危機中的國家不該以此為首要之務。該國貨幣因為缺乏出口而遭受沉重壓力，但如果將埃及鎊貶值，並實施刺激製造業的政策，或許能吸引大幅外資，創造工作機會。只是塞西和其他軍人心態的人，似乎都為大型建設魂牽夢縈——拓寬運河、全新的首都。

與此同時，政治鎮壓卻遠比穆巴拉克統治下發生過的一切更無情。我們在課堂上學到的其中一個詞是「國中之國」，民眾用這個詞來描述埃及的治安部隊以更強大之姿重回舞台的情況。里法阿特不會說自己後悔投給塞西，但他確實很失望。在他看來，納瑟雖然極權，但至少有願景。「如果你當了獨裁者，結果事情還是行不通，那何必呢？」他說。

課堂上，他偶爾會準備塞西的演講與訪談錄音，有一天我們聽的是總統談革命的事。他提到在二〇一三年六月二十一日，也就是政變前不久，他曾經與兄弟會領導層會談。塞西宣稱這些弟兄在會議期間威脅要讓埃及陷入動盪。他們警告他，如果讓「起義」與其他示威團體攻擊穆爾西，兄弟會便會從巴基斯坦、阿富汗、利比亞、巴勒斯坦與敘利亞的支持者帶來埃及作為反制。

此時，這種「外部勢力介入」的陰謀論已經成為定木。穆爾西等人的審判秀所主打的也是相同的看法，藉此將塞西的鎮壓正當化。他的演說內容多半很模糊——他甚至沒有提到據說與他會面的那些弟兄的名字。但他不斷複誦當天的日期：二〇一三年六月二十一日。

「他一直這樣講，好讓他的話聽來真有其事，」我上課時說，「只要他把日期講得夠多遍，民眾就會相信那是真實發生的歷史事件。」

「有個新聞主播說他們握有會議的錄音檔。」里法阿特說。

「那他們為什麼不播出？」

「這倒是。」他說。

他重播演說，我們討論起塞西運用埃及阿語，而非標準阿語的這種說話風格。「他不善辭令，」里法阿特說，「他的用語非常簡單。但他很會溝通。他講話的方式讓埃及民眾感覺非常熟悉。」

里法阿特喜歡用演講與廣播逐字稿當教材，因為很難找到有報紙引用政治人物的發言時，是以他們真實的埃及阿語說話方式來報導的。有一回，他帶了份革命之前蘇珊·穆巴拉克接受訪問的報紙給我們看。記者問她吃什麼當午餐（「我其實不吃午餐，就算吃，也只吃一小盤水果」）和晚餐（「我平常完全不吃晚餐，就算吃，也就喝個一杯果汁」）。對里法阿特來說，這堂課的重點是政治，他把自己搞得激動莫名：「這些人偷了幾百萬、幾千萬的錢，結果她就吃個水果！」

不過，去注意誰講的話人家會以埃及阿語的形式引用，這也挺有意思。蘇珊·穆巴拉克的公關說不定認為埃及阿語能讓她看起來更貼近庶民，而她身為第一夫人的地位也讓她能使用比較非正式的言詞。約翰·霍普金斯大學的伊朗裔美國語言學家妮路法·海利（Niloofar Haeri）曾經為了分析這種公關操作而耙梳埃及的各家報紙。她提了幾個例子：喜劇演員阿德·艾曼姆（Ade Imam）的言論完全以埃及阿語刊行，地位崇高的奧馬·莎李夫（Omar Sharif）則是夾雜幾句直接的引用，其他意見則轉寫成標準阿語。與此同時，穆巴拉克以埃及阿語進行的演說，隔天在國營的《金字塔報》刊登時則完全變成標準阿語。

這些改寫常常會去掉政治人物發言時的贅字。塞西任總統之初曾參加一場圓桌會談，會上有人問他關於政治改革可能性的問題。他講的是埃及阿語，講得磕磕絆絆：

你現在呼籲的這種理想型態，那種理想主義都是書上寫的，但我們不能把你想的那些用紙筆寫的東西照單全收，跟國家要求，不能，這不會發生……但我們已經走在道路上，走在這路上每一天都比前一天成功。

在《金字塔報》見報時，引文已經變成標準阿語：

理想主義存在於書中，但我們走在成功的道路上，未來也將一天天走向成功。

＊＊＊

埃及人或多或少對他們雄渾的阿拉伯語感到自豪，而且從納瑟到塞西，政治人物在演說時也能把阿語講得很有效果。但人們向來並不情願看到這些言談化為文字。納吉布．馬哈福茲（Naguib Mahfouz）是第一位贏得諾貝爾文學獎的阿語作家。馬哈福茲雖然以描繪開羅日常生活聞名，但卻從未試圖捕捉埃及人實際說話時所用的俚語和文法形式。他曾經將埃及阿語比作「貧窮與疾病」，而組成他小說中對話的標準阿語措辭，也是正港開羅人絕對不會吐出口的。甚至連最基本的埃及阿語用詞——好、我要、你好嗎？——都沒有出現在馬哈福茲的《宮間街》（*Palace Walk*）裡。埃及阿語沒有標準的正字法，因為沒有人把它當成文學語言嚴肅以待。

妮路法·海利在她的《聖言微人》（*Sacred Language, Ordinary People*）一書中指出這些議題。我和海利聊天時，她提到世界上還有其他地方——例如瑞士德語區——也採取這種雙層語言（diglossia），亦即日常生活講一種語言，書寫與教育時用另一種語言。但差別在於瑞士德語和高地德語都是有人說的活語言。另一方面，標準阿語已經至少有一千年時間並未作為日常語言之用，而且事實上恐怕也未曾是任何人的母語。連阿語學者都不可能出於本能講這種語言而不犯點錯，因為文法實在很艱難。

「我真的想不到世界上還有其他地方的孩子，會陷入大多數阿拉伯小孩所面臨的這種處境。」海利說。她表示，只要某種語言從未在日常生活中使用過，其文法肯定會讓人感到複雜，而且也更沒有引進新詞彙與觀念的彈性。在埃及多年的研究期間，她注意到多數人跟標準阿語的關係都很消極：沒有理解問題，但講不出口。

海利相信，這種現象恐怕對文字表現和政治生活影響深遠。她研究時，當時的埃及仍由穆巴拉克政權統治。過程中，她遇到一位成為政治積極分子的工廠工人。這名工人想投稿有關勞工議題的文章給報紙與政治刊物，但他就是無法以他說話與想事情的方式下筆。於是，他做的第一件事是報名標準阿語課程。「你是在把你自己翻譯成一種中介，但你對這種中介卻距離精通甚遠。」海利說。

多年來，一些埃及人也提出類似的論點。哈佛神學院教授蕾拉·艾哈邁德（Leila Ahmed）寫了回憶錄《過境》（*A Border Passage*），她在書中描述自己還是個一九五〇年代的開羅女學生時，有多麼痛恨標準阿語。「在整個埃及，都沒有能讓我以我的母語讀書、寫作的學校可以就讀，」她寫道，「埃及阿語為什麼不能當成書面語言？這完全沒有語言學上的理由，只有政治上的理由。」書中，艾哈邁德想起有個納瑟派的阿語老師批評她標準阿語講得很爛。「你是阿拉伯人！」老師大吼。「你不懂自己的語言！」艾哈邁德吼回去：「我不是阿拉伯人！我是埃及人！我們才不會這樣講話！」老師摑了她一耳光當作回答。

艾哈邁德遭到愛德華・薩伊德（Edward Said）嚴詞批評，他認為這是一種對阿語的東方主義式理解。在一篇身後出版的文章中，薩伊德等於摑了艾哈邁德另一個耳光：「讀艾哈邁德的沒用批評，讓人為她從不願意學習自己的語言感到可悲。」這個議題在西方學術界非常敏感，任何對標準阿語的批評，都會被人當成殖民主義心態。可就連薩伊德尖酸刻薄的評論——「她自己的語言」——也會引來「語言究竟屬於誰」的問題。我注意到，提倡多使用口語的學者多半是女性。證據顯示女人不大會像男人那樣把標準阿語的元素融入自己日常的言談中。這也難怪，畢竟這種語言多半用於男人主導的環境中。男人恐怕也更容易認同納瑟等人的泛阿拉伯理念。開羅大學阿拉伯語言學學者瑪蒂哈・多斯（Madiha Doss）告訴我，當她在一九七〇年代開始研究埃及阿語時，系上的那些男人都在批評她。她還記得：「他們說，『妳不該研究那種會分裂阿拉伯人的東西。』」

據多斯所見，試圖保護阿拉伯文化的可悲之處，在於這種作法只會把埃及人推向其他語言。如今這個國家已經到了「受阿語教育相當於低級的標誌」的地步了。「彷彿你是用阿語囚禁人。」她如是說。而標準阿語之艱澀，加上教學品質之低，便阻礙了文字表達能力。「大家都不寫，因為有一種語言上的不安全感。」她說。

她自忖，要是埃及阿語能早點成為眾所接受的書面語言，情況會不會有不同的發展。識字率想必會比現在更高。由於非正式的溝通主宰了簡訊與網路，埃及人最近才開始更常我手寫我口。多斯注意到自家大樓的管理員原本不識字，如今卻能傳簡訊給家人與朋友。他甚至會用埃及阿語在多斯的臉書塗鴉牆留言。多斯認為，這一步雖然正面，但其實為時已晚，因為許許多多的埃及家庭與教育機構早已轉變為以外語進行教學。

我觀察到薩伊德的識字能力出現類似的轉變。我剛認識他的時候，他才剛開始透過文字介面使用手機，而且還需要別人幫忙才能理解他太太與其他人傳的簡訊。但他的識字能力與時俱進，如今他已經可以讀懂出現在他手機螢幕上的大多數文字了。這不是因為他專心致志，或是受了正式教育，抑或是報名識字教學。唯一的差別在於，只要文字採用他日常說話的方式，就更容易他理解。

＊＊＊

薩伊德賣掉那支 iPhone 之後，心裡還是念茲在茲，因為對方沒把錢付清。不公平的感受讓他很不痛快，好幾次他路過我家時都在講這件事。「也許你可以跟艾哈邁德說，你朋友得把手機要回去。」有一晚他這麼說。我告訴他我試試看，接著我腦海裡便浮現一些阿語課上學到的詞彙：國中之國、陰謀論、外國干預。

我們走去艾哈邁德工作的那棟大樓。他坐在大門口，旁邊還有兩名管理員。艾哈邁德二十多歲，是個捲髮的英俊男子。我們這條街上的管理員和停車收費員多半是穿罩衫的上埃及人，但艾哈邁德穿的是牛仔褲與 polo 衫。他是開羅本地人，這是他目中無人的部分原因——他出身的社會階級比薩伊德高。

艾哈邁德跟我們打招呼，我們互相講了些場面話。接著我說薩伊德工作辛苦，人又誠實，要是沒有拿到他這支手機該有的價格，實在很不公平。

「我付了兩百，」艾哈邁德說，「那東西就值這個價。」

現在我說明那支手機原本是我朋友的，而她得把手機拿回去。我從皮夾裡掏出兩百鎊。艾哈邁德看著錢。

「我沒辦法，」他說，「總之電話不在我這，在我朋友那邊。」

這很聰明：我朋友，你朋友。現在只剩一張牌可打。

「我朋友是記者，」我說得很慢，「她常常訪問美國大使館。有些資料在手機上，美國大使館的人需要那些資料。要是我們拿不回手機，美國大使館會很麻煩。」

這就叫塞西修辭法：只要把「美國大使館」重複夠多次，聽起來說不定就像真的。但艾哈邁德還是拒絕。

「那我恐怕得告訴美國大使館，」我說，「我會把這邊地址告訴他們，美國大使館會想辦法來處理。他們會跟埃及警方講。」

他的臉閃過一陣緊張，但旋即恢復。他從坐著的椅子站直身子。兩名管理員與薩伊德看著他。

「真主啊！」艾哈邁德大聲說。「真主明鑑！我誰都不怕。我不怕美國大使館。我不怕埃及政府。我不怕美國政府。我不怕歐巴馬！我不怕塞西！」

他堅定地看著我。「我的畏懼是唯一的——」他手指夜空。「真主！」他說：「我只畏懼真主！真主啊！真主啊！真主啊！」

接著他坐下，悄聲說，他朋友明天晚上會把手機帶來。

我向他道謝，我們還握了手。薩伊德和我起身準備離開。

「還有一個條件。」艾哈邁德說。

我問他是什麼條件。

「你能不能給我們帶三罐啤酒？」

＊＊＊

那支手機又回到抽屜了。我跟薩伊德說他只有一星期時間。這一回，我們家客廳再也沒有iPhone巡禮團了。他低調洽談，找到一個願意付五百鎊的買家——跟他捐給受傷男子的金額一樣。正義實現，銀貨兩訖，手機再見。真主啊！

Chapter 24

等到終於有東西，能夠把阿拜多斯那面牆上空空如也的釘子蓋起來的時候，原本的領導也已經調職了。日子過了很久——從穆巴拉克下台開始，接著是穆爾西當總統的那一年，然後進入後政變時代的初期階段，地方官員的晉升都凍結了。等到塞西上任，官僚機器又開始動了起來。阿拜多斯的領導升官去了另一個比較大的聚落，新任的領導也到了阿拜多斯。塞西的肖像在釘子的頂端現形，身穿黑西裝的他臉上掛著微笑。如今的埃及幾乎一切到位——憲法、總統、內閣、地方官，該是時候選出新國會了。

在最近的歷史當中，阿拜多斯地區最成功的國會議員候選人名叫尤素夫．哈桑．尤素夫（Yusuf Hasan Yusuf）。革命前，也就是穆巴拉克的國家民主黨依舊掌權時，尤素夫就擊敗了競選當地席次的國家民主黨候選人。革命後，也就是穆斯林兄弟會勢頭正旺時，尤素夫又擊敗了兄弟會的候選人。這兩次競選，他都在沒有加入政黨的情況下得到選民青睞。他不演說，也不談議題或立法。他從未做出任何競選承諾。他拒絕舉行造勢——根據他的看法，這類活動「很假」。但他還是贏了兩次，如今為了安排在二〇一五年底的選舉，尤素夫要再次出馬角逐。有一次，我向對手候選人問起尤素夫如此強大的祕訣。

「尤素夫很幸運。」這位候選人口氣多少有點嫉妒。「尤素夫是個單純、善良的人，而且他很幸運。」

尤素夫的正字標記是一襲雪白色的罩衫。四十有五的他是個英俊高個，白罩衫跟他黝黑的皮膚形成鮮明的對比。他那撇警察公發髭鬚被眼神中的友善解除了武裝。他在自己任職的選區拜勒耶納的鬧區開珠寶店，另外在阿拜多斯附近有一座農場，種植小麥、玉米和甘蔗。他已經有九個孩子，還想要再生兩個，真主容許的話。當我問到孩子們的情況時，他大笑說：「你有多少時間聽我講？」

他競選向來順利，但任職就沒那麼順利了。二〇一〇年十二月，首度贏得國會席次的尤素夫前往開羅，加入新一屆的國會。但解放運動在隔月爆發，國會也旋即遭到解散。後來，尤素夫在後穆巴拉克時代的第一次選舉勝選後再度前往開羅，結果國會也再度遭到解散。「我都搞迷糊了，」他後來說，「但也只能隨它去。我實在不知道發生什麼事，不知道到底是因為合法的法院命令還是其他原因所以解散。」

於是他低調返回上埃及，明明一切都還在未定之天，但他立刻為下一次的國會選舉展開競選工作。「我一直在競選——不會停的，」他說，「我不辦造勢大會。我會一個個拜票。」這個以拜勒耶納市為中心的選區涵蓋的範圍很大：兩座小城和三十三個村子，人口大約六十萬。但尤素夫相信自己能一個村子接著一個村子的贏，一家接著一家的贏，一位選民接著一位的贏。他到人家家裡拜訪，也會參加喪禮。這些職責稱為「*wegebat*」，是每一位德高望重的家族長輩都應該做的，因此尤素夫將之無縫納入自己的政治活動中。「我平均每個月要跑五十幾場喪禮，」他說，「有時候一天三場。死神不停前進，我們也要跟上他。假如有部落問題，我會試著解決。只要有誰出意外，或是有供電供水問題，又或者想送兒子念特定的學校，他們都會找我談。他們認為我是他們的代表。」

民眾仍然用「*ne'ib*」一詞——「代表」——來稱呼尤素夫與其他曾在埃及各屆國會中任職過的人，明明那些國會任期才持續不過幾個月，而尤素夫等人幾乎也沒有多少時間能發揮正式國會議員的功能。儘管如此，他們還是保留了這個頭銜，而且也不停進行競選活動，連穆爾西當總統的那個混亂之年也不例外——當時根本就沒有宣布要進行國會選舉。

新的競選活動展開後，拜勒耶納選區最有希望的四名候選人都以十足的把握談論自己的願景。其中一人是不久前退休的高階警官，他相信經歷這一切不穩定之後，民眾如今會希望有個來自治安背景的代表。另外兩位當地的紅人曾經在後解放時期的選舉中和尤素夫一同贏得席次，因此他們同樣期待再度勝選。二〇一二年，這個選區送了三名議員前往開羅，但新一次選舉的席次卻減少為兩席。兩個席次，四人有意，總有人得輸。幸運尤素夫打包票輸的不會是他。

* * *

「阿拉伯之春」那幾年，約瑟夫・維格納和他的賓州大學團隊經常把十二月與一月時間用來發掘辛沃斯瑞特三世的龐大陵墓。他們也挖掘靠近陵墓入口處的沙漠。各個小國王與貴族在此興建墓穴與其他類型的墓葬結構，而這一區從未經過仔細研究。

其中一年，維格納的團隊發掘出一段狹長的結構，他相信是用來擺放辛沃斯瑞特三世的冥船之用。五十人的隊伍組成人龍接力運沙，遭到掩埋的結構每天都會有三到五英呎重新顯露出來。先是屋頂出現，接著是牆。隨著沙子漸漸運走，灰泥牆面上也清楚浮現不知是誰所刻的數十艘尼羅河船隻圖案：有大船有小船，有的船有帆，有的船用槳。另外還有牛、瞪羚、鴨子等動物。

刻痕相當粗糙，並非王室工藝，看起來是在此工作的平民製作了這些圖案。「相當獨特。」維格納說。某天早上，他帶我進入結構中。「同一時期完全沒有類似的壁畫。感覺上是進來這個建物的工人所為，但他們為什麼要在牆上畫船就不得而知了。」

建築物的入口朝北，而且早在古代的某個時間點，來自地中海往上游吹的風便已帶來沙子將此掩埋。「這是阿拜多斯的其中一個奇妙之處，」維格納說，「所有的風沙都會來來去去。但這裡的沙子卻會把東西填滿，把東西藏起來。」

一天天過去，隨著人龍不停的作業，愈來愈多的船隻圖案在這個沒有水的地方出現。團隊終於清理到結構物的地板了：沒有船。船可能在古代就已經被人偷走了。維格納拍攝、測量牆面，之後人鍊再度開始作業。這一回，工人卻是往反方向動作，將沙子往建築物頂上倒，為現地保存而掩埋。等到我隔年回到那裡時，地表已經看不出底下有任何東西的痕跡了。

* * *

拉法特・穆哈美德・馬哈茂德（Rafat Mohamed Mahmoud）不僅是尤素夫角逐國會席次的主要對手之一，而且在各個方面都跟他截然不同。尤素夫親切健談，拉法特冷漠寡言。他有的不是運氣，而是財富；他有的是一板一眼的儀態，而非隨和的幽默。拉法特是個細木工，這一點也跟尤素夫不同。拉法特在革命前曾經加入國家民主黨，該政黨遭解散後，他改以獨立身分參選，並且排在尤素夫身後，贏得當地的第二個席次。至於這次的新選舉，拉法特的黨籍又改變了。他加入自由埃及人黨（Free Egyptians Party）——成立該黨的人是國內最富裕家族的一個商人。

拉法特本人的出身，據說是拜勒耶納行政區最富有的家族，人稱阿布·凱爾（Abu'l Khair），而他們的崛起其實相當晚。一九八〇年代與一九九〇年代，一些阿布·凱爾族人靠著科威特的營建工程致富後，開始回故鄉投資房地產。拉法特的哥哥希什馬特（Hishmat）是阿布·凱爾家第一位贏得國會席次的人。希什馬特在革命前過世，算是英年早逝，而今拉法特打算繼承他的地位。

一天晚上，拉法特在阿拜多斯附近鄉下拜票時，我也跟著去了。他的隨員有十幾個，分乘一輛賓士轎車、一輛吉普休旅和另外兩輛車。我們從傍晚展開行程，沿著苜蓿田和小麥田間狹窄的沙子路前進。每到一站，一行人都會被請入埃及鄉下人家傳統的會客區。

如果是富裕的家庭，會客區會由大片露天的院子組成，族中的年輕人總會在拉法特和隨員抵達前便列隊站好。人家請我們入座，接著列隊的年輕人會走過來一個個跟我們握手遞菸。有時候人家會請我二十根菸，一根接著一根，我都用同一句話婉拒：「謝謝你，我不抽菸。」一致意完之後，年輕人會上茶與其他飲料。會面期間他們會一直站著。族中的長輩連同拉法特的隨員則坐在柔軟的沙發上。

隨員中，成員都有特定的競選任務。四人負責開車，一人負責行程，還有一位年邁的教長會在每一站誦讀禱詞。拉法特有個親戚名叫阿布·斯岱特（Abu Steit），專門負責結束拜會。阿布·斯岱特是個蓄著牙刷鬍的矮胖男子，帶了根木手杖，圍頭巾。每當年輕人用餐盤端著飲料來，阿布・斯岱特總會跛扈揮手大喊，「*Halawa!*」——「甜點！」。語畢，幾個年輕人就會小跑步離開，去拿巧克力或餅乾。

在上埃及，政治是屬於深夜的活動。到了半夜，我已經搞不清楚阿布・斯岱特吃了多少甜點。我對他的著迷隨著他的血糖而上升：這個蓄著希特勒鬍的矮個兒身上有種吸引人的東西，他會把空的巧克力包裝紙往腳邊一扔，接著突然用手杖杵地，喊「*Al-Fatiha! Al-Fatiha!*」——「開端章！開端章」。「開端章」是《古蘭經》的第一章，誦讀這章是為了在拉法特離開時祈福。祈福有可能在我們抵達後一分鐘就開始，也有可能是在半小時之後才開始；時機完全由阿布・斯岱特判斷。

有好幾場拜會時都出現一段尷尬的沉默。沒有競選演說，也沒有正式的介紹，拉法特又不大開口。他人很高，穿著昂貴的細直條紋罩衫，通常都坐在尊位，盯著整個空間，盯到阿布・斯岱特大發慈悲叫人開始祈福為止。不會有人提起拉法特的國家民主黨過往，或是他目前的政黨關係。奠基於開羅的自由埃及人黨在這裡基本上沒有意義；黨支付拉法特的海報與其他競選開銷，但這裡沒有地方黨部，也沒有地方報紙能讓候選人宣傳自己的關懷與政策。

阿布・斯岱特似乎是根據家族的重要性，來決定每一回拜訪的時間長度。看起來沒那麼富裕的人家，停留的時間就比較短，而這些人家也很少要求什麼。富有的家族比較會要求幫忙或服務。即便如此，他們的要求也不大，通常都跟電力設施有關。這正是拉法特身為候選人的強項：直到不久前，他都是當地電力部門的員工。我的印象是，他就跟許多政府雇員一樣，在任上服務有限，但他卻因此獲得關係。用電議題常常出現在客室的對話中。

「我們還缺三間房子和九盞路燈的用電許可。你來這裡的路上也看到了——路上沒有燈。」

「我們會試著幫忙。」

「我們一直都有受到你哥哥的幫忙。願真主令他的靈魂安息。他當代表時，我們告訴他缺什麼，隔天就都有了。」

「沒錯，他是傳奇人物。願真主令他的靈魂安息。」

「願真主令他的靈魂安息。祝你當選，真主容許的話。」

「我們會馬上送來四或五盞路燈，其餘的稍後處理。」

「我們還需要燈泡，給橋上的燈用。」

「真主容許的話。」

* * *

發生在客室的會面經常會觸及部族議題。這個地區有兩大群體，一是尤素夫所屬的侯瓦拉部族，一是拉法特所屬的「阿拉伯人」部族。我剛開始造訪阿拜多斯時，當地文化的這個面向讓我非常困惑，因為我從沒想過部族對埃及來說有這麼重要。這類群體在沙漠地區舉足輕重，尤其是波灣國家，但埃及的傳統比較偏向農業。而阿拜多斯的各部族似乎一模一樣。他們講同一種埃及阿語，打扮一樣，長得也像同一個族群的成員。他們全都是穆斯林，多數都是農民。但他們卻聲稱自己是戰士的後代，祖上是七世紀時來自沙烏地阿拉伯的戰士。

考古學家多半斥之為無稽之談。馬修．亞當斯指出，征服埃及的阿拉伯人人數極少——四千名士兵——而且他們不太可能跟南方有多少接觸。「在我印象中，這些村子都是內婚制，」

亞當斯說，「他們跟村裡人通婚，而且很可能世代如此。」他笑著表示：「要是你看陵墓牆上的人物，你還會認出我們的工人！」

確實有一小股稱為「侯瓦拉」的貝督因群體移居上埃及，但他們來自西北非，而非波斯灣。他們一直到中世紀才來到這裡，跟當地人通婚。侯瓦拉人未曾維持某種隔絕內外的措施，自然不會造就獨特的文化特色，而且他們的散布範圍也不可能如今人所宣稱之廣。許多當地人自認為屬於這個部族，但其實兩者之間沒有歷史關聯。

人稱「阿拉伯人」的群體甚至是更時代更晚的發明。這個詞在一九五〇年代流行起來，是納瑟泛阿拉伯主義的一環。「阿拉伯人」取代了帶有負面意涵的「*fellaheen*」——「農民」或「農人」。阿拜多斯周遭的人挪用這個泛阿拉伯主義詞彙，用來指稱那些沒有侯瓦拉部族認同的人。日子一久，兩個不同族群的概念愈來愈明顯，因為這正好跟選舉體系完美結合。穆巴拉克向來強調國會選舉，主要是為了藉此主張埃及為民主國家。在開羅與其他大城，投票通常都有人上下其手，但官員才懶得干預阿拜多斯這種偏遠地方的選舉。國家民主黨通常會吸收那些勝選的人，畢竟候選人不會來自反對黨，也沒有明確的原則或意識形態。

在這種有選舉競爭，卻沒有選舉組織的環境中，當地人會發展出自己的政黨替代品。丹麥人類學家漢斯・克里斯蒂安・科什霍姆・尼爾森（Hans Christian Korsholm Nielsen）曾經觀察埃及南方的選舉。他告訴我：「他們有一套需要某種團體存在的選舉制度，而部族就很方便。」尼爾森提到，遲至一九六〇與七〇年代，多數人都沒有這種部族認同。但隨著行禮如儀的選舉開始生根，民眾也開始為自己的出身創造新的故事。尼爾森曾經觀察亞斯文附近的一位候選人，他跑行程時會帶著一位當地文史工作者，藉此把所謂的部族歷史灌輸給選民。他們偏好跟沙烏地穆斯林祖先的關聯甚於法老的子民，畢竟後者在他們眼中是異教徒。

這就好比是政治上的非法棚戶區。由於不存在任何影響選舉的結構或制度，民眾就自己構思出一套體系，體系的基礎則訴諸於自己知之甚詳的組織：家庭。他們會運用任何看似有用的歷史或媒體。拉法特的競選團隊中有個名叫蘇萊曼·阿布·凱爾（Souleiman Abul Khair）的親戚，在開羅以演員為業。他五官輪廓很深，經常在連續劇和拉瑪丹月電視特別節目中扮演上埃及的條子和罪犯。

深夜時，我們一行人停留在有錢地主札比特·傑布爾（Zabit Gebr）的客室。札比特告訴蘇萊曼，說他們應該找個好的劇作家，幫他們部族寫個好劇本。

「我們希望有一齣能呈現阿拉伯人的連續劇，」札比特說，「若得到代表（*ne'ib*）首肯，我們就該推動。」

「有個連續劇叫《白日判決》（*The Judging of the Days*），」蘇萊曼說，「講的是阿拉伯人內部的衝突。」

「我們才不要那個！」札比特說，其他長輩大笑。「我們要那個寫連續劇《阿拉伯哈瑪目教長》（*Sheikh al-Arab Hamam*）的傢伙。但有個問題：他把某個侯瓦拉人描寫成像阿拉伯人。」

札比特對各個出現上埃及人的電視連續劇展開漫長的分析。根據他的意見，這類節目常常把不同部族混為一談，而他相信阿拉伯人必須在娛樂產業中建立明確的身分認同。他感謝蘇萊曼以演員身分代表他們。「要一直讓我們在全埃及人面前抬得起頭啊，真主容許的話。」札比特說。

「你看過《哈拉夫·阿拉》（*Khalaf Allah*）嗎？」蘇萊曼問。

「我只看過兩集。」

「你一定要看，因為我演了一個好角色。」

札比特抱怨說自己盯著手機看社群媒體的時間，讓他很難有機會追劇。「臉書毀了我的視力，」他說，「害我眼睛愈來愈差，老鄉。」

＊＊＊

穆巴拉克失勢後，官員們一下子開始起害怕人數眾多、大失所望的年輕人，於是他們想方設法讓年輕人參與政治，不要示威。假如這些官員有真正的遠見，就會鼓勵政黨與其他組織的發展，以吸納年輕人。但他們反而制定出一套非常原始的配額制度。後解放時期第一屆國會選舉時，有若干席次為「名單候選人」而保留。名單候選人以團體形式競選，其團體則由個人結盟而成。名單中必須包括傳統上缺乏代表為之喉舌的群體：女性、基督徒，以及三十五歲以下的人。

那年，全埃及贏得國會名單席次的最年輕候選人就來自拜勒耶納。他是二十六歲的馬哈茂德・哈姆蒂・艾哈邁德（Mahmoud Hamdy Ahmed），而且他也是阿布・凱爾家族的成員。馬哈茂德跟拉法特同輩，但他不像拉法特——他是隨著伊斯蘭主義運動崛起的。馬哈茂德加入薩拉菲派的光明黨，而光明黨在第一次國會選舉中贏得將近四分之一的席次。

如今掌權的是塞西，經過修改的選舉規則讓名單席次人數大幅縮水。這是一種化解伊斯蘭主義運動的方式，同時也意味著女性與年輕人的配額更少。在拜勒耶納，馬哈茂德的回應方式是放棄自己的光明黨員資格，成為獨立候選人——反正光明黨已遭到嚴重削弱。但他還是保留了大鬍子。在這場選戰裡，其他候選人的海報上都沒有出現薩拉菲風格的鬍鬚。

人人以不同方式詮釋那落鬍鬚。有人說馬哈茂德真的是伊斯蘭主義者，其他人則宣稱他只不過是見風轉舵，利用這場宗教運動的投機分子。地方上的陰謀論就跟全國性的陰謀論一樣猖獗，宣稱那落鬍鬚是家族精心策謀的一環。表面上，馬哈茂德與拉法特不合，拉法特還告訴我他跟這堂親是「彼此為敵」。但有人主張這只是障眼法。在他們看來，這對親戚分據政治光譜的兩端——一人跟國家民主黨有一段歷史，一人有伊斯蘭主義者的過往——為的是轉移當地人的注意力，不去注意兩人都是阿布．凱爾家族的成員。

阿布．凱爾和許多南方的強大家族一樣，遵循有時候看起來很前現代的作法。他們不喜歡生活在拜勒耶納這種小城市裡，家族成員反而各自到遙遠的鄉下興建院落。這些家族會隨著日漸富有而脫離社會，並嚴格限制族中女性。族內婚的情況相當密集。基本上，這跟第十八王朝等上古朝代以族內婚鞏固財富與權力的做法一樣。

在拜勒耶納附近，大家都知道侯瓦拉部族拒絕讓女兒跟任何非部族的人結婚。至於像阿布．凱爾這種有錢家族，他們的家族樹更像是家族灌木叢。拉法特和演員蘇萊曼是當地人說的那種「堂表親」，父系母系雙方都有共同血緣：兩人的母親是姐妹，父親則是堂親。拉法特和馬哈茂德的親屬關係之盤根錯節也不亞於此。有一回我跟另一位名叫阿德爾（Adl）的堂表親談話，請他解釋每個人之間的關係，他最後在我的筆記本上畫了幾張詳細的圖表。我得知阿德爾和馬哈茂德的關係可以追溯到兩人的曾曾曾祖父，此君也是拉法特的曾曾祖父。他們共同的祖先包括五個艾哈邁德、兩個穆罕默德和兩個馬哈茂德。阿德爾家中的三名女子——兩姐妹和一個姑姑——嫁給了拉法特和他的兄弟。阿德爾打算投給堂表親拉法特，而非堂表親馬哈茂德，因為靠拉法特這邊的家族灌木叢比較茂密。

當我走訪馬哈茂德的客室時，我見到的是一位蓄鬍的瘦高男子，雙眼折射出的敏銳與疑心不分軒輊。他受過藥劑師的專業訓練——對於埃及鄉下來說，這個職業很能吸引聰明的學生。他的客室實在讓人無從描繪起。大概有十幾個人在此聚集，有人留著伊斯蘭主義者的鬍子卻抽著水煙，這對真正的薩拉非派來說應該是教律禁止的。在場還有幾名身材壯碩、戴著太陽眼鏡的男子，看起來就像來自埃及國家安全情報局（State Security Investigations Service）的幹員。

馬哈茂德談話時諱莫如深。他不會解釋自己何以脫離光明黨，也堅持自己既非薩拉菲派，亦非伊斯蘭主義者。「這裡只有部族體系，」他說，「有侯瓦拉跟阿拉伯人，就這樣。沒別的了。沒有伊斯蘭主義者，也沒有非伊斯蘭主義者。」

為了跑活動，馬哈茂德搭乘雇人代駕的賓士二〇〇轎車，在整個選區轉。這輛車還掛著政府發給國會議員的特殊車牌，只不過那屆國會早在三年多前便已經解散了。那輛賓士的後車窗寫了競選口號：「你我手牽手……共同為你我的孩子做建設。」這句陽光的口號搭配上官方的競選標誌——是門大砲。在拜勒耶納，馬哈茂德的支持者會在車水馬龍的路口擺出木製的大砲，甚至安裝在三輪的摩托計程車車頂，就像縮了水的騎兵在城裡巡邏。

競選標誌在埃及各地都是強制規定要有的，因為不識字的選民實在太多。在每一個選區，選標誌就像ＮＢＡ夢幻選秀，是讓候選人從一百六十個政府核准的標誌裡抽選。拜勒耶納的狀元籤浪費在吊燈圖案上，感覺就像先挑山姆．鮑威（Sam Bowie），而非麥可．喬丹（Michael Jordan）。*尤素夫挑了一輛紅色的車。拉法特則是一隻老鷹。其他的圖案涵義都很啟人疑竇：

小刀、步槍、救護車。你會選一隻蠍子嗎？一名男子在投票所外對我說：「我投給油燈和直升機。」另一個人說自己投給小船。他們通常都不記得候選人名字，因為家族長輩只告訴他們要選哪一個標誌。

馬哈茂德聲明他之所以選大砲，是因為「其他都被別人挑走了」。這沒有道理——他是第四順位選。但我必須承認，在軍事政變後的第一場選舉蓄著薩拉菲派的鬍鬚，用大砲當標誌，這還挺有膽的。其他候選人更是厚顏無恥。有來自兩個不同家族的長輩，他們打選戰時主打自己跟年輕人所謂的關係，其中一人的官方口號是「年輕人的候選人」——此人六十五歲。許多志在成為國會議員的人，用至少二十年前拍的照片來當競選照。拉法特有一些競選旗幟上放的是他的亡兄希什馬特的照片。願真主令他的靈魂安息。說不定是因為民眾喜歡希什馬特甚於喜歡拉法特。

＊＊＊

約瑟夫・維格納和他的團隊在某一年的冬季考古行動中，發現了一位此前不為人知的法老，名叫塞納比凱（Senebkay）。他的陵墓距離辛沃斯瑞特三世下葬地點的入口處不遠。辛沃斯瑞

* 一九八四年六月，NBA舉行一九八四／八五賽季的選秀活動。由於當時選秀偏好身材高壯的中鋒球員，因此握有第一與第二順位籤的休士頓火箭隊與波特蘭拓荒者隊分別選了中鋒位置的新星哈基姆・阿布杜勒・歐拉朱旺（Hakeem Abdul Olajuwon）與山姆・鮑威，手持第三順位籤的芝加哥公牛隊選了麥可・喬丹。但鮑威後來的運動生涯飽受傷病困擾，始終未能達到眾人期望的高度，喬丹反而成為籃球史上的標誌性人物。

特三世的陵墓據信是全埃及最長，但塞納比凱的陵墓卻大概只有衣帽間大小。「這很可能成為現存公認最小的法老陵墓。」維格納讓我看那狹小的空間。「我太太說這是歷來發現最可愛的法老陵墓。」

塞納比凱的統治時期為西元前十七世紀中葉，約比辛沃斯瑞特三世晚兩百年。此時的埃及國家正進入一段嚴重衰頹期，今人稱為第二中間期。過去，歷史學家一般認為國家在此時一分為二，稱為希克索人的異族統治了北方，而埃及人的王朝則從底比斯控制南方。但文獻向來撲朔迷離。現存最重要的國王世系表之一，是一張藏於義大利都靈（Turin）某博物館的破碎紙莎草紙，而紙上涵蓋這個時期的位置破了個洞。

維格納的發現彌補了空白。他意識到塞納比凱是第三批人，為了控制國家的中部而戰，阿拜多斯則是他們的根據地。維格納把這第三批人命名為「阿拜多斯王朝」，他們對中央權力崩潰的回應，就是創造自己版本的國家。他們將法老頭銜賦予領導者，領導者則宣稱自己是全埃及的統治者，但其實他們行使權力的範圍肯定小得多。興建陵墓時，這些法老會從更繁榮的時代所興建的陵墓中挖取磚石使用。維格納指出，塞納比凱的墓室內有塊大石頭，原本是一名努比亞酋長刻文紀念自己到阿拜多斯朝聖時所留下的石碑。

「他們似乎找不到太多材料，」維格納說，「這是經濟衰頹的跡象。」

他認為，希克索人恐怕切斷了跟北方的貿易路徑。或許正因為如此，阿拜多斯王朝終究只能一戰，結果顯然不如塞納比凱之意。這位國王經防腐處理的屍體上有十八至二十道的傷口，由至少三種不同類型的武器所造成。塞納比凱的雙手、雙膝與兩踝上的砍痕可能是短劍。他的背上有箭傷；也許國王試圖逃離。若果真如此，他一定逃不遠。三次戰斧重擊劈碎了他的頭顱。

綜觀埃及歷史，這是法老戰死沙場經證實最古老的例子。

等到那年考古季結束時，國王的遺骸已經裝進木箱，擺進發掘屋了。團隊計劃在隔年再度開挖陵墓，繼續他們的研究，但此時他們得先保護遺址。短短的人龍開始動作。不消多少時間，就能把埃及最小的法老陵墓重新掩埋。

* * *

穆爾西在位的那一年，我認識了幾個住在拜勒耶納行政區的穆斯林兄弟會弟兄。穆罕默德・瓦吉赫是位爽朗的藥師，擔任兄弟會在該選區的媒體公關負責人。他未婚，與父母和弟弟們同住，家裡距離阿拜多斯不遠。瓦吉赫用兄弟會的貼紙和標語布置家裡的客室，包括一張圓頂清真寺（Dome of the Rock）的海報，上面以阿語寫著：「不要讓耶路撒冷變成猶太人的」。

拉比亞大屠殺後，瓦吉赫逃往科威特，在當地找了一份藥師工作。他的家人仍然住在阿拜多斯附近家中。有陣子他的弟弟們嚷嚷說要加入兄弟會，但隨著鎮壓愈來愈嚴重，他們便放棄了這個想法。塞西就任後，瓦吉赫的父親把客室裡所有的海報跟標語都清掉了。他重新粉刷牆壁，寫上一句古蘭經文：「我們只遇到真主所注定的勝敗」。

國會競選期開始時，瓦吉赫在大屠殺之後首度返家，為的是結婚。他的親戚低調跟地方當局協商，確保他不會遭到逮捕。我趁瓦吉赫在城裡時順道拜訪，他談起二〇一二年與二〇一三年時出了什麼問題。

「兄弟會以為自己能掌控國中之國。」他說。但他也認為組織有些戰術錯誤。「他們先是宣稱自己不打算競選總統，然後又參選——這是錯的。」他說：「我對兄弟會領袖非常生氣。要是他們有聽民眾的心聲，有回應，就不會發生政變。政變之所以會發生，就是因為他們思考方式使然。他們在穆巴拉克掌權時遭到嚴厲鎮壓，影響了他們的做法。所以他們才會這麼崇尚祕密。」

他說自己跟埃及政治已經玩完了。他預計返回科威特，妻子會在那邊和他會合。他對返回阿拜多斯沒有期待。

如果在開羅，你不可能跟任何與兄弟會有瓜葛的人見面，但阿拜多斯周邊的鎮壓向來輕微。我拜訪了艾曼．阿布杜勒．哈米德，這位醫生原本是該行政區位置最高的弟兄。他說只有兩名弟兄進了監獄，當局放了他與其他人一馬，畢竟他們已經不再活動，而且他們的家族也護著他們。當地貧困的情況讓警方寧可睜一隻眼，閉一隻眼。「日子本來就很難過了，他們也不想讓日子更難過。」他說。他依舊經營自己的私人診所，為許多低收入居民服務。

我向他提到，二〇一三年春天時，他曾說這個行政區只有一百五十名弟兄。在當時，這個數字對於一個有六十萬人口的地區似乎少得驚人。現在我再度問他這個數字是否正確。

「那只是兄弟會周圍聚集的群眾，不是真正的成員，」艾曼說，「我們誇大人數好嚇唬其他政黨。只是選戰策略。」

我問他實際人數究竟多少。

「十個人，」他淒然一笑，「那是我們犯的其中兩個錯誤。我們誇大成員人數嚇唬別人。我們還允許某些人行動就像跟我們一夥，但其實他們不是。」

我問他是否仍有與他的兄弟會「一家人」小組會面，他搖搖頭。「在我之上已經沒有人了，」

他說，「在我之下也沒有人了。我就跟其他人一樣——如今我們全都是一個個的個人。」眼下，他唯一的「一家人」就是家族。

＊＊＊

在開羅，我認識的人幾乎都不在乎國會選舉。薩伊德或馬努都懶得投票，多數城裡人似乎也回到穆巴拉特年間的政治冷感。但拜勒耶納當地人對選舉非常認真。勝選的候選人有可能影響若干政府建設，為自己的支持者提供資金，但在如此貧窮的地區，這類好處的金額恐怕也很少。主要的獎勵似乎還是名聲——人們在乎自己家族在競爭時的表現。

有四位候選人顯然最為人看好，但另外還有十五人參選。在最年輕的候選人當中，有一位名叫馬哈茂德·阿布·莫哈色布（Mahmoud Abu Mohasseb）的律師，我曾經跟過他幾次的拜會。他在先前幾次選舉中表現不錯，但這一回經過第一輪投票之後，他卻是十九人中的第十七名。之後他就不接我電話了。我到他公寓敲門時，聽到他兒子模糊的聲音：「爸爸不在家。」

他們村裡的近親也沒見到他。「別人都在嘲笑我們，」候選人的堂親卡利德·阿布·莫哈色布（Khaled Abu Mohasseb）說，「這結果太丟人。對不起家族的名號。」

卡利德曾經陪他的親人跑過行程，但他卻怪馬哈茂德努力不夠。這感覺不太公平；選前好幾個月，這名候選人就開始把晚上的時間用來挨家挨戶拜票了。但當我問卡利德對這位堂表親是否有任何同情時，他搖了搖頭。「我覺得更對不起我自己和整個家族。」他說。

在拜勒耶納，想輸到丟臉的地步感覺並不容易。第一輪選舉之後，戰場會縮小到四名人選，接著就是其他人無止境的指控與反控。有個失意人告訴我自己原本能贏，但對手賄賂他們家親戚。另一位落選人在臉書上宣布自己要遷居開羅，因為「政治實在惡臭」。來自阿拉伯人部族、遭到淘汰的候選人穆罕默德・阿布・希勒利（Mohammed Abu Hilely）宣稱同部族的拉法特和馬哈茂德撒錢買票。希勒利和別人一樣，在社群媒體上操縱他的部族政局——他在YouTube貼了一段影片，呼籲所有阿拉伯人跨越部族界線，在第二輪選舉中投給尤素夫。

「陪葬」的邊緣有間露天咖啡店，人們喜歡聚在那裡聊當地政情。有一晚，我遇到艾哈邁德・迪亞比（Ahmed Diyab），這位兒童心理學家在阿拜多斯的小學工作。他預測希勒利的YouTube影片最終造成的結果必然是報復心理的經典範例。希勒利要求部族中人支持尤素夫與侯瓦拉的做法，保證會讓他們反其道而行。

據迪亞比說，他自己的心理學背景讓他大有資格分析地方政治行為，因為候選人的舉止時常就像他工作中應對的小孩子。「是同一回事，」他說，「小孩子或許會把尿在自己身上當成吸引注意力的方式。假如我有問題，但我無法自我表達，那我就用蠻力。」

受過教育的開羅民眾常常提起「國中之國」、軍方的觸角，以及各式各樣據說與美國、以色列、卡達和兄弟會有關的陰謀論。政治既遙遠又抽象。但阿拜多斯的政局簡單得多——不過就是基本的人類行為。這多少令我印象深刻：當地人在沒有任何指引的情況下發展出自己的選舉傳統，而且運作得相當良好。第一輪選舉過後，進入決選的人正好一半一半，兩人屬於侯瓦拉部族，兩人屬於阿拉伯部族，票數最高的人跟第四名之間差距不到三千八百票。完全不可能預測誰會在第二輪勝出。我從來沒報導過競爭如此激烈的民主選舉。

但選舉底下的空虛卻讓人感到可悲。如果運用這一切精力與功夫的是某個有條有理的組織，那將會有什麼樣的成就？人在埃及時，無論關注的是選舉、非法棚戶區、製造業，或是垃圾清運，我的感想常常都是一樣的：這麼有天分，卻這麼沒組織。一場在拜勒耶納的選舉揭露了人類最最基本的行為，因為中間沒有任何事物能調節驅力，或是改變本能的走向。這場競爭屬於尿床的人跟要孩子脾氣的人；輸家動手動腳，生氣是常見的情緒，跟驕傲一樣。老年人控制年輕人，男人控制女人。唯一確實存在的組織早在第一座王室陵墓在「陪葬」開挖之前，就已經影響著當地人的生活了。這個組織跟兄弟會、國家民主黨、塞西，或是任何其他政治人物或團體都沒有關係。對埃及人來說，家族才是國中之國。

＊＊＊

我從沒看過有候選人跟婦女交流。會面僅限男性參加，而且重點擺在長輩身上，他們通常是決定整個大家族如何投票的人。一個人愈有錢、愈有權力，掌握的選票就愈多；我跟著拉法特一行人拜票時認識的札比特・傑布爾便自豪地告訴我，他能指揮六百個符合投票年齡的人。「只要我在投票日對他們下令，他們就會去投票所，」他說，「至於是非對錯就不關他們的事。」這是長輩之所以如此熱衷於選舉的原因之一。選舉讓他們能對整個家族行使權力，他們顯然很享受會面的儀式，喝斥年富力強的年輕人，強迫他們送飲料或甜點。

長輩也能決定要不要讓家族中的婦女前去投票。這是競選資金的關鍵用途之一：富有的候選人租車與巴士來回接送婦女前往投票所，完全沒有跟男人發生不合宜接觸的風險。札比特・傑布爾對我說，他會叫族裡人投給老鷹——拉法特的標誌，但他不會讓女人出門投票。「在我們家族，女人死也要死在家裡，」他說，「她們可以出門看醫生，不然就是進墳墓。就這樣。」他比出埃及人那些生動的手勢之一——他把手腕翻過來，像是把門鎖起來。

就算是採訪當地婦女，唯一的途徑也只能靠關係。友人安排我與諾拉．阿布杜勒．穆罕默德（Nora Abdel Mohammed）會面，她是阿拜多斯附近少數出門工作的農村婦女之一。她在拜勒耶納的政府辦公室擔任職員，她說自己之所以能工作，是因為她先生出奇開明。選舉的慣例讓她心灰意冷。「我很想親自與候選人見面，聽聽他們會講什麼。」她說。就她看來，「阿拉伯之春」只有讓情況更糟，因為民眾害怕動盪，而這些民主儀式完全變成老人使喚女性與年輕人的另一個機會。諾拉認識的多數婦女被人徹底隔離在家族的宅院裡。「需要有人去接觸待在家裡的女性。」她說。

整體而言，候選人幾乎沒有提到女性，因為人家會覺得這不莊重。在我所觀察過的每一場拜會期間，我只有一次聽到談起女人。第二輪投票前一夜，我順道經過排名第四的決選候選人——努爾．阿布．斯岱特（Nour Abu Steit）位於河畔的接待所。他是位長相不大好惹的矮小男子，才剛從警察工作退休。他屬於侯瓦拉部族，對話剛開始就宣稱阿布．凱爾家族的候選人花錢買票。接著他把自己的陰謀論轉向美國。他相信美國外交政策是以邪眼為基礎，畢竟美國人嫉妒埃及。「我們擁有埃及主權已經七千年了，」他說，「你們因為我們的文明而遷怒我們！」

他背對尼羅河坐著，周圍有十多個家族長輩。笑聲如漣漪擴散一整群人。「美國正在創造一個個的政治實體，分裂阿拉伯世界。」他說。

我問美國人創造了哪些政治實體。

「伊斯蘭國。」他說。

「所以是美國創造了伊斯蘭國？」

「沒錯，」他說，「我希望真主讓地震與火山爆發降臨在你們身上！」

努爾惡狠狠盯著我，接著講了個故事——一名美國女性外交官據說用性來操縱薩達姆・海珊（Saddam Hussein）。眾男子再度大笑；眼下的接待所百分之百帶有一種霸凌、關廁所的感覺。我時常自忖，埃及的政治失能——那些自豪、恥辱、憤怒、固執、暴力——有多少能歸諸於權力中無止境的「陽性」。性別隔離更是令情況雪上加霜。再怎麼不濟，像努爾這樣的男人如果不時聽到女人的聲音說：「你差不多該閉嘴了」，說不定也對他有好處。

「是個有雙美腿的女人！」努爾說。他還在描述那位美國外交官。「薩達姆跟她講話時，她把自己裙子脫掉，給他開綠燈！」眾男子大笑，努爾講美國的陰謀講得慷慨激昂。最後我問他關於埃及從美國手中接受大約每年十五億美元援助一事，他是否反對。

「這個金額太低！」他說：「配不上埃及。」

我問合適的價格應該多少。

「至少八十億美元。」他語帶自豪。

＊＊＊

為了採訪第二輪選舉，我跟馬努一起去了南方幾趟。我們已經幾年沒有一起共事，而且我知道這一回恐怕是最後一次合作了。他穩定執行自己的計劃。他正在處理把塞德港那間從父親手中繼承來的公寓賣掉的事情，而且時不時就會到一些埃及人容易取得簽證的國家短期旅遊。

去過賽普勒斯之後，他又去了沙烏地阿拉伯、土耳其與南非。

到了沙烏地阿拉伯之後，他參加了傳統上前往麥加的小朝聖（*ʿumrah*）之行。對此我印象深刻，可能是因為身為一名希望從某個伊斯蘭共和國逃離的男同志，這感覺是他最不會去做的事情。但馬努希望在護照上多集幾個章，而且他說自己與生俱來的權利說不定能帶來一點好處。畢竟在法律上，他的名字叫穆哈美德。

小朝聖（*ʿumrah*）不像更重要的朝覲（*hajj*），而是一年到頭都可以進行的。馬努非常享受前往麥加大清真寺之行，他自己也很意外。他進行兩次稱作「*tawaf*」、逆時針繞行天房（Kaaba）的傳統儀式，這個方塊狀的建築物代表的正是伊斯蘭信仰最最神聖的聖地。另一天，馬努回到大清真寺，在寺內的庭院從半夜待到黎明。無論是深夜的庭院令人感覺之輕鬆，還是白天時大批白衣朝聖者繞著黑色天房流動的景象與深夜之間的對比，他都喜歡。他還很喜歡看著天房——他對伊斯蘭沒有特別的興趣，但他覺得那古老的建築有某種力量。

抵達阿拜多斯後，馬努和我待在城裡唯一的旅館，到了晚上再去參加接待所的聚會。在這一區行動還算容易，但情況似乎開始改變。當我到前阿拜多斯領導現在辦公的地方拜訪他時，他熱情招呼我，但我們聊了半晌之後，他才告訴我說未來所有的會面都必須先得到他上級的允許。不用事先通知就出現在政府辦公室的日子似乎到了盡頭，至少對外國記者是如此。如今有更多的便衣警察在阿拜多斯的旅館外頭流連。

埃及的國安氛圍向來不容易掌握，但情勢確實愈來愈嚴峻。西方人聽到「警察國家」一詞時，多半想像的是一切都受到警察控制或監控。但警察國家通常只是一個有大批警察的國家。至於這些警察實際的作為，則是另一回事。

在阿拜多斯，警察會喝茶，在路障設置地點聊天，也會睡在停在我旅館外的車子上睡覺。我人出來的時候，他們通常都醒不來。只要一進城，我一貫會把自己的手機號碼告訴這些條子，畢竟這能讓他們比較放心，也能讓他們只要手裡有電話，就算坐著也能進行調查工作。我開車回開羅時，他們會一直打電話來。

「你人在哪？」

「我在沙漠公路上。」

「沙漠公路的哪裡？」

「我不曉得。附近都沒有城鎮。這裡『什麼都沒有』（*sahera*）。」

打電話似乎就稱得上是警力監控。有時候他們會在我開車時打來二十、三十次。有一次我人跟馬努去阿拜多斯，他們堅持回首都時要派一輛警車護送我們。條子在車尾跟得太緊，緊到開了幾英哩路，我就把車靠到路邊，大喊要他保持距離。我駛過索哈傑機場之後，他亮警燈要我靠邊。他人看起來很不高興。

「我以為你要去開羅！」他說。

「是啊。」

「那你為什麼要經過機場？」

「我是要開車去開羅。」我說。

「你是要開車？」

「你覺得我是要把車子開上飛機嗎？」

坐在副駕駛座的馬努爆出笑聲。這名警官沒有回答；他又跟著我的車開了幾英哩，然後才放棄。我的電話在接下來的車程不停響起，我只能在撒哈拉沙漠中一直回答關於我目前位置的蠢問題。

我在共產中國工作過，曾經有過受專業人士監控的經驗，這讓我很難認真看待埃及條子。但我曉得這種態度很危險，畢竟埃及警察國家的精髓就在於不可預測性。如今附近條子愈來愈多，而且大多數缺乏經驗與紀律，哪一個出個錯、搞不清狀況，或是誤會什麼的機會也隨之大增。我知道，這場選舉將是我在埃及所報導的最後一起政治事件——於我，「阿拉伯之春」即將結束。

＊＊＊

我希望尤素夫勝選。眼下埃及民主制度已然崩潰，對一位候選人有這麼強烈的感受實在挺奇怪。但尤素夫讓我印象深刻，他是個天生的政治人。他的競選對手糟到沒有指望：努爾是個自吹自擂的仇外者；馬哈茂德是個假伊斯蘭主義投機分子；拉法特似乎代表了「有權但無能」的箇中精華。上面每一個人都投射出一副嚴厲的形象，與隨員一同乘坐有冷氣的高級車轟隆隆穿過村子。但尤素夫會從他那台破舊的寶獅（Peugeot）打開車窗探出身來，對民眾揮手喊話。他沒有辦政見發表會——沒有人有辦，但至少他熱愛置身於公眾之間，跟陌生人握手談話。他慷慨之名在外，而且經常調停地方上的紛爭，帶來鎮靜的效果。基本上，所有我遇見的科普特人都打算投給他，因為他們相信他是正派人。科普特人占當地人口約百分之十，但多數候選人都無視他們，畢竟他們在部族體系之外。初選的十九名候選人中既沒有基督徒，也沒有女性。

投票日當晚投票所關閉後，我前往尤素夫位於拜勒耶納市區的接待所等待。有些家族的長輩打著電話，試圖跟進初步開票結果。外面有兩三百名年輕人聚集。有些年輕人帶了槍，多數人帶的則是跳傳統舞蹈「*tahtib*」時會用到的木頭長棍，候選人勝選的話就會表演這種舞。一想到上埃及選舉鬧事的悠久傳統，讓情緒激昂的年輕人帶著棍子跟槍在附近聚集實在是很可怕的主意。

四名候選人全數待在選舉委員會總部，監督計票。大約午夜時，拉法特的接待所有人打給我，說支持者正在鳴槍慶祝。不久後，一名年輕人衝進尤素夫的總部大喊「真主至大！真主至大！」人人都跑到外頭。馬努和我發現我們身旁那位六十多歲的棉花農把手伸進自己的罩衫，掏出一把九釐米海爾溫（Helwan）手槍，對空開了四槍。馬努和我閃進一扇門裡，站到頭上有屋頂的地方。

沒過幾分鐘，另一群激動的年輕人出現在街上，一面開槍，一面高唱努爾的名字。馬哈茂德的大本營也發生一樣的事情。那一刻，在這個選區的不同角落，所有四位候選人的支持者都在宣布勝選。

開羅一間名叫「生活」（Al Hayah）的電視台宣布尤素夫與努爾當選，慶祝活動因此更為熱情。但不久後有傳言說報導錯誤，接著到了凌晨兩點，正式聲明才出爐：電視台報導完全錯誤。阿布·凱爾家族堂表親取得全部兩席。

此時在尤素夫的接待所，一名長輩怒氣沖沖跑到街上，把自己的憤怒發洩在太早慶祝的年輕人身上。「你們沒聽到真正的結果嗎？」他大吼：「誰還在給我慶祝？」亂哄哄的年輕人們站著不動，一臉震驚，手裡還抓著他們的棍子和槍。

* * *

就全國來看，最大的贏家是名為「為了埃及之愛」（For the Love of Egypt）的聯盟，領導者是前軍事將領薩梅赫・謝夫・亞札爾（Sameh Seif El-Yazal）。這個聯盟不是正式的政黨，不過亞札爾很可能在國會中建立占多數的派別。選後，我問亞札爾他跟塞西在政見上是否有任何重大差異，或者發生在開羅的屠殺與警察殺人是否令他不滿。亞札爾說：「目前為止已經十七個月了，我還沒看到他有犯任何一個錯誤。」

至於拜勒耶納，最大的贏家是馬哈茂德，另外三名候選人只分得不到五百票。勝選者公布後，馬努和我驅車前往馬哈茂德的接待所。附近的房子傳來「啊勒勒勒勒」的喊聲——一場慶祝正在高樓層、也就是女子離群索居之處進行著。

馬哈茂德看起來筋疲力竭但開心。他敏銳而寡言的儀態，總讓我想起納吉布・馬哈福茲曾經在某部小說中提到的伊斯蘭主義者角色：「他擁有埃及人少見的能力——保密。」我問馬哈茂德伊斯蘭信仰是否應該獲得更多政治空間，但他閃躲問題。（「我們現在有新的議題。」）當我提到穆斯林兄弟會時，他的回答也很類似。（「我不想談以前的事情。」）我提到塞西，但他對殘酷的鎮壓完全不置一詞。（「他受人尊敬。」）

在接待所，幾個蓄鬍的年輕男子坐在不遠處，還有幾個流氓樣、看起來像國安局幹員的人。一名身形壯碩的光頭男子問能不能跟我合照。他提出要求的粗魯方式就好像跟外國人沒什麼好客氣的，這只會讓人感覺更不妙。馬努退了開來；他最不希望的事情就是有紀錄在案。光頭男子用手臂環著我。當他把手機交給同事時，我看到主介面桌布是塞西的臉。

＊＊＊

努爾按照拜勒耶納輸家輸不起的傳統，一聽到結果之後就高聲喊著陰謀論，並且拒絕與支持者見面。我在想尤素夫會不會現身。馬努和我在他的接待所外等到凌晨兩點多，年輕的群眾依舊在街上徘徊不去，手裡拿著棍子和槍。尤素夫終於出現了。他孤身一人從選委會走路回來。

「你們該回家了，」他對年輕人說，「最好趁還沒犯什麼罪之前趕快回家。」

一名中年男子走向他，看起來心煩意亂。

「真主啊！你是出意外嗎？」尤素夫說。他笑笑，親吻那名男子的兩頰。「去睡吧，」他說，「明天我們會展開新的生活，真主容許的話。真主會用好事補償你們的！」

他在群眾之間來回穿梭了十分鐘。「下次，下次。」他說。他表情平靜，甚至稱得上愉快，而且他沒有對其他候選人做出指控或抱怨。他跟民眾致意、道謝，直到街上空無一人。接著他走進接待所，到後面找了個位子坐下。

等到只剩自己一人，尤素夫的表情突然變了。笑容消失，眼窩凹陷；他看來哀傷無以名狀。馬努和我坐在一旁，大家都不說話。所有的長輩都離開了。這是我看過最空虛的接待所。

過了半晌，我打破沉默。我說了類似「下次運氣會更好」的話。

「沒有下次了。」尤素夫說。

「你之後不選了嗎？」

「不選了。」他說。「對我來說，政治已經結束了。」

他說他想把心思擺在種田和社區建設上。我問他為何選舉會有這樣的走向。

「選舉跟服務或愛無關，」他說，「要是服務跟熱情有影響的話，我就當選了。」他認為兩位阿布・凱爾堂表親在財力上的優勢實在太大了。

正當我們談話時，有個小少年過來坐下，眼中噙滿淚水。尤素夫起身進屋，中途還停下來安慰少年。我問尤素夫，這少年是不是他那九個孩子之一。

「不是。」尤素夫因為這問題輕輕笑了——這是他身為政治人物的最後一個舉動。他說：

「這是我這輩子第一次見到這名少年。」

Chapter 25

整個秋天，里法阿特都在和腳上的痛處奮戰。萊絲莉把我們認識的一位扎馬萊克醫生的電話給他，還提議陪他去看診，但里法阿特沒有接受。因為工作忙，這段期間我們沒有去上阿語課，不過我時不時會打電話或寫電子郵件，跟里法阿特問好。國會大選結束後不久，我打電話給他，而他談到自己的醫療問題時，人沮喪到聽起來彷彿快哭出來一樣。這個一個小傷口實在沒道理會如此折磨人，所以我以為他只是正好這一晚心情不好。那年秋天的新聞多半讓人讓人憂心忡忡：十月底，埃及遭遇自「阿拉伯之春」以來最嚴重的恐怖攻擊。某個伊斯蘭國附屬組織在一架從南西奈起飛的美捷航空（Metrojet）班機上裝炸彈，超過兩百人喪生。我認識的受過教育的埃及人，多半對國內情勢走向都非常擔憂。

二〇一六年一月，我們全家人最後一次長途開車去上埃及玩，穿越整個國家，到達靠近蘇丹邊境的阿布辛貝（Abu Simbel）。政府實施新的要求：亞斯文以南所有自駕者都必須接受警方護送，表面上是因為恐怖主義問題。每天早上十一點，護衛車會從名叫「未完成方尖碑」（Unfinished Obelisk）的遺址出發。未完成方尖碑是古埃及所雕鑿出最大的方尖碑，命人製作這個岩石紀念碑的人，很可能是十八世紀的偉大女法老哈特謝普蘇特。但建造者發現花崗岩上有些裂縫，因此被迫放棄。這個方尖碑至今仍躺在採石場。假如當年真的有立起來，可是會比倫敦塔還高。

只有三輛私家車出現組成車隊，而且沒有其他外國人。一輛尾燈壞掉的警車開在最前方，幾名警察則乘坐一輛老雪佛蘭卡車拖後。他們都攜帶卡拉什尼科夫步槍。開了幾英哩，警車便調頭返回亞斯文。不久之後，那輛配備卡拉什尼科夫步槍的雪卡也以大約每小時一百英哩的時速咆哮而過。他們可能覺得無聊吧；基本上該國所有恐怖活動都發生在西奈，上埃及的這個地區從來沒有出現任何問題。不消多久，那輛雪卡就從地平線上消失了。

私家車組成的小車隊迅速解體，接下來三小時路上都只有我們。這裡的沙漠比阿拜多斯周遭更多沙且平坦。我看到東邊有不少明晃晃的藍色水塘，還以為是納瑟湖的湖灣。後來我才意識到那些水塘是海市蜃樓——它們一再出現，跟著我們一起前進。我從沒看過如此逼真的自然幻覺；有些水塘中間還有岩石竄出，彷彿湖中的島嶼。

當天下午，我們是阿布辛貝唯一的遊客。阿布辛貝神廟是拉美西斯大帝的宏偉建築，從岩壁往內鑿出四座國王的坐像。這些雕像原本位於尼羅河畔，但在納瑟指示下興建的亞斯文水壩會將遺址淹沒。一九六〇年代，埃及本國與外籍文物保存專家、工程師組成團隊，將神廟與雕像成功移到高處，高於新人工湖的湖面。

我們一到遺址，雙胞胎馬上奔向雕像——這是她們對這些空無一人的空間所做出的反應。此時女孩們已經五歲半，而這麼久以來我也已經在好多埃及南方的遺址幫她們照過相了：塞提一世神廟、大阿頓神廟、考姆翁布（Kom Ombo）、伊斯納（Esna）、卡納克（Karnak）。每張照片裡都只有她們兩人。我知道，有一天這些照片感覺也會像海市蜃樓——在阿拜多斯的雙胞胎，在拉美西姆（Ramesseum）的雙胞胎，在國王谷的雙胞胎。平原上的兩個粉紅色小點，仰頭凝視門農巨像。

＊＊＊

回到開羅之後，我試著撥電話給里法阿特，但電話沒接通。我傳簡訊給他——沒有回應。幾天後，我寄了封電子郵件：

嗨，我一直試著打給你，但手機都是關機的。還好嗎？身體有沒有舒服點？我希望你已經康復了。……如果你有空堂，我想排星期二早上上課。這樣你方便嗎？我們課程進度落得太嚴重了。我的電話號碼沒變，有空打給我。

他沒回應，這太不尋常，於是我打給他弟弟拉阿法特。我跟他打招呼之後，出現了一段很長的沉默。

「里法阿特，」他終於說，「逝世了（*itwaffa*）。」

這個字對我的打擊實在太沉重，因為教我字義的人，就是里法阿特。

＊＊＊

萊絲莉和我驅車前往卡利瑪學校。拉阿法特看起來很糟——不僅體重輕了，臉看起來也很憔悴。我們剛說起話，他就開始掉淚。過去這半年發生許多壞事，他哥哥的死就是其中之一。幾個月前，拉阿法特的太太突然離他而去，而他也因為椎間盤滑脫而臥床好幾星期。他家依然在開羅外的沙漠城市，但長途開車進開羅對他來說實在太痛苦。於是前一段時間他都住在語言學校裡。反正在這多災多難的一年裡，學校也幾乎沒有學生。「一定有人用邪眼詛咒我。」他說。

他不知道是什麼原因害死了里法阿特。開羅的醫生提出太多互相矛盾的診斷，里法阿特先前甚至一度趁著到倫敦短期旅遊時看外國醫生。這位不列顛大夫認為只不過是皮膚問題，於是把他轉診給皮膚科醫生。

「醫生給他另一種藥膏擦，但沒有比較好。」拉阿法特說：「我又因為背的關係很難下床，沒辦法想去看他就去看。你也曉得里法阿特這人——他喜歡自己一個。他不想麻煩任何人。」

拉阿法特雖然臥床，但還是請一位俄羅斯醫生友人去看他哥哥的情況。醫生因自己所見而大吃一驚。原本已經很瘦的里法阿特如今看來體重嚴重不足，而且還有呼吸急促的問題。他流汗流不停。白天他常常沖澡，把汗水沖掉。這位醫生告訴他，溫度的變化會讓他身體吃不消，並叫他一定得去醫院。但里法阿特拒絕。他表示自己已經開始好轉了。

等到拉阿法特和另一位兄弟終於到他的公寓看他時，里法阿特已經快要無法呼吸，但他還是不想去急診室，因為他擔心自己的腳得截肢。他的兄弟們堅持把他送去附近的醫院，院方立刻把他送進加護病房。隔天早上，他就過世了。

正式死因寫的是肺結核，但拉阿法特懷疑其正確性。就算他哥哥有照X光，片子上大概也不會有什麼問題。

「我不曉得要相信誰，」拉阿法特說，「他們說的都不一樣。我甚至動用過關係，找了開羅大學的名醫來看他。他去里法阿特家。但他沒有提到任何肺部問題或結核病。我超氣那個白癡。」

他認為那個開羅大學的醫生，以及在里法阿特過世前看診過的幾個醫生都不願採取積極治療，因為擔心自己得負責。拉阿法特也責怪自己，要不是破碎的婚姻和背部問題纏住自己，他就能更留心注意自己的哥哥。萊絲莉和我也因為在這段沒有上課的日子裡，沒能更密切注意里法阿特的近況而萬分難過。但誰想得到事情會這樣結束？

喪禮已經舉行過了。我告訴拉阿法特，他哥哥是個了不起的老師，先前錯過上課的那幾個月，我們都很想他。

「他一直在說你們的課，」拉阿法特說，「他已經幫你們準備好一大堆新課文。不管你們什麼時候回來，他都做足準備了。」

里法阿特在埃及「阿拉伯之春」滿五周年的前四天過世。時局至此，已經沒有人用充滿希望的口吻談論這場政治運動，政府對於異議人士的鎮壓也遠甚以往。這是我頭一年沒有對周年紀念日做任何報導——連參加零星發生的小型示威都變得過於危險。這年春天，每當我載愛麗兒和娜塔莎上學，我都會聽我的字彙錄音。無論什麼時候聽到革命初期情勢樂觀時的單字，我都懷念不已：

地方選舉　انتخابات المحليات

人民集會　مجلس الشعب

協商會議　مجلس الشورى

候選人　ترشح
潛力　إمكانية

開羅的交通常常讓人壓力很大，但是聽里法阿特念這些字彙卻能平撫心情。對我來說，他的性格——易怒、矛盾、可愛——將永遠跟埃及人所說的這種語言分不開。每天我都聽著他的聲音駛過尼羅河：

我絕對不會原諒你做的事。
我明天會跟你解釋一切。
拜託，不要浪費我的時間。
我們要花一整天討論這部蠢電影嗎？

＊＊＊

一月二十五日，也就是革命五周年當天，一名二十八歲的義大利籍研究生朱利歐・雷傑尼（Giulio Regeni）失蹤了。雷傑尼就讀於劍橋大學，到開羅為以勞工運動為題的博士論文做研究。他並未參與任何以革命周年為主軸的政治活動，但他的朋友因為找不到他而抓狂。失蹤九天後，雷傑尼的屍體終於在開羅亞歷山卓沙漠公路（Cairo-Alexandria Desert Road）路旁的排水溝中被人找到。

警方一開始宣稱雷傑尼死於交通事故，但公訴檢察官辦公室披露他身上的骨折與瘀青不可能是車禍造成的。他的臉上滿是香菸疤和小的穿刺傷。一名埃及法務官員估計他曾遭到虐待長達七天。

三月下旬，內政部宣稱綁架雷傑尼的犯罪集團中，有四人在與警方駁火時身亡。官員展示雷傑尼的護照與其他所有物，表示是在幫派成員身上找到的。但是在埃及與外籍記者的調查下，這個故事很快就站不住腳，最後政府官員公開承認這些物件與據稱的幫派沒有明顯關聯。雷傑尼的研究課題不算太敏感，而且也沒有充分的理由能解釋為何要虐待他。義大利召回駐埃及大使以示抗議。

事情一曝光，塞西便上電視對全國發表演說。他主張埃及是陰謀的受害者，還說：「不要聽信我以外的任何人說的話。」他不僅批評示威者，還在一場軍事數學節目中責怪埃及民眾，對某個成立以緩和財政持續危機的基金所做的捐款不夠。他說，「只要埃及九千萬手機用戶中的一千萬人每天早上都捐一鎊，我們每天都能得到一千萬。」

上里法阿特的阿語課時，我們常常會看一些重要談話節目主持人的影片，他們無一例外，全都堅決支持塞西。但如今卻有少數幾人公開批評他。「我認為總統已經不再跟人民溝通。」民營電視台ONTV主持人尤賽夫・胡西尼（Youssef Al-Hosiny）在節目中如此表示。胡西尼過去忠於塞西的程度，讓塞希甚至要為他提供一份工作，但現在這位主持人面對鏡頭說：「閣下，你是不是對叫喊感到厭煩，而殺人或施虐卻不會讓你厭煩？」

我跟安華・沙達特（Anwar Sadat）提到這個案子——他是國會議員，也是前總統的姪子。沙達特在國際社群中備受尊重，而他的家族歷史也讓他能比大多數的埃及公眾人物更加敢言。

不久前他才接受任命，擔任新國會的人權委員會主席。「每天都有，不是只有雷傑尼。」沙達特說的是自從塞西掌權以來，成千上百消失的埃及公民。該國目前已有超過四萬名政治犯。

沙達特說，在前政權底下絕對沒有人能想像到會有外國人遭虐待致死。據他看來，指揮鏈一定有某些環節嚴重失靈。「事情之所以會發生，恐怕是因為有些年輕軍官不夠專業，」他說，「這是失誤。不會是故意的。」

他見過塞西幾次。「在我看來，他是軍人，不是政治家。」他接著說：「對，他很真摯，想為這個國家做點事。這我很肯定。但納瑟也很真摯誠實，卻做了很可怕的事情。光是真摯誠實還不夠。我媽也很真誠，但這不代表得讓她當總統。」

他抱怨這個政府完全沒有章法。沙達特是少數擁有真正幕僚團的國會議員，在我們會面之前，他的兩名助理便已經跟我交流過。其中一人是律師，一人是經濟學家，兩人也一起參與我跟沙達特的對話，就像美國或歐洲的國會助理一樣。沙達特知道，他之所以能擁有專業團隊，是因為自己的家庭背景讓他做好踏入政壇的準備，而他也有能力籌到錢。

但是，只要他回到尼羅河三角洲，回到自己所代表的選區，他就回到了真正的埃及。民眾在他的辦公室大排長龍，要求的事情就跟他們對任何地方官的要求一樣。「他們以為人權委員會照顧的是『所有的』權利，」沙達特說，「我前天在我的選區，有個結不了婚的人出現。他說，『討老婆是我的權利。你能為我做些什麼？』」沙達特搖搖頭。「這就是他們對人權的認識。」

儘管沙達特對塞西批評有加，但他不希望看到這位總統遭人推翻。「我認為，無論塞西是不是完美的人選，我們除了等別人繼位之外也別無選擇。」他說。「埃及經不起第三次革命。」

那些時候，我常聽到年輕的政治積極人士發出類似的評論。很少人表現出對推翻政權的渴望，有些人告訴我他們唯一的指望，就是接替塞西當總統的人。「他會當一任，也許兩任，就這樣。」沙達特說：「我其實不太關心他的問題。我更在乎這個國家的結構，這個國家的制度。這是我們得試著看看能做什麼的地方。」

＊＊＊

雷傑尼的遺體尋獲之後，官員試圖對埃及媒體灌輸各種理論，其中最早見諸報端的一種，就是說這義大利人是同志。我常常從想幫現政權找台階下的埃及友人口中聽到這種解釋。說不定雷傑尼去了某個幽會地點，或是跟某個男的睡了，結果對方後來抓狂。

這個理論撐不久。雷傑尼並非同志，他人在埃及期間經常和人在烏克蘭的女友聯絡。但這個理論卻有其影響力，畢竟這是最早解釋這起死亡事件的其中一次嘗試。國家能因此脫罪，因為大家都知道這種事情會發生在同性戀身上。而且這樣就有一部分是雷傑尼的錯：任何前往尼羅河宮殿大橋，或是其他尋芳地點的人，都在冒險。

這段期間馬努開始恐慌症發作。他告訴我，自己後來必須停止讀雷傑尼的報導，因為每讀一次都會讓他心臟跳到彷彿失去控制。如今他比較少為《衛報》工作，對於接不接兼職也非常小心。他現在只有一個目標：遠走高飛。

雷傑尼遭到殺害前不久曾參加一場勞工會議，注意到某個人用很刻意的方式拍攝他。這件事情困擾他的程度，讓他決定跟友人提起這件事。我讀到這個細節時，想起投票日那晚在拜勒耶納，那個流氓樣的人堅持跟我照相的一刻。那些照片去哪了？看照片的人會怎麼詮釋？最有可能的情況是，照片在治安部門的混亂與無能中消失了。畢竟，負責執行護衛任務的警察會以時速一百英哩轟隆隆開走，獨留帶著兩名五歲孩童的一家人自己開車穿越沙的，正是同一個國家。

警察國家可以殘暴，可以無能，可以懶散，甚或有點可笑。但在警察國家，你別無選擇。你碰到什麼就是什麼。至於雷傑尼，雖然錯完全不在他，但他碰上的卻是最糟糕的可能下場。身為登記在案的外籍記者，我比一名年輕研究生擁有更多保障，跟埃及一般人經歷過的威脅更是無法相提並論。即便如此，我仍然感受到一絲馬努的恐慌。無論萊絲莉和我為了工作前往何處，我們都開始頻繁跟對方更新自己的所在位置。一直以來，我們都計劃在埃及待個五、六年，如今我們自己也開始為離開做準備了。

* * *

這整個春天，我跟拉阿法特見過幾次面，談他哥哥的事。藥石罔效的回憶折磨著他，也折磨著萊絲莉和我。對於一位活力充沛的聰明人來說，這感覺實在是種毫無道理的死法。里法阿特的生命即將結束前，他弟弟把他腳上的傷口給拍了下來。照片中，那隻腳腫脹成正常的兩倍，而且整個止腳背都不見了。在原本位置上的，不是你無意識間會伸手去搔抓的、緊繃而脆弱的那種皮膚，而是一個網球大小的洞。洞的周圍都是壞死的組織，有黑有棕有綠。

我把照片給幾個在美國的醫生看，希望能了解發生什麼事。他們說，這很可能跟里法阿特十年前得到的淋巴瘤有關。病人即便成功戰勝了癌症，免疫系統也會受到永久的傷害。眾醫生最有把握的猜想是，里法阿特遭到感染，情況蔓延失去控制，最終導致致命的敗血性休克。但他們也不敢說死，畢竟他們從來沒見過跟照片中一樣嚴重的創口。

* * *

一天早上，我前往舒布拉區，走訪拉阿法特與里法阿特的父親六十年前蓋的公寓大樓。這棟樓蓋得很好，天花板挑高，還有寬敞的中央樓梯，但建築物本身卻跟我們住的蜘蛛網大樓一樣黯淡無光。半數的單位都租出去了。由於納瑟統治時擴大的租金控管法律使然，他們每個月收到的房租總共才折合十二美元。

我和里阿法特的手足中至今還住在這裡的兩人——塔里克和瓦蒂雅見面。瓦蒂雅在六人中年紀最長，也是唯一的女兒。這幾年我跟他們家的其他人見過面，而瓦蒂雅是其中最像里法阿特的人。每當我看著她，就會認出那銳利的眼神和骨感的臉，只不過看著這樣的五官圍在保守的黑色希賈布之中，感覺有點奇怪。她穿著一襲黑色長洋裝。現在是拉瑪丹月，這家人正在齋戒。他們出於禮貌端了茶給我，我也出於一樣的原因婉拒了。這是里法阿特準備的其中一講——絕不能在正在齋戒的人面前吃喝，就算他們堅持也不行。

瓦蒂雅比里法阿特大十三歲，也是照顧他長大的人。她說：「但其實他才是那個教訓我、教育我的人。」她的正式學校教育在小學五年級結束，因為父母認為沒必要投資女兒的教育。

瓦蒂雅和塔里克都說他們身為大人，對里法阿特的很多想法都不贊同。「有些女孩對教育有誤解，」塔里克說，「我們有我們的傳統。但有些女孩想要像外國人。」

「我認為情況應該有所節制，」瓦蒂雅說，「不要那麼開放。里法阿特在這點上意見不同。」

「他覺得女人出門沒什麼關係，出國也可以。」塔里克說：「但我們不覺得。」

「我們不喜歡他的做法，」瓦蒂雅說，「但他比我們更優秀，真的。最近我們才曉得他說的都是對的。」

里法阿特常常對她教育孩子的方法提出建議。「他叫我不要管得太嚴、太多，」瓦蒂雅說，「給他們空間表達自己的意見。還有不要打他們——他很討厭小孩挨打。」因為里法阿特的影響，她送自己的女兒們念大學，而她的兒子如今已成為一位阿語老師。

瓦蒂雅也是烏姆．庫勒蘇姆的歌迷，只是自從里阿法特過世之後，她就沒辦法聽庫勒蘇姆唱歌，畢竟這位絕代女聲會讓她太動感情。她比以前更能體會弟弟的特立獨行——拒絕吃肉，拒絕上清真寺。他堅持宗教要從你對待人的方式，而非你禮拜的方式中尋找。「他有他自己的意見，我也有我自己的意見。」他說：「他的意見是新的，我的是舊的。」她時不時提到自己弟弟的名字，每提到一次就向真主祈禱一次，我也囁嚅著里法阿特幾年前教我的回答。

「願真主令他的靈魂安息，願真主令他的靈魂安息，願真主令他的靈魂安息。」

Chapter 26

我們住在蜘蛛網大樓時，我對這棟樓的歷史幾乎一無所知。房東太太不曉得蜘蛛網主題的重要性何在，也說自己手上沒有初代業主的紀錄。其他房客的年紀也都沒有老到對這棟樓的興建有記憶。高樓層顯然是在原始結構上再加蓋的，有如一層層的婚禮蛋糕。一九八〇年代與九〇年代時，扎馬萊克的屋主常常用這種方式增加收入，畢竟有許多舊公寓都受到嚴格的租金控管法律限制。新蓋的樓層就能以市場價格收租了。

我在一篇為《紐約客》（*The New Yorker*）所寫的故事裡，描述我和家人在開羅的生活，文中提到那些蜘蛛網、陽台，以及古老的電梯。一位讀者捎來訊息：

> 根據你對建築物的描述，那棟樓有可能是我從小一直住到一九五六年的同一棟樓。地址（在當時）是艾哈邁德·赫什馬提·帕夏（Ahmed Hishmat Pasha）二號。……那棟樓原本屬於我的祖父母。我可以把房子的照片寄給你。我很想知道會不會就是我出生長大的那棟樓。
>
> 先謝過了。
>
> 阿爾伯特·畢瓦斯博士（Dr. Albert Bivas）
>
> 加州帕羅奧圖（Palo Alto, CA）

我回信告訴他地址一模一樣，並附上幾張照片。他回寄自己的照片，黑白的。其中一張照片裡是一對同卵雙胞胎小女孩，在一張鑄鐵蜘蛛網前玩耍。照片頂上寫著年分：一九四六年。

＊＊＊

馬努和我最後一次在埃及共飲，是在他稱之為「守門人酒吧」的隨興地點。那是個宜人的夜，我們坐在兩棟樓之間窄巷裡擺的塑膠折疊椅上。黑色的金屬逃生梯在我們頭頂上螺旋而上。

馬努隔天早上就要搭前往德國的班機離開了。柏林有個ＬＧＢＴ議題專門的人權團體邀請他參加圓桌會議，使館核予簽證了。他近來的海外旅遊模式讓德國人相信他不會有逾期停留的風險。為了這場會談，他對當前塞西統治下埃及同志生活遭受的鎮壓做了研究。「可以說，每星期都有三次大規模逮捕行動。」他說這話的時候，我們就坐在守門人酒吧。「通常是發生在同志聚會。有時候是鄰居舉報的。」

最近，他跟市區住的那棟樓裡某個住戶出了問題。這鄰居就跟許許多多的開羅人一樣：男性、年輕、沒工作、教育程度低、單身、與家人同住。馬努常常在鬧區酒吧見到他酗酒。有一段時間兩人還算友好，後來那年輕人不知怎的推敲出馬努是同志。

他做的第一件事情，是破壞馬努鎖在大樓入口附近的腳踏車。他用小刀把坐墊割破，輪胎刺破。接著他向另一個鄰居吹噓自己的所作所為——一個跟馬努要好的高中生，名叫卡里姆。年輕人警告卡里姆離那個死娘炮遠一點。

馬努完全沒有對那個年輕人講任何話；這個時候他最不希望發生的事情，就是起衝突。他就把那台腳踏車留在大樓入口不管。

接下來，那個年輕人開始提到警察。「別去這個死娘炮的公寓。」有一天，他這麼對卡里姆說。「警察很會就會來了。公寓裡那些人會帶女人、帶酒精跟男人，他們都會被警察抓起來。」

我們在守門人酒吧喝酒時，馬努提了個購物袋，裡面是他要送給卡里姆，充作臨別禮物的一件毛衣。他們打算在跟大樓有段距離的地方碰面。「我不會在大樓那邊跟他見面，」馬努說，「我告訴他不要在公寓那邊逗留。我不想惹麻煩。」

馬努的室友打算在他飛機起飛前到公寓裡為他送別，但我說服他千萬別選那個地點。風險感覺太大了，他都準備了這麼多，結果一通電話就能害他前功盡棄。於是馬努與友人們改在餐廳相聚。他在埃及的最後幾天，心裡居然得擔心某個行為像中學惡霸的成年男性，這感覺實在很不堪。

馬努近來的心情感覺很反覆無常。前往守門人酒吧之前，我們已經先在開羅的另一個區碰面，然後才一起搭計程車到扎馬萊克。路上經過一處非法棚戶區，馬努突然激動起來。「真可悲，」他說，「店裡賣的每樣東西都很可悲。可悲的杯子，可悲的食物，可悲的民眾做可悲的事情。看看這些建築物——多難看啊。」那一刻，他讓我想起數落著這座城市之衰敗的里阿法特。但馬努話鋒一轉，講起他以後會多麼想念開羅鬧區。儘管跟鄰居相處不愉快，馬努的成年生活中以那間公寓為家的時間仍然比其他地方更久。

他在德國只有幾個朋友，而且他從來沒學過德語。沒有人保證他一定能得到庇護。就算他申請成功，情況也很可能很困難，畢竟發生在敘利亞與伊拉克的戰爭讓難民正如潮水般湧入德國。他說自己很擔心初到德國的日子，我則試著安撫他。我說他做的是對的，畢竟至少他在德國可以過著正常的生活，不用擔心警察或鄰居。

「所以我才沮喪，」他說，「我為什麼在這裡就不能正常生活？」

＊＊＊

來到開羅機場護照查驗處，官員拿了馬努的文件。他看著德國簽證。「欸，穆哈美德。」他喚了馬努的本名說：「你為何要去德國？」

馬努說自己要去演講，接著把NGO的邀請信遞過去。信上以德文稱呼他是「LGBT議題專家。」官員看著信。馬努確定他絕對看不懂。

「你在德國要講什麼題目？」官員終於問他。

「人權。」馬努說。

這名官員把信還給他，揮手示意他通關。

到了柏林，馬努出席了那場圓桌會議，接著準備資料，供自己尋求庇護的書面聲明所用。他拜訪一位處理同志尋求庇護者的專門律師，然後前往同志諮詢組織（Schwulenberatung）——一個為LGBT社群提供各種服務的組織。自從「阿拉伯之春」爆發以來，同志諮詢組織便為來到德國的難民成立新的專案。一位個案社工與馬努晤談，給了他一封信，證明他是難民人口中容易遭受傷害的次團體成員。

他並未前往柏林泰格爾機場（Tegel Airport）搭乘回開羅的班機，而是前往二〇〇八年停用的老機場滕珀爾霍夫（Tempelhof）。半個多世紀之前，滕珀爾霍夫是柏林封鎖*期間空運人力物資的地點，如今部分建築物則改建成難民營與難民事務處理中心。二〇一六年，也就是馬努抵達的這一年，有超過一百五十萬名外籍人士在德國申請受保護身分，其中有五十萬人以上是在同一年來到德國的。

馬努人出現在滕珀爾霍夫時，正好是人比較少的一天。跟他一樣跑流程的人只有大概四十多人。一名官員問他為何在此。柏林的律師告訴馬努必須聲明兩件事。

「我要申請庇護，」馬努說，「還有，我是同志。」他這輩子第一次以這種方式，向一名政府官員描述自己。

＊＊＊

德國政府試圖盡快把初來乍到的人分發到全國各地的難民營。馬努在系統中登記有案後，人家叫他立刻到明斯特（Münster）的難民營報到。一名官員給了他一張車程五小時的火車票。明斯特難民營位於一處希特勒時代興建的舊空軍基地。馬努在入口處得到一只寫有身分字號的黃手環，行囊則由一位在營區工作的摩洛哥移民進行檢查。馬努從開羅離開時只帶了兩件

＊ 二戰結束後，英美法蘇分區占領德國與德國首都柏林。由於蘇聯與西方盟國關係惡化，於是在一九四八年六月二十四日封鎖占領區內通往柏林的交通，切斷物資供應。英美等則以空運方式將物資運進柏林。蘇聯的封鎖於一九四九年五月十二日結束。

行李，這就是他所有的世俗財產。他把一個包包留在柏林友人那裡，摩洛哥人現在檢查的是另一個包包。這人找到一個紅酒開瓶器，非常生氣。

「這是尖銳器具！」他大吼。「跟刀子一樣銳利！你為什麼要帶這種東西？」

「只不過是用來開紅酒。」馬努說。

「你不能帶這個進來！」

開瓶器被沒收了。馬努壓力大到沒有注意到此情此景之荒謬：一個摩洛哥人代表德國政府，因為一位名叫穆哈美德的埃及人擁有一只紅酒開瓶器而衝著他吼。但馬努表面鎮定自若，出示易受傷害群體成員的證明信。因為這封信，他分配到一間個人房。當天晚上，他傳給我一張自己手腕的照片：

他們給我的手戴了一只黃手環，上面有我的編號，感覺就像希特勒在此留下的遺產。這裡不是同志營區，但他們讓我自己住一間房；營區裡還有六百名難民，但我到的時間很晚，還沒有見過其他任何人。現在我正式成為難民，感覺實在不太好。

＊＊＊

在阿爾伯特．畢瓦斯博士寄給我的照片裡，最老的一張日期寫著一九三三年六月十一日，正是他的祖父母為蜘蛛網大樓舉行動土儀式的日子。照片中，貝蒂．巴珊（Betty Bassan）與里昂．巴珊（Léon Bassan）站在一塊基石旁。里昂身穿雙排扣西裝，貝蒂則是一襲白領黑洋裝。

她拿著一把鏝刀，正要把水泥抹在石頭上。夫妻倆身邊圍了一群穿歐式衣服的人，還有一名穿罩衫的埃及男子幫忙處理水泥。

下一張照片來自樓房的落成典禮，幾個人站在一樓陽台前。八十年後，陽台內就是我的辦公室。照片中有幾個標誌，代表興建過程中出過力的公司，像是營建公司——名字是義大利文——和裝設電梯的德國公司。建築本身堪稱晚期法國裝飾藝術設計的傑作。立面以優雅的垂直線條作裝飾，陽台則融入通天塔型的設計。這些特色又跟其他風格混搭：受希臘影響的石柱、階型窗框，以及伊斯蘭建築典型的掐絲方格。

阿爾伯特和家人住在格局外推開來的一樓，亦即我們後來住的這一間。他的外祖父母就住在樓上。一九四一年，阿爾伯特生於開羅，這家人還生了四個女兒。同卵雙胞胎貝蒂（Betty）與丹妮兒（Danièle）生於一九四四年九月，與諾曼地空降同一年。照片中，還是小寶寶的漂亮雙胞胎有著波浪捲和大眼睛，正在陽台上玩耍。畫面中的細節——金屬蜘蛛網、繁複的地磚——和我們家雙胞胎在陽台上玩耍的照片裡一模一樣。

建築物的其他部分，例如薩伊德收垃圾用的逃生梯，原本是有不同的用途：

> 我猜你廚房應該也有一道後門，通往傭人的鐵梯。用這道樓梯的（只要我們沒有在樓梯上玩的話）是傭人（每兩個孩子有一個傭人照顧）、幫我媽媽做菜的廚師、負責打掃公寓和指揮其他人的管家，以及送牛奶或橄欖油的人等等。

阿爾伯特和我會互相寄電子郵件和照片，有時候我們會講電話。我們各自描述公寓的格局，比較我們兩家人怎麼使用不同的房間，談論我們前往開羅的相異道路。阿爾伯特的祖先用了幾個世紀的時間，從地中海的另一頭慢慢移居到埃及。他們是原居西班牙或葡萄牙的塞法迪猶太人（Sephardic Jews），在十五世紀末逃離異端審判。最後他們在君士坦丁堡落腳，當時這座城市相當歡迎猶太人。

到了十九世紀末，開始有些猶太家庭遷居埃及。蘇伊士運河甫開通，為這個國家創造了新的生意機會。埃及仍然是鄂圖曼帝國的領土，因此從君士坦丁堡搬到那裡相對容易。而且開羅已經有相當活絡的猶太社群——當地有些家庭已經住了幾個世紀。他們自認是埃及人；二十世紀初的埃及民族主義運動中，有些猶太裔積極人士表現非常突出。由於新移民的關係，猶太人口在一九四〇年代末成長到約八萬人之譜。

對於像阿爾伯特這樣的孩子來說，他們的身分認同是多面的。中東地區的猶太人一般都能通好幾種語言，而阿爾伯特住在二樓的外祖父又熱愛以法文寫詩——他在埃及的幾間學校教法文。外祖父母也會講拉迪諾語（Ladino，亦即猶太西班牙語）——種融合希伯來語、土耳其語、阿拉伯語與其他語言字彙的老式西班牙語。阿爾伯特的父母住在一樓，同樣能說流利的拉迪諾語，不過卻以法語為日常用語。阿爾伯特的父親是證券經紀人兼工廠老闆，在埃及出生，阿語講得跟本地人一樣好。

阿爾伯特在法律文件上的名字是易卜拉辛（Ibrahim），因為在他出生的時代，埃及政府要求就算是猶太人也得取阿拉伯名字——未來世事的細微預兆。但他孩提時的開羅通常是敞開雙臂的。阿爾伯特參加的第一個聖誕派對是個穆斯林家庭辦的，他們準備了裝飾漂亮的聖誕樹，邀請猶太人、基督徒與穆斯林友人參加。畢瓦斯一家是扎馬萊克一間私人俱樂部的會員，阿爾伯特在此學游泳，雙胞胎則上花式溜冰課。阿爾伯特就讀蜘蛛網建築物對街的法國學校（Lycée Français），是一所民營世俗學校。除了法語，學生還要學英語和標準阿語，只不過大家學的標準阿語都不多。阿爾伯特關於標準阿語課最深刻的記憶，就是老師叫孩子們安靜，這樣他才能趴在桌上好好睡覺。

孩子們在街頭學會了埃及阿語。阿爾伯特會跟商店老闆、傭人和穆罕默德——大樓的守門人、「我們的守護天使」——講阿語。穆罕默德出現在幾張照片裡，他有上埃及人的深膚色，穿白罩衫，圍頭巾。他神氣地與孩子們站在一起，牽著他們的手。

「在學校，我們有一堂法國歷史課，還有另一堂講埃及歷史的課。」阿爾伯特回憶當年。「這些課的內容彼此矛盾——我們有時候會開玩笑，說不知道自己的祖先是高盧人還是法老！」他接著說：「在開羅過逾越節也是，我們會讀猶太人在埃及如何受到奴役的故事。結果我們現在人就在埃及！但要是我們是奴隸，那怎麼會有傭人？小時候我們都拿這種事情消遣。」

* * *

這個奇妙的小小世界——尼羅河中的島嶼、混雜的語言，以及綜合了裝飾藝術、古典與伊斯蘭建築風格的房子——似乎在一九四〇年代晚期開始變得愈來愈脆弱。連小孩子都曉得有些事情不一樣了。有一回，阿爾伯特和父親進電影院看一部法國片，當時螢幕上出現了一個猶太人角色，結果劇院裡的觀眾高喊「殺掉那猶太人！殺掉那猶太人！」一九四七年十一月二十九日，聯合國通過決議文，呼籲將巴勒斯坦交給阿拉伯人與猶太人分治時，民眾群情激昂，占據了開羅市區。阿爾伯特一家人開著自家的雪鐵龍轎車出城，父親叫孩子們在位子上低下身，免得人家瞥見他們穿歐式服裝。有一年，阿爾伯特的老師在埃及歷史課第一天上課時，指示學生翻開全新的課本，把特定幾頁撕掉，因為他不想讓學生看到自己國家的任何負面之處。

阿爾伯特的父親在舒布拉區經營一間生意興隆的紡織工廠。他按照阿爾伯特的名字，把工廠命名為阿爾伯紡織（Albitex），夢想將來有一天，他唯一的兒子能繼承他的事業。阿爾伯特的父親在開羅攻讀法律，對政局也相當了解；一九五二年，針對君主制的抗議愈演愈烈，他感覺到山雨欲來的氣氛，於是在那年夏天帶著妻子與孩子前往法國。七月，也就是自由軍官發動革命時，畢瓦斯一家人已經在巴黎生活。

不久後，阿爾伯特的母親懷上了最後一個孩子，她希望回到開羅，在她認定的故鄉生下孩子。到了十二月，阿爾伯特的父親感覺情勢已穩，因為新總統穆罕默德．納吉布（Mohammed Naguib）以對猶太人友善聞名。一家人於是回到蜘蛛網大樓。但後革命時代的總統制國家戛然而止，不過一年多一點的時間，納吉布便遭到罷黜。阿爾伯特的父親知道納瑟與納吉布不同——阿以戰爭的經歷堅定了納瑟的泛阿拉伯思想。一九五六年，阿爾伯特的父親再度護送家人前往法國。這一回他們盡可能多帶一點行李。

這名父親回到開羅處分自己的工廠。那年，納瑟占領蘇伊士運河，引發戰爭，戰爭中以色列與不列顛人並肩作戰，也意味著埃及猶太人的末日到來。納瑟政府逮捕數以百計的猶太人，其他人則陷入恐慌；在三個月的時間裡，至少有一萬名猶太人逃離這個國家。第二次世界大戰後，有些前納粹官員前往埃及尋求庇護，成為納瑟政府的顧問，他們還協助埃及制定反閃法律。只要宣告任何人為「錫安主義者」——一個從未精確定義的詞彙——就能剝奪其埃及國民身分。

不久後，當局就限制猶太裔埃及人出境時只能帶一件行李。只要被人發現攜帶大量現金出國，就會遭到逮捕。

阿爾伯特年邁的祖父母獲准持單次使用的護照離境，但他們無法將蜘蛛網大樓脫手。至於在法國，阿爾伯特、他母親，以及四個手足的埃及護照都在六個月後過期，但埃及大使館駁回他們的展延。法國正式將他們劃歸為無國籍者。不到一年，他們就從祖產大樓中的富裕住戶淪落為難民。

阿爾伯特的父親人在開羅，進退維谷。政府拒絕發給他旅行的必要文件，並且將他軟禁在家。一名守衛駐守在蜘蛛網大樓外，每天早上押送阿爾伯特的父親去紡織廠。有一年多的時間，他父親等於是以囚犯的身分經營工廠，只能寫信跟家人聯絡。埃及猶太人根本不可能賣掉重要資產，畢竟買家深知自己可以等情勢對賣家更不利再出手。最後，廠裡的埃及領班以過分的低價買下了紡織廠，但這卻為阿爾伯特的父親帶來新的問題。他不能攜帶現金離開埃及，也無法兌換，或是匯款。但他有別的點子。他買了兩雙溜冰鞋，把鞋子寄給雙胞胎女兒。

＊＊＊

剛抵達柏林，馬努立刻感到一陣興奮——新的自由，新的生活。他愛這城市的模樣，愛那多雲的天空，跟蔚藍的埃及蒼穹多麼不同。他在一封電子郵件裡說：

我真喜歡那灰色的天光，讓我眼裡的事物更清晰，顏色更強烈。相較於閃耀的開羅，這裡更讓我放鬆。

可是，當冬日降臨後，他便常常受到憂鬱情緒所苦。他從來沒有在白晝如此短暫、陰暗的地方生活過。有時候，這種昏暗甚至反映在德國人的表情上：

上班日時，地鐵裡那些面孔看起來都很消沉。這真教人沮喪。「你們難過什麼？你們住在世界上最好的國家之一耶！」這實在沒道理。埃及人遭逢世界上所有的災難，但他們總是苦中作樂。要是發生什麼慘事，一小時之後他們就開始拿事情開玩笑了。

人在埃及時，警察、鄰居，甚至愛人——這麼多人的不可預測性令他精疲力竭。但眼下德國生活的無法預測又是另一回事。他不會講德語，也不了解這個體系。官僚機構似乎難以捉摸：他身為難民，人家遣他去哪，他就得去哪。他還在明斯特的難民營時，曾經有一位政府官員與他晤談，作為他申請庇護的一環。伴隨官員前來的是一位擔任阿語通譯的突尼西亞男子。

但馬努拒絕用阿語講自己的故事，也拒絕透過一個男人來講述。先前在柏林，一位在NGO工作的人告訴馬努：他有權選擇晤談時使用的語言，甚至選擇通譯的性別。到了晤談當下，馬努請突尼西亞人離開，堅持要求由有能力英德互譯的女性擔任通譯。他認為恐同心態已經深植於阿拉伯文化中，甚至深植於阿語本身。而且，他向來覺得跟女性談性向議題時比較自在。

代表德國政府的這名官員也是女性，這令他感到慶幸。晤談後，馬努寫信給我：

時間花了大概三個半小時，但我很訝異她沒有問我更多問題。有一刻，她還用英文對我說：「我相信你！」我想談更多不久前發生的事，畢竟我先前都在講舊的事件，但她說不需要再多說，因為從剛才聽到的部分，她已經下了決定。

她沒說決定的內容是什麼。我告訴馬努一定是正面的，不然她就不會用這種方式說話，但他還是很緊張。我先前寫過一封詳細的信以支持他的申請，對我所知他在開羅的生活作證言，但此時他已經返回明斯特難民營，徹夜描述晤談時沒有提到的經驗。隔天早上，他把這份補充資料遞交出去。很難說官方的決定何時宣布，畢竟整個政府都忙著處理洪水般的難民與庇護申請。

在明斯特待了十天之後，馬努經重新分發，前往另一座小城勒沃庫森（Leverkusen）的另一處營區，距離科隆不遠。勒沃庫森難民營是由一間能容納數十人的大間主寢室組成的。一名官員帶馬努看他的床位，結果馬上就爆發一場衝突。這張床原本屬於一位摩洛哥難民，此人已經從營區消失三周了。離營前，他要求一位摩洛哥友人人確保別人不會占了他的床。

馬努人一到，這名友人便開始與官員爭執，不久後雙方便開始比大聲。房間裡其他人也加入。最後馬努把這名官員拉到一旁。

「我不能待在這裡，」他說，「這樣違法。」他出示那封證明他身為易受傷害群體成員的信。官員同意讓馬努待在營區外，馬努也在科隆找到一處暫時的落腳處，睡在朋友的朋友的公寓。

因為那封信，馬努得以申請轉移到另一處據說設有同志友善設施的難民營。那座營區位於科隆外圍，是不久前為因應難民危機新建的，由九十六個貨櫃改裝成一處大型男舍區。在這九十六個貨櫃裡，有三個貨櫃拼在一起，構成專供同志難民之用的區塊。

這整個「同志貨櫃」——馬努有時候會這麼稱呼——長二十英呎。裡面有一間廚房與兩間寢室。馬努跟五名逃離戰禍的伊拉克人共用這個空間，而全部六人當中只有一人來自鄉下。但他幾乎無法與他們相處。他們從來不清裡廚房，還會偷冰箱裡馬努的食物。他們一直講話。每到周末，他們就會邀請其他德國難民營的朋友過來；經常有七、八個伊拉克人待在貨櫃裡。有一次我打電話給馬努時，他描述情況是什麼樣子。

「記得我們之前去拜勒耶納嗎？」他說：「我們會去某個接待所，裡面全是男的，然後全都在閒扯淡？這裡就像那樣，只不過都是同志。簡直就是同志拜勒耶納。」

他花很多時間在附近的麥當勞用 Wi-Fi。他從來不下廚，一來那些伊拉克人老是把廚房弄得一團糟，二來反正他也搞不懂當地的超市。馬努靠 Google 來買東西，費力查找包裝食品上的字。那年冬天，他一天會吃三次三明治。

唯一一種他能安心放在公用冰箱的食物是豬肉。伊拉克人拒絕碰豬肉——「不潔。」他們說。他們不上清真寺，還會喝酒，但他們這麼做的時候卻懷抱著很大的罪惡感。他們每一個人都是以同性戀的身分申請庇護，但他們仍然認為身為同志是不潔的。有一回，馬努在試著入睡時無意間聽到一段對話。

「我們總有一天得停止這麼做，」其中一名伊拉克人說，「我們現在還能享受，但有一天得停止。」

另外一個人表示同意——「受到男人吸引」是可以避免的情況。他們談到結婚，以及多麼希望將來哪一天以同性戀身分得到庇護之後，能夠找個新娘。

「至少我們還是穆斯林，萬贊歸主！」有人說。「我們能分辨對錯。我們可以改變我們自己。但德國人卻過著不知對錯的生活。」

馬努躺在自己的狹窄床位上一聲不響，後來也未曾讓人知道自己聽到那段討論。「我能怎麼說？」他後來回憶道：「參與這種對話感覺很不聰明。」

他想過在科隆給自己找間公寓，但便宜的房子供不應求。他把繼承來的塞德港公寓賣了，得到一些錢，但埃及貨幣之疲軟意味著這筆錢也值不了多少。

有一天，一名黎巴嫩難民在這個貨櫃難民營的入口處威脅馬努。馬努和室友向來不太跟營區裡的其他人交流，畢竟他們擔心要是人家發現他們是同志，不知會發生什麼事。他們的貨櫃居住區雖然沒有標示什麼，但其他居民想必已經猜出這六個人為何不與人來往。

「你這個死娘炮！」黎巴嫩人對馬努說。「不准你再看我！我看到你在看我！你再看我我就殺了你。」他不停大吼：「幹你媽埃及國旗！幹你媽埃及人！」馬努覺得這很詭異：他所逃離的那個國家的國旗遭到侮辱的話，他該感到受傷嗎？終於有個警衛來勸那黎巴嫩人不要去煩馬努。但只要在營區裡看到，他都會瞪著馬努。

馬努曉得該是時候閃人了。如今，他對德國行政部門的了解，已經足以讓體制為他所用。他在某個NGO的協助下向警方提出報告，證明在營區遭到恐同襲擊。接著他前往科隆各地尋找住房。他已經上了幾個月由政府出資的德語課程，德語已經堪用。他找到一間獨立套房，談成每個月不到七百歐元的租金。他向政府申請租屋補助，而且申請時還附上在營區攻擊事件的文件——上面描述他是出於情勢危急所以要遷移。文件幾乎是立刻獲准，政府同意補助馬努房租，直到他找到工作為止。

套房所在的大樓位於科隆郊區，包圍在林地與公園當中。套房本身位於十六樓，是個小套房，但有個很大的陽台。從陽台望出去，馬努能看到知名的科隆大教堂尖頂，市區密集的建築物，以及長長的萊茵河。搬進去的那天，是那個漫長冬季裡他最開心的一天。

＊＊＊

一九四〇年代末，埃及仍然是將近八萬名猶太人的家，其中許多人事業有成，而且受過良好教育。他們多半得拋下大部分的財產，甚至是全部。阿爾伯特．畢瓦斯許許多多的埃及親戚四散各地，不過還是以前往以色列或法國為大宗。阿爾伯特和母親與四名姊妹住在巴黎附近的旅館裡。

他們正是住在這間旅館時收到了溜冰鞋包裹，裡面還附了一封信。阿爾伯特的父母在分隔兩地前先想了一套暗語，因為他們知道從開羅寄出去的信都會遭到檢查。他母親看出信中字裡行間隱藏的訊息：別動那些溜冰鞋。

阿爾伯特的父親跟家人分別十五個月之後，才終於想到暗中弄到出國簽證的方法。有個朋友幫他買了機票，他則在沒有驚動守衛的情況下溜出了蜘蛛網大樓。他甚至連個手提箱都沒帶。到了法國與家人欣喜團聚之後，他做的頭幾件事之一，就是把溜冰鞋的輪子拆了。原本該是軸承的地方，放了顆鑽石。

他在開羅買了那顆鑽石，用的正是賣掉工廠所得到的錢。當時無論什麼都所費不貲，那顆鑽石的價值也根本比不上他的事業，但畢竟聊勝於無。阿爾伯特的父親賣了鑽石，把大部分的所得給了原本是紡織公司股東的兄弟。他在法國花了很長的時間找工作，一家人過了幾年貧窮的生活。但他最終在史特拉斯堡找到一份不錯的銀行工作，靠著辛勤的工作開創新的事業。

這家人時常聊起原本在開羅的生活，但只是懷懷舊。他們不可能回埃及了。阿爾伯特的父母再也沒有賺回在埃及時所享受的財富，但他們似乎不難過。「我猜我爸媽有個底線，」阿爾伯特說，「我們從來不會越過那條底線，去想原本能夠擁有什麼。」這種態度無疑受到先前的歷史所影響。雙胞胎之一的貝蒂・凱恩（Betty Kane）在電子郵件上對我說：「比起當年生活在歐洲卻遭到殺害的上百萬猶太人（包括我們的家庭成員）來說，我們已經很好了。」

事實證明，他們雖然沒辦法把家裡的財富帶出開羅，但這家人重視教育的傳統卻可以帶著走。五個孩子在學校全都名列前茅，也都就讀法國大學。兩個雙胞胎都讀法律，另一個妹妹攻讀政治學與新聞學，么妹則成為醫生。阿爾伯特獲得物理學博士學位，以研究物理學家的身分享受著悠久的職業生涯。我認識他的時候，他已經從研究生涯退休，兼職當高中法語和物理老師，因為他喜歡這兩門科目。他再也沒有回到埃及。

那間紡織廠還在，只是現在遷廠到沙達特市，公司名稱也不叫阿爾伯特紡織。那位買下紡織廠的前領班把公司交給自己的兒子，這正是阿爾伯特的父親原本打算做的事。

二〇一六年，埃及猶太社群的精神領袖宣布只有六名猶太人還留在那個國家，六人全是六十五歲以上的女性。

* * *

馬努在二〇一七年初春獲得庇護。後來我和一些他曾經諮詢過的德國人談話時，他們說馬努的情況出奇有利。柏林的律師迪爾克．齊格菲（Dirk Siegfried）自一九八八年德國接受同性戀傾向為庇護合法理由開始，便一直與同志難民合作。齊格菲獲得一筆經費，協助馬努申請庇護，並陪同他接受面談。但齊格菲與馬努見了面，聽過他講話之後，他便建議馬努自己處理申請工作。他們可以把經費省下來，讓其他需要幫助的同志難民使用。

「我很少對任何人建議不找律師就開始申請。」齊格菲對我說。但在特定個案中，他相信只要當事人有能力為自己發聲，那麼讓當事人獨自完成反而會更有力。「身為尋求庇護的人，你多少會感到無助，但其實還有很多事情是你可以影響的。」他說。而口條相當重要——這正是馬努與眾不同之處。「他有能力講自己的經歷，」齊格菲說，「他很有自覺。」

菲利克斯．科隆（Felix Coeln）是一名住院醫生，與名叫「彩虹難民」（Rainbow Refugees）的支持團體合作。他說，來自中東的患者通常都因為戰禍和對同志的極端偏見而嚴重受創。「馬努也受到創傷，」他說，「但他能設法把該做的事情完成。」科隆說，馬努其實在他還沒想出某些問題該怎麼做之前，就已經想出解決方法了——例如遷出勒沃庫森難民營一事。「他一直有個目標，」他說，「能夠成功安頓自己、處理自己事情的那些難民，通常也比較少心理問題。」但科隆表示這很罕見。他提到一名伊拉克患者曾在難民營兩度遭受恐同攻擊，下手的是其他阿拉伯人。這名患者曾經三度試圖自己搬出去住，但每一次他都會回到難民營，因為他在外界非常無助。「他好比是失去溫度的火苗，」科隆說，「再也沒有生命力了。他在這裡已經三年，而他幾乎不會說德語。」

馬努在新的住處安頓下來之後，他避免跟其他阿拉伯人社交。科隆有個經常聚會的阿拉伯同志團體，但馬努去過一次就再也不去了。有時候，他會開玩笑說自己打算加入德國另類選擇黨（Alternative für Deutschland）——強烈反移民的德國極右派團體。「只要身邊有阿拉伯人，我就渾身不自在，」馬努說，「這算是種創傷。」他覺得自己需要一段時間的分隔，希望未來自己的情緒能漸漸穩定。

但他很擔心那些初到德國的人會發生什麼事情。他還記得那天晚上在貨櫃屋裡，無意聽到伊拉克人說將來要怎麼不作同志的事。「那段對話多可怕，」他說，「我只希望在德國的這些年能改變這種行為。」

他真的很想知道，這個國家怎麼會對這麼多如此不同的人——包括他自己——敞開大門？與難民合作的德國人經常把這件事情說得像民族責任——有時候，這幾乎像某種形式的贖罪。逼得難民逃出伊拉克的那場戰爭當然不是他們開始的，而他們對「阿拉伯之春」的混亂局面也沒有特別的責任。但德國過去對其他的戰爭與罪行確有責任，或許德國人對此的記憶也比美國人持續得更長久。連年輕人也如此。剛從大學畢業的馬琳·法勒（Marlen Vahle）與ＮＧＯ「科隆難民顧問」（Kölner Flüchtlingsrat）合作，為難民提供服務。她曾協助馬努處理部分的申請工作。有一次，我問法勒認為德國為什麼要承擔這項重任。

「因為歷史。」她說。她表示，過去的各個時代曾經發生許多恐怖的事件，迫使人們離鄉背井，有時卻無人伸出援手。「我們的歷史上出了希勒特，還有對猶太人民的迫害，」她說，「你總是可以把情況拿來比較，當時是猶太人，現在則是伊斯蘭民眾。」

* * *

關於那棟樓，有個問題是阿爾伯特．畢瓦斯也無法解答的。當我問起那些蜘蛛網時，他聯絡了自己的姊妹和其他親戚，但無人曉得這個圖案的重要性。藝術史家告訴我，那些蜘蛛網呈現的夾角型態是經典的裝飾藝術風格，但蜘蛛網並非某種標準的符號。這種特別蜘蛛網的真正意涵，隨著興建大樓的那一代人而消失了。

阿爾伯特的祖父里昂．巴珊曾經在一九五九年短暫回到開羅。他獲准賣掉蜘蛛網大樓。同年五月，他在準備最後一次離開埃及時，以這個他打造的地方為題，用法文寫了一首告別詩：

再會了，我的老房子，我孩子溫暖的巢。
看著他們的搖籃，我可憐的心都碎了。
我顫抖著將他們孩提時的照片帶走，
心裡一直憶起他們的嬉戲
再會了，裝飾我起居室的美麗柱廊
再會了，我的黃金之夢。

超過半世紀時間，阿爾伯特都不知道那棟樓賣給了誰，或是以多少的價格售出。但在其他細節上，他的記憶和孩提時一樣清楚。他記得那位燙衣服的鄰人，也記得那人在口中含水，一面使著滾燙的熨斗，一面對衣服噴水的樣子。他記得在扎馬萊克看露天電影，也記得特寫鏡頭中的蜥蜴近距離爬過童星的臉時，孩子們發出的激動尖叫聲。他記得家裡那輛雪鐵龍有十一匹馬力，也記得乘這輛車去過好幾座金字塔。他記得有個當地孩子會跟遊客討一枚硬幣，接著他會赤腳爬上大金字塔，在石塊間跳來跳去，沿著某條祕密路徑爬上傾頹的結構，最後以凱旋的姿態在塔頂揮手。

阿爾伯特偶爾還會夢到埃及博物館。「我很愛那個地方，」他說，「後來我得到一本關於埃及博物館的書，時間是在我們離開埃及之後。我去羅浮宮的時候感覺很失望。我去倫敦的大英博物館，期待能看到一樣的東西。但看到真品擺在正確的地方——那才特別——在我的記憶中留下了非常重要的印記。」

他的雙胞胎姊妹住在美國東岸的不同城市，照片中的女子仍然難以分別誰是誰。種種巧合讓我們驚訝不已——黑白照片中小女孩的姿勢與愛麗兒和娜塔莎照片中樣子。在那間格局外推的公寓裡，阿爾伯特的父母假如有事情不想讓孩子知道，便用拉迪諾語說，就像萊絲莉和我私下用中文交談一樣。阿爾伯特的妻子名叫娜塔莉（Natalie），但人人都喚她娜塔莎；兩人的獨生女叫愛麗兒（Arielle）。這賠率有多高？但或許這就是蜘蛛網的意義。蜘蛛網把一切連了起來：一次次的革命與一個個的難民，不合時宜的事件和出人意料的語言。蜘蛛網包裹著這棟樓，這座島，綿延整條大河，甚至及於更遠之處。蜘蛛網起於人稱「世界之母」（*um al-dunija*）的這個地方，遍布各地。

Chapter 27

我告訴薩伊德我們要搬回美國時，他一下子變得非常安靜。接著他說：「我很『*z'alen*』。」口吻很輕。「*z'alen*」這個字通常會翻譯成「生氣」，但意思的範圍也包括「難受」。他問我們為什麼得走，我說我的工作結束了。但這其實並不精確。原本就沒有人要求我來埃及，也沒有人要求我離開。我離開之後，《紐約客》也不會派別人來接替我。

跟薩伊德講真話太難：我離開這個國家，是因為我對於待在一個生活如此困難的地方能待多久，還是有限度的。我擔心工作的風險，而這幾年我不斷操煩假如有人——我太太，我小孩——需要緊急醫療照顧的話該怎麼辦，為此心煩意亂。如果要我實話實說，最簡單的答案就是說我「累了」。阿語中的「*t'aben*」意思是「累了」，但也是「病了」，從醫生診斷的疾病到全面的耗竭狀態，都囊括在這個字裡面。有些描述感受的阿語詞彙，似乎不像英語說得那麼明確。或許就是這種模稜兩可，讓字詞更好用——模糊的情緒搭配模糊的意義。離開某個生活了五年的地方絕非易事，而在埃及的這五年更是漫長得不尋常。

最後這六個月，終於有些朋友來埃及拜訪我們。生活中經歷一場革命自有其孤獨處——親友都傾向離得遠遠的。直到最後才有一連串客人來到開羅，萊絲莉和我會陪他們每一個人去埃及博物館與金字塔。

長居埃及的外國人有時會提到他們對於帶人去金字塔有多厭煩：環狀公路上忙亂的行車，吉薩高地的熾熱與沙塵，成群結隊的紀念品小販。但是，來拜訪我們的人不多，所以能拿這些景點獻寶還是挺興奮的。我帶客人去過金字塔和博物館五、六回，也去過盧克索。我開車載兩位來訪的友人去阿瑪納，花了一整天走訪那座傾頹的城市與棄置的陵墓。如今我才意識到，這些古代遺址多麼能幫助我在革命期間保持內心的一點平靜。它們讓我對過去與現在，對時間的流動有一種不同的關照：「*neheh*」的「循環」，「*djet*」的「永恆」。我在埃及的這幾年說起來很久，卻又短暫已極；時間是可以同時具備兩種特性的。從解放運動到其餘波，期間所有的緊張情勢都已經開始褪色。有一天，這種緊張將會跟沙子底下的城市和陵墓一樣遙遠。

* * *

二〇一六年三月，我父母第一次來埃及。我們去了盧克索和開羅，金字塔和博物館，有一晚還到薩伊德與瓦希芭家裡吃晚餐。吃飯前，薩伊德和兒子們帶我們走路穿越非法棚戶區，經過各式各樣的回收設施。瓦希芭和她母親則準備了豐盛的烤雞、牛肉、馬鈴薯和葡萄葉飯捲。這一頓飯是我父母此行的亮點；他們對於自己居然能走進這個雜亂無章的街區，卻發現置身於一間整潔的房子，孩子如此有教養而驚訝無比。齊祖與尤素夫把自己的教科書拿給我們看，對我們之前去的地點好奇地問著問題。薩伊德一家沒人去過金字塔或博物館，明明他們的住處距離這兩個地點還不到五英哩。

我父母來訪之後，我告訴薩伊德，說想帶他們家去埃及博物館。一開始他婉拒了。「我不覺得人家准我們進去。」他說。

我說他們當然可以進館，就跟每一個埃及人和外國人一樣，我還提議開車來接他們。幾天後他告訴我，他和孩子可以去，但瓦希芭不能。「他說她是圍尼卡布的女性，不能進博物館，」他說，「而且她擔心要是有人看到一個圍尼卡布的人跟一個美國人一起出現，會認為她是穆斯林兄弟會的。」

就算想反對這種陰謀論，你也沒有施力點；基本上所有埃及人如今都認為是美國人讓兄弟會壯大，在後面撐腰。但我跟薩伊德保證，圍尼卡布的女性可以進博物館，我還明確表示我會帶著自己的埃及記者證，作為證明政府同意我出現在這個國家的方式。這似乎讓他放鬆了點，於是某個周五早上，我便開車到利瓦區接他們。

那一帶在後解放年間迅速變化不止。第一條非法的匝道蓋好之後，其他人也依樣畫葫蘆，如今我在一段五英哩的環狀公路沿線，就數到八個不同的出口。有幾個匝道是以夯土方式急就章做成的，但其他的都用水泥蓋得結結實實。此外，利瓦區的住宅工程依舊蓬勃進行。薩伊德與瓦希芭許多鄰居一樣，在自家房子上增建樓層。將來，那層樓將在齊祖婚後成為他的公寓，之後他們還會幫尤素夫加蓋一層。他們按照錢進來的情況慢慢進行，同時在蓋了一半的屋頂養雞。

他們一家人全都為了這趟博物館之旅特別打扮。齊祖和尤素夫圍著跟襯衫般配的新圍巾，瓦希芭則穿了一件頗有分量的連身洋裝，上面以珠子拼成的鮮豔花紋做裝飾。我開車跨過十月六日大橋，抵達解放廣場下方新建的公共停車場入口。停車場幾乎沒有車，我把車停在靠近一位穿藍色連身褲的服務員附近。瓦希芭從車子裡喊他：「在這裡可以圍尼卡布嗎？」

服務員似乎對這個問題感到意外，但他說沒問題。我們搭電梯上到廣場。等到我們靠近博物館前門，警察、觀光巴士都擠在這個地方，瓦希芭和薩伊德變得躊躇，動作緩慢。他們怔在入口的金屬探測門前，這個複雜的裝置讓他們摸不著頭緒。我教薩伊德怎麼走過去，齊祖則告訴他媽媽怎麼把皮包放在輸送帶上。我告訴他們在博物館大廳等我，我去買票。他們焦慮地看著四周。

「哪都別去，」我說，「要是有人說要當你們的導遊，就說你們已經有了。我五分鐘就回來。」

排隊買票的人不多。但我還沒到售票窗口前，一轉頭就看到薩伊德被一名魁武的男子帶到一邊。瓦希芭和孩子則跟在後頭。我跑向他們，拍拍那男子的肩膀。

「謝謝你，但他們是跟我一起的。」我說：「他們今天不需要導遊。」

「我不是導遊。」那男子說。他稍微把外套拉開，亮出臀部位置的東西：配槍。我心一沉。

「警察。」他說。他牢牢抓著薩伊德的手臂。「我有些問題得問他。」

* * *

我最後一次前往阿拜多斯，當作離開前的部分準備工作。約瑟夫・維格納和他的團隊依舊在辛沃斯瑞特三世的陵墓作業，他們已經清理到將近三年前我爬過去的那個地方了。電燈和風扇的線也跟著拉長，現在我們可以直著身子走過這條漫長、彎曲的隧道。維格納指出牆上某些地方寫著紅色的象形文字：「*nefr*」。

「意思是『好』。」他說。據他說，古代的監工會檢查工程品質，留下象形文字。隧道中途則有以燭火燙出的字，寫在天花板上。寫的人是查爾斯．嘉瑞利，也就是倫敦的埃及考察基金會（Egypt Exploration Fund）派來的那位加拿大考古學家。一個多世紀之後，字跡依舊清晰：

C. T. CURRELLY

1902

E. E. F.

我第一次造訪時，維格納原本認為我爬去的那個地方很可能是墓室。等到這麼多碎石清出來之後，如今這條通道似乎繼續往基岩深處延伸。但這也很難說，畢竟羅馬時代的盜墓者鑿了許許多多的側道與探坑。「很可能花了一年又一年的時間，」維格納說的是盜墓，「我還挺想看看那是什麼樣的場面。肯定需要幾十個工人。他們只有油燈，沒有通風設施。我無法想像是什麼感覺——今天有電燈跟風扇都已經夠糟了。」

溫度很高，我們都在滴汗。在山體的深處，此情此景看起來有點瘋狂。盜墓者在某些地方挖進基岩十或二十英呎，留下成堆的塵土和巨大的碎石塊。他們究竟在尋找什麼？這場古代探勘又是如何結束？「我猜他們被碎石埋在底下。」維格納說。

他的團隊在隧道中途發現一具破碎的石棺。盜墓者似乎是把石棺拉出來到一半，之後放棄。維格納認為墓中不太可能有人類遺體。如今整個隊伍已經深入山中六百英呎，他不確定自己還會想追尋這些盜墓者追多遠。「我想再一兩年吧！」他說。但他幾年前也說過一樣的話。

* * *

出來到「陪葬」這邊，艾哈邁德依舊掌管發掘小屋。他不久前開創副業，在前往拜勒耶納的道路上開了間家具店。從打造假ＡＰＣ到製作家具，再到跟批發商批貨，這是他木工興趣之集大成。艾哈邁德說生意不錯，因為在「阿拉伯之春」沒人管的時候，許多當地人非法興建房屋，現在需要家具來布置新家。

有一晚，我沿路開車去找尤素夫道別——就是輸掉去年國會選舉的那位候選人。他在拜勒耶納市區的家門口跟我打招呼，穿著他那正字標記的白罩衫。我們在他家吃晚餐，尤素夫態度依然堅決，表示不會再度競選公職。他也叫自己的九個孩子照做。

「我告訴他們『不准』（*mamnoub*），」他說，「他們可以當醫生，當律師，當藥劑師，就是不准從政。在這裡從政不是好事。人們憑部族出身評斷彼此——這不是真正的政治。政治應該以個人為出發點。」

他報名了開羅大學的法律課。年輕時，他沒能上大學，但現在他想提升自己的教育水準。他讓我看看自己辦公室裡一大堆的課本；下個月他要開車去開羅參加考試。他不確定自己要如何運用這個法律學位，但他希望能用在某些公共服務上。

我問起那兩個成為當地國會代表的阿布・凱爾堂表親，尤素夫邊笑邊搖頭。馬哈茂德——曾經加入薩拉菲政黨的大鬍子伊斯蘭主義者，現在辦造勢支持塞西。新國會甚至比穆巴拉克年代的國會更沒有制衡力。

里法阿特・穆罕默德・艾哈邁德——從納瑟時代便在國會大廈工作的擦鞋老人，至今還在那邊。四年前，我曾聽他一邊批評上一屆國會，一邊準備幫兄弟會領導人之一——索比意・薩勒赫擦鞋子。如今薩勒赫身陷囹圄，里法阿特則像個幹練的歷史學家，回憶著又一屆遭到解散的國會。「兄弟會的經驗非常沉重而苦澀。」當《埃及今日》報社問他有什麼高見時，他是這麼說的。「他們懷疑身邊的每一個人，因為他們才剛出獄。」儘管如此，他對一些自己曾替他們擦過鞋子的人還是不出惡言。「薩阿德・卡塔特尼和索比意・薩勒赫令人尊敬，」里法阿特說，「我看得出他們是因為別人的過錯而受罪。」

* * *

在埃及博物館，便衣警察在入口旁邊審問薩伊德。我和瓦希芭與孩子們在旁邊等待。我覺得很恐怖，不過瓦希芭跟薩伊德看起來都不感意外。畢竟每個埃及人都能看出他們來自一個鮮少參觀博物館的社會階級。

最後，那名警察示意要我過去。我出示我的護照與埃及記者證。「他們是我的朋友，只是要進博物館，跟大家一樣。」我說：「我正要幫他們買票。沒什麼好擔心。」

但警官揮手要我把證件拿開。「他是做衛生的（*nadafa*），」他指著薩伊德說，「為這座城市服務的，應該讓他免費入館！」

我說不出話。這下子我才第一次好好看著這位警官的臉——他那公式化的髭鬚下有著親切的微笑。就算是警察國家，也一定會有好警察。他帶著薩伊德和他的家人走進博物館大門，警衛讓他們家五個人全部免費入館。警官大聲對薩伊德說：「感謝你的付出！」

＊＊＊

這家人會從博物館得到什麼收穫，對此我完全沒有想法。幾年下來，這裡成為我在城裡最喜歡的地點之一，說不定來過四、五十次了。我的記者證讓我可以免費進館，而且要是我到解放廣場附近訪問，或是與人有約，我也常常順道進館待個半小時。

博物館的展品在阿爾伯特·畢瓦斯這類曾經的埃及居民記憶中依舊生動浮現，這並不教人意外。這座博物館在一九〇二年開幕，看起來就像一座占地廣大的宮殿，有著大面的窗戶與天窗。保護措施之鬆散令人吃驚。多數的雕像都沒有東西隔著，警衛人數也很少，遊客有時候會直接碰觸文物。我曾經跟一位住在中國的朋友一起參觀，他表示你絕不會在北京或上海看到這種展覽，因為除非以物理手段防止民眾用手碰每一樣東西，不然他們一定會動手。

在埃及博物館，一些更為重要的文物會存放手工木箱裡，而這些箱子本身已經古老到堪稱文物了；甚至連無價的圖坦卡門陪葬品，也有不少是擺在玻璃櫃裡，用一家名叫「三環」的中國公司生產的迷你老式掛鎖鎖著。我上網查了三環的鎖——一個才美金兩塊錢。我完全不知道這些鎖原本為了鎖什麼而設計的，但絕對不是四千年歷史的寶藏；連娜塔莎的腳踏車，我都不會用這種東西來鎖。館內許多文物都沒有說明標籤。就算有，也常常等於沒有：

一套護身符，學者尚不明瞭其寓意。

但這一切還是對氣氛有所貢獻。這座老建築物傳達出一種「閣樓塞滿東西」的奇妙感受，而且完全不會讓人感覺到殖民罪惡感，以及世界各地大博物館裡常見的那種強迫症行為模式。你不可能在展覽文字中迷失，因為幾乎沒有展覽文字存在；也沒有人覺得非得以井然有序的方式靠近這個地方，因為這裡沒有秩序。我很少買導覽手冊。平常我就是穿過幾間房間，任我的思緒徜徉。

政府正興建新的博物館，用來存放最重要的文物，館址坐落在金字塔外不遠處，預計將花費十億美元經費。此舉或許是種進步；在適當的照明下觀看文物感覺想必不錯。但我很開心能在古老而古怪的博物館什麼都裝的年代生活在開羅，感覺就像我出門時常常經過的社區公園。

我擔心薩伊德一家人會不會覺得壓力太大或是很無聊。長子齊祖就讀於以耶路撒冷為名的非法棚戶區學校，即將念完小學四年級，我向來對於該區的教育品質感到好奇。但齊祖書讀得很好，而且常常向他們人滿為患的班級的導師阿里先生請教。瓦希芭付錢請阿里先生晚上來給兒子當家教。

博物館的阿瑪納間有一尊吸睛的雕像，是以有如孕婦肚子的模樣來呈現阿肯那頓。這是尊神奇的人像——學界認為其年代應該屬於這位國王試圖調和男女二元性的階段。後來他似乎藉由提高娜芙蒂蒂地位的方式達到目標，這尊雕像罕見的描摹方式也遭到放棄，和同一時期的許多文物一樣。考古學家是在阿肯那頓本人位於卡納克的神廟廢墟下找到這尊雕像的，國王等於是把這個版本的自己給埋了。

齊祖一下子就認出這尊雕像。「阿肯那頓開啟了一場宗教革命，」他說，「他是最早信仰一神的人。而且他崇拜的是太陽。」到了吉薩金字塔出土文物展示櫃前，這男孩提到有專家認為古埃及人在地面上倒油，讓龐大的石塊容易滑動。等到我們看到辛沃斯瑞特三世之名，我問齊祖有沒有聽過這個國王。「他開鑿了紅海與尼羅河之間的運河，」男孩說，「他是中王國時期的國王。」

「你從哪裡學到這些的？」我問。

「跟阿里先生學的。」

我心想，真主保佑阿里先生。

我帶他們進二樓放王族木乃伊的房間。進去要另外買票，門口還站了個女保全，薩伊德和瓦希芭為此一陣緊張。

「我圍尼卡布，可以進去嗎？」瓦希芭問保全。

「當然可以！」女子說。「只要有票，當然可以。」

「我原本不曉得能不能。」瓦希芭說。

「你看起來非常『*chic*』。」保全口氣很親切，用了埃及阿語裡常見的法文字，是優雅別緻的意思。「洋裝很漂亮，不是那種超大件的黑衣服。我們不喜歡婦女穿那種衣服，畢竟裡面可能藏了什麼。」

瓦希芭向她道謝，面紗後的雙眼閃著笑意。薩伊德站在房間入口附近，一副「原來如此」的表情。

「我聞得出來。」他說。

他指指展示櫃中成排的木乃伊。我說，我認為過了幾千年，不會有味道了，但他搖搖頭。

「聞起來很糟。」他說。我原本以為處理垃圾會讓一個人嗅覺麻木，但似乎正好相反——我還沒見過有誰鼻子比他更靈。有時候薩伊德會敲我們家的門，跟我說我們那天晚上煮了什麼當晚餐，因為香氣還在外面的金屬逃生梯上久久不散。

他一面細看木乃伊，一面掩住鼻子。他依序經過一個個的神王：圖特摩斯二世、阿蒙霍特二世、塞提一世、拉美西斯大帝。曾幾何時，人們都會用一系列王家頭銜稱呼這每一位法老：荷魯斯、金色荷魯斯、屬於兩女神的他、屬於莎草與蜜蜂的他。「見識我偉業，汝之強大，亦要折服！」如今他們的臉龐黑而萎縮，黃牙從開開的嘴中突出，彷彿正承受痛苦。他們躺在骯髒的玻璃底下，屍體的味道讓垃圾工人感到不悅。這間屋子裡的標籤跟博物館其他地方不同，值得一讀：

今人已知這具木乃伊屬於十八王朝的偉大女法老哈特謝普蘇特，是一具過度肥胖、牙齒健康不佳的女性木乃伊，死亡年齡介於四十五歲至六十歲之間。

拉美西斯大帝統治埃及約六十七年。他晚年為許多健康問題所苦：他有多處齒齦膿腫、髖關節嚴重發炎，以及動脈硬化。他絲亮的白髮可能是因為防腐化學物質而變黃。

* * *

其他造訪博物館的遊客大多是中國人。這一點放在盧克索的許多遺跡也同樣成立；二〇一四年至二〇一六年，前往埃及的中國觀光客人數成長了三倍。中國人來自一個遍地古蹟，四處人滿為患的國度，一眼就能看穿便宜貨。每當我前往盧克索的西岸，心裡都想著——中國人谷。

此時，許多我見過的中國女性內衣商人正準備離開這個國家。敏亞的那些人已經回去浙江，一些在開羅做生意的人也是，琪琪與約翰也決定離開。琪琪的父母仍然經營那間在艾斯尤特的回收廠，但他們覺得沒有必要繼續經營女性內衣零售，畢竟埃及貨幣面臨極大的壓力，利潤正在下跌，匯兌也愈來愈困難。我在開羅已經不再使用提款機或信用卡了。我從一個專戶提領美金現鈔，跟作地下匯兌的人換錢，他們付的錢是公定匯率的兩倍。將近二〇一六年底，政府終於放棄支撐貨幣，埃及鎊於是貶值。我們剛搬來埃及時，美元對埃及鎊匯率還不到一比六，如今已經超過一比十八。

一切都有助於觀光業降價，北京話也成為我在博物館內聽見的大宗語言。中國旅行團無一不是由具備民族語言天分的埃及導遊來帶團的。在我去過的國家裡，固定交由中文流利的當地人帶中國團的國家就只有埃及。許多埃及導遊此前從來沒有去過中國。

這個場面讓薩伊德一家人看得出神，他們緊跟著其中一團人，純粹是為了聽埃及人講那種奇特的語言。接著等到我們走出阿瑪納間，瓦希芭問我，「那些中國人可以那樣做嗎？」

展廳另一端，有五、六個中國人在知名的大腹便便阿肯那頓像前圍成環形。他們手牽著手，環形兩端的人則伸手碰觸那尊紅色石英雕像，彷彿這位法老是失落的環節。這幾個中國人挺年輕，似乎是中上階層的城裡人。

我走近他們，其中一人介紹自己是一行人的導師。他們到這裡是為了某種靈性的原因；這位導師在西安一所道教學校教書。他不曉得阿肯那頓是何許人也，對埃及史也一無所知，畢竟館內沒有任何中文標籤。「這尊雕像給我一種不同的感覺，所以我們想跟它接近。」他解釋道，「我們只是想貼近這些東西。」

我告訴他不能碰這些雕像，但稍後我又看到一樓有一群人對哈特謝普蘇特作一模一樣的事。這種儀式彷彿跟中國傳統的「氣」——認為能量會流經所有生命的觀念有模糊的關聯。但神祕玄妙的新世紀（New Age）概念在中國雅痞間人氣也愈來愈高。一切似乎無法避免：現在輪到中國人來埃及，參觀阿肯那頓等人的雕像，看自己想看的一切。兩年後的二〇一八年秋天，中國資金贊助的考古學家在歷史上首度在埃及進行發掘工作。

我跟薩伊德一家人出博物館時，順道在禮品店裡停了一下。孩子們很愛那些展品，我想找點什麼送他們，但店裡只有一本童書。書名叫《這就是埃及：七千年文明》（*Here Is Egypt: 7000 Years of Civilization*）。有好幾種不同語言的版本：英語、法語、德語、西班牙語、義大利語——就是沒有阿語。

* * *

人在科隆的馬努有本記德語詞彙的筆記本：

我想（禮貌的說法） Ich möchte

我很想 Ich möchte gerne

思念某人 Ich vermisse

他在自己公寓的牆上貼著德文字句：

求學時代，學生會找實習。

多數學生一畢業就開始應徵工作。

同時

事後

事前

我在二〇一八年夏天拜訪他，此時他已經在這間屋子住了一年多了。德國有一套語言檢定制度，新住民必須通過才能就業，而馬努已經通過第一級的測驗，在滿分一百六十六分中得到一百六十五分。如今有另一段課程是一天得上四小時，幫助他準備下一級的考試。

政黨 Partei

投票程序 Wahl Programme

私人／祕密 Geheime

獨裁政權 Die Diktatur

獨裁者 Die Dictator

住進這間公寓之後，他人已經比之前開心許多，但有些日子他會非常想念埃及。「我想念『熟識一切』的感覺，」他說，「認識那個地方。對一個地方有把握。我在這裡沒有那種感覺。

我很猶豫、沒把握。」這種感受之深令他驚訝——無論「身為埃及人」意味著什麼，都遠遠超越邏輯或理性的範疇。那樣的連結向來是埃及最強大的力量，也是埃及的弱點，畢竟人們很難改變某種感覺如此基礎的東西。即便如今馬努已經逃出了自己的祖國，他還是能感受到牽扯。「你會忘記壞事，記得好事，」他說，「你會想念開羅。」

但多數時候他在自己的新家還是挺開心的。他的外貌改變在小細節、微妙處，但加總起來就有重要的意義。他戴上大圈耳環，身材極為精實，他強迫自己上健身房。他的舉止也有些改變。他說一位開羅同志友人不久前來訪時表示，「馬努，你看起來 gay 多了！」當我們在二〇一一年初識時，我還對他小心翼翼的程度感到驚訝。如今那種警惕不見了——彷彿內在有什麼放鬆下來了。

他說，儘管思鄉病一陣陣侵襲，但能來到德國他還是非常興奮。有一晚，我們在科隆市區轉轉，他指著幾個正在等行人紅燈的德國人，明明路上沒有任何車子。「這我超愛，」他說，「埃及總有許多事情讓我抓狂，其中之一就是沒有秩序。我向來期待秩序。但擁有的都是混亂。在這裡，你過馬路都不用看車，看號誌就好。」

身為得到庇護的人，他仍然有資格能從政府那得到相當的奧援。他的公寓有補助，德文課也不用錢，每個月還能得到四百歐元作為生活費。但她不久前應徵到柏林一處就業中心工作，十月就要開始受訓。阿語和德語他都會用到，因為就業中心會處理許多難民。「我想做點貢獻，」他說，「這真的是我第一次考慮未來。」

一旦他開始工作，補助就會減少，他家牆上之所以貼某些句子也就說得通了：「多數學生一畢業就開始應徵工作」。馬努說課堂教材都會灌輸如何找工作，如何在面試進退應對，以及如何適應工作等觀念。

「所有課文背後都有隱藏的訊息，」他說，「我喜歡這種學習方式。」他給我看自己的公發教科書。其中一段課文附了一張有兩個男人微笑的照片：

> 凱斯特納（Kästner）先生參加運動俱樂部已經三年。不久前，凱斯特納先生跟伴侶搬進共享公寓，因此大家都知道他是同志。結果俱樂部董事會為此想將他除名。

馬努喜歡觀察班上形形色色的人如何回應德文教材中這種微妙的宣傳方式。當大家談起這對同志伴侶時，有個土耳其男子嘲笑起兩個男人在一起的想法。但其他學生駁斥他的恐同心態。另一回則是關於女性自由的課文，有個大鬍子敘利亞人用德文說，自己絕不會容忍妻子把希賈布取下。一位伊朗女子與他針鋒相對。「這裡是德國，」她說，「你不喜歡的話，可以走人。」

一天下午，我跟馬努一起去上課。老師是個年輕有活力的德國人，一頭金髮綁成馬尾。她帶領學生細讀一篇一頁篇幅的文章。他們正在為考試作準備，考試時他們必須閱讀一篇文章，然後跟考官討論內容。今天的課文談的是「Müllsünder」。

「你們曉得『Sünder』的意思嗎？」老師用德文問。

坐在馬努隔壁的敘利亞女子一楞：「Shu—sunder?」

「『*Muznib*』，」馬努用阿語對她耳語，「作壞事的人。」

「啊！」敘利亞女子說。

「意思是『禁止』（*haraam*），違反教律。」老師說。用了這個阿語字之後，她又切回德語。

「講的是亂丟垃圾的人。『Müllsünder』就是把垃圾丟在垃圾桶外的人。」她念了一段課文：

在法蘭克福市區亂丟垃圾的人預料將遭到重罰。在路上丟菸蒂的人罰二十歐元。亂吐口香糖者得付三十五歐元。不清狗便的代價是七十五歐元，而餵鴿子則是一百歐元。

「有什麼論點能支持這些罰款？」老師問。

其中一名敘利亞男人念出課文：「一旦罰金制度建立，城市就會更乾淨。」

「也就是說有效果。」伊朗女子說。

老師在黑板上用大寫字母寫著：「罰錢有效」。

「要是沒有垃圾桶怎麼辦？」一名俄羅斯女子問。

「丟你自己的口袋。」另一個敘利亞人說。

「你們覺得這可不可以當作反對這項制度的理由？」老師問。

「可以，畢竟垃圾桶不夠多。」伊朗女子說。

「我覺得這種論點不對，」馬努說，「跟埃及比的話，這裡到處都是垃圾桶。」

課堂上有來自十個不同國家的學生，每個人都熱烈參與討論。這讓我想到薩伊德向來都是對的——到頭來，世界上的一切都會進垃圾堆。

「有些罰金實在是有點高。」伊朗女子說。

「我覺得口香糖罰三十五歐元不貴，」馬努說，「口香糖會在街上黏很多年。」

「對環境也不好，」一名法國女子表示同意，「要花很多時間才能——」她停下來思索要用的字。

「花很多時間才能『融入』。」老師說。她用笑容讓大家知道這是個玩笑，每一位學生都笑了。

* * *

離開埃及之前，我帶了薩伊德和他的家人去金字塔群。當我們站在大金字塔的入口處時，有個年輕美國女子試圖攀爬金字塔的東面。她爬了大約五十英呎，才有一名警衛注意到她。他大喊，其他警衛跑過來；他們在女子的下風處呈扇形一字排開。女子會爬過一兩塊岩塊，警衛則喊叫並開始追逐，接著她會停下。他們終於說服她下來。這整段對峙期間，薩伊德和家人看得目不轉睛。

直到和薩伊德一家人一起參觀古蹟之後，我才徹底體會到眾多觀光客在埃及做的事情有多麼荒唐。外國人占據了他們一半的注意力；在博物館時，他們看那些觸碰古文物的中國人看得入迷，現在到了金字塔，舉止失當的西方人也讓他們樂不可支。爬到金字塔上面一處知名的遠眺處之後，我們看到一位高挑的美國女子穿著我在埃及看過最短的短褲。她身後跟了十多個埃及男人，他們全都拿起手機裝忙，一面緊緊跟著這個衣著不恰當的美國人。其中幾人還是顧駱駝的人，把自己的牲口丟在沙漠裡不顧。當這個小小的隊伍經過我們時，瓦希芭拿出自己的手機，拍了這名女子一張照片。瓦希芭的臉因為憋笑而漲紅。

搭車過來的路上，她和薩伊德曾討論她是否該圍尼卡布。瓦希芭確信保全人員會錯把她當成伊斯蘭國恐怖分子，打算把金字塔炸掉，於是她把面紗留在車上。這面紗圍是不圍？箇中的考慮和商量之多，總令我印象深刻。尼卡布絕非理所當然的衣著：瓦希芭會不停衡量尼卡布的重要性，因為在城裡不同地方有不同的涵義。

根據我的想像，在埃及身為女性應該跟尼卡布的情況也很類似，必須不斷投入、思考和調整；身為女性，光是為自己界定出某些基本的身分認同，仍不足以讓人心安。她反而得接受她身邊男人的判斷，根據這些男人的身分——丈夫、近親、遠親、丈夫的朋友、鄰居、街上的男人——而改變自己的衣著與行為。當然，美國與歐洲文化同樣對女性有不公平的要求，但那完全無法與埃及的情況相提並論。在我看來，這是革命最嚴重的失敗之一。即便經歷了這一切動盪，大多數埃及人卻從未被迫重新思考女性與年輕人在自己社會中的角色。

不過，至少他們有進步所需的材料了——各式各樣的天分與人格力量。我喜歡跟薩伊德和瓦希芭相處的原因之一，在於他們是我認識的埃及夫妻中唯一有所改變的。我從未假裝那些爭吵、憤怒的簡訊、官司就代表解決之道。我也知道個人雖然能令人欽佩和獲得啟發，但制度與環境才是最重要的。

無論如何，這仍然是小小的好事——畢竟，這些人展現出轉變的可能性。經歷這一切衝突後，他們以更妥善的方式分擔家務，孩子們顯然也發展得很好。瓦希芭常常提起，等到孩子們大些之後，她想找份工作，而如今的薩伊德也答應了——真主容許的話。

* * *

我們走訪的最後一處位於吉薩高地的遺跡，是人面獅身像。人面獅身像前方有個神廟建築，內部有個洞，是當年考古學家挖出知名的卡夫拉王（King Khafre）雕像的位置。這尊雕像以黑色閃長岩精工製作，在埃及博物館有崇高的地位，而雕像的臉也妝點著埃及十鎊鈔票的其中一面。另一面的主角則是開羅的里法伊清真寺（Al-Rifa'i Mosque）。

不知怎的，遊客往人面獅身像前的這個洞丟錢已經成為一種傳統。所有外國人與有錢埃及人在金字塔群所作的各種怪事當中，就屬這個儀式最讓薩伊德一家人難以忘懷。他們站在那邊將近一刻鐘，看別人丟錢。洞底覆了一層錢幣的虹彩——埃及鎊、歐元、美元、日圓、人民幣。

薩伊德和瓦希芭問我為什麼大家會這麼做，我告訴他們是為了祈求好運。但我看得出他們不太能理解。最後，我們離開那個坑，走訪人面獅身像。我們在巨像前只站了幾分鐘。遊客通常會從側邊的出入口處離開，但瓦希芭堅持我們原路回去。她跟那個洞還有未了之事。

她在那裡一直等，等到她看到來了一對似乎挺友善的中產階級埃及夫婦。瓦希芭走近他們，問為什麼大家要把自己的錢丟掉。

「為了求好運。」女子說。

「什麼樣的好運？」

「比方說，假如妳想結婚的話。妳結婚了嗎？」

瓦希芭說是。

「有小孩嗎？」

「有。」

「這樣啊，」女子說，「那還想多生幾個嗎？」

我從來沒聽過薩伊德與瓦希芭討論這個問題，而我怎麼樣也想像不到當我一年多之後重遊埃及時會看到什麼：一個剛滿月、名叫莉梅絲（Rimess）的小女嬰，雙耳掛了迷你的掌形金耳環，用來抵擋邪眼。自豪的母親，快樂的父親。但從瓦希芭在人面獅身像前給這名女子的回答，或許她也想像不到這樣一幕。

「不。」她說。

「那也可以求別的，」女子說，「許什麼願都行。」

瓦希芭向她道謝，這對中產階級夫妻繼續往人面獅身像走去。瓦希芭在那站了一會兒。接著，慢慢地，她手伸進皮包，掏出一枚一鎊硬幣，然後投進洞中。

謝辭
Acknowledgment

對於「搬去開羅」這個計劃來說，連最一開始的一小步，我都得益於許多人的幫助。二〇一一年，埃及「阿拉伯之春」開始後，萊絲莉與我意識到如果沒有認真上過阿語初階課程就前往當地，可是相當魯莽。我們有幸得到凱薩琳．戴維斯和平獎助金（Kathryn Davis Fellowships for Peace），從而就讀米德爾堡學院的夏季阿語密集學程。阿語學程的主管馬哈茂德．阿布達拉博士（Dr. Mahmoud Abdalla）非常好心也很有彈性，確保我們住的宿舍適合有一歲雙胞胎的家庭。學程的教師與職員以非凡的方式，幫助我們準備好切換成開羅生活。

我待在埃及這五年間，得到麥克阿瑟基金會（MacArthur Foundation）的支持，基金會的慷慨讓我在進行長時間研究計劃時，仍能繼續學習埃及阿語。

萊絲莉和我真是萬幸，在卡利瑪語言與文化中心（Kalimat Language and Cultural Centre）與傑出的老師們相遇：謝里夫．哈比比（Sherif El-Habibi）、薩米．法拉吉（Sami Farag）、拉阿法特．阿敏（Raafat Amin），當然還有里法阿特．阿敏（Rifaat Amin）。關於這種語言，四位老師教導我們甚多，而且是以埃及人獨有的幽默與生活來教會我們。

我很幸運能跟不少機敏的研究人員與翻譯共事。我在埃及的第一個春天，馬加迪．撒馬安

（Magdy Samaan）安排讓我與各個穆斯林兄弟會官員和國會議員進行訪問。示巴・哈比布（Heba Habib）陪我前往兄弟會在蘇伊士、伊斯梅利亞與開羅的造勢場合。從二〇一二年底到二〇一五年，我和哈桑・艾納格爾（Hassan ElNaggar）合作，他的同步翻譯功夫實在到家。他驅車於開羅道路的技術簡直讓人難以忘懷，也是他協助我做好在城裡開車的準備。哈桑與我在一段壓力沉重，情勢不時激烈的期間一同工作，我很慶幸有他的勇氣。

我在埃及的時間即將結束前，曾經與梅爾娜・托馬斯（Merna Thomas）合作，她對塞西解密（Sisileaks）以及新政權諸多方面的挖掘彌足珍貴。

許多埃及學家慷慨付出他們的時間與專業，我非常感謝。紐約大學藝術研究所阿拜多斯現場主管馬修・亞當斯是第一個歡迎我前往該遺址的人，他對於考古發掘工作及其歷史的講解易懂，惠我良多。之後，約瑟夫・溫格讓我在辛沃斯瑞特三世陵墓內與周邊，觀察賓州大學考古發掘工作。連續三年走訪溫格的計劃尤其有幫助，讓我多少感受到一流發掘工作所需的耐心、細心與長期規劃。每次前往阿拜多斯，我都很樂於和基夫特的領導易卜拉欣・穆罕默德・阿里見面，他的威嚴和堅忍不拔讓我了解到，這種考古遺址何以能在埃及全國政局反覆的擺盪中保存下來。

關於布朗大學團隊在解放廣場示威爆發前的發掘工作，羅瑞兒・貝斯多克提供了詳盡的背景資料。感謝阿拜多斯發掘屋經理艾哈邁德・拉札布，他直爽描述了那段極其艱困的期間裡發生的事件。艾哈邁德盡可能保護阿拜多斯的文化遺產，像他這樣的人，正是埃及「阿拉伯之春」的英雄。

在開羅與阿瑪納時，貝瑞・肯普與安娜・史蒂芬斯大方介紹阿瑪納計劃（Amarna Project）

進行中的工作。計劃的生物考古學家團隊先後由阿肯色—費耶特維爾大學（University of Arkansas-Fayetteville）的傑瑞・羅斯（Jerry Rose）與南伊利諾大學（Southern Illinois University）的葛雷茜・達布斯（Gretchen Dabbs）帶領，我也從他們身上學到不少知識。

整個上埃及我最喜歡的幾個地點之一就是芝加哥公館（Chicago House），一部分是因為環境與裝飾藝術建築之美，但主要還是因為雷蒙・約翰遜與傑伊・海德（Jay Heidel）的好客。雷蒙對於阿瑪納時期藝術與思想的熱情，以及他拼湊復原破碎文物的投入，都令人感佩。我也非常感謝他應允審定本書手稿中的相關部分。

埃及古文物部的官員在政治上與財政上同時承受極大壓力，但他們對於我的採訪和進入遺址的請求皆認真以對。當我走訪盧克索時，曼杜・愛爾達瑪迪協助尤其不可或缺。

書中的敘述有幾個線頭來自為《紐約客》所寫的報導，總編大衛・雷姆尼克（David Remnick）與我的責編威靈・戴維森（Willing Davidson）的指點讓我獲益良多。他們對於非傳統報導的興趣，我銘感五內。我很感謝《紐約客》團隊，幫助我查核阿語與中文資料：娜娜・阿斯福（Nana Asfour）、薩米恩・高哈（Sameen Gauhar）、雅思敏・薩雅德（Yasmine Al-Sayyad）與樊嘉揚（Jiayang Fan）。

我對於考古學的調查泰半得到《國家地理雜誌》的幫助，與我對口的責編是奧利佛・潘恩（Oliver Payne）與格倫・于蘭（Glenn Oeland）。在國王谷各陵墓中調查的漫漫長夜裡，我有幸與泰瑞・加西亞（Terry Garcia）與弗雷德里克・希伯特（Fredrik Hiebert）共事。

二十年來，威廉・克拉克（William Clark）都代表我，我非常謝謝他努力為這本書找到最好的歸屬。企鵝出版社（Penguin Press）的史考特・莫耶斯（Scott Moyers）從一開始就對本書的計劃懷抱信心，讀完初稿之後，他也提供最是關鍵的鼓勵與批評。在漫長的編輯與事實查核過程中，有賴米雅・康索（Mia Council）幫助我們組織一切。

我相當感謝阿爾伯特・畢瓦斯，他一從文章中我的描述認出蜘蛛網大樓之後，馬上就聯絡我。在那間公寓住了幾年之後，終於能對最早的住戶有點認識，這讓我非常興奮。我也要深深感謝阿爾伯特的姊妹們：維琪・畢瓦斯—德沃斯（Vicky Bivas-Devos）、貝蒂・凱恩、丹妮兒・柯恩・葛羅斯曼（Danièle Cohen Grossman）以及蜜雪兒・埃爾金斯（Michèle Elkins）。畢瓦斯家的手足們耐心不倦，不僅回答我關於建築物和他們家族歷史的問題，還用心尋找老照片和佚失的回憶。謝謝他們允許我一窺他們失落的開羅世界，並記錄下來。

要是少了伊莉莎白・甘迺迪（Elisabeth Kennedy）與達瑞爾・甘迺迪（Darryl Kennedy）夫婦的鼓勵，萊絲莉和我說不定就不會搬去開羅了。住在開羅那幾年，他們的友誼與支持（以及他們在紅海的招待）令我們十分感激。我想謝謝達瑞爾多次與我討論埃及文化與宗教信仰，以及審視本書的草稿。兩位人在中國的友人張彥（Ian Johnson）與梅英東（Michael Meyer）向來是我五本書的忠實讀者，他們的建議也讓初稿大大改進。

我的姐姐安傑拉・海斯勒（Angela Hessler），想法絕妙，將蜘蛛網設計融入她製作的歷史年表中。她畫的地圖既詳盡又美麗——謝謝妳捕捉到埃及令人驚嘆的地形，掌握了尼羅河的贈禮。

* * *

對任何非虛構作家來說，有許多事情得等待機運。你有可能在十年蓬勃發展的期間都留在中國，也有可能碰巧在五年的政治動盪中前往埃及。無論如何，一個國家歷史上的短暫篇章都會成為你的世界。時機就是一切，偶然的相遇也是。不過，人與人的關係卻會隨著時間而醇厚，個人的故事也會從發生的當下無盡延伸，這些關係與故事比時機與偶遇更能依靠。

若是少了薩伊德，我們家在扎馬萊克的生活就絕對不是這樣。幾年來，他的到訪讓我們家更有生氣，他的爽朗、幽默與深刻見解總讓我感到十分快意。每當我前去利瓦區，瓦希芭和她母親都會慷慨招待我，我特別感謝她們歡迎我的父母。薩伊德與瓦希芭一同反映出埃及人最好的若干特質：機敏、樂觀與純粹的人格力量。

寫這本書的時候，我常常希望能有機會拿某個阿語字彙，或是埃及社會某些方面的問題，向里法阿特．阿敏請教。過去這三年，萊絲莉和我對他的逝去感受很深，我也從他教過的其他學生那裡聽到一樣的感受。感謝拉法阿特、瓦蒂雅和塔里克與我分享他們的回憶，我希望他們知道有多少人為他們這位兄弟的熱情、付出與智慧而感動。

馬努屬於那些不期而遇的人之一——我們初次合作時，我並沒有向他深入介紹自己。在埃及的第一年，我們一同經歷幾次危險，他的冷靜與勇氣令我印象深刻。日子一久，我才更了解這些勇氣從何而來。希望有一天，像馬努這樣的埃及人能在家鄉自由自在地生活。

人家都說小孩長大就像飛一樣。但是，如果你在革命的第一年帶著兩個小小孩搬到開羅的話，事情就不是這樣了。在我的記憶中，那幾年過得奇慢，因為一邊是跟進報導政治事件的挑戰，一邊是家裡面小小革命分子的挑戰。學跑跳，學講話，學思考。我很感激有萊絲莉與我一同分享這個經驗，以及阿語課的每一刻。里阿法特說過：「إيد لوحدها متصقفش」。

二十多年前我完成《江城》（*River Town: Two Years on the Yangtze*）的草稿時，第一個讀的人是密蘇里大學的道格・亨特。從此之後，無論陰晴圓缺，他都是我最誠懇也最可靠的讀者。這本書獻給他。

科羅拉多州里奇威（Ridgway）
二〇一九年一月

以主角身分出現在一篇談新國會的文章裡。見 Ahmed Ahly, "'Am Rifaat' maseh ahdhyat al-Barlaman: Atef Sedky bayan al-Hokumah hafyan bsaby," Al-Masry al-Youm, Oct. 4, 2016, www.masrawy.com/news/news_reports/details/2016/10/4/947545/-ع-م-رفعت-ماسح-أحذية-البرلمان-عاطف-صدقي-أقل-بيان-الحكومة-حافي-ا-بسببي-حوار-.

496 中國觀光客人數："Tourism Revives as More Chinese Tourists Flock to Egypt," Xinhua, April 19, 2016, www.chinadaily.com.cn/business/2016-04/19/content_24659851.htm.

498 中國資金贊助的考古學家：Nevine El-Aref, "China Signs Its First MoU with Egypt in the Archaeology Field," Al-Ahram, Oct. 28, 2018, english.ahram.org.eg/NewsContent/9/40/315261/Heritage/Ancient-Egypt/China-signs-its-first-MoU-with-Egypt-in-the-archae.aspx.

501 「凱斯特納先生參加運動俱樂部」：Joachim Becker, ed., Orientierungskurs: Grundwissen Politik, Geschichte und Gesellschaft in Deutschland (Berlin: Cornelsen, 2017), 13.

Chapter 25

458 失蹤九天後……被人找到：關於雷傑尼身亡的詳細報導，見 Alexander Stille, "Who Murdered Giulio Regeni?," Guardian, Oct. 4, 2016, www.theguardian.com/world/2016/oct/04/egypt-murder-giulio-regeni.

459 「不要聽信我以外的任何人說的話」：塞西的演說日期為二〇一六年二月二十四日。見 Peter Hessler, "The Shadow General," New Yorker, Jan. 2, 2017, 52.

459 「我認為總統已經不再跟人民溝通」：Ibid.

460 「每天都有，不是只有雷傑尼」：我在二〇一六年五月三日與沙達特會面。同年八月，沙達特表示缺乏政府方面的合作，因而辭去國會人權委員會主席一職。

461 這義大利人是同志：關於雷傑尼是同志的錯誤理論，見 Stille, "Who Murdered Giulio Regeni?"

Chapter 26

465 「根據你對建築物的描述」：我在二〇一八年五月六日收到畢瓦斯的第一封信。接下來到二〇一八年底，我們多次透過電子郵件與電話交談。

469 超過一百五十萬名外籍人士：取自德國政府統計數字，見 www.destatis.de/EN/FactsFigures/SocietyState/Population/MigrationIntegration/Tables_ProtectionSeekers/TablesMigrationStructureDemographicDataPersonsSeekingProtectionYear.html;jsessionid=01FAC3B96BD23B0D07693896FFAF4A1D.InternetLive1.

474 有些前納粹官員前往埃及尋求庇護："The Plight of the Jews in Egypt," American Jewish Committee, March 1957, 6–12.

481 只有六名猶太人："Egypt's Jewish Community Diminished to 6 Women After Death of Lucy Saul," Egypt Independent, July 30, 2016.

482 馬努在二〇一七年初春獲得庇護：馬努在二〇一七年三月七日獲得庇護。

482 柏林的律師迪爾克·齊格菲：我在二〇一八年八月二十二日與齊格菲會面。

482 菲利克斯·科隆是一名住院醫生：我在二〇一八年八月二十五日與科隆會面。

483 剛從大學畢業的馬琳·法勒：我在二〇一八年八月二十七日與法勒會面。

484 「再會了，我的老房子」：里昂·巴珊這首未發表的詩寫於一九五九年五月四日的扎馬萊克。阿爾伯特·畢瓦斯將原本的法文翻譯出來。

Chapter 27

489 辛沃斯瑞特三世的陵墓：我在二〇一六年六月十二日至十四日最後一次拜訪維格納的考古行動。

492 「兄弟會的經驗非常沉重而苦澀」：國會的擦鞋匠里法阿特·穆罕默德·艾哈邁德

Chapter 24

426 「你有多少時間聽我講？」：來自我在二〇一四年六月二日與尤素夫的對話。

427 維格納的團隊發掘出一段狹長的結構：我在二〇一四年五月三十一日、六月一日與六月四日從旁觀察維格納團隊的發掘工作。

428 尼羅河船隻圖案：有關維格納發掘成果的資料，見 Josef Wegner, "A Royal Boat Burial and Watercraft Tableau of Egypt's 12th Dynasty (c. 1850 BCE) at South Abydos," International Journal of Nautical Archaeology 46, no. 1 (2017): 5–30.

429 拉法特在阿拜多斯附近鄉下拜票時：我在二〇一五年十月三日晚上觀察拉法特的競選活動。

432 「他們有一套……選舉制度」：我與尼爾森在二〇一五年十一月二十一日會面。關於尼爾森亞斯文相關研究的背景，見 Hans Christian Korsholm Nielsen, "Adapting to Change: Tribal Influence on the 2011–2012 Parliamentary Elections in Aswan Governorate," in The Political Economy of the New Egyptian Republic, ed. Nicholas S. Hopkins (Cairo: American University in Cairo Press, 2015), 112–33.

436 當我走訪馬哈茂德的客室時：我在二〇一五年十月四日第一次走訪馬哈茂德的客室。

437 不為人知的法老，名叫塞納比凱：維格納的團隊在二〇一四年一月發現塞納比凱。見 Nick Romeo, "Pharaoh of 'Lost Dynasty' Died Brutal Death, Forensic Study Reveals," National Geographic, March 3, 2015, news.nationalgeographic.com/news/2015/03/150303-pharaoh-senebkay-forensic-skeleton-abydos-egypt-archaeology/.

438 「這很可能成為現存公認……」：我在二〇一六年一月四日，於維格納的陪伴下走訪塞納比凱的陵墓。

439 「兄弟會以為自己能掌控國中之國」：我在二〇一五年九月二十七日與瓦吉赫碰面。

440 「那只是兄弟會周圍聚集的群眾」：哈米德在二〇一五年六月二十五日與我對談，並就當地兄弟會成員人數提供更精確的數字。

442 發展出自己的選舉傳統：Hessler, "Living-Room Democracy," 30–35.

444 「我很想親自與候選人見面」：我在二〇一五年十月二十六日訪問諾拉．阿布杜勒．穆罕默德。

444 「我們擁有埃及主權已經七千年了」：我在二〇一五年十月二十六日，到斯岱特的接待所訪問他。

449 投票日當晚投票所關閉後：
拜勒耶納的選舉在二〇一五年十月二十七日至二十八日舉行。二十八日晚上，我在尤素夫的接待所觀察。

450 「目前為止已經十七個月了」：我在二〇一五年十一月四日與亞札爾會面。

450 「他擁有埃及人少見的能力」：Calvert, Sayyid Qutb and the Origins of Radical Islamism, 115.

and Population, 43–45, egypt.unfpa.org/sites/default/files/pub-pdf/0e0409a0-7af6-46d5-a346-7a7d9aeb12c6.pdf.

393　塞西的新首都：Shady Bushra and Yara Bayoumy, "Egypt's New Capital: President al-Sisi's $300 Billion Plan to Beat Cairo Traffic," Independent, March 19, 2015, www.independent.co.uk/news/world/middle-east/egypts-new-capital-president-al-sisis-300-billion-plan-to-beat-cairo-traffic-10120211.html.

394　中埃蘇伊士經貿合作區：二〇一三年至二〇一六年間，我多次走訪中資開發區。見 Peter Hessler, "Learning to Speak Lingerie," New Yorker, Aug. 10 & 17, 2015, 56–65.

397　前來非洲的中國人或許有百萬之譜：Howard W. French, China's Second Continent: How a Million Migrants Are Building a New Empire in Africa (New York: Vintage Books, 2015), 13.

403　來年春天的某個周末：我在二〇一五年三月二十七日參加泰達主題樂園的試營運。

Chapter 23

407　「這是全人類的遺產」：我在二〇一八年二月三日到盧克索訪問愛爾達瑪迪。

408　「我想……我們文化遺產中的一環」：我在二〇一八年十一月七日與貝斯多克通電話。

418　喜劇演員阿德・艾曼姆：有關海利對於誰能在文字媒體上以埃及阿語發言的分析，見她的 Sacred Language, Ordinary People, 99–103.

419　「你現在呼籲的……」：塞西在二〇一六年四月十三日的總統府圓桌會議中發言。見 www.youtube.com/watch?v=V-zbojIGRc8&t=1s.

419　「理想主義存在於書中」：Ahmed Samy Metwally and Shady Abdallah Zalatah, "Fi Liqa' ma' Momatheleyy mokhtalaf Fe'at al-¬Mogtama'a," Al--Ahram, April 14, 2016, http://www.ahram.org.eg/News/151874/136/497857/متابعات/فى-لقاء-مع-ممثلى-مختلف-فئات-المجتمع-السيسى-لم-أخذلك.aspx.

420　「我真的想不到」：我透過電話，在二〇一七年二月六日訪問海利。

420　「在整個埃及」：Leila Ahmed, A Border Passage: From Cairo to America—a Woman's Journey (New York: Penguin, 2000), 282–83.

421　「你是阿拉伯人」：Ibid., 243.

421　「讀艾哈邁德的沒用批評」：Edward Said, "Living in Arabic," Al-Ahram Weekly, Feb. 12–18, 2004.

421　證據顯示女人不大會像男人那樣：女性阿語使用者講標準阿語少於男性的相關探討，見 Reem Bassiouney, "Identity and Code-Choice in the Speech of Educated Women and Men in Egypt: Evidence from Talk Shows," in Arabic and the Media: Linguistic Analyses and Applications, ed. Reem Bassiouney (Leiden: Koninklijke Brill NV, 2010), 97–99.

421　「他們說，『妳不該研究那種……』」：我在二〇一六年十一月二十八日於扎馬萊克訪問多斯。

amarnaproject.com/pages/recent_projects/excavation/south_tombs_cemetery/.

373 **我在總統選舉的春天到訪時**：我在二〇一四年三月、四月與五月拜訪在阿瑪納的發掘與分析團隊。

373 **至少屬於四百四十名阿瑪納居民**：Hessler, "Meet King Tut's Father." 這個數據是二〇一八年十一月時與肯普用電子郵件聯絡時更新的。

375 **發掘出的一百三十五具遺骸中**：Ibid.

376 **走訪投票所**：我在二〇一四年五月二十六日走訪敏亞各投票所。

378 **只占總人口的百分之五點七**：Peter Hessler, "Living-Room Democracy," New Yorker, March 7, 2016, 32.

379 **「關於你提到的人口年齡輪廓」**：肯普在二〇一六年三月五日把數據用電子郵件寄給我。

Chapter 21

380 **十一次試圖渡過地中海**：Patrick Kingsley, "Desperate Syrian Refugees Risk All in Bid to Reach Europe," Guardian, Sept. 18, 2014, www.theguardian.com/global-development/2014/sep/18/desperate-syrian-refugees-europe-mediterranean.

387 **埃及小學……第一百四十一名**：Klaus Schwab, "The Global Competitiveness Report 2014–2015," World Economic Forum, 452.

387 **「埃及的天氣」**：埃及的社會課本由教育部發行，分為兩冊。這裡提到的內容都來自第一冊。Yehya Teyyah Soleiman, Magdy Abdel Hamid al-Sersy, Salah al-Din Arafa Mahmoud, and Samier Mostafa Soleiman, Balady Masr: al-darasat al-igtma'yah, 1 (Cairo: Wizarat al-Tarbiyah w' al-Ta'lim, 2015–2016), 11.

387 **「全世界有三分之一的古蹟位於盧克索」**：Ibid., 12.

387 **「非法棚戶區顯然不在政府規劃之內」**：Ibid., 27.

387 **「跟你的老師討論」**：Ibid., 5.

387 **「你知道人稱戰爭與和平英雄的……」**：這段的出處來自第二冊。Yehya Teyyah Soleiman, Magdy Abdel Hamid al-Sersy, Salah al-Din Arafa Mahmoud, and Samier Mostafa Soleiman, Balady Masr: al-darasat al-igtma'yah, 2 (Cairo: Wizarat al-Tarbiyah w' al-Ta'lim, 2015–2016), 32.

Chapter 22

391 **新敏亞的領導**：我在二〇一四年五月二十四日走訪新敏亞。

392 **新都會社區局**：我在二〇一四年五月二十二日走訪 NUCA 與卡利德・馬哈茂德・阿拔斯。

393 **已經增加百分之十五以上**：Egypt Demographic and Health Survey 2014, Ministry of Health

西總統競選造勢大會上看到赫札吉。

322 **八百名哈瑪斯與真主黨的成員**：關於越獄的指控細節，以及貝爾塔吉在法庭中的發言，見 Hessler, "Revolution on Trial," 29.

Chapter 17

335 **運用法律的非正統方式**：Christine Hegel-Cantarella, "Kin-to-Be: Betrothals, Legal Documents, and Reconfiguring Relational Obligations in Egypt," Law, Culture, and the Humanities 7, no. 3 (2011): 1–17.

Chapter 18

340 **中埃商會**：我在二〇一五三月二十二日與陳建南會面。

341 **有一年情人節**：我在二〇一五二月十四日到這家艾斯尤特店家觀察銷售。

352 **「他們是夫婦」**：Peter Hessler, River Town: Two Years on the Yangtze (New York: HarperCollins, 2001), 152.

Chapter 20

363 **「你說你想要秩序」**：夏伯拉的歌，見 www.youtube.com/watch?v=TRXQvxa6UBs.

363 **「人們老是像這樣在街上轉」**：塞西在二〇一三年十月二日對手機使用發表意見的影片，見 www.youtube.com/watch?v=mrZuGj2KySY.

364 **「你們要像那種老大哥」**：來自二〇一三年十一月二十九日流出的音檔：www.youtube.com/watch?v=snbNniTSqrQ.

364 **「你們準備好忍受」**：來自二〇一四年一月二十七日流出的音檔：www.youtube.com/watch?v=0uVKra-pzxU.

366 **「我們這裡不會有」**：我在二〇一六年六月十六日到哈里里市場拜訪哈瑪瑪與塞西家族的店面。

366 **金斯利的文章揭露**：Patrick Kingsley, "How Did 37 Prisoners Come to Die at Cairo Prison Abu Zaabal?," Guardian, Feb. 22, 2014, www.theguardian.com/world/2014/feb/22/cairo-prison-abu-zabaal-deaths-37-prisoners.

369 **超過百分之九十五**：Patrick Kingsley, "Egypt's Tourism Revenues Fall After Political Upheavals," Guardian, Aug. 29, 2014, www.theguardian.com/world/2014/aug/29/egypt-tourism-revenue-falls-95-percent.

369 **「埃及在您強壯的臂膀中多麼歡喜」**：Wilkinson, Rise and Fall of Ancient Egypt, 174.

370 **維格納已經發掘了九年**：我在二〇一三年十二月十一日第一次拜訪維格納的發掘現場。

373 **「它是一道鬼火」**："Background: South Tombs Cemetery," Amarna Project website,

296 「歷史行進途中暫時紮的營」：Montserrat, Akhenaten, 49.
297 「阿瑪納彷彿跟都市計劃完全對立」：Kemp, City of Akhenaten and Nefertiti, 161.
297 「都市村」：Ibid., 299.
297 「這種模糊座標格式的規劃」：Ibid., 168.
297 「觀察現代貧民區的時候」：我在二〇一四年十月十七日與艾瑞克森通電話。
300 「這個建築本身」：我在二〇一四年六月十日與翟弗里交談。

Chapter 16

302 「我是那種一直會作預知夢的人」：這份塞西對亞西爾・利澤克說話的錄音是二〇一三年十二月十一日貼在網路上的，可以在此找到：www.youtube.com/watch?v=ryTnDOGWEbQ.
303 正好滿四個月又一天：我在二〇一三年十一月四日旁聽穆爾西的第一次審判。見 Peter Hessler, "Morsi's Chaotic Day in Court," New Yorker, Nov. 6, 2013, www.newyorker.com/news/news-desk/morsis-chaotic-day-in-court.
309 「假如我參選」：David D. Kirkpatrick, "Presidential Run Likely for Egypt's Top General," New York Times, Jan. 11, 2014, www.nytimes.com/2014/01/12/world/middleeast/egypt.html.
309 「埃及是尼羅河獻給埃及人的禮物」：關於二〇一四年憲法，見 www.sis.gov.eg/Newvr/Dustor-en001.pdf.
310 「永恆的尼羅河」：關於二〇一二年憲法，見www.ilo.org/dyn/natlex/docs/ELECTRONIC/91655/106411/F-196699313/Egypt.pdf.
311 選民有百分之九十七點七支持新憲法：Peter Hessler, "If Everyone Votes Yes, Is It Democracy?," New Yorker, Jan. 17, 2014, www.newyorker.com/news/news-desk/if-everyone-votes-yes-is-it-democracy.
317 超過六十人在這個周年紀念日身亡：Sarah Saleeb, "January 25, 2014: A Recap," Atlantic Council, Jan. 27, 2014, www.atlanticcouncil.org/blogs/menasource/january-25-2014-a-recap.
318 穆爾西的第二次出庭：我在二〇一四年一月二十八日旁聽穆爾西的第二次出庭。
319 「任何將國會化為橡皮圖章的嘗試」:我在二〇一一年十二月三十日與貝爾塔吉見面。
319 事發過程如同革命中許多悲劇性的公眾事件：阿絲瑪・貝爾塔吉遭射殺的影片，見 www.youtube.com/watch?v=r8ZHxy7kfs8.
320 阿絲瑪死在拉比亞臨時醫護站的手術台上：Peter Hessler, "The Revolution on Trial," New Yorker, March 10, 2014, 28.
321 「我們在地下運作了八十年」：我在二〇一一年十一月二十七日訪問曼蘇爾。
321 我趁薩勒赫在國會大廈……和他會面：我在二〇一二年三月十八日訪問薩勒赫。
321 我差點認不出：我在二〇一二年三月二十六日訪問巴育米。
321 「沒錯，我們要掌握一切」：我在二〇一二年五月十一日晚間，於伊斯梅利亞的穆爾

Cairo Press, 2009), 10.
282 「一段時間過後」：Ibid.
282 「在這些炙熱平原的寂靜與孤獨中」：Ibid., 1.
282 「你會有一種看著如此鮮明的地方」：Ibid., 18.
282 「沙漠是世界呼吸的空間」：Ibid., 212.
282 底比斯的保羅成了基督教的第一位隱士：Shaw, Oxford History of Ancient Egypt, 431.
283 「看啊，是一位法老」：Dominic Montserrat, Akhenaten: History, Fantasy, and Ancient Egypt (London: Routledge, 2003), 19.
283 「這很能說明」：Wilkinson, Nile, 197.
284 「大地展現其工」：所有〈阿頓神頌〉的引文皆來自 William Kelly Simpson, "The Hymn to the Aten," in Simpson, Literature of Ancient Egypt, 278–83.
284 「處理這個遺址的工作」：Montserrat, Akhenaten, 68.
285 「身為絕對統治者的風險」：Kemp, City of Akhenaten and Nefertiti, 121.
285 貝瑞·肯普……發現阿肯那頓雕像的破片：肯普在二〇一四年四月六日發現雕像破片。
287 「人類史上的第一個個人」：Montserrat, Akhenaten, 3. 這一段裡所有對阿肯那頓的詮釋，出處都是蒙特塞拉特的書。
287 「假如我是大富翁」：Ibid., 94.
288 「一個符號，而非一個人」：Ibid., 1.
288 敵人的關鍵創新：Peter Hessler, "Meet King Tut's Father, Egypt's First Revolutionary," National Geographic, May 2017, www.nationalgeographic.com/magazine/2017/05/akhenaten-revolutionary-egypt-king/.
288 接連三代：Wilkinson, Rise and Fall of Ancient Egypt, 222.
289 「我要將王權授予你」：Shaw, Oxford History of Ancient Egypt, 247.
290 「憑什麼非得讓我的使者」：Wilkinson, Rise and Fall of Ancient Egypt, 297.
290 「他試圖盡可能復古」：我跟拜爾是在二〇一四年六月十日於德國希爾德斯海姆（Hildesheim）見面的。
291 「在敬神的歷史上」：Kemp, City of Akhenaten and Nefertiti, 17.
291 「阿肯那頓的王權」：Kemp, Ancient Egypt, 217.
292 自覺受邊緣化的群體：Montserrat, Akhenaten, 2.
293 「它們相距四千英哩遠」：出自我在二〇一四年四月二日對約翰遜的訪問。
294 「有時挺傷人的誠實」：W. Raymond Johnson, "Amenhotep III and Amarna: Some New Considerations," Journal of Egyptian Archaeology 82 (1996): 78.
294 「這種全神貫注於當下」：Johnson, "Setting," 47.
294 「每個人多少都會喜歡革命分子」：二〇一四年四月六日，我和瑪莎·希爾在阿瑪納會面。

234 「利比亞國內派系分化的程度」：Jeffrey Goldberg, "The Obama Doctrine," Atlantic Monthly, April 2016, www.theatlantic.com/magazine/archive/2016/04/the-obama-doctrine/471525/.

Chapter 13

242 薩伊德的妹妹蕾拉：薩伊德的妹妹請我不要使用她的真名。我也改了她女兒的名字。

255 埃及女性有百分之九十：Ministry of Health and Population, "Egypt Health Issues Survey 2015," Oct. 2015, dhsprogram.com/pubs/pdf/FR313/FR313.pdf.

257 割陰原本是非洲部落習俗：Geneive Abdo, No God but God: Egypt and the Triumph of Islam (London: Oxford University Press, 2000), 55–59.

257 超過三分之二的人口：Sims, Understanding Cairo, 29.

258 全體勞工中也有百分之二十五至四十：Ibid., 218.

Chapter 14

261 超過一千人死亡："All According to Plan: The Rab'a Massacre and Mass Killings of Protesters in Egypt," Human Rights Watch, Aug. 12, 2014, www.hrw.org/report/2014/08/12/all-according-plan/raba-massacre-and-mass-killings-protesters-egypt.

261 一群員警在驚慌下對一輛載有兩名埃及記者的車開槍：三角洲那起槍擊記者的事件是發生在二〇一三年八月十九日的布海拉省（Beheira）。見 Aya Batrawy, "Egyptian Reporter Killed at Checkpoint," Associated Press, Aug. 20, 2013, www.apnews.com/b72146ca863344808fe5d3270a07676b.

263 他曾警告塞西必須控制情勢：我在二〇一五年十二月十五日與海格會面。

266 指控美國與兄弟會密謀分裂埃及：Jonathan S. Landay, "In Egypt, the Press Turns Yellow as It Takes on Opponents of Military Takeover," McClatchy, Aug. 30, 2013, www.mcclatchydc.com/news/nation-world/national/article24755116.html.

267 「都是因為歐巴馬」：我在二〇一四年四月十日與省長札亞達會面。

270 小城馬臘威：我在二〇一四年三月二十日首次前往馬臘威博物館。

第三部：總統
PART THREE: THE PRESIDENT

279 「人言一回事」：Hornung, Conceptions of God in Ancient Egypt, 211.

Chapter 15

282 「星期一一走六小時」：Sahar Abdel-Hakim and Deborah Manley, eds., Traveling Through the Deserts of Egypt: From 450 BC to the Twentieth Century (Cairo: American University in

Peasant," in The Literature of Ancient Egypt: An Anthology of Stories, Instructions, Stelae, Autobiographies, and Poetry, ed. William Kelly Simpson (Cairo: American University in Cairo Press, 2003), 25–44.

210 我們一起拜訪……麥可．瓊斯：我跟亞當斯、瓊斯是在二〇一三年三月十九日相見。

Chapter 12

215 七月二十六日大街的酒類專賣店：我是二〇一二年十二月九日晚上，在酒類專賣店「酒客」（Drinkies）看到這一幕的。

218 「由於此時扎馬萊克濃重的催淚瓦斯味」：學校在二〇一三年一月二十八日寄電子郵件來。

218 調暗開羅機場的燈："Cairo Airport Turns Lights Down, Airlines Change Schedules," Egypt Independent, April 3, 2013, www.egyptindependent.com/cairo-airport-turns-lights-down-airlines-change-schedules/.

219 「起義」全國總部：我在二〇一三年六月二十四日走訪。

221 穆爾西辦了一場電視演說：所有引文皆引自大西洋理事會（Atlantic Council）翻譯的二〇一三年六月二十六日穆爾西全國演說文：www.atlanticcouncil.org/blogs/menasource/translation-president-mohamed-morsi-s-address-to-the-nation.

222 「弟兄們，我們一致同意」：David D. Kirkpatrick, "Egypt, Its Streets a Tinderbox, Braces for a Spark," New York Times, June 29, 2013, www.nytimes.com/2013/06/30/world/middleeast/egypt-its-streets-a-tinderbox-braces-for-a-spark.html.

227 「『政治制度化』趕不上『政治參與』」：Samuel P. Huntington, Political Order in Changing Societies (New Haven, Conn.: Yale University Press, 2006), 2.

227 「每一種社會力量」：Ibid., 88.

228 穆哈美德．卡德里．薩伊德：我與這位退役少將在二〇一三年七月二日見面。

228 軍方的間諜已經滲透了這個組織：關於「起義」行動的外部支持，見 Neil Ketchley, "How Egypt's Generals Used Street Protests to Stage a Coup," Washington Post, July 3, 2017, www.washingtonpost.com/news/monkey-cage/wp/2017/07/03/how-egypts-generals-used-street-protests-to-stage-a-coup/?utm_term=.96e17643c64b.

230 「民眾……授權給我」：David D. Kirkpatrick and Ben Hubbard, "Morsi Defies Egypt Army's Ultimatum to Bend to Protest," New York Times, July 2, 2013.

231 恐怖分子的假炸彈："Improvised Bomb Defused in Cairo's Zamalek," Ahram Online, Jan. 21, 2014.

233 「我們非常有默契」：我在二〇一五年十二月十五日訪問查克．海格。

233 「我只能說」：我在二〇一六年三月八日與巴內塔通電話。

233 「『穆斯林兄弟會』這個詞」：Kessler, "Truth About Egypt's Revolution."

voyage au désert des lexicographes et grammairiens en langue arabe de l'espace iraqien des II/VIIIe et III/IXe siècles" (Ph.D. diss., University of Aix-Marseille, 2010).

189 「他們說話時遵循其沙漠天性」：Versteegh, Arabic Language, 63.

190 「齊頭並進」：Charles A. Ferguson, "The Arabic Koine," Language 35, no. 4 (Oct.–Dec. 1959): 616.

191 「不消多久」：Niloofar Haeri, Sacred Language, Ordinary People: Dilemmas of Culture and Politics in Egypt (New York: Palgrave Macmillan, 2003), 83.

191 運用傳統的字根來創造新詞：Versteegh, Arabic Language, 180–83.

192 每當這位總統公開演說時：Haeri, Sacred Language, Ordinary People, 93.

193 他和其他軍事要人一同密會穆斯林兄弟會的領袖：關於納瑟與兄弟會的關係，見 Calvert, Sayyid Qutb and the Origins of Radical Islamism, 180–95.

195 開羅城內有住人的單位中……：關於大開羅地區的租金控管本身，見 Sims, Understanding Cairo, 147.

196 納瑟加強了這項政策：Ibid., 146.

Chapter 11

199 時間是二〇一三年四月底：我觀察拜勒耶納行政區辦公室的時間是二〇一三年四月二十三日。

204 「我合作過最會出亂子的人」：關於皮特里對基夫特人的看法，見 Wilkinson, Nile, 147–48.

206 耶西亞・阿布杜勒—阿齊姆・穆克海默：我在二〇一三年四月二十二日與這位穆爾西指派的索哈傑省長會面。

206 「一路下到鄰里層級都能看到我們」：我在二〇一三年四月二十二日，到索哈傑的自由與正義黨黨部訪問尤賽夫・沙里夫。

206 艾曼・阿布杜勒・哈米德：我拜訪拜勒耶納的穆斯林兄弟會辦公室，與哈米德談到兄弟會成員人數，時間是二〇一三年四月二十二日。當天，哈米德說有一百五十名弟兄。加入自由與正義黨的人有七百個（但不一定加入兄弟會）。

208 「國家首席喉舌」：Christina Hanus, "Before and After Amarna: The Beginnings and Consequences of the Cult of the Aten," in In the Light of Amarna: 100 Years of the Nefertiti Discovery, ed. Friederike Seyfried (Berlin: Staatliche Museen zu Berlin, 2012), 37.

208 「掌璽官」：Wilkinson, Rise and Fall of Ancient Egypt, 112.

208 名叫肯提卡的宰相：Ibid., 99.

208 超過八十個頭銜：這位官員名叫傑納姆（Qenamun），侍奉阿蒙霍特二世。見 ibid., 251.

209 「若你希望見我安康」：所有引文皆出自 Vincent A. Tobin, "The Tale of the Eloquent

html.

164 提供可以實際使用的武器：Ahmed al-Khateeb, "Efrag Amni 'an awwal Kiyadi fi Tanzeem al-Gehad ba'd Eghlak Malaff al-Gama'ah al-Islamiyyah," Al-Masry al-Youm, Nov. 12, 2006, today.almasryalyoum.com/article2.aspx?ArticleID=40540.

165 另一位埃及記者：記者阿布杜．莫能（Abdou Monem）被關在托拉監獄，在獄中見過巴育米。莫能在自己的部落格上敘述巴育米以及他原定在政變後擔任的腳踏車信使角色。Abdou Monem, "Ba'd 25 Sana Sign . . . Al-Efrag 'an Abu Basira," Dec. 11, 2006, afkarmonem.blogspot.com/2006/12/25.html.

172 達到百分之七十三以上：穆爾西贏得八十八萬兩千七百五十一票。假如警察與軍人可以投票，且反對他的比例達百分之七十三，他就會以超過三萬七千票以上的差距落敗。關於當時估計的軍警人數，見 Peter Hessler, "Big Brothers," New Yorker, Jan. 14, 2013, 28.

173 拘留無辜的旁觀者：David D. Kirkpatrick, "Morsi's Opponents Describe Abuse by President's Allies," New York Times, Dec. 11, 2012.

173 兄弟會的一位領袖阿姆爾．達拉格告訴我：我跟瓦利德．貝德利的交談是在二〇一二年十二月九日，跟阿姆爾．達拉格則是二〇一二年十二月三十一日。

176 離開兄弟會總部之後，我去了總統府：我在二〇一二年十二月七日晚上旁觀這些事件。

179 「會議擱置背後的原因」："Brotherhood Refused Meeting with Defense Minister, Sources Say," Al-Masry al-Youm, Dec. 14, 2012, www.egyptindependent.com/brotherhood-refused-meeting-defense-minister-sources-say/.

179 「新憲法為專制提供了寬闊的空間」：我在二〇一二年十二月十一日與加伯．加德．納瑟會面。

Chapter 10

183 「埃及人避免跟隨希臘風俗」：Ahmed Abdel-Hamid Youssef, From Pharaoh's Lips: Ancient Egyptian Language in the Arabic of Today (Cairo: American University in Cairo Press, 2003), 5.

184 「語言成為凝聚伊斯蘭帝國的因素」：Kees Versteegh, The Arabic Language (Edinburgh: Edinburgh University Press, 2008), 93.

184 行政語言就已經換成阿語了：Thompson, History of Egypt, 169.

184 名叫塞維魯（Severus）的主教：Versteegh, Arabic Language, 95.

185 自稱為「阿拉伯學者」：Ibid., 2.

185 「視網膜」與「角膜」：Ibid., 228.

185 第一部阿語詞彙與文法的西歐式分析：Ibid., 2.

189 他們找上貝督因人：Ibid., 50.

189 有些貝督因人甚至到城外紮營：Marie Andrée Gouttenoire, "Représentations et écritures du

Cairo: The Logic of a City out of Control (Cairo: American University in Cairo Press, 2012), 45.

138 「在五十年內」：Wael Salah Fahmi and Keith Sutton, "Cairo's Zabaleen Garbage Recyclers: Multi-nationals' Takeover and State Relocation Plans," Habitat International 30, no. 4 (2006): 820.

139 撲殺全埃及的豬隻：Fahmi and Sutton, "Cairo's Contested Garbage," 1773.

140 「清潔來自信仰」：穆爾西是在二〇一二年七月二十三日接受廣播電台「Al-Bernamag al-'Am」訪問時表示這些看法的，https://www.youtube.com/watch?v=b1G-m80jF8A.

144 在埃及有五十億錠的曲馬多：Peter Schwartzstein, "Egypt's New Drug Addiction," Daily Beast, July 18, 2015, www.thedailybeast.com/egypts-new-drug-addiction.

145 大開羅地區三分之二人口的家：Sims, Understanding Cairo, 3.

146 「象徵性的出走沙漠」：Ibid., 74–75.

146 只有八十萬人在開羅的沙漠城鎮中落戶：Ibid., 83.

147 「開羅透過灰色經濟活動……」：二〇一三年十一月二十日，我跟大衛．西姆斯在扎馬萊克見面。

147 超過四分之三的大開羅居民：Ibid., 228.

147 「說起來，政府的規劃師似乎……」：Ibid., 89.

Chapter 9

158 「道地的埃及婦女」：Yasser Rizk, "Al-Sisi fi al-Goz' al-Thany min Hewaroh: Enfagart fi al-Shater 'Entom 'Ayzeen ya Tohkomuna ya Timawwituna," Al-Masry al-Youm, Oct. 8, 2013, www.almasryalyoum.com/news/details/326660.

158 要求他的妻子在西方時必須拿下她的希賈布：Shima' Galhoun, "Al-Watan fi Masqat Ra's al-Sisi . . . Hona al-Gamaleyyah Masna' al-Rigal," Al-Watan, Aug. 24, 2013, www.elwatannews.com/news/details/278834.

158 〈民主國家在中東〉：Brigadier General Abdelfattah Said ElSisi, "Democracy in the Middle East," U.S Army War College, March 15, 2006, www.documentcloud.org/documents/1173610-sisi.html.

162 黑奴的外孫：Lawrence Wright, Thirteen Days in September (London: Oneworld, 2014), 10.

162 「我打從心底欽佩您」：Ibid., 13.

162 美國情報界：Ibid., 20.

162 他逮捕了許多貪腐的納瑟友人：Ibid.

164 因為在陰謀攻擊中扮演的角色而下獄：William E. Farrell, "5 in Sadat Trial Sentenced to Die; 17 Others Convicted and 2 Cleared," New York Times, March 7, 1982, www.nytimes.com/1982/03/07/world/5-in-sadat-trial-sentenced-to-die-17-other-convicted-and-2-cleared.

109 「成功來自信仰」：Richard Stengel, Bobby Ghosh, and Karl Vick, "Time's Interview with Egyptian President Mohamed Morsi," Time, Nov. 28, 2012, world.time.com/2012/11/28/transcript-times-interview-with-egyptian-president-mohamed-morsi/.

115 「楷模」：David D. Kirkpatrick, "Egyptian Is Counting on Worries of Elites," New York Times, May 27, 2012, www.newyorktimes.com/2012/05/28/world/middleeast/ahmed-shafik-counting-on-egyptian-elites-fears.html.

118 「我們非常擔心」：我在二〇一二年六月二十四日訪問努塞芭・阿希拉夫博士。

第二部：政變

PART TWO: THE COUP

121 「如今我應與何人語？」：這首詩又名〈男子與其巴的對話〉（"Dialogue of a Man and His Ba"）。我用的是揚・阿斯曼（Jan Assmann）的翻譯。見 Self, Soul, and Body in Religious Experience, ed. Albert I. Baumgarten, Jan Assmann, and Guy G. Stroumsa (Boston: Brill, 1998), 395.

Chapter 7

122 大約一千人聚集：多數關於阿拜多斯示威的資料，皆來自我對居民與官員的訪問。YouTube 上也有一小段示威的影片：www.youtube.com/watch?v=kOJE16hJIIs.

126 「這不是我們的歷史」：二〇一二年三月二十七日，我對亞當斯的訪問。

128 埃及法老國一共延續了三千年時間：Wilkinson, Rise and Fall of Ancient Egypt, 10.

128 「事實偏偏證明」：Kemp, Ancient Egypt, 5.

131 「我給饑者麵包：Shaw, The Oxford History of Ancient Egypt, 118.

132 「證據顯示當地社會……」：出自二〇一三年二月二十八日我與馬修・亞當斯的對話。

133 亞瑟・韋格爾在一九一〇年提到：Arthur Weigall, The Life and Times of Akhnaton: Pharaoh of Egypt (London: Thornton Butterworth, 1922), 36–37.

Chapter 8

136 「示巴夫人」：薩伊德收垃圾時談到的這些住戶，我把名字都改過了。

138 來自達克拉的移民抵達開羅：Wael Fahmi and Keith Sutton, "Cairo's Contested Garbage: Sustainable Solid Waste Management and the Zabaleen's Right to the City," Sustainability 2, no. 6 (2010): 1767–68.

138 一九五〇年，大開羅地區人口：關於大開羅地區的範圍，我是以大衛・西姆斯的研究為基礎，而他則是以日本國際協力機構（Japan International Cooperation Agency）所界定的研究地區為主。該定義包括吉薩、舒布拉海邁（Shoubra al-Khayma）與首都周邊的沙漠城市。關於一九五〇年代的人口與後續成長，見 David Sims, Understanding

096 「我們要向所有人傳達『我們不願獨自掌權』的訊息」：艾薩伊德是在二〇一二年三月十五日做出這些聲明的。

097 「我們已有耳聞」：二〇一二年二月十二日，我對國會的觀察。

097 「很多人都說」：二〇一二年二月十三日，我在國會直播看到的。

098 「有隻黑手伸進了⋯⋯」：二〇一二年二月十二日，我在國會直播看到的。

098 「我們埃及有八千萬人民」：二〇一二年二月十九日，我在國會直播看到的。

098 只有百分之二的議員為女性："Egypt's New Parliament Holds First Session—in Pictures," Guardian, Jan. 23, 2012, www.theguardian.com/world/gallery/2012/jan/23/egypt-parliament-first-session-pictures.

098 「把直播停掉吧」：二〇一二年二月十九日，我在國會直播看到的。

098 「你們知道這個政府⋯⋯」：二〇一二年四月二十四日，我在國會直播看到的。

099 一八六〇年代，法國雕塑家弗雷德里克—奧古斯特・巴特勒迪：Karabell, Parting the Desert, 242–43.

100 「*khawwal*」指的是變裝男舞者：Joseph A. Boone, The Homoerotics of Orientalism (New York: Columbia University Press, 2015), 188.

104 慶祝跟兄弟會成員的家人有關的三對婚姻：二〇一二年五月十一日晚上，我在伊斯梅利亞旁觀穆爾西造勢大會時看到的。

105 只有百分之三點六的受訪者："Poll: Moussa Leads Presidential Candidates with 41.1%, Morsy Last at 3.6%," Egypt Independent, April 30, 2012, www.egyptindependent.com/poll-moussa-leads-presidential-runners-411-news1hold/.

105 他的原話是，自己是來自傳統南方的「流亡者」：Calvert, Sayyid Qutb and the Origins of Radical Islamism, 66.

105 「任何特定的社會都是一套體系」：Ibid., 90.

106 可能一輩子守貞：Ibid., 110.

106 「我擔心，當生命之輪轉動」：Ibid., 153.

107 穆罕默德・穆爾西很推崇庫特布的作品：Eric Trager, Arab Fall: How the Muslim Brotherhood Won and Lost Egypt in 891 Days (Washington, D.C.: Georgetown University Press, 2016), 78.

107 其中十五人是工程師、醫生或科學家：Peter Hessler, "Brothers Keepers," New Yorker, Dec. 24 & 31, 2012.

107 「內部有事情發生」：關於穆爾西對九一一攻擊事件的陰謀論說法，見 Shadi Hamid, "Brother Number One," Foreign Policy, June 7, 2012, foreignpolicy.com/2012/06/07/brother-number-one/.

107 「殺手和吸血鬼」：關於穆爾西對以色列，以及限制埃及總統資格為穆斯林男性的說法，見 David D. Kirkpatrick, "The New Islamists," New York Times, April 23, 2012.

075 另一章則談到「邪眼」：Ibid., 71.
080 「他工作很認真」：Lin, Speaking Chinese About China, 88.
080 「人人工作認真」：Ibid., 145.
080 「我們已經體悟到」：Ibid., 185.
080 「中國領導人們」：Ibid., 100.
081 「我是工程師」：Mughazy, Dardasha Egyptian Arabic, 182.
081 「嗨！古瑪阿先生在嗎？」：Ibid., 152.
086 「你在大學認識的朋友呢」：Ibid., 183.
087 「你應該已經從對話中注意到」：Ibid., 224.
088 「今天午餐吃什麼？」：Ibid., 135.
088 「要是讓我知道是誰天天打電話來」：Ibid., 162.
088 「你跟朋友在五點鐘有約會」：Ibid., 152.

Chapter 6

090 新國會的會期進行還不到兩個月：我是在二〇一二年三月十八日，前往國晃大廈與索比意・薩勒赫談話的。
094 最後一位自稱法老的埃及本地人：安克溫納夫（Ankwennefer）是最後一名自稱法老的埃及人。見 Wilkinson, Nile, 35.
095 不列顛人不過只是購買該國的國債而已：Zachary Karabell, Parting the Desert: The Creation of the Suez Canal (New York: Vintage Books, 2004), 264.
095 「我們厭倦了這種羞辱而受限的生活」：Richard P. Mitchell, The Society of the Muslim Brothers (New York: Oxford University Press, 1993), 8.
095 他常用 *nizam* 這個詞：Ibid., 234–35.
095 這個詞從來沒在《古蘭經》出現過：John Calvert, Sayyid Qutb and the Origins of Radical Islamism (New York: Columbia University Press, 2010), 130.
095 用「時代錯置」來形容班納運用這個概念的方式：哈佛大學比較宗教學教授韋爾弗雷德・坎特維爾・史密斯（Wilfred Cantwell Smith）把這種稱伊斯蘭為 nizam 的主張視為某種「現代觀念（而且大有疑問）」。見 ibid.
095 「無論是班納還是這場運動」：Mitchell, Society of the Muslim Brothers, 327.
095 就有三十萬至六十萬的成員：Ibid., 328.
096 從四十萬到超過兩百萬都有：這些數字都來自我在二〇一二年三月時，訪問兄弟會領袖或發言人得到的結果。三月十五日，自由與正義黨發言人阿里・艾薩伊德告訴我，兄弟會有超過七十萬會員。三月二十六日，指導局成員拉夏德・巴育米表示可能有多達兩百萬弟兄。三月二十六日，自由與正義黨的另一位發言人納迪爾・奧姆蘭（Nader Omran）告訴我，在埃及只有四十萬弟兄。

（Martin Filler）與其妻，建築史家蘿絲瑪莉・哈格・布列特（Rosemarie Haag Bletter）通電子郵件時，他們證實了中東建築的這種垂直線條根裝飾藝術風格之間的關係。布列特對於裝飾藝術有大量的探討。

057 **再過四千三百多年：**根據《古埃及興衰》（The Rise and Fall of Ancient Egypt）的作者托比・威爾金森所說，第一座已知確定超越大金字塔高度的建築物，是漢堡的聖尼可萊教堂（St. Nikolai Church，一八七四年完工），高過兩英呎（四百八十三英呎隊四百八十一英呎）。一三一一年完工的英格蘭林肯座堂（Lincoln Cathedral）據說更高，但其高度並未經過第三方核實，而且中央尖塔已在一五三九年崩塌。資料來自二〇一八年十一月時，我與威爾金森的電郵往返。

058 **過了數世紀之後才開始使用輪子：**來自二〇一四年四月我與貝瑞・肯普的訪談。肯普提到，輪子出現在埃及古王國晚期的藝術中，有圖像出現附有輪子的梯子，用於圍城戰。

058 **象形文字形貌出奇地固定：**Kemp, Ancient Egypt, 26.

058 **「他們只構思出適用於地方的邏輯」：**Barry Kemp, The City of Akhenaten and Nefertiti: Amarna and Its People (Cairo: American University in Cairo Press, 2012), 26.

058 **兩百三十萬塊人工切割的岩塊：**Wilkinson, Rise and Fall of Ancient Egypt, 72.

058 **都用以「一」為分子的分數來表示：**Kemp, Ancient Egypt, 116–17.

059 **「他們肯定有抽象思考能力」：**出自二〇一六年十二月一日對開羅大學數學教授哈尼・艾爾—胡賽尼的訪談。

059 **「近年來，考古學家……」：**Ibid., 235.

059 **「他們堪為各文化普遍特性的範例」：**Ibid., 117.

060 **發明王冠與權杖：**Wilkinson, Rise and Fall of Ancient Egypt, 44–45.

060 **「在一個風雨交加的夜裡」：**Wilkinson, Nile, 174.

061 **老式的房屋鑰匙：**二〇一三年十二月十一日訪談時，約瑟夫・溫格提到發現查爾斯・嘉瑞利家裡的鑰匙、遭謀殺的女孩，以及雷擊的痕跡。

Chapter 5

067 **將近百分之四十的埃及女人：**“Keeping It in the Family,” Economist, Feb. 27, 2016.

073 **說明跟點頭之交打招呼的得體方式：**Mustafa Mughazy, Dardasha Egyptian Arabic: Elementary Level (Madison, Wis.: NALRC Press, 2004), 14.

074 **「給我們說說黃河」：**Helen T. Lin, Speaking Chinese About China (Beijing: Beijing Foreign Languages Printing House, 1995), 1.

074 **第一張單字表：**Mughazy, Dardasha Egyptian Arabic, 12.

075 **「你應該有注意到」：**Ibid., 49.

075 **經過幾次奉茶：**Ibid., 92.

2012, www.aljazeera.com/news/middleeast/2012/01/20121211259585802 64.html.

047 **穆斯林兄弟會贏得全國各地百分之四十七的席次**：David D. Kirkpatrick, "Islamists Win 70% of Seats in the Egyptian Parliament," New York Times, Jan. 21, 2012, www.nytimes.com/2012/01/22/world/middleeast/muslim-brotherhood-wins-47-of-egypt-assembly-seats.html.

047 **沒有任何左派政黨贏得……**：在二〇一一年至二〇一二年國會選舉中，表現最亮眼的非伊斯蘭主義政黨是瓦夫德黨（Wafd Party），贏得百分之八的席次。見 Jeffrey Martini and Stephen M. Worman, "Voting Patterns in Post-Mubarak Egypt," Rand Corporation, 2013, 6.

047 **「我同意其他兄弟會領袖所說」**：我跟穆罕默德・貝爾塔吉是在二〇一一年十二月三十日見面的。

051 **估計有四十七人喪生**：穆罕默德・馬哈茂德街抗議中的死亡人數，最常見的數字是四十七人，但仍無法確定。國營的《金字塔報》文字是「約四十七人」。見"Police Warn Against 'Aggression' on Mohamed Mahmoud Clashes Anniversary," Ahram Online, Nov. 17, 2013, english.ahram.org.eg/NewsContent/1/64/86683/Egypt/Politics-/Police-warn-against-aggression-on-Mohamed-Mahmoud-.aspx.

051 **瓦利德犯的罪**：烏瑪・馬克罕清真寺多名志工，以及其中一名受害者（手機和前被偷的少年）的母親證實寺內的這起竊案。

Chapter 4

053 **由十二艘船組成的船隊**：O'Connor, Abydos, 183–94.

054 **「飛毛腿」**：這個譯名出自君特・德萊爾（Günter Dreyer）的手筆。二〇一三年三月十四日，他在阿拜多斯對我描述了這隻陪葬的狗。

054 **四千五百公升的葡萄酒**： O'Connor, Abydos, 143.

054 **青金石護身符**：二〇一三年二月二十六日，馬修・亞當斯在我訪問時描述發現到的這種護身符。

054 **皮特里打開陵寢時，還能聞嗅到香膏的氣味**：O'Connor, Abydos, 148.

054 **一群人有共同的認同**：Wilkinson, Rise and Fall of Ancient Egypt, 10.

055 **「他遠征異地」**：Barry J. Kemp, *Ancient Egypt: Anatomy of a Civilization* (London: Routledge, 1993), 46.

055 **超過四十名侍從**：這個數字包括各個國王的王陵與儀式場地出現的陪葬者。阿哈王的儀式場地有十二人，王陵有三十人。哲爾王的儀式場地有兩百六十人，另外三百五十人在他的陵墓。這些數字來自二〇一三年二月二十六日，我對馬修・亞當斯的訪問。

055 **未滿二十五歲的人**：出自二〇一三年三月十三日，我對君特・德萊爾的訪問。

056 **美索布達比亞建築有些也有類似的手法**：Wilkinson, Rise and Fall of Ancient Egypt, 44.

056 **裝飾藝術風格中明快的垂直線條**：我是在二〇一八年九月時與建築評論家馬丁・費勒

Many, trans. John Baines (Ithaca, N.Y.: Cornell University Press, 1983), 183.

019 「視正常的時間為循環」：Johnson, "Setting," 38.

019 對南方地貌的本能反應：二〇一四年三月三十一日，約翰遜在跟我對話時提到自己把沙漠跟 djet，河谷跟 neheh 連結的想法。

020 對革命進行了一番考古研究：二〇一三年二月與三月時，我拜訪亞當斯和他的團隊，當時他們正在發掘二〇一一年遭到盜掘的坑洞。並見 Matthew Douglas Adams, "In the Footsteps of Looters: Assessing the Damage from the 2011 Looting in the North Cemetery at Abydos," Journal of the American Research Center in Egypt 51 (2015): 5–63.

Chapter 3

034 埃及第三軍被以色列人包圍：Charles Mohr, "Trapped Egyptian Force Seen at Root of Problem," New York Times, Oct. 26, 1973, www.nytimes.com/1973/10/26/archives/trapped-egyptian-force-seen-at-root-of-problem-egyptian-forge-held.html.

036 小偷被逮個正著：二〇一一年十一月二十日，我在烏瑪・馬克罕清真寺看到那個小偷的。

037 超過二十人以上身亡：二〇一一年十一月二十一日，埃及衛生部（Egyptian Health Ministry）聲明至少有二十三人被殺。David D. Kirkpatrick and Liam Stack, "Egypt's Civilian Government Submits Offer to Resign," New York Times, Nov. 21, 2011.

039 喪禮是由一波音浪帶起的……：二〇一一年十一月二十二日下午兩點，我在烏瑪・馬克罕清真寺旁觀這場喪禮。

043 蓋水泥牆，架鐵絲網：艾資哈爾的教士數度試圖協商休戰。見 David D. Kirkpatrick and Anthony Shadid, "Military Moves to End Clashes in Egyptian Square," New York Times, Nov. 23, 2011. 休戰終於在二〇一一年十一月二十四日早上成真，軍方開始興建工事。見 Heba Afify and Lindsey Parietti, "Protestors Evacuate Mohamed Mahmoud Street as Some Confront Military at Barricade," Al-Masry al-Youm, Nov. 24, 2011.

045 「我們要……公民民主國家」：馬札哈・沙欣教長比較完整的言論內容，見 David D. Kirkpatrick, "Egyptian Islamists Rally to Protest Military Rule," New York Times, Nov. 18, 2011.

046 到處都看不到他人影：我在關於抗議的報導中，曾提到伊瑪目人不在的事情。見 Peter Hessler, "The Mosque on the Square," New Yorker, Dec. 19 & 26, 2011, 46–57. 文章編輯過程中，一位事實查核員曾聯絡馬札哈・沙欣教長的助理，對方聲稱教長一如法律所要求，每天從晨禮至宵禮之間的時間人都在清真寺裡。這一點跟馬努我在抗議期間的觀察相衝突。馬札哈教長否認後，我告訴他我們可以隔天再談，在清真寺裡談，就在晨禮至宵禮之間的時間談。馬努和我回到清真寺赴約，但伊瑪目再度缺席了。

047 合格選民中有半數："Muslim Brotherhood Tops Egyptian Poll Results," Al-Jazeera, Jan. 22,

第一部：總統
PART ONE: THE PRESIDENT

011 「由衷崇拜國王」：Toby Wilkinson, The Rise and Fall of Ancient Egypt: The History of a Civilization from 3000 BC to Cleopatra (London: Bloomsbury, 2011), 169.

Chapter 1

012 來自布朗大學的考古隊：我是在二〇一八年十月與十一月時，與羅瑞兒・貝斯多克面談或通信的。更多關於發掘行動的細節，見 Laurel Bestock, "Brown University Abydos Project: Preliminary Report on the First Two Seasons," Journal of the American Research Center in Egypt 48 (2012): 35–79.

013 「陪葬」：Al-Madfuna是al-Araba al-Madfuna的縮寫，意為「陪葬的阿拉巴（Araba）」，這是附近其中一個村子的完整名字。這個名字指的可能是古代跟著陪葬於地下的送葬隊伍。

013 最古老的、尚未頹傾的泥磚建築：托比・威爾金森指出，葡萄乾倉庫是兩座最古老的同類型建築之一，而兩者都是由卡塞凱姆威所興建。Toby Wilkinson, The Nile: Travelling Downriver Through Egypt's Past and Present (New York: Vintage Books, 2015), 170.

013 「某種警察局」：David O'Connor, Abydos: Egypt's First Pharaohs and the Cult of Osiris (Cairo: American University in Cairo Press, 2009), 160.

013 二〇一一年一月二十八日：David Batty and Alex Olorenshaw, "Egypt Protests—as They Happened," Guardian, Jan. 29, 2011, www.theguardian.com/world/2011/jan/29/egypt-protests-government-live blog.

014 有人襲擊納谷監獄……釋放成千上百名的罪犯：囚犯突破納谷監獄一事發生在二〇一一年一月三十日，逃脫的人包括穆爾西與其他三十多名兄弟會領袖。Ben Hubbard, "Egypt Calls for New Look at Morsi Prison Escape in 2011," New York Times, July 11, 2013, www.nytimes.com/2013/07/12/world/middleeast/egypt-christians.html.

017 已知最早的書寫文字：O'Connor, Abydos, 143.

017「陪葬」是舞台：出自二〇一五年二月二十四日我訪問亞當斯的過程。

017 艾哈邁德……打造了個方型的大木箱子：二〇一三年二月二十七日，拉札布在與我會面時描述了打造 APC，以及在遺址間巡邏的事。

019 「*Neheh*」是循環的時間：關於談 *djet* 與 *neheh* 的資料，見 W. Raymond Johnson, "The Setting: History, Religion, and Art," in Pharaohs of the Sun: Akhenaten, Nefertiti, Tutankhamun, ed. Rita E. Freed, Yvonne J. Markowitz, and Sue H. D'Auria (London: Thames & Hudson, 1999), 38–40.

019 這世界是座島：Erik Hornung, Conceptions of God in Ancient Egypt: The One and the

注釋
Notes

書中描述的事件有兩種類型：我親身觀察或直接與主要人物談到的事件，以及我從其他出處引用的事件。我把出處羅列於後，與書中出現的各種事實與統計數據參考資料並列。如果是我訪問官員、學者或政治人物的情況，我會注明訪問日期。

關於馬努的個人經歷，有些事件我親身目睹，之後我們在二〇一六年至二〇一八年間進行一系列面對面訪談以及電話對話，地點在埃及與德國都有。我們家在二〇一一年末搬到開羅，此後我就經常與薩伊德見面，直到二〇一六年夏天我們家搬離開羅為止，後來我在二〇一七年與二〇一八年故地重遊。我通常是自己一人與薩伊德及其家人見面，但部時我也會安排比較正式的訪問，帶著翻譯，以澄清我不了解的事情。我在上阿語課時得知里法阿特的若干家族史和個人背景，但在里阿法特死後，我得仰賴與他的手足拉阿法特、塔里克與瓦蒂雅的會晤，時間是二〇一六年到二〇一七年。

我沒有更動任何事件的順序，除了少數例外，我也都使用真名。馬努友人「塔里克」的名字是化名，畢竟他跟穆斯林兄弟會的關係在政治上相當敏感。在薩伊德妹妹的要求下，我把她的名字改為「蕾拉」，女兒的名字也是化名。最後則是第八章，我描述自己跟著薩伊德走他在扎馬萊克的垃圾路線時，把我們收垃圾的那些公寓住戶的名字都改了。

* * *

卷首圖：〈阿肯那頓與娜芙蒂蒂打賞〉（Akhenaten and Nefertiti distributing rewards）：這張圖是以諾曼・德・加里・戴維斯的素描為底，他曾經在埃及探索基金（Egypt Exploration Fund）的挹注下到阿瑪納與其他遺址工作，見 N. de G. Davies, The Rock Tombs of El Amarna: Part III—The Tombs of Huya and Ahmes (London: Gilbert & Rivington, Limited, 1905), plate XVI.

歷史年表：關於古代史的年表，我們用的資料是 Ian Shaw, The Oxford History of Ancient Egypt (New York: Oxford University Press, 2003)。至於拜占庭帝國統治時期到現代，我們則使用 Jason Thompson, A History of Egypt: From Earliest Times to the Present (New York: Anchor Books, 2009)。

埃及的革命考古學

The Buried: An Archaeology of the Egyptian Revolution

作者　何偉（Peter Hessler）
譯者　馮奕達
責任編輯　洪源鴻
企劃總監　蔡慧華
封面設計　莊謹銘
排版　宸遠彩藝
出版　八旗文化／遠足文化事業股份有限公司
發行　遠足文化事業股份有限公司（讀書共和國出版集團）
地址　新北市新店區民權路 108-2 號 9 樓
電話　〇二～二二一八～一四一七
傳真　〇二～二二一八～八〇五七
客服專線　〇八〇〇～二二一～〇二九
信箱　gusa0601@gmail.com
臉書　facebook.com/gusapublishing
部落格　gusapublishing.blogspot.com
法律顧問　華洋法律事務所／蘇文生律師
印刷　通南彩色印刷有限公司
出版日期　二〇二〇年〇一月（初版一刷）
二〇二三年十一月（初版三刷）
定價　六〇〇元整

埃及的革命考古學／何偉（Peter Hessler）著／馮奕達譯／新北市／八旗文化出版／遠足文化發行／2020.01
譯自：The buried : an archaeology of the Egyptian revolution
ISBN 978-957-8654-90-7（平裝）

一、何偉（Peter, Hessler, 1969-）
二、考古遺址 三、考古學 四、埃及

798.8061
108019857